ERRATA

Un certain nombre de coquilles et d'erreurs se sont malencontreu-
sement glissées dans certains textes de cet ouvrage. Nous prions
auteurs et lecteurs de bien vouloir nous en excuser et de rétablir
les textes d'après les indications qui suivent.

Page	ligne	au lieu de	lire
109	3	PSYTHOTHERAPY	*PSYCHOTHERAPY*
223	11	l'insistence	*l'insistance*
226	20	la référance	*la référence*
226	44	et à la mobilité	*et la mobilité*
228	37	communément reçus	*communément reçues*
229	35	entendant	*entendent*
230	12	gommée la sophistication	*gommée par la...*
230	13	L'effect	*L'effet*
230	32	l'instruction	*l'institution*

Page 231, troisième ligne, rétablir la phrase suivante:
*Ainsi, l'action de conviction est plus accentuée chez les
militants viatoriens, épris de changements radicaux et au moment de
leur ferveur initiale, que chez les religieuses du Saint Rosaire
affairées à faire le point.*

231	12	la modernisation	*avec la modernisation*

231   36   supprimer les cinq premiers mots; cette ligne
             devrait se lire : *conviction à des nécessités
             imprévues,*

231   46   Supprimer ce paragraphe ainsi que le suivant.

232	23	insistances	*instances*
237	1	LABARRIŌRE	LABARRIÈRE

D1714710

LES ÉTUDES PASTORALES À L'UNIVERSITÉ

PASTORAL STUDIES IN THE UNIVERSITY SETTING

LES ÉTUDES PASTORALES À L'UNIVERSITÉ

perspectives, méthodes et praxis

Textes réunis et présentés par
Adrian M. Visscher

PASTORAL STUDIES IN THE UNIVERSITY SETTING

perspectives, methods, and praxis

Edited by
Adrian Visscher

Les Presses de l'Université d'Ottawa
Ottawa • Paris • Londres

University of Ottawa Press
Ottawa • London • Paris

Données de catalogage avant publication (Canada)
Colloque international en études pastorales
(1988 : Université Saint-Paul)
Les études pastorales à l'université =
Pastoral studies in the university setting

Texte en français et en anglais
ISBN 0-7766-0278-0

1. Pastorale—Étude et enseignement (Supérieur)—Congrès
2. Pastorale—Congrès. I. Visscher, Adrian M., 1930-
II. Titre
III. Titre: Pastoral studies in the university setting.

BV4002.C64 1988   253'.071'1   C90-090242-6F

Canadian Cataloguing in Publication Data
International Colloquium on Pastoral Studies
(1988 : Saint Paul University)

Text in French and English
ISBN 0-7766-0278-0

1. Pastoral Theology—Study and teaching (Higher)—Congresses.
2. Pastoral Theology—Congresses. I. Visscher, Adrian M., 1930- .
II. Title.
III. Title: Pastoral studies in the university setting.

BV4002.C64 1988   253'.071'1   C90-090242-6E

Pour favoriser la diffusion rapide de ce
document, il a été convenu de publier
les textes qui suivent tels que les auteurs
nous les ont remis, sans révision
éditoriale.

These proceedings are published as
received from the authors; the normal
editorial intervention has been omitted
in the interest of rapid dissemination.

Production: Jean-Paul Morisset
Composition: Daniel Woolford
Maquette de la couverture:
Communication graphique Gagnon-Bélanger

© Les Presses de l'Université d'Ottawa
Imprimé au Canada
1990

Sommaire / Contents

II. Études pastorales et milieux /
Pastoral Studies and its Contexts

6

Adrian Visscher

AVANT-PROPOS

Ce volume rassemble la majorité des communications présentées au COLLOQUE INTERNATIONAL D'ÉTUDES PASTORALES qui s'est déroulé à l'Université Saint-Paul, Ottawa, Canada, du 20 au 23 juin 1988. Ce colloque fut parrainé par les facultés de théologie et d'études pastorales de quatre universités canadiennes: l'Université Laval à Québec, l'Université de Montréal, the University of Saint Michael's College à Toronto et l'Université Saint-Paul à Ottawa.

1. Historique du colloque

Depuis 1983, des membres de plusieurs facultés de théologie et d'études pastorales canadiennes se sont rencontrés une fois l'an pour un échange informel de communications et pour une table ronde sur des thèmes touchant les études pastorales. Ils formèrent une société savante: le Groupe de recherche en études pastorales (GREP/Group for Research in Pastoral Studies (GRIPS). D'année en année une université voyait à l'organisation des rencontres. La continuité des thèmes de discussion vint de l'axe théorie-praxis de la théologie pratique ainsi que des paradigmes inhérents aux études pastorales. En 1983, à Montréal (Université de Montréal: «Études pastorales et prospectives»[1]; en 1984 à Ottawa (Saint-Paul): «Études pastorales: pratiques et communautés»[2]; en 1985 à Québec (Laval): «Études pastorales: une discipline scientifique»; en 1986 à Montréal (Université du Québec): «Études pastorales et intervenants»; en 1987 à Montréal): «Études pastorales et herméneutique»[3]; en 1989 à Chicoutimi (Université du Québec): «L'intervention pastorale».

C'est au cours de discussions informelles que surgit le plan d'étendre nos horizons canadiens d'études pastorales en convoquant un colloque international qui réunirait des universitaires de différents pays. Avec l'encouragement et l'aide de quatre universités, un comité provisoire fut formé: «The Canadian Interfaculty Group of University Pastoral Studies/Le groupe interfacultaire canadien des études pastorales universitaires.» Le groupe était composé de Michel Campbell (Université de Montréal), Mary-Ellen Sheehan (University of Saint Michael's College, Toronto), Marcel Viau (Université Laval, Québec) et Adrian Visscher (Université Saint-Paul, Ottawa); Marcel présidait ce comité.

2. Thème et planification du colloque

Guidés par notre expérience au sein du GREP et après de nombreuses rencontres échelonnées sur une période de deux ans, nous avons convenu du thème général du Colloque: «LES ÉTUDES PASTORALES A L'UNIVERSITÉ: PERSPECTIVES, MÉTHODES ET PRAXIS». Notre choix peut trouver son explication dans ce qui suit.

Au cours des vingt-cinq dernières années un nouveau champ d'études universitaires s'est développé, connu tour à tour sous le nom d'«études pastorales», de «théologie pastorale» ou de «théologie pratique».

Règle générale, ce nouveau champ d'études tient compte de l'expérience vécue, du contexte culturel et de la pratique pastorale concrète par rapport aux science humaines et à la réflexion théologique.

Pour répondre adéquatement à ces questions contemporaines, les études pastorales doivent adopter une perspective multi-disciplinaire, laquelle soulève une multitude de problèmes épistémologiques, méthodologiques et pédagogiques. Par ailleurs, une réflexion profonde est requise tant sur les relations entre théorie et pratique, que sur les questions surgissant de la praxis, voire sur la reconstruction de la théologie elle-même.

Plusieurs universités sont impliquées dans cet effort. Elles abordent les questions du point de vue de la recherche, au moyen de programmes de formation spécifique, et du point de vue de l'approche pédagogique. Ce colloque est donc placé dans un contexte universitaire, dans l'espoir d'initier un dialogue international sur les études pastorales.

On invita des universitaires de partout dans le monde à aborder les thèmes suivants: A. MÉTHODES ET FONDEMENTS: pratique et théologie; interdisciplinarité; épistémologie et herméneutique; modèle et méthodes; questions pédagogiques. B. LES ÉTUDES PASTORALES ET LEURS CONTEXTES: 1. *Culture* - champs de pratique; inculturation; sous-cultures et société. 2. *Églises* - interaction de personnes; institution, structures, tensions. 3. *L'université* - sa fonction; l'effet des études pastorales sur l'université.

3. Participants et procédure

Puisque le dialogue entre les participants est une caractéristique primordiale de tout colloque, nous avons décidé d'inviter un maximum de soixante participants. De plus, nous avons organisé le colloque de telle sorte que les contacts personnels et la discussion puissent être favorisés. Nous avons écrit à plus de cent participants potentiels, hommes et femmes de facultés d'études pastorales en Europe, en Amérique Latine, au Canada et aux États-Unis.

On demanda à quatre conferenciers de marque de présenter le thème global de la conférence (Grand'Maison) et chacun des trois sous-thèmes (Browning, Greinacher et Gerkin); ces conférences furent suivies d'une table ronde.

Tous les autres participants furent invités à préparer une communication sur un sous-thème de leur choix. Ces communications écrites furent postées à certaines personnes choisies pour réagir, leur permettant ainsi de préparer une réaction verbale dans de petits groupes. Le tout était suivi d'une table ronde.

Au terme de chaque jour, le thème principal de cette journée était à nouveau discuté lors d'une assemblée générale. Ces assemblées générales se déroulèrent en français et en anglais, langues officielles du Canada; l'interprétation simultanée a permis la participation de tous. Les petits groupes étaient constitués selon les préférences linguistiques des participants, soit le français ou l'anglais.

La majorité des soixante-cinq participants provenaient du Canada et les autres d'Allemagne, de Belgique, des États-Unis, de France, des Pays-Bas et de la Suisse. Malgré de multiples efforts, et principalement pour des raisons financières, plusieurs participants latino-américains ne purent prendre part au colloque. Nous avions aussi espéré une présence féminine plus forte. Trente-et-une communications furent présentées et discutées, vingt-six d'entre elles sont publiées dans ce volume.

Notes

1. Les communications présentées à cette rencontre furent publiées dans *Pastoral Sciences/Sciences Pastorales*, Vol. 3, Ottawa, Université Saint-Paul, 1984.

2. Ces communications furent publiées dans *Études Pastorales: Pratiques et Communautés* [R. Chagnon et M. Viau (éditeurs)], Montréal, Les Éditions Bellarmin, 1986.

3. Ces communications furent publiées dans «L'interprétation: un défi de l'Action pastorale; avec la collaboration de Paul RicÀur», *Cahiers d'Études Pastorales*, Tome 6, Montréal, Fides, 1989.

Adrian Visscher

INTRODUCTION

This volume brings together the majority of papers presented at the INTERNATIONAL COLLOQUIUM ON PASTORAL STUDIES, held at Saint Paul University, Ottawa, Canada, from 20 to 23 June 1988. It was sponsored by the theological and pastoral faculties of four Canadian universities: l'Université de Laval à Québec, l'Université de Montréal, the University of Saint Michael's College in Toronto, and l'Université/Saint Paul/University in Ottawa.

1. History of the Colloquium

Since 1983 members from a number of theological and pastoral faculties across Canada met once a year for an informal exchange of papers and round-table discussions on themes of interest in pastoral studies. They formed a learned society: le Groupe de Recherche en Études Pastorales (GREP)/Group for Research in Pastoral Studies (GRIPS). Meetings were organized from year to year under the responsibility of the sponsoring university. Continuity among the themes of discussion came from the theory-praxis axis of practical theology and from the paradigms inherent in Pastoral Studies. In 1983 in Montreal (Université de Montréal): "Studies and Prospectives";[1] in 1984 in Ottawa (Saint Paul): "Pastoral Studies: Practice and Community";[2] in 1985 in Québec (Laval): "Pastoral Studies: A Scientific Discipline"; in 1986 in Montreal (Université de Québec): "Études Pastorales et Intervenants"; in 1987 in Montreal (Université de Montréal): "Pastoral Studies and Hermeneutics";[3] in 1989 in Chicoutimi (Université de Québec): "Pastoral Intervention".

In informal discussions the plan was formed to expand our Canadian horizons in Pastoral Studies by bringing scholars from different countries together in an international colloquium. With the encouragement and the support of four universities an ad-hoc planning committee was formed: "The Canadian Interfaculty Group of University Pastoral Studies/Le Groupe interfacultaire canadien des études pastorales universitaires". The members of this group were: Michel Campbell (Université de Montréal), Mary-Ellen Sheehan (University of Saint Michael's College, Toronto), Marcel Viau (Université Laval, Québec) and Adrian Visscher (Saint Paul University, Ottawa); Marcel chaired the committee.

2. Theme and planning of the Colloquium

In numerous meetings over a two-year period and guided by our experience in GREP, we agreed on the overall theme of the colloquium: PASTORAL STUDIES IN THE UNIVERSITY SETTING: PERSPECTIVES, METHODS AND PRAXIS. We explained our choice as follows.

Over the past twenty five years a new field of university studies has developed, alternately known as "pastoral studies", "pastoral theology" or "practical theology".

Generally speaking, this new field of studies takes into account the lived experience, the cultural context and the concrete pastoral practice vis-a-vis the human sciences and theological reflection.

To respond adequately to these contemporary concerns, Pastoral Studies must adopt a multi-disciplinary perspective which raises a variety of epistemological, methodological and pedagogical problems. This in turn requires a profound reflection upon the relationship between theory and practice, as well as upon the questions arising from praxis, including the reconstruction of theology itself.

A number of universities are involved in this effort. They address the questions from the point of view of research, by means of specific formation programmes and from the perspective of pedagogical approach. This colloquium is therefore placed in the university context in the hope of beginning an international dialogue on pastoral studies.

Scholars from around the world were invited to address any one of the following themes:

A. METHODS AND FOUNDATIONS: Practice and Theology; Interdisciplinarity; Epistemology and Hermeneutics; Models and Methods; Pedagogical Issues.

B. PASTORAL STUDIES AND ITS CONTEXTS: 1. *Culture*; Fields of practice; Inculturation; Subcultures and Society. 2. *Churches*; Interplay of

Persons; Institution, Structures, Tensions. 3. *The University*; Its Function; The Effect of Pastoral Studies upon the University.

3. Participants and Procedures

As dialogue between participants is a central feature of a Colloquium, we decided on participation by invitation to a maximum of sixty participants. Moreover, we planned the procedures of the colloquium in such a way as to favour personal contact and discussion. We wrote to over one hundred potential participants, men and women in Pastoral Studies faculties in Europe, in Latin America, in Canada and the United States.

Four keynote speakers were asked to introduce the theme of the conference as a whole (Grand'Maison) and each of the three sub-themes (Browning, Greinacher and Gerkin) in particular; these conferences were followed by a panel discussion.

All other participants were invited to prepare a paper on one of the proposed sub-themes of their choice. These written communications were mailed to selected respondents, allowing them to prepare a verbal reaction in small groups, followed by a round-table discussion.

At the end of each day, the main theme of that day was further discussed in a general assembly. These general meetings were held in French and English, the two official Canadian languages; full participation by all was insured by a simultaneous translation system. The small groups were organized along linguistic lines in either French or English.

Most of the 65 participants came from Canada, the others from Belgium, France, Germany, the Netherlands, the United States and Switzerland. Despite intensive efforts, and mainly for financial reasons, several Latin American participants were regretfully unable to attend. We also had hoped for a stronger presence of women. A total of thirty-one papers were submitted and discussed, of which twenty-six are published in this volume.

Notes

1. Papers given at this meeting were published in: *Pastoral Sciences/Sciences Pastorales*, Vol. 3, Ottawa, Saint Paul University, 1984.

2. These papers were published in: *Études Pastorales: Pratiques et Communautés* (R. Chagnon and M. Viau (eds.), Montréal, Les Éditions Bellarmin, 1986.

3. These papers will soon be published in: *Cahiers d'Études Pastorales*, Montréal, Fides.

Adrian M. Visscher

REFLECTIONS ON THE COLLOQUIUM:
A CRITICAL REVIEW
OF BASIC QUESTIONS
IN PASTORAL STUDIES

The freedom of choice given to the participants in regard to the theme they wished to address offered advantages and disadvantages for accomplishing the purposes of this colloquium. On the one hand, major and common concerns in the evolution of pastoral studies could spontaneously emerge; on the other hand, important dimensions and parameters of pastoral studies could receive less visibility than the organizers hoped for. Such was indeed the case on both accounts.

In what follows I hope to critically highlight both the major and common concerns of this colloquium, as well as suggest which aspects of pastoral studies received less attention than they deserve and which follow from the colloquium itself as important questions for further study.

1. The Theory-Praxis Axis in Pastoral Studies

The relationship of pastoral theory to pastoral practice was a major concern of the planning committee. In retrospect it appears that although this relationship was well explored from the theoretical perspective, it was much less accentuated from the practice perspective.

When asked which main theme the participants intended to address in their communications, 62% professed to deal with Methods and Foundations, 25% with Contexts, and 12% with Practice. However, from the papers it is also clear that this categorization is not entirely fair and meaningful; treatment of topics and themes overlap in the various contributions.

Before detailing the consensus of the colloquium regarding the centrality of the theory-praxis axis in pastoral studies, it is useful to examine the reasons for the preponderance of the foundational approach over the practice analysis approach to pastoral studies.

It is certain that, given also the fact that the participants had a free choice of topic for their communications, the present stage in the development of pastoral studies as a university involvement is reflected in the relative predominance of the theoretical approach in this colloquium.

First, epistemological and hermeneutical questions in pastoral studies have not been entirely resolved, and remain an important area of investigation.

Second, although the very insistence upon the inseparable link between theory and practice places pastoral studies in an interdisciplinary context, and requires therefore the cooperation between theology and other human sciences, this interdisciplinarity is still in its infancy. It is apparent in the lack of diversification in the educational background of faculty in most university departments of pastoral studies, as this depends on the place of pastoral training and practice and of the human sciences in a particular pastoral studies curriculum. Also, the scant attention which the study of concrete pedagogical methods in pastoral education and training in the university context received, such as for example the merits of different modalities of learning in pastoral studies, is also indicative of the still developing nature of pastoral studies. This is further confirmed by the colloquium's weak treatment of the concrete application of theory to practice, and of subsequent validation studies.

Although a strong consensus emerged from the colloquium that pastoral studies, as praxis oriented, is at the crossroads of many sciences and disciplines, and consequently an interdisciplinary exercise, it is only recently that representatives of the non-theological human sciences have been invited to become an essential part of the search for an effective and relevant ministry in Church and World.

The nature of our mailing list was certainly a factor in this predominance of the theoretical over the practice dimension of pastoral studies in this colloquium. As this list was composed at the suggestions of the committee members and through their academic and professional network, most participants were theologians and the papers reflect their interests.

However, these published papers do bring out a considerable theoretical consensus in reference to the theory-praxis axis of pastoral studies: 1. In regard to the indispensable link between theory and praxis, that is, pastoral practice is not only application of theory, but also forms theory; 2. In regard to the need to maintain the Christian identity of pastoral praxis.

1.1. That pastoral practice is to be a prime source of information for the theory of pastoral studies and of thinking about the Church's ministry, that the doing in the concrete here-and-now of pastoral action is the source of theological reflection, constitutes a basic principle for all authors. This conviction raises a number of fundamental and practical questions to which answers differ in starting point and intensity.

Pastoral action as source of theology means for some a reconstruction of theology itself, of its nature and methods. All of theology becomes practical theology and for them the field of pastoral studies remains therefore within the territory of theology. They prefer the use of the term "pastoral" or "practical" theology over "pastoral studies."

Others deem the term "pastoral studies" more appropriate as an explicit reference to the "crossroads" character of the Church's ministry. It is the meeting place or interface between Church and society, Christian tradition and culture, pastoral practice and social practice; therefore, theology and (other) human sciences and hence, within the university setting, the various faculties, play complementary roles in the study of that ministry.

The difference between these two terminologies, practical/pastoral theology or pastoral studies does not necessarily cut deeply. However, they do reflect different approaches to the hermeneutical question of the nature of pastoral studies. It is answered from different perspectives on the theory-praxis axis, and the response is closely related to the epistemological defense of the value of the different sources of knowledge.

A second consensus of the colloquium is crucial in understanding the reasons for the different terminologies proposed in the colloquium.

1.2. This second consensus in regard to pastoral studies revolves around the awareness that in the Church's ministry secular relevance and Christian identity must both be safeguarded and mutually reconciled. The tension between secular relevance and Christian identity is a critical and creative one, and constitutes the very source of the Church's appropriate action in the world. Its disappearance would eliminate the Church as a significant force in culture and society. However, how this tension presents itself in the concrete circumstances of pastoral education and practice precisely as "action," and how it can be identified, analyzed and constructively used in theological reflection, are questions which the colloquium insufficiently addressed.

Such questions are of particular relevance for the universities in the matter of pastoral formation and in reference to the epistemological foundations of university pastoral studies programs, that is, of their various philosophical, anthropological and cultural prolegomena. These basic orientations prompt the self-definitions of the various faculties and sciences involved in pastoral studies; they determine the flexibility of interfaculty boundaries, and define their degree of cooperation.

Theologians are naturally concerned that pastoral formation and practice have a Christian identity, whereas human scientists may insist that Christian ministry also have a secular relevance. Neither need deny the importance of both secular relevance and Christian identity for pastoral studies, but proposed methodologies may differ.

The formation and verification of various methodologies for concrete pastoral education and ministry, remains a key task for universities, pastoral agents, and the Church as a whole. It will insure that practice, both in formation and in ministry, becomes a true source of theological reflection, and that Christian identity remains in creative tension with secular relevance, as the colloquium insisted it should. The question of methodologies is therefore incumbent not only upon theory, but also upon formation and practice.

2. Methodologies in Pastoral Studies

2.1. Methodologies in the search for knowledge

Participants appear to agree that two critical and related criteria must be met, if pastoral studies is to maintain the tension between the Christian identity and the secular relevance of the Church's action in the world: 1. The honest pursuit of all sources of knowledge, i.e., an epistemological criterion of commitment to truth; 2. The willingness to accept different sources of knowledge and to interpret their relevance in human and pastoral action; i.e., a commitment to honesty. These two criteria undergird every attempt to develop methodologies proper to pastoral studies.

2.1.1. A first difference in the plurality of approaches to the question of knowledge and truth is found in the philosophical-deductive versus the scientific-inductive methods.

In the marketing and labelling of the merits of the deductive and inductive approach to methods, theological methods have traditionally been accused of being restrictively deductive. As they are under the influence of faith and its claims for truth, they are therefore seen as eliminating practice and experience as sources of truth. Social science methodologies have alternately been criticized for attempting "value free" inductive interpretations of human behaviour and events, and for their hesitancy to accept any criteria for truth other than those provided by the results of scientific-empirical methods.

These positions are extreme ones and are ideological generalizations; the reality is more differentiated than that. The colloquium participants avoid these extremes, although the tension between inductive and deductive orientations towards methodologies remains visible. These orientations retain their validity as descriptive categories in the search for the sources of knowledge.

2.1.2. Theologians as the majority participants in the colloquium are committed to different sources of truth. As far as they are concerned, the opposition between deductive and inductive methodologies, or between theological and scientific-empirical methodologies is a false and exaggerated one.

That much is clear from their insistence that pertinent theological discourse depends on critical reflection on the here-and-now of the Church's acting within the whole of society, that praxeology constitutes the locality of pastoral studies and its critical foundation. The validity of the inductive or empirical approach to truth is definitely acknowledged. So is the phrase "empirical theology" no longer a contradiction in terms, but it illustrates a remarkable development in the history of the human sciences.

It is regrettable that from the perspective of the social sciences and due to their underrepresentation in this colloquium, the discussion of the various sources of truth has been less eloquent. A suggestion that various ways of knowing, such as rationalism, empiricism and metaphorism all constitute valid although complementary approaches to the pursuit of truth in the here-and-now of human behaviour and action, is a step in the right direction.

Is the honest attempt to validate the truth-character of the scientific-inductive method an adequate ground for theologians to lay exclusive territorial claim to the theory and practice of the action of the Church in the world by calling it "practical" *theology*? Or does the phrase "pastoral studies" as used in various universities in North America as well as in Europe (e.g., Britain), better reflect the crossroad character of the Church's action in the world? The various routes to knowledge and truth involved in the analysis and interpretation of that action are then explicitly recognized. The colloquium reflects both positions.

2.2. Safeguarding Christian tradition and secular relevance.

The critical correlation method finds much support among the participants. It allows for the epistemological principle that there are various sources of truth. It is of particular importance in "action" theory such as pastoral studies/practical theology, when the pastoral action of the Church itself becomes a source of theorizing.

Many participants stressed that the pastoral action of the Church is not the exclusive territory of theorists, but belongs equally to practitioner, and especially also to pastoral educators and trainers. Although these voices were present in the colloquium, they did not have a major impact upon its dialogue.

The following highlights some methodological gains both from a theoretical and from a practice perspective.

2.2.1. From a theoretical perspective.

Participants gave evidence of a constant awareness that both Christian tradition and secular relevance stand under the ongoing influence of changing historical and socio-cultural developments and value systems. The search for truth in the Christian tradition as well as in secular meanings must take the future into account; human and faith experience is in constant need of re-interpretation. Thus methodologies of theorizing in pastoral studies will preserve the process character of both Christian and secular meanings, secure their truth dimensions and promote the dialogue between these various hermeneutical enterprises without eliminating any.

On the basis of this fundamental attention to both the search for truth and the various valid avenues for reaching it, the methodologies discussed in the colloquium fall generally speaking into three basic categories of attentiveness. There are those who profess a primary methodological interest from within the framework of Christian tradition and theology; there are others with a primary methodological interest from within the context of the social sciences, and finally there are those who attempt to give equal value to both orientations and to present an integrated and unified methodological approach.

The relative absence or underrepresentation of one or the other categories or orientations to method in this colloquium should not be confused with their relative strength or weakness or their respective validity claims.

Pastoral studies or pastoral-practical theology is clearly a still developing field. To insist on the superiority of one particular methodology over the other, or to level accusations of "syncretism" or "reductionism," is premature and inconsistent with the task to be accomplished. The growing agreement on the principles which facilitate this search for knowledge and truth would be in jeopardy.

The critical-correlation method is in this colloquium applied to a variety of reference frames, and reflects the basic stances or categories of attentiveness. So are the following critical correlations proposed: between a Christian frame of reference and the action of the Church in the world (theological preference); between Christian identity and secular relevance (equal preference); between social sciences/cultural data and Church (universal and/or local) identity (social sciences preference).

It is clear that even in the use of such a respected and respectful method as critical correlation, one needs constantly to be aware of the "interpretive stance" adopted, and consequently of the risk to the above-mentioned commitment and fidelity to truth, i.e., "the willingness to accept different sources of knowledge and their interrelatedness in human and pastoral action," including one's own.

2.2.2. From a practice perspective.

The practice perspective of methodologies refers to the practical exercise of ministry in its multiple communal and individual forms, as well as to pastoral education and formation. Methodologies of pastoral theory, formation and practice are complementary; their goals are to inform one another. Again, this interrelatedness between theory, formation and action did not receive adequate attention in the colloquium, although it is of primary interest to universities in their new role of providing professional preparation for ministry.

2.2.2.1. Pedagogical questions
Pedagogical methods vary according to the populations involved in the action of the Church in the world. There are tasks for the Church as a whole, for its various levels of leadership, for those involved in specific ministries in answer to particular needs.

First, by what pedagogical methods do we most effectively not only *in*form, but also *form* and educate all members of the Church, including its leadership, in the functions and tasks of the Church's ministry in all its dimensions? This raises questions regarding the relationship of the Church to specific cultures, in regard to the internal dynamics of the Church such as the interplay of persons, its traditions, its tensions, and finally, in the context of this Colloquium, in reference to the function of universities.

Furthermore, given the variety of ministries as well as the variety of pastoral agents, what methods are appropriate and effective in formation and training to specific ministries, and how can the double axis of Christian tradition and secular relevance be safeguarded in this process?

These are two different types of pedagogical questions which universities must address and which the colloquium hardly considered.

While the colloquium participants gave a good deal of thought to methods of theorizing, methods of doing in pedagogical and pastoral practice were little explored. There is no doubt ample room for the human sciences to make here a significant input into pastoral studies, and to activate its truly multi- or inter-disciplinary character.

An important pedagogical question is how pastoral agents can be most effectively enabled to obtain that specific knowledge which makes them efficient in pastoral action. What is the role of supervised pastoral practice as source of that knowledge? What is useful knowledge and how can it be made so in facilitating appropriate action/ministry by the Church in the contemporary world and in various cultures? What pedagogical methods will maintain a critical correlation between Christian faith tradition, and secular relevance?

2.2.2.2. Practice Questions

A principle methodological question is on the level of the "how" of pastoral action itself. What methodologies are appropriate for pastoral agents so that, on the one hand, they are able to engage themselves in action that is pastoral, effective and relevant, and on the other they become capable of activating a feedback system allowing practice to inform pastoral theory? This professional dimension of pastoral action is an incumbent responsibility for a growing number of university pastoral faculties.

The importance of maintaining and strengthening a methodological link between theory, formation and practice in pastoral studies as an essential requirement of its nature, must be stressed. As the consensus of the colloquium affirmed the praxis of doing as source of theological reflection and of theology itself, methodologies for training pastoral agents and for pastoral practice itself, need to be so developed that they can indeed serve as sources of theological reflection.

3. Hopes and Tasks for Pastoral Studies

This colloquium provided one forum, one particular snapshot of what goes on in pastoral studies, albeit rich ones. Its strengths and limitations I have attempted to sketch in the foregoing, particularly from the point of view of my own involvement in pastoral studies as a theorist, as an educator and as a practitioner. I believe that the methodologies of reflection on pastoral practice and therefore on pastoral formation and training need to be included in the pastoral studies dialogue; it would contextualize and consolidate the gains of this particular colloquium, an attention which this particular colloquium could not give. Some suggestions might be helpful.

The culture of particular universities and faculties, the philosophies, ideologies and other forces that influence their climate, their particular pastoral studies programme and curriculum, their vision on the Church's mission and its action in the world as well as the methodologies which reflect this culture, need close examination.

Some of these forces have been mentioned in the colloquium. For example, particular ecclesiologies or models of the Church, different interpretations of the relationship between religion and culture, the differential value given to the experience both of the pastoral agent and of "the people" as sources of knowledge, the presence or absence of a democratic feedback system, the degree to which a particular university is part of its own cultural or national system, the models that determine the position of men and women in the Church.

These and other forces operate in the practice of ministry, in local, regional and national churches, and in the universal church itself. While such forces have become increasingly identified, the knowledge gathered in this process needs to be further translated in methodologies for formation and analysis of practice.

It is certain that much has already been done in these areas. To further clarify and articulate the practice dimension of the theory-praxis axis as source of knowledge, concrete attempts at practice need to be subjected to analysis and confronted with the application of pastoral theory.

The colloquium gave some instances of direct practice reflections such as the pastoral role and function of women in parishes, the praxeological reading of baptismal ministries, the significance of forgiving the other as a pastoral event, the correlational reading of case histories. Such concrete research reports need methodologically to become an integral part of discussion, if pastoral studies is to advance. They did not have a significant impact on the dialogue in this colloquium; the gap between theory and practice largely remained.

4. Conclusion

The participants were unanimous in calling this colloquium a rich experience, and one to be repeated in the future. Its international flavour was highly appreciated, although the absence of other continents besides North America and Europe was regretted.

A significant regret was expressed in regard to the absence of informed practitioners, resulting in a lack of in-depth treatment of the C-theme (Pastoral Studies and Pastoral Practice) and to some extent of the B-theme

(Pastoral Studies and its Contexts). Also, although the majority of participants were university professors, the theme of pastoral studies and the university did not get sustained attention. Furthermore, despite persistent attempts by the planning committee, the participation of women did not sufficiently materialize.

These regrets might guide the organizers of a future colloquium.

Jacques Grand'Maison

LES ÉTUDES PASTORALES DANS LE TOURNANT ACTUEL

Résumé

Les études pastorales occupent une position stratégique à cause de leurs multiples situations frontières: Églises et Société, pratiques pastorales et pratiques sociales, théologie et sciences humaines, université et faculté de théologie, campus et terrain, service de l'institution religieuse, de ses communautés et fonction critique, etc. Cet exposé fait ressortir d'abord les atouts de cette situation dans le nouveau contexte historique de renouvellement des problématiques et des pratiques de ces rapports précités. Mais cette position stratégique en est aussi une «exposée», si on en juge par certaines critiques: éclectisme des références, syncrétisme des méthodes, multiplicité peu gérable des objectifs. Le débat se prolonge jusqu'au cœur de la théologie elle-même. D'où une tentative de clarification autour de l'axe praxéologique et de ses fondements critiques comme lieu spécifique des études pastorales, de leur herméneutique, de leur pratique en société comme en Église, en théologie comme en sciences humaines. Enfin, une troisième étape qui présente un ensemble d'indicateurs de formation (campus-terrain) comme lieu de validation et de vérification de la problématique praxéologique proposée dans le nouveau contexte analysé en première étape.

I. Une hypothèse de travail

À la fin du dernier concile Vatican II, un humoriste anglais qualifiait les différentes approches de la Vérité en ces termes: «Les Italiens la possèdent, les Espagnols la défendent, les Allemands la compliquent, les Français en discutent, les Américains la simplifient et nous, les Anglais, nous en faisons abstraction». Et que dire de la diversité des pratiques et des orientations pastorales marquées par une multitude de facteurs de différenciation de tous ordres: historiques, culturels, sociaux, politiques, économiques et religieux, en-dessous des diverses Églises, des théologies, des disciplines et des options idéologiques. Toute grille qui se voudrait exhaustive vole vite en éclats sous l'explosion des multiples références. Chacune des Églises, chacun des milieux pastoraux sont tiraillés par des tendances qui souvent connaissent des écarts grandissants. Ce phénomène de displosion, comme on l'appelle en démographie, se retrouve aussi dans les cercles les plus restreints.

Dans ma classe, cette année, les candidats à la maîtrise et au doctorat en études pastorales appartenaient à des univers les plus disparates: quelques futurs prêtres, une majorité de laïcs, les uns déjà au travail en milieu d'Église, d'autres dans différentes institutions séculières, une ex-religieuse, un pasteur évangéliste, un étudiant africain, un biologiste, un conseiller pédagogique, un pasteur de rue un milieu populaire, une fondatrice d'une nouvelle communauté religieuse et j'en passe. Le tout encadré par une équipe de théologiens qui ont, en plus de cette formation de base, un diplôme dans l'une ou l'autre des disciplines de sciences humaines, et des engagements particuliers sur le terrain aussi bien religieux que profane, sans compter les rapports avec d'autres facultés de l'université.

De l'*uni*versité nous passons à la *pluri*-versité dans tous les sens du terme. Et je soupçonne que c'est là votre expérience pour la plupart. J'ai cru qu'il n'était pas inutile de rappeler pareille chose d'entrée de jeu, fût-ce pour marquer les limites de ma propre parole et la mission impossible d'une vaste synthèse de la situation actuelle des études pastorales aussi bien ici qu'ailleurs. Dans un premier temps, j'ai essayé de retracer les grandes lignes d'évolution des études pastorales dans l'Église catholique de XXe siècle. Je garde ce premier travail par-devers moi pour me concentrer plutôt sur une tentative de problématisation du tournant actuel autour d'une hypothèse.

Il me semble que les études pastorales dans nos diverses Églises occupent une position stratégique importante à plusieurs titres. Je dis bien une position stratégique parmi d'autres. Une position difficile, complexe, en train de se construire, soumise à des tensions internes et à des critiques externes qui méritent la plus grande attention. Les études pastorales pointent bien des frontières; elles les transgressent souvent; elles envahissent bien des domaines réservés ou pas. C'est pour le moins une position stratégique exposée, si l'on me permet cette qualification paradoxale. Effrontée, sinon naïve, disent de grands esprits. Menaçante pour d'autres, dans la mesure où s'y exerce une liberté critique qui refuse tout statut de simple courroie de transmission des doctrines officielles, des théologies académiques ou des pratiques reçues. Par rapport à tous les institués, les études pastorales ont évolué vers des démarches instituantes aussi bien à l'université, et plus particulièrement dans les facultés de théologies ou dans les autres centres de formation et de recherches, que sur le terrain même des pratiques pastorales ou chrétiennes.

Le passage du *in vitro* au *in vivo* des pratiques et de leurs fondements critiques, la formation de sujets adultes qui réclament légitimement leurs coudées franches et un véritable statut d'acteurs entiers et responsables, la transition des rôles purement instrumentaux aux rôles expressifs, pour reprendre des catégories heureuses de T. Parsons, tout cela a bouleversé bien des schèmes traditionnels qui définissaient le croyant, le pasteur, l'étudiant en théologie, le fidèle obéissant. Et que dire de cette circulation libre et intense entre théologie et sciences humaines, entre univers séculier et univers religieux qui ne permet plus une assurance automatique d'orthodoxie, une fonctionnalité institutionnelle sur mesure. Jossua, Dumont et bien d'autres ont souligné la longue histoire des tensions entre les théologiens en université et les autorités des Églises[1].

On sait qu'en catholicisme, dans la foulée du Concile de Trente, la formation des pasteurs a jadis été retirée des campus universitaires au profit de séminaires ou scolasticats immédiatement et directement contrôlés par les chefs ecclésiastiques et religieux. Il faut comprendre ici que les Églises comme toute institution, tiennent à se donner un personnel qui répond à leurs critères, et cela jusque dans la formation des ministres. À ce chapitre, la liberté académique universitaire représente un écart potentiellement menaçant. Nous en savons quelque chose à Montréal où la suite d'un conflit entre l'université, la faculté de théologie d'une part, et l'archevêché d'autre part, celui-ci a réintroduit les études théologiques au grand séminaire et fondé un institut catholique. Heureusement, de nouveaux rapports entre ces diverses institutions viennent e'être noués.

Je tiens à rappeler ici un tournant historique qui a eu un double impact que les catholiques ne sauraient oublier, et qui n'est pas sans intérêt pour nos frères des autres Églises. À savoir, cet événement historique qui a marqué la rupture entre l'Université de Paris et les autorités catholiques. À la fin du Moyen-Age, ce fut là un des moments critiques de la dissociation de la culture religieuse et de la culture profane; rupture qui n'est pas étrangère à l'avènement du protestantisme, et aussi au conflit systématique entre l'Église catholique et ces autonomies séculières gagnées de haute lutte par les révolutions des derniers siècles: autonomie de la culture au XVIe, autonomie de la science au XVIIe, autonomie de l'histoire du XVIIIe, autonomie du politique et de l'État au XIXe, enfin autonomie de la morale au XXe.

Peu à peu, un monde sécularisé se constituait pour la première fois de l'histoire, d'une histoire qui jusque là s'était définie à partir de cultures fondamentalement religieuses, souvent légitimatrices des systèmes sociaux, des régimes politiques, des idéologies dominantes. La plupart des retours aux sources, mêmes ceux qu'on a faits récemment, mettent en veilleuse ce changement radical et relativement récent dans l'évolution historique. La

Bible et les Évangiles se sont constitués dans des cultures historiques religieuses. Nous ne sommes plus en pareil contexte dans les sociétés occidentales du Nord. Je sais qu'il faudrait apporter ici bien des nuances. Le «religieux» n'a pas pour cela disparu. Il a pris aussi d'autres formes; il a connu des mutations profondes; il rebondit aujourd'hui dans des voies multiples, tantôt anciennes tantôt nouvelles. Mais il faut être hors du pays réel pour ne pas reconnaître l'amplitude du phénomène de la sécularisation au plan de la culture comme à celui des structures, au quotidien «privé» comme au «public» politique, particulièrement dans la génération montante. J'ai des neveux qui n'ont aucune fibre religieuse. Les esprits religieux ne cessent de gommer cette rupture, ce grand écart.

Le vis-à-vis historique autre le plus important dans les faits et en pratique, et cela à des profondeurs insoupçonnées, n'est-il pas ce mode culturel sécularisé? Même des problématiques comme celle de Max Weber sur *The Protestant Ethics and the Spirit of Capitalism*, relèvent de rapports qui sont aujourd'hui beaucoup plus distendues et à revoir profondément, et cela malgré les rebondissements actuels du religieux, même ceux plus politiques comme la *Moral Majority*, l'école libre en France, le rôle de l'Église polonaise, et quelques autres exemples du genre. L'écart de la sécularisation continue de se creuser dans les générations montantes en Occident. Et l'université, de toutes les institutions, est peut-être la plus sécularisée, pour ne nommer que celle-là. Si cette analyse est juste, on comprendra l'importance de sonder cette hypothèse d'une position stratégique exposée des études pastorales à l'université comme sur le terrain. Position difficile mais vitale pour la compréhension et l'assumation de ce contexte inédit du christianisme.

J'ai voulu, au début de ce congrès, situer les études pastorales en relation avec cette problématique qui touche des enjeux cruciaux. Cet *autre* qu'est le monde sécularisé peut placer le christianisme et les chrétiens en situation de découverte, d'approfondissement et de témoignage de l'altérité chrétienne, de son originalité, de son identité, de ses apports spécifiques dans le tournant historique actuel. Les multiples positions frontières des études pastorales: université et faculté de théologie, théologie et sciences humaines, campus et terrain, Églises et sociétés, pratiques pastorales et pratiques sociales, clercs et laïcs se déroulent dans des contextes où ces doubles dimensions ont à se conjuguer, tout en réclamant un difficile discernement des autonomies à respecter, des nouveaux rapports à articuler, des médiations critiques à instaurer, des ruptures à faire, en théorie comme en pratique, pour éviter des courts-circuits, des raccourcis, des extrapolations de part et d'autre inacceptables. Le défi déborde, tout en le contenant, les questions de méthodologie, le statut épistémologique ou la scientificité des études pastorales.

Permettez-moi d'insister encore sur le défi du christianisme lui-même dans cette vague de fond de la sécularisation, car ce défi ne cesse d'être gommé dans tant de milieux d'Église, y compris dans nos facultés de théologie. L'univers religieux dans sa pente historique, je dirais même dans sa pente quasi naturelle, se pose, de soi, comme englobant, homogénéisant; il tend à laminer tout ce qui s'écarte de sa visée de totalisation. M. Gauchet, dans son ouvrage «*Le désenchantement du monde*[2]», l'a montré avec pertinence, du moins sur ce point particulier. Le monde pastoral participe de ce mouvement et incline souvent les responsables des études pastorales à se concentrer pratiquement sur les requêtes internes des Églises.

Comme on le verra plus loin, même les pratiques sacramentelles et la catéchèse ne peuvent développer leur tâche fondamentale d'évangélisation en mettant en veilleuse la culture sécularisée d'un grand nombre de chrétiens et le repérage de leurs modes particuliers d'accès à la foi. Sans ces dernières prises, les Églises continueront de dériver vers une privatisation et une marginalisation toujours plus accentuées, vers des situations de sectes, sinon de club privé. Une Église, contrairement à la secte, ne peut être ce qu'elle est si elle est une institution à côté, une sorte de contre société, de contre-culture intégrale où les contemporains ne reconnaissent pas grand chose de ce qui fait la grande part de leur vie, de leur expérience, de leurs orientations culturelles, de leur questions quotidiennes, de leurs débats et combats dans la cité. Une pastorale close en son lieu religieux ne peut relever les défis les plus cruciaux du christianisme actuel. Valadier vient de le rappeler d'une façon aussi claire qu'abrupte:

> C'est parce que la foi vit et s'affermit dans la confrontation à un autre, qu'il faut lutter contre les replis de l'Église sur elle-même et se méfier des voix qui appellent à retrouver par soi-même son identité... à rencontrer son autre, même hostile, à entendre sa critique, la foi chrétienne découvre des virtualités cachées dans ses propres sources... L'Église ne doit pas, et moins que jamais se laisser enfermer dans le religieux... Les croyants aussi bien au nom de leur responsabilité sociale qu'au nom de leur témoignage de foi doivent être partie prenante des enjeux de la cité, non point parce qu'ils prétendraient que surtout ils ont la réponse adéquate, mais parce qu'ils pensent pouvoir aider une société à s'engendrer à plus de vérité, de justice et de liberté. Envisagée ainsi, la tâche d'une présence chrétienne est passionnante: au lieu d'entretenir peurs et lâchetés, regardée en face, elle stimule le courage et l'inventivité... Et s'il faut, que les chrétiens apprennent plutôt à se perdre: et ils se retrouveront dans ce qu'ils ont à devenir, en aidant le monde à répondre à sa fin» (et à s'ouvrir à des horizons de ce que l'oeil n'a pas vus et qu'il ne peut se donner lui-même)[3].

La situation des études pastorales va jusque-là parce que celles-ci sont directement exposées à ces défis dans la mesure même où elles acceptent de mordre prophétiquement et critiquement sur les pratiques du pays réel de la cité comme de l'Église en relation avec les enjeux majeurs. Nous nous plaçons directement sur un terrain de constantes mises à l'épreuve de notre pertinence culturelle et sociale, religieuse et chrétienne, évangélique et théologique, sociétaire et théologique. Nous travaillons le plus souvent avec des adultes qui portent quotidiennement pareilles requêtes, même s'il arrive que certains d'entre eux tentent de se refaire un monde religieux à côté de l'autre. Le contexte universitaire, de par son écart et son contexte sécularisé, peut être un atout pour éviter cette chausse-trappe et surtout pour contrer l'inquiétante montée de comportements fusionnels que «renforce» et conforte la démarche religieuse primaire, non critique.

Je sais que dans nos divers pays, il y a des centres de formation pastorale qui n'ont pas de lien avec l'université, et parfois même peu de liens avec les facultés de théologie comme telles. Mais il me semble que la problématique que je viens d'introduire, pour l'essentiel, nous concerne tous. La pratique et l'intelligence pastorales ne peuvent éviter de s'exposer sans réserve aux questions brûlantes de notre temps aussi bien qu'à leurs enjeux les plus concrets. Elles ont une responsabilité d'autant plus grave qu'elles occupent une position stratégique aux divers carrefours de ce tournant historiques où toutes les Églises chrétiennes font face ensemble à des défis semblables. Je me limite à n'en mentionner que quelques-uns qui débordent celui de la sécularisation.

Je pense par exemple à ces profonds changements sociaux et culturels qui invitent à des re-interprétations souvent difficiles et douloureuses de nos propres traditions chrétiennes, ecclésiales et de nos pratiques pastorales, et cela jusque dans nos sources bibliques et évangéliques, communes. Le cheminement critique dans les deux sens est aussi ardu. L'intelligence critique et prophétique d'une foi qui interpelle les orientations actuelles des cultures, des sociétés, des systèmes sociaux, économiques et politiques, cette intelligence critique comporte d'énormes bouleversements mentaux et pratiques qui mettent au défi notre pertinence à la fois évangélique, sociale, culturelle. Pour reprendre une expression de Eicher, Les Églises et les milieux chrétiens ont encore beaucoup de chemin à faire quant à la «capacité d'échange et de confrontation publique» de leurs positions avec les autres positions qui viennent des autres milieux sociaux, politiques, idéologiques, scientifiques ou culturels.

Je pense aussi à des débats et combats gigantesques qui s'amorcent au plan local comme au plan géo-politique où l'on trouve un peu partout une double société, celle des biens lotis en prise sur les progrès technologiques et sur les statuts socio-économiques qui les protègent, d'une part et d'autre part, cette autre société invisible dans nos régimes libéraux du Nord où grandit la cohorte des exclus des nouveaux systèmes en gestation. Par exemple, chez nous, 28% des citoyens sont même en situation d'analphabétisme fonctionnel. Nous allons vers de durs choix et débats de société, déjà présents dans les pratiques actuelles. Le christianisme historique sera-t-il capable d'apports qualitatifs de sa propre sève dans ces tâches cruciales? Il arrive qu'un certain monde pastoral se replie sur des aménagements internes qui font figure de catinage par rapport à ce contexte historique explosif. Des Églises chrétiennes tranquilles dans des cités volcaniques. Des chaudes communautés chrétiennes ou pastorales dans des milieux sans tissus sociaux en mal de réinventer de nouvelles solidarités. Des retours magiques et fusionnels aux certitudes religieuses non critiques dans de douillets manchons pastoraux hors des profonds requestionnements culturels, éthiques et sociaux qui vont de la conduite personnelle de la vie jusqu'aux choix politiques.

Voilà deux exemples entre cent de cette position stratégique exposée qui est le lot d'études pastorales en prise sur le pays réel du monde, de l'Église et du Royaume. Nous ne pouvons les mettre en veilleuse dans le souci de notre propre crédibilisation et dans les débats internes de nos méthodes et de nos programmes. Nous aussi, particulièrement dans le monde universitaire, nous sommes marqués par la montée inquiétante de ce néo-corporatisme qui envahit présentement nos sociétés.

Retenons, pour le moment, les remarques saines et positives de Jacques Audinet sur nos acquis encourageants: «Avec le recul du temps, les dernières décennies donnent le témoignage d'un prodigieux foisonnement d'initiatives et d'un considérable investissement de la pensée qui font qu'on peut dire que les groupes religieux et les Églises apparaissent comme l'un des secteurs les plus dynamiques de nos sociétés...

> Il ne s'agit pas non plus de justifier ou de contester la légitimité d'une telle entreprise. Elle a surgi sous l'effet à la fois des requêtes internes et d'invitations extérieures aux groupes religieux. Il n'est plus possible d'en demeurer à l'auto-justification d'une pastorale se définissant par elle-même indépendamment de l'ensemble social dans lequel elle se déplore et auquel elle s'adresse. Ce qui paraît aujourd'hui aller de soi a cependant suscité bien des débats, et il est importante de noter que les arguments théologiques viennent ici à la rescousse des considérations pratiques: c'est au nom du principe d'incarnation que l'action pastorale se doit de mettre en œuvre les instruments d'efficacité, et partant de rigueur et de vérification, qui sont ceux d'une société et d'une culture donnée ...
>
> Du reste, est-il possible de faire autrement? Parents, éducateurs, responsables de tous ordres sollicitent les Églises de trouver leur place dans les bouleversements qui affectent toutes les sociétés contemporaines. Et voici le pasteur ou le théologien invité à la table des débats avec l'urbaniste, le psychiatre, le militant social, l'administrateur. Impossible d'y parler autrement que dans le langage de tous. Mais pour y dire quoi et de quelle manière[4]»?

Cette dernière remarque introduit bien mon deuxième volet. À savoir, encore ici, des études pastorales qui occupent une position stratégique exposée au cœur de la théologie elle-même.

II. Les études pastorales

dans le débat théologique

Je dis débat théologique, car c'est cette porte d'entrée que j'ai privilégiée pour aborder, cette fois, l'interface des études pastorales qui ont à se situer en théologie, à la fois dans leur différence, leur complémentarité, leurs rapports critiques avec les autres disciplines théologiques, si tant est qu'on puisse parler en ces termes. Encore ici, la position stratégique des études pastorales est exposée à des mises en cause que nous ne saurions ignorer. Surtout dans le monde religieux, particulièrement ecclésiastique, le débat, dans bien des milieux, reste feutré, rarement ouvert sur des confrontations explicites. Et c'est dommage parce qu'il peut être bénéfique pour les uns et les autres. Je trouve important de faire monter en surface, d'abord, les questions critiques qui nous viennent de nos collègues théologiens. Critiques souvent exprimées par incidence et dont il peut être utile de tenter un retissage plus systématique, avec un esprit d'accueil et une volonté lucide d'auto-critique.

Commençons par les critiques les plus simples pour aller progressivement aux plus sophistiquées.

- Des étudiants fatigués d'études théoriques mal digérées dont ils ne voient guère l'utilité s'empressent de les jeter par-dessus bord pour aller vers la terre promise de la pratique pastorale. Après avoir mis de côté des vraies études théologiques, ils finissent par quitter les études tout court. Il y a aussi ceux qui se détournent de la théologie pour établir des études pastorales sur un nouveau fondement, celui des sciences humaines, tout spécialement, les sciences psychologiques et sociales qui bientôt se substituent à la théologie comme telle. Le risque de réduction pure et simple aux sciences humaines apparaît d'autant plus réel, quand on prend acte que celles-ci s'étendent aussi au domaine religieux et comportent aussi une dimension pratique d'intervention psychologique ou sociale, en vue d'un mieux-être de la personne et de la société. Ainsi, y a-t-il une sociologie religieuse comme une psychologie religieuse. Comment dès lors les études pastorales peuvent-elles justifier leur existence propre, sinon en raison du fondement qu'elles partagent avec la théologie, soit la foi chrétienne elle-même[5]?

Parfois l'ironie se fait caustique, tout en révélant d'autres préoccupations qui nous amènent à des débats encore mal élucidés. Tel ce plaidoyer:

> Quelle heureuse trouvaille que cette théologie pastorale. Chaque mot compense l'autre. La théologie effraie. Elle évoque une science abstraite, un peu ésotérique. Devenue pastorale, la voilà à nouveau gonflée de nos préoccupations concrètes, familières et séduisantes. La pastorale seule serait trop facilement un art inférieur de praticiens, une affaire de bon sens et d'expérience. Devenue théologie pastorale, elle rejoint le terrain solide de la science. Elle

pourra s'enseigner doctoralement, faire l'objet de thèses, avec ses spécialistes.» À partir de cette citation de Henri de Lavalette (1961), notre collègue d'aujourd'hui interroge: «S'agit-il de l'agacement d'un théologien envers une annexe qui dérange l'arrangement de son système? Ou bien, est-ce protestation, au nom de l'expérience, contre une intellectualisation qui en émousserait la pointe? Quoi qu'il en soit, il est certain qu'une théologie pastorale, définie comme un domaine à part, est menacée de contradiction: L'expérience y est accordée à la science, comme si elle puisait en celle-ci son expression adéquate; par contre, la science y étend son empire en escamotant plus ou moins le défi de l'expérience et de l'expression qu'elle doit pourtant susciter à sa manière. Allons plus loin, vue comme spécialité, la théologie pastorale ne risque-t-elle pas de contribuer à cette idéologisation de l'expérience qu'elle veut contrecarrer...[6]

Peu à peu la critique va se porter sur la pratique elle-même en relations aussi bien avec des exigences épistémologiques qu'avec la démarche théologique comme telle.

D'entrée de jeu, un troisième plaidoyer reconnaît que l'expression de la foi touchant à l'Église, au domaine sacramentel, à l'existence chrétienne ne s'est produite qu'en lien avec les pratiques orantes, célébrantes, catéchétiques, ethiques, ascétiques. K. Barth, par exemple, définissait volontiers la théologie comme l'instance critique de l'actuelle prédication de l'Église. Mais au fait, de quelle nouveauté s'agit-il? Serait-il de la mise en valeur d'une élaboration plus rigoureuse des relations entre praxis et théorie empruntée aux philosophies et aux sciences humaines, mise en valeur de la pratique qui caractérise certains courants épistémologiques actuels? S'agit-il de la critique d'une certaine théologie «reçue» inconsciente de ses conditionnements historico-culturels, de ses assises idéologiques, qui aurait livré la vie de l'Église au fixisme, tout en légitimant des positions officielles irréformables?

Pour suggestif qu'il soit, le terme «pratique» est vague à souhait. L'apophtegme de Luther: «*sola experientia facit theologum*» ne résout pas grand-chose. Suffit-il qu'une pratique se développe dans le cadre de l'Église ou qu'une action soit menée par des chrétiens, pour que l'on ait affaire à une pratique qui s'impose à l'attention théologique? Peut-on reconnaître à la pratique une certaine normativité dans l'acte théologique? Qu'en est-il du discernement croyant enraciné dans la Tradition vivante? Ne faut-il pas veiller à ne pas plier la foi à n'importe quelle pratique au risque de verser dans la théologie légitimatrice, à la remorque des idéologies religieuses, morales ou politiques.

(Ici, le plaidoyer renvoie à l'ascenseur à ceux qui ont formulé la même critique face à la théologie reçue et officialisée. Mais ne perdons pas de vue son interrogation sur la pratique en théologie).

Il dira ceci: N'y a-t-il pas danger d'une réduction de la vérité théologique au résultat des procédures de l'existence ou au constat d'efficacité dans l'ordre de la science ou de l'action? Toutes les formes de la production théologique devraient-elles se référer uniquement à la pratique? La foi et la religion tout court ne sont pas que pratiques, elles sont aussi sens, symbole, don reçu, mystère, transcendance, et bien sûr. Écriture, tradition, Révélation d'un *Autre* irréductible à notre propre action historique, à nos constructions même de la plus pure inspiration chrétienne. Est-il souhaitable que cette référence obligée à la pratique s'extrapole en modèle pour toute théologie, remplaçant la théologie plus systématique, hier en honneur. À tout le moins, peut-on se demander si tous les secteurs de la théologie relèvent, de la même façon, de ce lieu?

Certains d'entre nous diront que ce plaidoyer est vraiment dépassé et franchement caricatural des études pastorales. Rien n'est plus dangereux que de décréter dépassé et non recevable ce qui est encore bien vivace en pratique comme en théorie. En adoptant cette position, nous serions en contradiction avec notre souci de faire entrer les pratiques réelles dans notre intelligence de la foi et dans nos propres cheminements critiques! Comme si nous avions résolu tous ces problèmes. Là aussi, l'interrogation se tourne contre nous et contre notre propre identification. Certains de nos collègues théologiens disent qu'en études pastorales, les références, les modèles, les méthodes, les objectifs, les vis-à-vis, les interlocuteurs sont si nombreux que du dedans comme du dehors on a peine à saisir l'identité théologique, scientifique et universitaire des études pastorales.

Ce qui amène à une quatrième critique qui porte sur le théologien lui-même! Ici, le procès se durcit. «Étrange théologien, qui ne croit plus à la théologie, qui passe avec armes et bagages, ou plutôt tout nu, du côté des disciplines ou théories qu'il voulait relier à la sienne propre. Le voici donc courant de ville en ville, espérant y trouver bon accueil. Il se fait philosophe, il se fait psychologue, historien, linguiste, il se fait marxiste, militant ou animateur social, conseiller matrimonial, moraliste de service, andragogue... il se fait tout pour être quelque chose». Jusqu'à ce qu'il devienne lui-même objet de science, chez un Bourdieu par exemple. On analyse sa position sociale d'idéologue, sa psychologie de mâle célibataire professant et commentant la loi pour tous. Mais la situation de ces théologiens ne serait que le résultat de l'aliénation de leur propre terre.

Quand le langage de la foi se retire de la conscience, le sujet humain émerge partout où Dieu était nommé et un nouveau terrain est livré à l'exploitation des sciences de l'homme, comme la mer, en se retirant, fait apparaître d'immenses étendues de sable. Un nouveau discours se présente pour expliquer, scientifiquement, de quoi parlait naïvement le théologien. Bref, c'est maintenant le non-lieu de la théologie. Il reste au discours théologique à affronter sa propre mort qui est ce langage de la mort de Dieu que tiennent implicitement ou explicitement tant de discours scientifiques de notre temps. Est-il possible de faire retenir la Parole de Dieu dans un discours humain, ou du moins, de la faire écouter même sans prétendre l'exprimer?

D'où vient cette dérive se demande-t-on ici? Ne serait-ce pas certaines épousailles dites théologiques avec l'une ou l'autre des grandes idéologies dominantes des deux derniers siècles qui ont fait de l'histoire l'horizon unique et ultime de la vie, du sujet humain le simple agent de cette histoire, en oubliant que l'Agir suit l'Être, que seule la «Vérité vous rendra libres», que la différence fondamentale qui détermine l'être de l'homme et qui est le lien de vérification du parler de Dieu, c'est la différence entre l'homme comme agent et l'homme comme accueil, comme dit Gerhard Ebeling? Non, la pratique ne peut avoir ni le premier mot, ni le dernier mot, en foi comme en théologie, si on la réduit à une pure production du sujet humain. Cela vaut aussi ailleurs qu'en théologie, dira Pannenberg: «en face d'une science de l'action qui voudrait s'établir de manière indépendante sur le plan épistémologique, il faut montrer que cette science renvoie nécessairement à une expérience de sens préalable à tout agir et qui ouvre la possibilité d'un agir.»

Ces critiques ont trouvé écho chez nous en études pastorales, et chez vous sans doute. Mon collègue Jean-Guy Nadeau, en relation avec David Tracy, s'interroge en ces termes: «Ne sommes-nous pas trop centrés, surtout dans notre démarche d'interprétation, sur la situation personnelle de l'interprétant et des acteurs de la pratique? Notre temps d'exploration de la Tradition chrétienne est-il trop court? Nos prises critiques sur les profondeurs culturelles et religieuses sont-elles aussi trop courtes?» Et j'ajouterais ceci: notre procès de l'auto-théologie ne liquide-t-il pas un peu trop vite des dimensions fondamentales, telle l'irréductible singularité et altérité de la Révélation comme de la conscience chrétienne jusque dans son fait historique unique inclassable? À ce chapitre, L.M. Chauvet, dans son dernier ouvrage remarquable: *Symbole et sacrement*, a beaucoup à nous apprendre en études pastorales. Il en va de même de Lonergan surtout en matière d'une méthodologie attentive à l'inscription de la transcendance chrétienne à quatre niveaux de conscience: empirique, intellectuelle, rationnelle et existentielle.

Combien d'autres questions attendent d'être mieux élucidées? On sait l'importance de l'Écriture dans la foi chrétienne. Des problèmes épistémologiques comme ces passages de l'herméneutique du texte à l'herméneutique de l'action (et vice-versa), nous concernant au plus haut point. En cette matière et en bien d'autres nous suscitons de légitimes interrogations.

Voilà quelques critiques de nos collègues théologiens. Le tour d'horizon n'est pas exhaustif, mais il suffit pour nous inciter à préciser nos positions théologiques, à bien les fonder dans l'économie chrétienne et dans son évolution historique. Je suis conscient d'apporter ici un point de vue fort limité.

Disons d'abord que c'est dans les Sources même de la foi que nous fondons notre démarche praxéologique. Celle-ci se modèle sur le mouvement même de la Tradition vivante où l'on rend et reçoit de manière inventive. *Non tantum auditores Verbi, sed factores Verbi*, comme y invite l'Épître de Jacques. Certains critiques devraient s'inquiéter davantage de la remontée actuelle de plusieurs formes de fondamentalisme qui figent le mouvement de base de la *traditio redditio*, de la Révélation et de la foi, et enfin du christianisme et de l'histoire. Comment rejoindre l'Action signifiante de

Dieu, de son Christ, de l'Esprit, du Royaume en avant, de ses déplacements prophétiques, avec une obéissance passive, des structures mentales figées, des positions religieuses, morales et politiques immobiles et surtout une foi vissée, arrêtée, immuable et non critique, sans distance sur elle-même? Une telle fixation nous sort non seulement de notre condition humaine historique de liberté et de responsabilité, mais aussi de l'économie même du façonnement de la Bible et des Évangiles, de la pratique de foi elle-même.

Les traditions bibliques se sont constituées et renouvelées dans l'échange critique et innovateur entre l'héritage reçu et les nouveaux signes des temps, entre l'Action inspirante de l'Esprit et celle du peuple de Dieu. La pratique de foi est une composante constitutive de la Révélation elle-même, des Mystères chrétiens eux-mêmes. Les communautés chrétiennes de la Tradition apostolique ont été coopératrices de l'Esprit du Père et du Fils pour la construction des Évangiles, des diverses interprétations que ceux-ci ouvrent aux nôtres du même Jésus fait Christ et Seigneur.

En théologie, cela nous amène à la critique épistémologique d'une conception de la Révélation qui présente celle-ci comme la communification d'un Savoir fixé une fois pour toute, et qui se traduit aujourd'hui dans mon Église par le retour à la Sacra Doctrina toute définie, codée et intouchable que certains pouvoirs religieux opposent aux théologies de la libération, à la catéchèse des dernières décennies, aux réformes liturgiques, aux nouveaux ministères, aux ré-interprétations de l'héritage reçu, de la foi, de la morale et de la culture reçues. Cette mise en cause des lieux importants des études pastorales retentit dans la théologie elle-même et chez les théologiens.

Certains, parmi les plus classiques, ont bien vu l'enjeu. C'est le cas de Claude Geffré. Pour lui, il ne s'agit plus d'un simple déplacement des lieux de la théologie, mais de la théologie et du théologien. Je ne suis pas sûr, dit-il, que plusieurs d'entre nous se soient vraiment déplacés, et que d'autres aient fait l'épistémologie de leur déplacement. Geffré, après avoir établi le passage du savoir à l'interprétation, aborde des terrains épistémologiques qui nous concernent particulièrement, à savoir l'articulation de deux cercles herméneutiques. D'une part, croire pour comprendre et comprendre pour croire, d'autre part, faire pour croire et croire pour faire. «Je dirais que là on assiste à une sorte de renversement. Alors que je croyais pouvoir discerner une antériorité du croire sur le comprendre quand il s'agit de la lecture des textes fondateurs, ici, je dirais qu'il y a une antériorité du faire pour croire par rapport au croire pour faire. Je veux dire que c'est la pratique chrétienne elle-même qui est une pratique signifiante, qui est créatrice de sens nouveaux et d'interprétations nouvelles du message chrétien[8]».

Le passage de la théologie comme savoir à la théologie comme interprétation, dans l'articulation du double foyer herméneutique évoqué plus haut, semble donc inséparable de l'émergence d'un lieu nouveau, à savoir la pratique chrétienne à la fois comme lieu de production du sens du message chrétien et comme lieu de vérification de message. Pour Geffré, «il ne peut y avoir d'interprétation de l'Écriture qui fasse abstraction de la pratique actuelle des chrétiens. La théologie n'est pas un savoir constitué, antérieur à la praxis de la foi et de la charité des chrétiens... celle-ci a un rôle structurant dans l'élaboration du message... ainsi la théologie comme théologie de la praxis ne peut se contenter d'interpréter autrement le message. Elle est créatrice de nouvelles possibilités d'existence[9]».

Retenons la visée prophétique de ce déplacement. C'est la pratique chrétienne elle-même reliée à la pratique historique des hommes, qui est une pratique signifiante, créatrice de sens nouveaux du message chrétien et de «figures nouvelles de l'existence chrétienne», pour reprendre une expression de Geffré. Voyons-en une conséquence majeure: point de transmission de la foi sans réinterprétation créatrice qui fasse retentir une parole d'esprit et de vie, de foi et d'espérance, de don et d'accueil dans l'Esprit de Dieu qui parle et agit au dedans de la pratique historique.

La praxéologie pastorale resserre et précise cette visée de base. Dans la foulée de D. Tracy et de mes collègues Nadeau et Raymond, elle se veut à la fois dévoilement et transformation des pratiques et des acteurs en interaction(s) dans un champ particulier d'expérience, de conscience et d'intervention, créateur de possibilités nouvelles d'être et d'agir en corrélation critique avec la tradition apostolique dans son actualisation historique, dans la tension mondaine et ecclesiale du «pas encore» du royaume à venir. Dynamique critique aussi bien qu'instituante articulée à l'initiative gratuite de l'Esprit qui la précède, l'accompagne et la dépasse par la dramatique libératrice du salut pascal: Mort et Résurrection de Jésus fait Christ et Seigneur, Homme nouveau et Terre nouvelle.

III. Passage du *in vitro* au *in vivo*

Les pratiques et les études pastorales sont des lieux privilégies pour faire passer ce débat théologique du *in vitro* au *in vivo* là où se conjuguent inséparablement les missions aussi bien que les processus d'action, d'intelligibilité et de formation. C'est un terrain irremplaçable d'évaluation et de validation de ce qui se fait aussi bien à l'université dans nos facultés de théologie que dans les Églises et leurs milieux d'implantation. Nous sommes, en études pastorales, au cœur des mutations de tous ordres qui appellent de profonds renouvellements de la pensée et de l'action. Foi, théologie et pratique pastorale n'échappent pas à ces nouveaux défis de pertinence culturelle et sociale qui posent d'autres questions aux sources chrétiennes et à l'Église. Ces questionnements souvent inédits sont inséparables de la «vita apostolica», des tâches les plus cruciales de l'évangélisation. Du coup, c'est affirmer les rapports étroits entre l'interprétation de la pratique et la pratique d'interprétation. Et nous voilà à la fine pointe de l'évolution théologique qui s'est déplacée vers les pratiques comme lieu premier d'une compréhension de la vie et de la foi. Faut-il s'en étonner quand on songe au fait que tous les tournants historiques ont eu en commun une re-saisie et une remise en perspective des pratiques de base, et cela bien dans l'univers religieux que dans les aires séculières de l'expérience individuelle et collective.

Le plus bel exemple, on le trouve dans les Évangiles eux-mêmes. Ce sont les pratiques de Jésus qui révèlent le mieux les passages, les déplacements, les nouveautés de son message en regard de l'Ancien Testament. La guérison de l'aveugle-né en est un des nombreux exemples. On sait que la culture religieuse reçue établissait une sorte d'adéquation entre la maladie, le mal, la culpabilité et «l'a-normalité» sociale et religieuse. D'où les pratiques d'exclusion de la communauté, rattachées à cette liaison de l'infirmité ou de la maladie à la condition de pécheur. «Rabbi, qui a péché pour qu'il soit né aveugle, lui ou ses parents?» Tout le récit de la guérison nous fait découvrir un profond renouvellement du «regard», du «discernement», du «geste» et de «l'horizon de sens et de vie» qui qualifient une tout autre pratique de foi en prise sur un profond changement culturel et social à opérer. Voilà en termes très simples ce que nous appelons la praxéologie pastorale avec ses coordonnées de base: l'observation (le regard), l'interprétation (le discernement), l'intervention (le geste) et la prospective (l'horizon de vie et de sens).

Re-saisie, donc, des actes anthropologiques et évangéliques de base, comme l'a fait Jésus lui-même, tantôt en continuité, tantôt en rupture, tantôt en dépassement, tantôt en inédit, eu égard à la tradition religieuse reçue, à la culture et à la société de son temps. Faut-il le redire, cette démarche est particulièrement importante dans les tournants historiques qui viennent bouleverser les manières d'être, de vivre, de penser et d'agir, de croire, d'aimer et d'espérer, et cela dans les petites choses comme dans les grandes, pour reprendre encore le langage même de l'Évangile. On trouve ici les principaux constituants de ce que nous appelons une praxis. S'agit-il d'expérience ou de conscience, de sens ou de symbole, de vie ou de foi, il y a toujours un ensemble de pratiques de base en interaction, qui en font des réalités vivantes, en évolution, en processus de croissance ou de régression. La praxis fait des sens nouveaux tout autant qu'elle accueille, en «construisant», en agissant, en faisant sens et communauté, en bâtissant cité et Royaume sans les confondre. La praxis inséparablement «exprime», «comprend», «communique», «transforme» l'être individuel et social, l'être théologal et ecclésial. S'agit-il d'institution, elle prend force d'instituant, capable de relier le «même» (l'institué) avec l'autrement que vise toute institution historique vivante et en progrès.

Nous qui sommes avant tout d'une foi prophétique, d'un Royaume en avant de l'histoire, d'un Dieu qui est vrai parce qu'il tient et réalise ses Promesses, d'un Christ ressuscité qui nous précède sur les chemins de libération et de fraternité à ouvrir et à faire, nous devrions être à l'aise avec ces démarches de base de la théologie pratique. Les grandes spiritualités de l'histoire chrétienne se sont construites de cette façon. Elles ont été des praxéologies évangéliques avec leurs touches propres, leurs sensibilités d'époque, leur «vita apostolica».

Cette praxéologie «pastorale» tient sa pertinence de bien d'autres sources. L'exégèse elle-même n'est plus une simple extraction du sens fixe du texte biblique, mais une production de sens. La théologie herméneutique débouche, dans son évolution, vers ses mêmes processus que nous avons décrits en termes de «praxis». Les sciences humaines contemporaines se sont déplacées dans la même direction. Et, raison importante entre toutes, il y a ce passage actuel du système aux acteurs, dans les nouvelles pratiques éducatives, sociales, professionnelles, institutionnelles et politiques. À cela s'ajoutent les dernières avancées de l'andragogie, de la formation des adultes qui passent de plus en plus les pratiques de vie comme lieu premier d'apprentissage, de recyclage, d'éducation aussi bien fondamentale que spécialisée et pratique.

Il y a en études pastorales une riche interaction ternaire entre intelligibilité, action et formation qui ne cessent d'exercer l'une par rapport à l'autre des fonctions critiques, validantes, innovatrices et instituantes. C'est encore une position stratégique riche et prometteuse, ouverte à plusieurs modèles possibles dont notre propre diversité, ici présente, témoigne déjà. Mais il faut bien avouer que ce tryptique pose d'énormes défis de pertinence. Et j'ose espérer que nous pourrons nous éclairer les uns les autres parce que personne de nous n'échappe à cette triple requête. Je me limite ici à signaler un ensemble d'indicateurs de pertinence que je sais non exhaustif, et enfin, un piège important à lever.

1. Nous ne pouvons pas aider des chrétiens adultes, des agents de pastorale à gérer leur propre pratique et ne pas les habileter à gérer leur propre formation. Ambroise Binz de Suisse traduit ce premier indicateur dans les termes suivants: «Dans nos parcours, nous établissons avec chaque étudiant un contrat de formation. Celui-ci est revu tous les trimestres. Il a pour objectif de permettre l'adaptation de la formation aux conditions particulières de chaque formé: ses connaissances antérieures, ses expériences, sa situation personnelle et familiale. Le programme de formation n'est pas considéré comme un passage obligé, mais comme une série de propositions. Les lignes directrices établissent les crédits à acquérir dans les divers domaines de formation. Ce cadre incite à gérer de manière plus ou moins autonome sa propre formation[10]». J'ajoute ceci: le contrat de formation inclut un contrat d'apprentissage relié au stage sur le terrain exigé pour tous les étudiants. Le contrat d'apprentissage est, à plusieurs titres, le test de pertinence de l'ensemble de la formation et de ses diverses composantes. L'étudiant est concrètement mis au défi de préciser ses objectifs d'apprentissage, de bien cerner les connaissances, les attitudes et les habiletés à acquérir, de les mettre à l'épreuve, et d'en évaluer la maîtrise et les résultats, et enfin d'intégrer travail sur le terrain et cours de base en praxéologie. Le cadre contractuel offre la première structuration de base du tandem théorie-praxis, de sa validation part l'étudiant lui-même.

2. Je m'inspire encore ici de Binz: «La formation vise résolument une transformation de la personne. Bien entendu, toute acquisition de connaissances est déjà transformation; encore bien plus, s'il y a acquisition de compétences. Nous ne visons cependant pas un simple changement quantitatif, mais bien un changement qualitatif de l'ordre du savoir-être. Cette transformation qui intègre les nouveaux savoirs et les savoir faire est

une véritable mutation, un passage d'un état à un autre. Les matériaux anciens ne sont pas réduits en poussière, mais intégrés dans une architecture nouvelle... Dans nos divers parcours de formation, nous annonçons clairement, lors de l'entretien en vue d'une inscription à la formation, ce que nous vivons, et que crise il y aura très probablement. Il nous semble que cela fait partie de toute négociation d'une formation. Il en va de la déontologie du formateur chrétien ... Chaque intervenant, expert ou enseignant, de nos parcours de formation est amené à jauger son rapport et sa mission, non au petit secteur de sa spécialité, mais à ces visées plus générales» (Op. cit. pp. 77-79).

Il ne s'agit plus de se poser uniquement la question: De quoi les gens en formation doivent-ils être capables, mais aussi: Que souhaitons-nous avec eux qu'ils deviennent?

3. Transformation personnelle, mais aussi transformation communautaire. Non seulement en relation avec la communauté de formation mais aussi avec la communauté sur le terrain, la communauté d'envoi. Nous misons beaucoup sur l'interaction entre pairs, sur les affinités où se nouent des solidarités de vie, des réseaux d'entraide et d'entrepreneurship, par-delà l'encadrement formel. Moins que jamais, le communautaire est donné au départ. C'est le fruit d'un long cheminement qui nécessite de nouveaux apprentissages. La brisure de la coquille narcissique et fusionnelle très épaisse aujourd'hui, nécessite aussi des pratiques d'altérité jusque dans la déconstruction de sa propre idéologie, de ses positions pré-critiques, dans la conscience critique de ses propres fonctionnements, dans la capacité de gérer tensions et conflits, dans le risque de ré-interprétations qui bouleversent bien des certitudes. Le réel, c'est souvent ce qui nous résiste. Et il a rarement la logique sûre qu'on lui assigne. L'univers religieux se prête si facilement au gnosticisme et à l'aveuglement idéologique. La distance universitaire, scientifique offre un lieu de liberté critique précieux et de confrontation intelligente des positions de base qui souvent sont engoncées dans des zones parallèles sur le terrain. L'expérience d'une communauté critique, autocritique qui assume pluralité, différences, tensions et conflits d'options et d'interprétations est un des apprentissages les plus importantes.

Je tiens à signaler ici une percée communautaire prometteuse. Nos rapports de lus en lus suivis avec les Églises locales ont incité des équipes pastorales comme telles à entreprendre avec nous des programmes de formation et des travaux de recherches. Des effets d'entraînement multiplicateurs en résultent. On sait les limites de la démarche individuelle de l'étudiant qui, sorti de la classe, se retrouve souvent seul dans son milieu pastoral plus ou moins intéresse au projet particulier de formation de l'étudiant. Le contexte est tout autre quand des membres d'une même équipe pastorale interagissent sur une base permanente en relation avec un même programme de formation inscrit dans l'étoffe quotidienne de mille et un échanges, expériences, évaluations et re-questionnements. Quelles richesses pour les temps forts de réflexion et pour les rapports campus-terrain!

Récemment, un groupe d'agents de pastorale de différents champs pastoraux d'une Église locale nous a demandé d'aller plus loin avec eux, à savoir un projet de maîtrise organique articulé à l'ensemble de leur Église locale dont ils représentent les diverses missions dans une même aire sociologique.

J'ai noté plus haut l'extrême diversité des études pastorales qui s'accompagne souvent de dispersion, d'éclatement, d'atomisation. Nous avons besoin d'expériences comme celles-là, plus organiques sur des terrains circonscrits où l'on peut se mesurer à un projet d'Église. Nos méthodes et nos objectifs sont alors soumis à des validations autrement plus serrées et suivies et renouvelées. La tâche capitale d'évaluation, tant chez les formateurs que chez les étudiants, trouve ici des repères et des outils à la fois plus réalistes et plus affinés. Les trois démarches inséparables de l'évaluation: savoir être évalué, s'évaluer et évaluer, ont besoin de ces assises pour leur validation. C'est là l'herméneutique des pratiques et des discours la plus importante.

4. Nous oublions souvent que les étudiants en pastorale sont de groupes d'âge différents, qu'ils ne sont pas à la même étape du cheminement de la vie adulte et active. Certains vivent un battement de requestionnement, d'autres sont en phase de restructuration. Certains entrent au travail, d'autres sont en quête d'un second souffle après une longue foulée. Phase exploratoire, phase de consolidation, phase de remise en question et de recherche, phase d'action et de fécondité, phase de transit vers un autre statut, une autre option. Nous ne pouvons plus nous en remettre aux processus et encadrements académiques traditionnels. Il nous faut une meilleure andragogie jusque dans les modes d'accès au savoir chez l'adulte. Quels sont les traits d'une maturité chrétienne aujourd'hui? Les recherches sur ce point ne sont pas nombreuses. Elles nous concernent particulièrement.

5. Sciences humaines aussi bien que théologie découvrent de plus en plus l'importance de la symbolique et du récit pour l'intelligence de cette énorme part de singularité irréductible qui échappe aux logiques scientifiques des constantes. On sait l'importance de ce registre dans la Révélation elle-même, on sait aussi les rôles prophétiques, critiques et innovateurs qu'il porte. Ricœur et tant d'autres nous l'ont bien montré. Je pense qu'il est important d'intégrer dans nos processus d'intelligibilité, d'initiation praxéologique, de formation théologique et pastorale, et d'exégèse, cette capacité de comprendre, de formuler, de communiquer, de partager, de transformer la foi chrétienne dans ce registre narratif et symbolique.

Chez nous, le récit de chacun est repris en communauté, à toutes les étapes du parcours de formation. Il en va de même des exercices de symbolisation qui sont si nécessaires pour la compréhension et l'assumation de la sacramentalité des Sources, de la foi elle-même, de l'Église et de sa pastorale.

Sur une base plus large, rappelons-nous, avec Habermas, qu'il n'y a pas de pratiques qui ne soient médiatisées symboliquement. «Et si l'action peut être racontée, c'est qu'elle est déjà articulée dans des signes.» On sait l'intérêt du processus de préfiguration, de refiguration et de configuration chez Paul Ricœur pour comprendre les modes de production de l'action comme du texte, de la pratique, de son langage, de son sens, sans compter leur force innovatrice et instituante.

6. L'indicateur précédent en enclenche un autre qui l'alimente. Il s'agit de l'aptitude à l'analyse socio-culturelle. De tous les changements des derniers temps, les culturels sont peut-être les plus marquants. Au cours de ces trente dernière années de travail pastoral et social, à tous les tournants, je me suis rendu compte que les changements culturels étaient le lieu médiatique le plus déterminant non seulement comme distance critique, mais aussi comme inspirateur de nouvelles pratiques, au plan profane comme au plan religieux. Même en pleine décennie «economiste» comme celle des années 1980, ce sont encore les orientations culturelles des modes de vie qui marquent les comportements individuels et collectifs, même dans les luttes et les enjeux du pain et du travail. Les changements culturels n'ont cessé de me forcer à reviser mes problématiques sociales et pastorales, politiques et théologiques.

Au moment où une profonde révolution culturelle prenait son envol en Occident, B. Lonergan écrivait ceci: «*When the classicist notion of culture prevails, theology is conceived as a permament achievement, and then one discourses on its nature. When the culture is conceived empirically, theology is known to be an ongoing process...*[11]» Cette année, nous demandions aux nouveaux étudiants à la maîtrise de nous dire ce qu'ils mettaient sous le terme pratique. Tous sans exception décrivaient leur pratique d'abord en termes culturels. Je reconnaissais bien des traits décrits par les recherches de *The International Research Institute on Social Change* qui a une succursale chez nous. Par exemple, l'affirmation de sujets entiers acteurs-normateurs, intro-déterminées et expérimentateurs, soucieux de qualifier toutes les dimensions de leur vie. Chez eux, ce qui motive et fait agir, ce qui fait autorité, c'est ce qui fait sens physiquement (la santé), psychologiquement (l'affectivité) tout aussi valorisée, socialement (les relations enrichissantes) spirituellement (des objectifs de vie et de travail qualitatifs) directionnellement (besoin de recentrage de leur vie, de leur foi aussi). S'agit-il d'appartenance, on voudra la gérer, la signer de son identité et d'une identité commune? S'agit-il de conflits, on tiendra à les assumer sur un fond de positivité qui fait vivre, qui fait avancer les choses, qui permet de créer, de réaliser des projets utiles et féconds? Passage des modèles mécaniques aux modèles organiques, de l'analyse à la synthèse.

Ces références hélas bien rapides déjà les requêtes de solides apprentissages à l'analyse culturelle dans les processus critiques et constructifs d'élaboration des pratiques. Et que dire de l'impact des changements culturels sur le terrain propre de la foi et de son intelligibilité. Il y a ici double inscription: «celle de la démarche théologique dans le réseau des analyses que la culture contemporaine institue pour maîtriser la réalité du monde, de l'humain, de ses entreprises et de ses discours en contrepoint de «l'inscription de la parole et de l'action de Dieux dans la parole et l'histoire des humains[12]».

Nous l'avons vu plus haut, les transmutations culturelles dans l'histoire du salut sont un lieu privilégié d'intelligibilité des déplacements de la foi et des avancées prophétiques de l'Esprit.

7. Enfin, dernier indicateur et non le moindre. Je l'ai placé ici pour le mettre en contrepoint du piège que je veux lever en bout de piste. Les esprits religieux, y compris théologiques, sont portées à discréditer les études empiriques. Celles-ci sont raréfiées alors qu'elles occupaient une place beaucoup plus importante dans les années 1950, par exemple, quand se sont développées la pastorale d'ensemble et des ensembles et les pastorales spécialisées. Dans mon diocèse, par exemple, nous nous sommes appauvris au plan de la connaissance des données empiriques de nos divers milieux humains. Nous avons investi plutôt dans ce que nous appelions: la qualité de l'offre. Aujourd'hui, nous rencontrons des seuils-critiques, des plafonnements, des échecs, des impuissances inattendues qui ne sont pas étrangers au peu de prise sur la «demande».

Où en sont les gens? Les chrétiens eux-mêmes? Qu'en est-il de leurs styles de vie, de leurs pratiques, de leurs options, de leurs modes d'accès au religieux, à la foi? Quels rapports y a-t-il entre leurs positions sociales ou morales et leur foi? Quels sont les divers profils socio-religieux de classes sociales, de générations, de groupes idéologiques? Que se passe-t-il au juste au plan de la révolution féminine en relation avec l'Église? Pourquoi la pastorale sociale est-elle devenue un parent pauvre dans bien des milieux d'Église? En deçà de nos logistiques sophistiquées en matière de préparation aux grands rites de passages, en matière d'initiation chrétienne, nous connaissons souvent très peu notre monde, pour prendre ici une expression populaire[13]. Nous avons décidé de mettre en œuvre une recherche de trois ans sur ces zones d'ombre. Une recherche en collaboration avec la section des études pastorales à la Faculté de Théologie de Montréal.

Ce problème se retrouve aussi jusque dans l'apprentissage praxéologique à la faculté. Nous nous rendons compte que les étudiants qui n'ont pas fait un travail d'observation, de recherche empirique sérieux accéderont rarement à des interprétations riches et fécondes de leur pratique pastorale. Ils seront aussi pauvres en matière de projets pastoraux fondés et réalistes. À piètre regard, piètre discernement et aussi piètre intervention. Les prises sur le terrain sont trop sommaires et les apprentissages correspondants sont peu valorisés par un bon nombre d'étudiants. Une vraie conversion au réel est à faire. Le monde religieux s'enroule si facilement sur lui-même!

IV. Un piège à lever

C'est ce qui m'amène à cerner un piège important qui nous guette sans cesse, un piège évoqué plus haut par l'expression *in vitro*. Pour le préciser, je vais me servir de l'expérience vécue dans ma société et mon Église depuis quelques années. Une expérience qu'on peut trouver dans bien d'autres sociétés et milieux ecclésiaux.

Je suis d'une société qui s'est voulu, depuis plus de vingt ans, une société laboratoire sur tous les terrains à la fois. On sait qu'en laboratoire, l'expérimentation se poursuit dans des conditions qu'on retrouve rarement *in vivo*, sur le terrain. Cette pratique de laboratoire, chez nous, a produit des effets pervers, des cercles vicieux qu'on commence à peine à identifier. Tout se passe comme si les promesses énormes des réussites en laboratoire venaient accentuer le sentiment d'impuissance et d'échec quand on rencontre des résistances dans le pays réel. Dégonflé, on vient se requinquer dans de nouvelles sessions, dans de nouveaux laboratoires.

C'est bientôt le cul-de-sac qui provoque des phénomènes de rejet, de désengagement, de regression, de marginalisation, de retour au bricolage, de privatisation, de méfiance face à tout ce qui est institutionnel, professionnel ou scientifique.

Il y a bien d'autres effets pervers reliés à ce recours abusif et massif aux conditions artificielles de laboratoire, de clinique, de «comitite», d'échafaudage permanent. On finit par désapprendre la gestion quotidienne des pratiques de résolution des problèmes entre gens concernés, sur le terrain même où ces problèmes se posent. Une énorme corpocratie de tiers intermédiaires, dont les avocats sont le prototype, s'est bâtie sur ce syndrome. Je pense à des conventions collectives de travail que la plupart des travailleurs ne comprennent même pas, au point qu'ils ne pensent rien faire sans un avocat à côté d'eux. Et voilà des professionnalismes qui prétendent instituer la condition humaine jusqu'au détail de la vie quotidienne des autres, et cela sans leur parole et leur expérience.

Ce modèle s'est diffusé dans bien des institutions, y compris dans les Églises. Je retiens ici surtout la pratique de laboratoire. Là aussi, on peut repérer des effets pervers. De beaux laboratoires de catéchèse où l'on pouvait vivre une fraîche expérience chrétienne bien ressourcée ont provoqué chez les jeunes un rejet d'autant plus radical que cette authenticité détonnait davantage avec ce qui se passait dans la vie réelle aussi bien à la maison qu'à la paroisse et ailleurs dans le milieu. Daniele Hervieu-Léger, dans son ouvrage *Vers un nouveau christianisme?* en a donné bien d'autres exemples, tel celui des monastères revisités, tel celui de ces nombreuses communautés émotionnelles, ilots substituts d'Église et de société[14].

On peut tomber dans le même piège, quand on reste dans les échafaudages qu'on a construits. À ce que je sache, un échafaudage n'est pas là pour lui-même. On peut enfermer et s'enfermer dans une méthode aussi bien que dans un idéologie. À ce chapitre, le *in vivo* sur le terrain peut exercer un impact critique sur tous les discours, méthodes et stratégies *in vitro*.

Habituellement, on réserve cette fonction critique au mouvement inverse. In ne faudrait pas qu'en théologie, comme en études pastorales, sous prétexte de scientificité, on ignore que les sciences humaines actuelles se rendent compte que tout n'est pas théorisable. Pensons à ces «irréductibles» que sont les sujets humains individuels et collectifs toujours singuliers, les cultures toujours singulières, les histoires aussi et tous ces facteurs de réalités qui ne sont pas de l'ordre de rationnel. Combine de mouvements contemporains de libération s'affirment précisément au nom du singulier et de l'irréductible face aux anciennes comme aux nouvelles formes d'universalisme abstrait?

Plus encore en christianisme et en théologie, nous sommes d'une expérience et d'une référence qui ne relèvent pas de la logique de nécessité, aussi bien comme histoire, comme transcendance, comme salut, comme Révélation, comme rapport au Dieu Autre, et à certain Jésus fait Christ Seigneur, pour reprendre ici le langage de Paul. Récits et symboles de la Tradition vivante débordent de toute part le Credo et toutes les dogmatiques; ils se comprennent *in vivo*. Les Évangiles ne cessent de remettre en cause, en rupture, en renouvellement, en renoncement, en chemin, en dépassement toutes les structurations qu'on s'est données, tous les institués. On oublie facilement que la pratique de foi est d'une exigence semblable face aux structures d'intelligibilité qui veulent en rendre compte. Le vertige du Corps Ressuscité absent, pour reprendre une expression de L-M. Chauvet, on le retrouve jusque dans l'inévitable inadéquation de nos discours blessés, jamais bouclés, toujours en passage comme le Dieu d'Israël et de Jésus. L'absence de celui-ci, sa perte, a été en quelque sorte la condition de possibilité d'une communauté chrétienne.

V. Conclusion

Je crois entendre quelque chose de ce deuil quand nos étudiants en pastorale décrivent leur formation en termes de rupture, d'épreuve, de crise et aussi d'étonnante libération inattendue. Est-ce la second naïveté dont parle Ricœur? Je crois qu'il y a beaucoup plus... qui nous renvoie tout à la fois à l'emmêlement du Dieu Autre dans nos propres histoires et au retournement nicodémien de nos plus sûres logiques. Dieu ne sait pas, dit Marie Balmary dans son grand ouvrage *Le sacrifice interdit*, Il est en attente de ce que l'autre va dire[15]. Nous en sommes là, nous aussi, face à ce monde immense qui pense et vit hors de notre code religieux, face aux paroles, aux cheminements déconcertants des chrétiens de cette diaspora qui n'entrent plus dans nos copies conformes anciennes et nouvelles.

Reste, bien sûr, cette anthropologie chrétienne de base qui construit le sujet humain avec ses trois grands dons de Dieux inséparables, celui de penser le monde, celui de le transformer et celui de le chanter. Paradigme que Chauvet a transmué dans l'horizon autre de l'économie chrétienne: Écriture, Sacrement et praxis évangélique[16]. Mais toujours le Royaume de Jésus résiste à nos plus fines circonscriptions théologiques et pastorales pour faire des brèches où seul l'accueil de foi peut reconnaître une autre Bonne

Nouvelle inespérée et gracieusement donnée. La praxéologie de nos pratiques, et pas plus l'herméneutique de nos discours, n'ont le premier et le dernier mot de ce qui fonde nos études pastorales.

Notes

1. J.-P. JOSSUA, «La condition des théologiens depuis Vatican II», dans *Le Retour des certitudes*, Paris, Centurion, 1925, pp. 235-257. Voir aussi F. DUMONT, *L'Institution de la théologie*, Montréal, Fides, 1987.

2. M. GAUCHET, *Le désenchantement du monde*, Paris, Gallimard, 1985.

3. Paul VALADIER, *L'Église en procès*, Paris, Calmann-Levy, 1987.

4. J. AUDINET, «Compréhension de l'action religieuse», dans *Etudes pastorales, une discipline scientifique*, Cahiers de recherches en sciences de la religion, Québec, 1987, p. 297.

5. Voir *Les études pastorales, une discipline scientifique?* Cahiers de recherches en sciences de la religion, Vol 8, Québec, 1987, pp. 70-71.

6. F. DUMONT, op. cit., p. 77.

7. *Le déplacement de la théologie*, Paris, Beauchesne, 1977. Particulièrement la deuxième partie: «La pratique comme lien théologique».

8. C. GEFFRE, *Le déplacement de la théologie*, Paris, Beauchesne, 1977, p. 175.

9. Op. cit., pp. 62-63.

10. A. BINZ, *Formation, transformation et institution, dans formation et Église*, Paris, Beauchesne, 1987, p. 79.

11. B. LONERGAN, *Method in theology*, N.Y., MacHilzan, 1972, p. XI.

12. R. MARLE, «La pratique a-t-elle le dernier mot?» dans *Le déplacement de la théologie*, Paris, Beauchesne 1978, pp. 131-143.

13. Reginald Bibby, ici en Amérique du Nord et Lipovetsky en Europe, convergent dans les résultats de leurs recherches: religion à la carte, croyances partielles, credo en morceaux, bricolage de la foi et de la morale, désintérêt pour les dogmes et les Églises, bref l'éphémère en tout. À l'autre extrême du spectrum, le regain des tendances fondamentalistes dans des voies aussi déconcertantes, sans compter des nouvelles formes de spécialisation du cosmos, du para-psychologique et des toutes dernières grandes causes. Tout cela invite à réinterroger le pays réel. Voir R. BIBBY, *Fragmented Gods*, Toronto, Irwin Publishing, 1987. G. LIPOVETSKY, *L'Empire de l'éphémère*, Paris, Gallimard.

14. D. HERVIEU-LEGER, *Vers un nouveau christianisme*, Paris, Cerf, 1987.

15. Marie BALMARY, *Le sacrifice interdit*, Paris, Grasset, 1987.

16. L.M. CHAUVET, *Symbole et sacrement*, Paris, Cerf, 1987.

I.

Méthodes et fondements /
Methods and Foundations

Don Browning

METHODS AND FOUNDATIONS
FOR PASTORAL STUDIES
IN THE UNIVERSITY

Abstract

This paper turns to hermeneutic theory and neo-pragmatism to develop the epistemological foundations of the humanities, social sciences, and theology. The author reviews the turn to practical philosophy in Hans-Georg Gadamer, Richard Rorty, and Richard Bernstein. These philosophical resources provide a new foundation for understanding the role of the practical in university studies. Furthermore, the work of Gadamer provides a framework for understanding the role of the classics in the formation of our cultural consciousness. Concern with the religious classics, from this perspective, becomes a distinctly practical task and provides a theory for the appropriateness of practical theology and pastoral studies in the university. The paper concludes with the development of the revised correlational method in practical theology as a method for pastoral studies in the university.

Do pastoral studies have a place in the modern university? And if they do have a place, what are their justifications and appropriate methods? These are the two questions I will address in the following remarks.

To ask the question of the foundations and methods of pastoral studies within the university is to ask two interrelated questions: 1) what is the relation of pastoral practice within the Judeo-Christian tradition to the kinds of knowledge that the modern university pursues, and 2) what are the indigenous elements within this religious tradition that push it toward a natural involvement with the traditional goals of the university?

The answer to the first question is found, I believe, within the changing understanding of the kind of knowledge and view of reason that is the central concern of the modern university. We are witnessing in our time a shift away from the vision of the university as centered in the discovery of *theoria* and its application to *techne*. In place of the near hegemony of theoretical and technical reason, we are seeing in the last quarter of this century the gradual enthronement of *phronesis* or practical reason and practical wisdom as the emerging center of the inquiries of the university. If this shift is in fact taking place, the practical interests of all the professions, including the ministry, will fit more comfortably within the university of the future. And more and more, I predict, the central question for pastoral studies will be, how does pastoral and religious activity stemming from the Judeo-Christian tradition relate to, contribute to, and perhaps even help rehabilitate *phronesis* or practical reason?

The answer to the second question is closely related to the first. The second questions asks, "what is there in Christianity that gives it a natural concern with *phronesis*?" The answer is found in contemporary scholarship's changing image of primitive Christianity. Recent scholarship helps us gain a clearer picture of the importance of practical wisdom in both the ancient Hebrew and early Christian scriptures.[1] It helps see the centrality of the Hebrew wisdom tradition for a proper understanding of the figure of Jesus and the important ways that the Hebrew wisdom tradition interacted in both Jesus and Paul with Greek traditions of *phronesis*.[2] These fresh perspectives portray Christianity as both dependent upon tradition of practical reason as well as contributing, through doctrines of grace, forgiveness, and resurrection, to the renewal of practical wisdom. The university and pastoral studies have something to do with each other because of their common concern with practical wisdom and its renewal.

Although these two questions about the purposes of the university and the nature of the Judeo-Christian tradition are of equal importance, I will address primarily the first. There are important new philosophical resources for the reenvisionment of the nature of the knowledge that the university pursues. These new resources are also important for building the case for the grounds and methods of pastoral studies in the university. It is to a review of these philosophical resources that I now turn.

Schleiermacher's Proposal

My views overlap with, but are distinguishable from, those of Schleiermacher. Schleiermacher built the most powerful justification to date for the role of pastoral studies in the university when he addressed the German situation in his *Brief Outline of the Study of Theology* (1811).[3] There, and in other writings, Schleiermacher justifies the role of pastoral studies in the university in analogy to the justification of the other major professions of medicine and law.[4] There needs to be an educated leadership for the institutional church just as there must be an educated leadership for the professions of law and medicine.

In line with his justification for theology in the university around the professional and leadership needs of the church, Schleiermacher characterized theology as a "positive" science in contrast to a pure science. By positive science, Schleiermacher meant that theology is the systematic study of a particular religious tradition, a particular mode of faith, and a particular consciousness of God with regard to "carrying out a practical task" on behalf of the church.[5] Of course, in this case, the particular religious tradition that Schleiermacher had in mind was Christianity (more specifically the German Evangelical Church). It was the historical reality of this tradition and the practical task of ordering the life of the German church that gave theology, according to Schleiermacher, its unity, purpose, and justification in the modern German university.

Several observations are suggested by this brief review of Schleiermacher's position. First, it gives a highly historical and contextual justification for theology in the university. It is because of the role of Christianity in German culture and the importance and centrality of the church to German culture that theology is presumed to have a place in the university. Second, it defines theology as a practical task in its entirety. Practical theology is the "crown" of theology.[6] But this means, more specifically, that Schleiermacher saw practical theology as the completion of both philosophical theology and historical theology, which were for him practical or positive sciences as well. And finally, it means he saw the whole of theology as aimed toward critical and reflective education for the leadership of the church. But to be fair to Schleiermacher, he never quite confined theology to the professional or "clerical paradigm" as is some times suggested.[7] Theology was for the education of the leadership of the church in the broadest sense.[8] Partially on the authority provided by Schleiermacher and for other reasons to be advanced later, I will use the phrase "pastoral studies in the university" to mean critical graduate theological studies with a practical intent for both the clergy and the laity.

The Retrieval of *Phronesis*

In what follows I will extend Schleiermacher's arguments for the place of pastoral studies in the university with the aid of recent philosophical arguments about the centrality of *phronesis* in human knowledge. Since Schleiermacher's time, there has been a deepening crisis over the questions of the nature and grounds of practical knowledge or practical wisdom. The crisis was already developing in the time of Schleiermacher with the growing power and reputation of the natural sciences (*Naturwissenschaften*). Schleiermacher and Dilthey, in their different ways, labored to state the grounds of the cultural and moral sciences (*Geisteswissenshaften*) and each helped give birth to alternative models of hermeneutics. Although it was the intention of Schleiermacher and Dilthey to save the modern university from the clutches of the objectivism of the natural sciences, Gadamer believes that they fell into another kind of objectivism. It was not the objectivism implicit in the explanatory interests of the natural sciences but rather an objectivism of the human spirit. One can see this especially in Dilthey. For him, the task of the cultural sciences is to understand the meaning of another's cultural experience objectively, i.e., as nearly as possible in the way the other experiences it him or herself.[9] By making both the natural and cultural sciences objective, Gadamer believes that Dilthey obscures the way historical understanding should be seen as a form of *phronesis* or practical wisdom.[10] Both the natural and the cultural sciences became for Dilthey ways of gaining objective knowledge.[11] There is a sense in which Dilthey conceived of hermeneutics in a manner as to be competitive with the natural sciences; both in different ways were objective, scientific, and concerned with achieving Cartesian certainty.[12] Rather than enhancing the prestige of the practical, Dilthey's hermeneutics actually tended to join with the theoretical and technical goals of the *Naturwissenschaften* to further discredit all forms of practical knowing whether it be connected with ministry, pastoral studies, social work, medicine or psychotherapy.

It is, however, in the philosophical hermeneutics of Hans-Georg Gadamer and the neo-pragmatist philosophy of Richard Rorty and Richard Bernstein that one finds the most powerful recent statement of the centrality of phronesis for human knowing. In these thinkers we see a picture of human knowing and the social sciences as historically situated, tradition-laden efforts to reconstruct experience in an effort to find practical orientations toward the future. Indeed, if one takes seriously the work of Thomas Kuhn, both the natural sciences and the social sciences emerge as historically situated, community-based, tradition-saturated conversations in which major shifts in theoretical paradigms are determined as much by nonrational or practical factors as they are by replicable empirical evidence.[13] In brief, there is emerging in philosophy a major shift toward a hermeneutical model of human knowing. This hermeneutical approach, in contrast to that of Dilthey, is understood in analogy to the process of practical inquiry, i.e., in analogy to *phronesis*. Against the background of this philosophical turn and its implications for the central concerns of the university, the kind of inquiries associated with pastoral studies not only seem to fit in institutions of higher learning, they seem indeed to be almost paradigmatic of the basic goals of the university when these goals are properly conceived.

Space permits only a small sampling of the resources to be found in these philosophical programs. I will first turn to Gadamer. Many readers have failed to notice how Gadamer's philosophical hermeneutics and theory of interpretation are amplified and illustrated with reference to Aristotle's theory of practical reason or *phronesis*. Gadamer repudiates the hegemony of Enlightenment and twentieth century positivism by showing the role of prejudices (prejudgements) and what he calls "effective history" in the interpretive process. He develops his theory of human understanding in analogy to a conversation or dialogue between two persons. For such a conversation or dialogue to be correctly represented, it must be seen as a kind of moral conversation when "moral" is understood in the broadest sense of the word. After reviewing in some detail Aristotle's understanding of moral knowledge or *phronesis*, Gadamer concludes, "if we relate Aristotle's description of the ethical phenomenon and especially of the virtue of moral knowledge to our own investigation, we find that Aristotle's analysis is in fact a kind of model of the problems of hermeneutics."[14] By this he means that for Aristotle, moral knowledge was never a matter of taking an abstract moral universal and then applying it to some concrete situation. The concern with application to a particular situation is there from the beginning and guides the way we question and make use of a moral resource or tradition.

The same is true, according to Gadamer, with the process of understanding in the human and social sciences. Gadamer writes that "application is neither a subsequent nor a merely occasional part of the phenomenon of understanding, but co-determines it as a whole from the beginning."[15] In both understanding and in *phronesis*, questions arising from our concrete historical situation guide the knowing process from the beginning and shape it to its necessarily transient conclusions.

Gadamer's belief that the concern with application precedes rather than follows the understanding process absorbs hermeneutics in any of its fields of employment—the humanities, history, law, or theology—to a kind of moral dialogue or conversation. This is made even clearer when we consider his concepts of prejudice and effective history. Amplifying insights gained from Heidegger, Gadamer argues that every attempt to understand a text, work of art, or a social phenomenon is guided by our prejudices or fore-concepts.[16] In contrast to the Enlightenment when prejudices were discredited and seen as obstacles to objective knowledge, Heidegger and Gadamer argue that understanding takes place with reference to the fore-concepts that we bring to the understanding process as these are refined in an experimental and dialectical conversation with the text or object being interpreted.[17]

Furthermore, in Gadamer's concept of "effective history" the idea is developed that the events of the past shape present historical consciousness. As Gadamer says, there is a "fusion of the whole of the past with the present."[18] This means when we interpret the classic texts of the past, we do not confront them as totally separate and alien entities. They are already a part of us before we begin interpreting them. These monuments already function through our cultural heritage, however faintly, to form and shape the fore-concepts and prejudices that we bring to them. And finally, the understanding process is depicted by Gadamer as a fusion of horizons between the questions and fore-concepts that we bring to the classic texts and monuments of a culture and the meanings of witness of these texts.[19] Once again, this should be seen as an eminently practical task whereby the past is retrieved and yet reconstructed in an effort to gain orientation toward the future.

Gadamer's hermeneutic philosophy has enormous implications for a reenvisionment of a wide range of university studies. Furthermore, it has enormous implications for philosophy, the social sciences, and theology. Some philosophers such as Richard Bernstein and Richard Rorty have even carried Gadamer's hermeneutical vision into the philosophy of the natural sciences; Thomas Kuhn, earlier and on different grounds, also carried practical philosophy into his understanding of the natural sciences.[20] In the practical philosophies of these authors, the stranglehold of the natural sciences and positivistic approaches to knowledge is broken, the situated conditioned nature of knowledge is acknowledged, and the value-laden commitments implicit in all humanistic knowledge, and perhaps even the physical sciences, is exposed. Theology in general and pastoral studies in particular no longer appear to be the exceptions to otherwise value neutral academic pursuits in either the *Naturwissenschaften* or the *Geisteswissenschaften*. Since prejudgements and participation in effective history are elements in all understanding, theology seems all the more essential for the university because of its responsibility for the interpretation of certain classic religious texts that have been so fundamental to our society and are so much a part of our consciousness. And since all understanding and interpretation is revealed to have an essentially practical purpose, theological studies designed to support the practical activity of the leadership of religious institutions seems entirely natural, reasonable, and comfortable as part of the modern university.

The Neo-Pragmatist Extension of Hermeneutical Philosophy

The neo-pragmatic philosophy of Richard Rorty has extended Gadamer's hermeneutics and fashioned an even more radical attack on the pretensions to total objectivity in modern philosophy and science. Rorty completely rejects the view that philosophy, for instance, is an objective enterprise built on some firm epistemological foundation that can stand above and judge other more relative and conditioned cultural enterprises such as religion, politics, or education. Such a foundationalist aspiration made philosophy since Descartes both a "substitute for religion" and "an escape from history."[21] Rather than seeing philosophy as an objective discipline built on empirical copies or representations of nature (Rorty's famous "mirror of nature"), Rorty sees philosophy as at best a therapy or facilitator of a practical conversation between various historically conditioned cultural voices. Both Rorty and his disciple Jeffrey Stout believe that religion is certainly entitled to be one of those historically conditioned and relative cultural voices. As Stout says, rational appraisal of any kind is relative to some conceptual scheme which is itself a matter of belief or faith. On this score, as Stout writes, "theism is at least no worse off than any other system of beliefs."[22] If this is so, religion and even pastoral studies should be granted a place within the ongoing conversation of the university. All the voices in this conversation, including that of religion, would be judged not on the basis of appeals to foundations or origins, be they empirical experience, a priori certainties, or the truths of revelation. Rorty and Stout follow James and Dewey in repudiating the past and instead look for validity in terms of fruitfulness and moral consequences for the future.[23]

One does not have to go along with Rorty's radical statement that his view of philosophy "aims at continuing a conversation rather than at discovering truth" to appreciate the power and insight in his extension of the sphere and importance of what we have called *phronesis*.[24] In fact, it is precisely in the theory of truth in both Rorty and Gadamer that we must find our most serious problems with their otherwise engaging arguments for the centrality of practical wisdom as conversation and dialogue. With the help of Richard Bernstein, we will soon turn to a deeper consideration of the nature of the truth claims that should hold in this ongoing conversation—claims with which theology and pastoral studies would need to conform were they to be included.

Method in Pastoral Studies

The view of knowledge put forth in the hermeneutical philosophy of Gadamer and the neo-pragmatism of Rorty presents a view of reason as highly dialogical, historical, tradition laden, and practical. The more discrete empirical and methodological maneuvers of the natural world and social sciences are now seen as at best stabilizing or objectivizing moments within a larger historical and traditional-saturated cultural conversation. Pastoral studies have every right to be part of this conversation because of its practical natures, the importance of the classic religious texts which undergird pastoral studies, and the way these texts not only shape the religious institutions of the West but also have become a part of the effective history of us all. But it is now time to supplement this more general rationale for pastoral studies in the university with more concrete suggestions about methods in pastoral studies.

I will precede my major recommendations with three minor proposals. These proposals need far more development than I can give here. But they are important and must at least be introduced. Pastoral studies, I contend, must be 1) ecumenical, 2) go beyond, yet include, what Edward Farley has called the "clerical paradigm,"[25] and 3) contain a strong descriptive moment. First, since the justification for pastoral studies presented here is largely historical and hermeneutical in Gadamer's sense of these terms, those religious groups included in the pastoral studies of the university should be those religious bodies that are serving the broad mass of the people of a particular culture and that are also willing to take part in the critical conversation of the modern university. The precise ecumenical and interfaith mixture, of course, would shift from place to place and from time to time as religious institutions of particular cultures evolve.

Second, pastoral studies should be dedicated to the critical education of the leadership of the religious institutions of our society. Leadership, here, should have the widest possible meaning. It would include, of course, leadership in the clerical sense, but it would also include leadership by lay professionals or simply the leadership of the intelligent and inquiring nonprofessional layperson. It would follow, therefore, that the integrating discipline of pastoral studies would be a kind of broadly conceived practical theology. Along with such authors as Alastair Campbell, David Tracy and others, I have for some time seen practical theology as critical theological reflection on the life of the church in the world.[26] Such a definition of practical theology makes theological reflection on the specific tasks of the ordained minister an important but partial subtopic of this larger task of practical theology. It is toward this understanding of practical theology that I would want to shape what is communicated by the phrase "pastoral studies."

Third, the practical theology at the core of pastoral studies needs to have within it a strong descriptive component. It needs to be able to describe the situations it addresses. But description is a complex task, especially when placed within the context of the hermeneutical philosophy developed here. Within this context, description of contexts is always a part of a larger moral-interpretive conversation. This means in part that the context of action partially must be described in light of the normative witness of the classic texts with which the practical theologian is in conversation. But I would recommend envisioning the description needed for practical theology is something close to the mixed model of *verstehen* and explanation that one finds in Weber, Ricoeur, Tracy, and Bellah.[27] The more explanatory psychological, sociological, and economic approaches to description can be useful if they are subsumed as submoments within a larger hermeneutical approach, and when the empirical claims of these disciplines are continuously examined for their own implicit normative moral, and ideological commitments.

If pastoral studies in the university are to be built around the disciplines of practical theology, how then would such a discipline be conceived? More specifically, how would it be envisioned in light of the hermeneutical epistemology developed in the above paragraphs? My answer would be that such a practical theology would need to be conceived as 1) *correlational*, and 2) *critical*. These are the two major proposals that I want to develop at some length.

1. *Practical theology is a revised correlational conversation.* In saying this, I am referring to a model of practical theology that David Tracy and I have been developing for several years. Such a model begins with the recognition of the situation context of the interpreter listening to and questioning classic texts that are already a part of the effective consciousness of the interpreter. This point of view envisions Christian theology as a revised correlational conversation between the situation of the interpreter and what Tracy calls the "Christian fact" witnessed to in the classic Christian text.[28] This leads Tracy to propose the following definition of practical theology, as "the mutually critical correlation of the interpreted theory and praxis of the Christian fact and the interpreted theory and praxis of the contemporary situation."[29]

To fully understand the significance of this proposal, I want to complexify it by introducing a point developed by Evelyn and James Whitehead in their *Method in Ministry* (1980). They suggest that Tracy's two-way conversation between interpretations of the cultural situation and interpretations of the Christian fact should be extended to become a three-way conversation. This conversation, according to the Whiteheads, should also include the personal experience of both the interpreter and the individuals he or she is addressing. Now the conversation is a three-way dialogue between more general interpretations of contemporary cultural experiences and practices, interpretations of personal appropriations of that broader cultural experience and practice, and interpretations of the meaning and practices of the central Christian witness or fact.[30] The Whiteheads believe that Tracy's correlation between the Christian witness and interpretations of contemporary cultural experience overlooks the uniqueness of the individual's particular cultural experience, thereby leaving out the existential core or life-world of a particular person. In bringing this to our attention, the Whiteheads are bringing into practical theological method some of the insights of psychotherapy and clinical pastoral training. These perspectives teach us that there is no homogeneous cultural experience, in spite of certain general trends; there are other people's cultural experience and there is my unique version of available cultural metaphors, symbols, and traditions. The practical conversation of practical theology must include all three voices. It must find ways to include what is so often excluded, i.e., the personal experience and practices of the interpreter and, of course, the individuals in his or her actual audience, but always in dialogue with both wider cultural experience and normative Christian meanings and practices.

This conversation is or should be a correlational conversation that searches for *identities, non-identities,* and *analogies* between interpretations of normative Christian meanings and practices and contemporary cultural and personal meanings and practices.[31] The revised correlational method of practical theology repudiates all simple "Christ against culture" models of Christianity, be they Barthian, fundamentalist, or sectarian.[32] Indeed, there will be many times that the Christian witness finds only discontinuity between itself and various cultural experiences. But Gadamer's concept of effective history helps us understand why there are occasions when one discovers significant analogies between the Christian witness and contemporary cultural expressions; this happens because large portions of society have already been in part shaped by this witness even if it has been mostly forgotten. For pastoral studies to exist in the university is for pastoral studies to have conversations with parts of the university which have already been significantly formed by the specific religious history that pastoral studies tries to critically reappropriate. Pastoral studies belong in the university because Judeo-Christian history is already in the university.

2. *Pastoral studies must be critical.* A revised correlational approach to practical theology should be distinguished from a Tillichian correlational approach. To apply a Tillichian correlational approach to practical theology (something that Tillich himself never did) would mean correlating the questions about norms implied by the cultural practices of a particular era with the answer about norms which come from interpretations of the Christian fact and witness.[33] This question and answer view of the relation of Christianity to contemporary cultural practices elevates Christianity too easily into the role of cultural guide without arguing for the critical grounds which gives Christianity the right to play this role. The revised correlational approach to practical theology envisions a three-way conversation whereby both the questions and answers about the norms of personal and cultural practice are *critically compared* to the interpreted norms about practice of the central Christian witness. Such a revised correlational conversation between Christianity and personal and cultural practice requires a very open conversation indeed. It cannot be thought that the Christian witness about practice is automatically correct even if it can be authoritatively represented. The answers of cultural and personal experience must be taken seriously. Identities, non-identities, and analogies should be discerned. And critical reasons for the weight of Christian answers about norms and practices must be advanced as a part of an ongoing dialogue and conversation.[34] This is a stance that the practical theology of the church should take before the entirety of the culture; it is certainly the stance that it must take within the context of the university.

In entering a critical conversation with different cultural voices, practical theology should both affirm its confessional beginning point and yet be willing to advance reasons for the norms of practice that it upholds. Practical theology should be both confessional and critical-reflective as indeed, if Gadamer and the neo-pragmatists are right, are all of the cultural and scientific disciplines. But to be a part of the conversation about practice in the university, practical theology and pastoral studies must be willing to maximize their reflective and critical moments more than they generally have when ensconced within the protectiveness of the denominational seminary. Practical theology must be willing to advance reasons for its claims about truth and value even though its claims find their first inspiration in witness and confession. But this is not simply a problem for practical theology. It is a problem for all the human sciences, especially when they are conceived within their proper hermeneutical frameworks.

Here, as I mentioned in the paragraphs above, both Gadamer and Rorty, although very helpful in identifying the historical and situation location of all knowledge, are less than helpful in identifying the criteria of truth and value that might mediate conflicting claims that emerge in our cultural conversations. Richard Bernstein poses the problem well with regard to Gadamer when he writes,

> Although the concept of truth is basic to Gadamer's entire project of philosophic hermeneutics, it turns out to be one of the most elusive concepts of his work. . . . It might seem curious (although I do not think it is accidental) that in a work entitled *Truth and Method* the topic of truth neverbecomes fully thematic and is discussed only briefly toward the very end of the book.35

Bernstein admits that Gadamer is primarily interested in truth in the sense of *aletheia* and *Wahrheit* and not truth in the sense of discrete facts of certainty (*Gewissheit*).[36] Nevertheless Bernstein believes that the idea of meaning as "fusion of horizons" is quite indeterminate as to the arguable or warranted truth or value of any particular fusion. Bernstein reminds us that

> . . . tradition is not a seamless whole. There are conflicting traditions making conflicting claims of truth upon us. . . . If we take our historicity seriously, then the challenge that always confronts us is to give the best possible reasons and arguments that are appropriate to our hermeneutical situation in order to validate claims to truth.[37]

Bernstein agrees with the conversational and dialogical model of truth that we have found in both Gadamer and Rorty. But he tries to steer a course between Gadamer's unwarranted appeals to truth as beauty discovered in the fusion of horizons and Rorty's collapse of truth to our ongoing conversations, to what keeps these conversations going forward, and to what our communities of dialogue will let us get away with saying.[38] He continues to remind us of the highly situated and hermeneutical character of all our truth claims but insists on the need to advance reasons, warrants, and justifications in our developing conversations. If one applies Bernstein's views to the question of pastoral studies in the university, we would be required to admit that pastoral studies are probably no more or less historically situated and hermeneutical than other supposedly more objective or scientific cultural and social scientific disciplines. On the other hand, pastoral studies are no less required to enter into ongoing conversations with reasons, arguments, and warrants than are the other disciplines. To admit that reasons and arguments are partial and situated is not to say that they are irrelevant and unnecessary.[39] The willingness to enter into a critical dialogue is all the more important if pastoral studies aspires to influence the public ministry of the church in its efforts to help shape the larger social environment of which it is a part.

To say that pastoral studies in the university should be willing to enter into a public conversation with warrants and reasons is not to say that pastoral studies should forego a stance of witness. For inner-theological reasons, pastoral studies should be permitted to acknowledge it studies a religious tradition that invites commitment and witness. Furthermore, the Western religious traditions, because of their practical components, speak to the heart as well as the mind. Pastoral studies should not be required to hide the confessional, liturgical, proclaimational and transformational appeals of religion any more than departments of English are required to hide the fact that poetry moves us and novels probe our hearts and carry us into new worlds of meaning. But it follows from the view developed here that pastoral studies departments are obligated to give reflective reasons and warrants for the manifestations and proclamations of truth and beauty that shine through the traditions they study. It is first of all the task of practical theology to hear and be open to these appeals and only secondarily to share warrants for the truth of what it hears.

Warrants and the Five Dimensions of Practical Theology

Nevertheless, the giving of warrants is a responsibility that practical theology as the center of pastoral studies must accept. In my own work, I have tended to see the practical religious experience carried by particular traditions as thick and characterized by at least five distinguishable but overlapping levels or dimensions.[40] I will not fully amplify here what I have written about rather extensively; I wish only to illustrate a small portion of the wide range of warrants that practical theology should be willing to pursue in order to give *some* stabilization to the highly situated conversations it will pursue—conversations both within the church and between the church and its surrounding communities.

First, the practical theologian begins with a sense of problematic about practices; these can be corporate practices within the church, practices in society, and practices of individuals both within and outside the church. Practices, however, always have a certain pattern or rule character. But the patterned or rule character of practices should not be allowed to obscure their thickness or many-dimensional nature. One of the first tasks of the practical theologian is to learn to describe practices—the practices of the normative Christian witness, the practices of social situations that theology addresses, and the particular practices of the practical theologian and his or her intimate groups. This is the three-way conversation about practices outlined above.

But practices are thick and the description of practices should be thick as well. Behind the patterned or rule-following nature of all practices, whether religious or not, are visions and deep metaphors that suggest views of the way the world really is. These metaphorical visions are the second dimension of practical theology. Third, hovering over specific practices are implicit or explicit general principles of obligation such as the golden rule, the principle of neighbor love, utilitarian principles of the greatest good, ethical egoist principles about maximizing the good for oneself, or perhaps principles that direct one to follow the commands of God. Fourth, implicit in these practices are judgements of value or good in the more strictly premoral sense of the word. And finally, there are specific perceptions of concrete social and natural environments and the constraints these may place on the harmonious and moral satisfaction of our wants, needs, and premoral interests.

In spite of our growing awareness of the situated and historically relative character of our conversations, if we follow Bernstein, this only suggests more humility about the extent of the generalizability of our claims for truth and value and the extent to which our claims can even be clearly formulated outside of specific contexts of discussion. This insight does not, however, mean there is no need for warrants at all. This humbled attitude toward reasons and warrants is not the same as total humiliation. Claims about truth and value can be made with sufficient force to count for reasonable arguments, if not for all times and places, at least for certain specific times and places. And, of course, in our world of quickly expanding communication and interaction between various communities, all particular times and places are more and more overlapping and interacting.

Let me illustrate at the first three dimensions some of the warrants that are needed to progress in the three-way conversation that practical theology within the university should be willing to pursue. First, with reference to competing deep metaphors that stand behind practices, warrants about their possible validity clearly raise metaphysical issues. The historicism entailed in the hermeneutical and neo-pragmatic approach I have been taking does not necessarily rule out, as Rorty thinks it does, metaphysical discussion.[41] But it may argue for a process metaphysics to account for the very possibility of an historicist world, as William Dean has recently forcefully proposed.[42] In addition, although no metaphysical argument will ever settle definitively the question of God, it is clear that some models for representing God's relation to the world are more consistent with accepted knowledge than others. A conversation about the adequacy of various metaphors and models to the general features of the world can be meaningfully pursued even though from the perspective of hermeneutical philosophy this conversation will break up and become reconstituted time and again as circumstances change. Our metaphysical discussions will not give us definitive and eternal systems, but they may provide us with shifting but orienting buoys that can give us some sense of direction in the ever tumultuous ocean of our conversations about our practical life together.

Second, warrants about general principles of obligation may entail philosophical reflection on the logic of such principles as the golden rule and neighbor love which are so fundamental to both Christianity and Judaism. Pursuing this will entail a conversation with moral philosophy. This will lead to asking such questions as, are these principles more strictly deontological as the Kantians claim,[43] utilitarian as Mill and Fletcher held,[44] or something more of a mixed principle combining deontological and teleological modes of argument as Ricoeur and Frankena would claim?[45] It would also entail asking such questions as what the deep metaphors and narratives about God's love, grace, and forgiveness contribute to the way these principles work in a Christian context? And finally, what would they mean concretely in different social communities with their wildly different views of the good to be pursued under the direction of these principles?

And thirdly, there are warrants to be advanced about the kinds of good, in the more specifically premoral sense of the term, that are justifiable to pursue in various situations. Warrants about the good are always first of all historical and conventional. Different traditions teach differing views about the relative value of such goods as pleasure, sexuality, cognitive learning, education, mobility, and self-actualization. But traditions and their respective catalogues of goods can conflict with one another and changing circumstances can produce conflicts within single traditions. When this happens historical warrants can only be highly important suggestive guidelines and not definitive arbitrators of the good. The practical theologian must then turn to fresh examinations of experience and to the more controlled observations of the social and psycho-biological sciences. Yet even here, from a historicist and hermeneutical perspective, insights from both will be more fragmentary, situated, and tentative than empiricists are inclined to believe. Current and future discussions about sexuality that threaten seriously to polarize Western societies, both in and out of the church in coming decades, are an example of an issue that will require a complex set of warrants about the nature of human needs, tendencies, and their possible organization—warrants that are quite difficult to achieve and even more difficult to communicate successfully.

In conclusion, let me simply restate two basic requirements for pastoral studies to function within the university. The university must be willing to admit more than it does now the centrality of historically situated practical studies for its fundamental purposes. On the other hand, pastoral studies must be willing to foster a practical theology that is willing to advance reasons and warrants for what it considers to be the implications for *praxis* of the religious tradition it studies.

Notes

1. For samples of this growing body of literature, see Hans Dieter Betz, *Essays on the Sermon on the Mount* (Philadelphia: Fortress Press, 1985), p. 6; Wayne Meeks, *The Moral World of the First Christians* (Philadelphia: Westminster, 1986), pp. 41-96; Leo Perdue, "The Wisdom Sayings of Jesus," *Foundations and Facets Forum*, 2,3 (Sept., 1986), pp. 3-33.

2. William Beardslee, "The Wisdom Tradition and the Synoptic Gospels," *Journal of the American Academy of Religion*, 35 (1967), pp. 231-40.

3. Schleiermacher, *Brief Outline*, pp. 19-27.

4. Schleiermacher, "Reflections Concerning the Nature and Function of Universities," *Christian Scholar*, 48 (1965), pp. 139-157.

5. Schleiermacher, *Brief Outline*, p. 19.

6. *Ibid.*, p. 25-27; see also, John E. Burkhart, "Schleiermacher's Vision for Theology," Don Browning (ed.) *Practical Theology*, (San Francisco: Harper and Row, 1983), p. 43.

7. Edward Farley, "Theology and Practice Outside the Clerical Paradigm," *Practical Theology*, p. 26.

8. Schleiermacher, *Brief Outline*, p. 92.

9. Hans-Georg Gadamer, *Truth and Method* (New York: Crossroad, 1982), p. 204-05.

10. *Ibid.*, pp. 192-214.

11. Gadamer, *Truth and Method*, p. 211; Richard Bernstein, *Beyond Objectivism and Relativism* (Philadelphia: University of Pennsylvania Press, 1983), p. 37.

12. Gadamer, *Truth and Method*, p. 213.

13. Thomas Kuhn, *The Structure of Scientific Revolutions* (Chicago: The University of Chicago Press, 1970).

14. Gadamer, *Truth and Method*, p. 289.

15. *Ibid.*

16. *Ibid.*, pp. 235-241.

17. *Ibid.*, p. 306.

18. *Ibid.*, p. 273.

19. *Ibid.*, pp. 273-74, 337-41.

20. Kuhn, *The Structure of Scientific Revolutions*, pp. 41, 53.

21. Richard Rorty, *Philosophy and the Mirror of Nature* (Princeton: Princeton University Press, 1979), p. 4.

22. Jeffrey Stout, *The Flight from Authority* (Notre Dame: University of Notre Dame Press, 1981), p. 11.

23. Richard Rorty, *Consequences of Pragmatism* (Minneapolis: University of Minnesota Press, 1982), p. 25; Stout, *The Flight from Authority*, pp. 20-21, 35-36, 64-76.

24. Rorty, *Philosophy and the Mirror of Nature*, pp. 373; Rorty, *Consequences of Pragmatism*, p. 166.

25. Farley, *Theologia*, p. 87.

26. Alistair Campbell, "Is Practical Theology Possible?" *Scottish Journal of Theology*, 5,25 (1972), 217-227; David Tracy, *The Analogical Imagination* (New York: Crossroad, 1981), pp. 54-98; Tracy, "The Foundations of Practical Theology," *Practical Theology*, 61-82.

27. For a useful discussion of these issues, see Tracy's *The Analogical Imagination*, pp. 115-124; Paul Ricoeur, *Hermeneutics and the Human Sciences* (Cambridge: Cambridge University Press, 1981), pp. 145-164; Robert Bellah, et. al., *Habits of the Heart* (Berkeley: University of California Press, 1985), pp. 297-308.

28. David Tracy, *Blessed Rage for Order* (New York: The Seabury Press, 1975), p. 49.

29. Tracy, "The Foundations of Practical Theology," *Practical Theology*, p. 76.

30. James D. and Evelyn Whitehead, *Theological Reflection and Christian Ministry* (New York: The Seabury Press, 1980), pp. 1-7.

31. Tracy, *The Foundations of Practical Theology*, p. 76.

32. H. Richard Niebuhr, *Christ and Culture* (New York: Harper and Brothers, 1951).

33. For a statement of Tillich's correlational method applied to systematic theology, see *Systematic Theology*, I (Chicago: University of Chicago Press, 1951), pp. 8-27.

34. Tracy, "The Foundations of Practical Theology," *Practical Theology*, 78-80. Also see Don Browning, "Mapping the Terrain of Pastoral Theology," *Pastoral Psychology*, 36,1 (Fall, 1987), pp. 10-28.

35. Richard Bernstein, *Beyond Objectivism and Relativism*, pp. 151-52.

36. *Ibid.*, p. 151.

37. *Ibid.*, p. 153.

38. Rorty, *Philosophy and the Mirror of Nature*, p. 9; *Consequences of Pragmatism*, p. 166.

39. Bernstien, *Beyond Objectivism and Relativism*, p. 168.

40. Don Browning, *Religious Ethics and Pastoral Care* (Philadelphia: Fortress Press, 1983), pp. 53-71 and *Religious Thought and the Modern Psychologies* (Philadelphia: Fortress Press, 1987), pp. 9-12.

41. See Nancy Frankenberry's development of a radical empirical metaphysics which also fits with an antifoundationalist spirit in her *Religion and Radical Empiricism* (Albany, N.Y.: State University of New York Press, 1987), pp. 157-188.

42. William Dean, "Postmodern Theology and the Concept of God," paper delivered at the American Academy of Religion, Boston, 1987.

43. Ronald Green, *Religious Reason* (New YOrk: Oxford University Press, 1978); John Rawls, *A Theory of Justice* (Cambridge: Harvard University Press, 1971).

44. For a discussion of Mill, see Karen Lebacqz, *Six Theories of Justice* (Minneapolis: Augsburg Publishing House, 1986), pp. 15-32; Joseph Fletcher, *Situation Ethics* (Philadelphia: Westminster Press, 1966).

45. Paul Ricoeur, "The Teleological and Deontological Structures of Action: Aristotle and/or Kant?" (Lecture, University of Chicago, 1987, xeroxed); William Frankena, *Ethics* (Englewood Cliffs, N.J.: Prentice-Hall, Inc., 1973), pp. 52, 56-59.

Jacques Audinet

PROBLÈMES
DE THÉOLOGIE
PRATIQUE

Résumé

Comment est-il possible, dans une formation de théologie pratique, de permettre aux étudiants de saisir la spécificité de chaque approche d'analyse de la pratique et d'articuler entre elles ces différentes approches? Accepter la pluralité des approches, récuser tout concordisme et se donner comme tâche la mise en rapport des diverses rationalités en jeu est la condition préalable à tout travail. À partir de quoi diverses procédures, études de cas, analyses et élaborations théoriques permettent de conduire à un discours théologique situé et pertinent. Ultimement se pose la question de la possibilité de la démarche. Celle-ci renvoie à une anthropologie religieuse et soulève la question de la «vérité» de la pratique.

0.1.Puisque la perspective de ce colloque concerne l'enseignement, et particulièrement la **formation universitaire**, le point de départ de ma réflexion sera un problème d'enseignement, celui que je considère le problème majeur dans le domaine qui nous occupe. Je l'énoncerai sous la forme d'une question: «**Comment permettre aux étudiants de saisir et de mettre en relation les différents types de réflexion que met nécessairement en œuvre tout enseignement de théologie pratique**»?

Je m'explique. Impossible d'aborder les domaines qui sont les nôtres sans inévitablement se référer à divers types de données ou à différents systèmes de conceptualisation, ce que l'on pourrait appeler systèmes de référence. Ainsi, impossible d'envisager les problèmes de l'institution sans d'une manière ou d'une autre toucher au droit ou aux sciences de l'organisation, impossible d'aborder la question de la vie personnelle sans qu'interviennent des éléments de psychologie, et comment réfléchir à la catéchèse sans un minimum de pédagogie.

Or, à partir du moment où l'on entreprend de sortir de l'empirique pour tenter de rendre compte de ce qui est en jeu, force est de constater que toute opération de ce genre met en mouvement différents systèmes de références, de manière simplifiée: des références qui ont trait à l'analyse des comportements, et de références qui ont trait à la tradition théologique. Ces systèmes de références relèvent de logiques différentes; en bref et de manière simplifiée, les logiques des sciences humaines et celles des sciences sacrées. Il est inutile d'insister ici pour montrer l'hétérogénéité des unes et des autres. Non seulement elles sont datées historiquement, mais elles se justifient par des présupposés différents. Il est un moment dans l'histoire de la pensée de l'Occident où l'on est passé d'une manière de parler religieusement de la religion, la théologie, à une manière non religieuse de parler de la religion: les sciences humaines de la religion. Mais davantage et pour faire bref, la théologie ne tient que par sa référence à la révélation et son appui sur l'acte de foi, dont elle est, «Fides quaerens intellectum», la mise en œuvre. Les sciences humaines n'en ont cure et visent même à rendre compte de ces soubassements mêmes de la théologie (certains diront «réduire»).

0.2.Notons que **de telles questions sont inéluctables.** Tous ne sont pas obligés d'en avoir conscience au même degré. Mais beaucoup qui ne s'en rendent pas compte se contentent d'amalgames ou de nouveaux concordismes mêlent allégrement les données pédagogiques, sociologiques ou psychologiques à un discours théologique qui risque alors de se trouver miné de l'intérieur à l'insu de ceux qui le prononcent. La question est inéluctable du fait simplement des cultures dans lesquelles nous sommes et qui sont des cultures critiques.

Un temps, on a cru pouvoir éviter les problèmes, du fait précisément d'un soubassement culturel commun au discours scientifique et au discours religieux, en bref celui d'un certain personnalisme. Ce fut le cas avec les premières caractérologies ou avec la psychologie d'un Carl Rogers. Mais ce ne peut être le cas avec les analyses linguistiques ou la sociologie institutionnelle. Celles-ci en effet mettant à jour des fonctionnements qui sont saisis indépendamment du rapport à une conception interpersonnelle de l'être humain.

Je laisserai de côté cette étape, de même que je laisserai de côté les amalgames plus ou moins réussis des néo-concordismes pratiques. Non que ceux-ci ne continuent à fonctionner: après tout, nous sommes ici dans un colloque universitaire et nous n'avons pas à juger de ce que chacun fait ou peut faire sur le terrain. Mais je voudrais réfléchir à la situation radicale qui surgit du fait qu'il n'est pas possible de ne pas parler deux langages et qu'en même temps cela est impossible dès qu'on veut analyser ce que l'on fait, ce qui, je le répète, peut très bien ne pas s'imposer dans certaines situations de la pratique mais est requis par le travail universitaire.

Je développerai trois points:

1. En premier, accepter l'hétérogénéité des langages.

2. Saisir les logiques de chacun, le type de rationalité qu'il implique et en repérer la fécondité pour une théologie pratique.

3. Je mentionnerai en finale quelques urgences contemporaines.

Je me situerai du point de vue de l'enseignement et de la formation qui est celui d'un enseignant universitaire.

1. L'hétérogénéité des langages.

1.1 Du **point de vue pédagogique**, ce point est de première importance, mais en même temps le plus difficile. Sauf exception, peu parmi nos étudiants ont une formation sérieuse en sciences humaines. Lors même qu'ils ont une connaissance ou une pratique en ce domaine, il s'agit toujours d'une connaissance particulière en linguistique, économie, psychologie, sociologie ou anthropologie. Ce qui veut dire qu'ils maîtrisent certaines procédures ou certains éléments théoriques, mais que très rarement ils ont eu l'occasion de réfléchir aux implications théoriques et aux questions épistémologiques sous-jacentes.

1.2 La question peut donc se formuler de la manière suivante: comment leur permettre d'acquérir un minimum d'**informations** dans des domaines qu'ils ignorent complètement, bien qu'ils fassent partie désormais de la culture contemporaine, et en second lieu comment leur permettre de réfléchir aux **enjeux épistémologiques** sous-jacents, en vue d'une réflexion théologique.

1.3 Quelles **informations** donner? La question n'est pas simple. Non seulement par le fait du peu de temps et des difficultés d'un apprentissage qui fait qu'on ne devient pas sociologue ou anthropologue en quelques leçons, mais simplement du fait de l'ambiguité des langages. À des esprits souvent habitués à ne fonctionner que dans un champ épistémologique unifié, sinon unitaire, et par leur motivation même soucieux d'arriver rapidement à des conclusions unifiantes, il faut faire faire l'apprentissage de la diversité des langages. Les mots n'ont pas les mêmes connotations d'un champ à l'autre. À commencer par le mot «religion» lui-même, mais aussi «charisme», «sacrement», ou «ministère». Si l'on veut éviter le piège des concordismes faciles, il importe de marquer les différences et de montrer comment de fait, dans la tradition occidentale, à partir de l'*Aufklaurung*, on est passé d'un langage religieux de la religion à un langage non religieux de la religion. Marquer les différences est au départ la condition même pour une pensée féconde et des sciences de la religion et des sciences théologiques. Faute de quoi on risque de reconduire dans le domaine qui nous occupe les correspondances faciles qui au début du siècle ont empoisonné le travail biblique.

1.4 Un tel apprentissage, sous forme de lectures, de débats conduit généralement à des **prises de consciences fructueuses,** voire quelque fois douloureuses. Les réflexions reviennent, toujours les mêmes: «C'est un univers que je ne soupçonnais pas», «ceci conduit à une nouvelle manière de poser les questions». C'est en somme pour les étudiants l'apprentissage du fait que l'on peut parler de la religion en d'autres termes et selon des catégories qui sont autres que celles qu'ils avaient habituellement reçues de leurs études théologiques, philosophiques ou historiques classiques. Et que ces différentes prises ne se rejoignent pas. C'est l'apprentissage de la **pluralité des interprétations,** pour parler comme Ricœur. Il y a nécessairement un temps où les choses ne sont pas particulièrement claires, où la confrontation des différents langages et des différentes manières de penser donne le sentiment d'un puzzle dont on a perdu la clef. Il me souvient d'un étudiant qui voulait à tout prix une synthèse «entre la sociologie et la théologie» et d'un autre qui en revenait sans cesse à ses catégories aristotéliciennes pour invoquer un point de vue métaphysique sur l'homme qui résolvait toutes les questions. Ils découvrent cependant peu à peu qu'il existe plusieurs manières de parler de la religion, qu'elles ne se recouvrent pas, et que le rapport des unes aux autres n'est pas assuré d'entrée de jeu.

La tâche d'une réflexion est alors de les situer les unes par rapport aux autres en vue d'établir des rapports qui conduisent à une pensée féconde. La tâche en effet qui s'ouvre est bien de penser la tradition chrétienne avec des catégories sociales de ce temps, et non seulement celles du Moyen-Âge ou de la Renaissance. C'est **un travail d'articulation.** Faut-il ajouter que le Moyen-Âge ou la Renaissance ont précisément accompli un travail analogue à partir des catégorie philosophiques ou anthropologiques qui n'étaient pas d'entrée de jeu ordonnées au christianisme.

Les résultats obtenus qui nous paraissent aller de soi, et que nos étudiants connaissent, représentent pourtant une série de choix épistémologiques considérables, qu'il vaut à l'occasion la peine de souligner. De ce point de vue, une étude du «De magistro» d'Augustin ou de Thomas d'Aquin, ou une analyse de la construction de la *Somme* peuvent être fort intéressantes. Au terme de ce processus, jamais achevé, ce qui est visé est une saisie de la particularité de chaque type de discours, celui des sciences de l'homme et celui des théologies, et une perception de leurs présupposés. La manière dont se construit un discours théologique et celle dont se construit un discours des sciences de l'homme ne sont pas identiques. Il importe de situer l'un et l'autre afin de pouvoir tenter de les articuler dans l'élaboration d'une théologie pratique.

2. Les éléments d'une théologie pratique

Une fois distingués les domaines et les épistémologies, la question se pose d'un rapport des deux domaines. Ce ne peut être, nous l'avons dit, un concordisme. De fait, ce qui s'offre est la tentative d'élaborer une réflexion théologique qui, à certains moments de sa propre démarche d'intelligence de la foi, prend appui ou assume des éléments qui lui sont offerts par la réflexion sur l'homme et la société. L'apprentissage d'une telle démarche permet aux étudiants, sur des cas concrets, de situer les domaines et de faire l'apprentissage des épistémologies. Voici quelques points importants:

2.1 *La détermination du point de départ.* On a quelque fois dit que l'on peut faire théologie de tout. Et il est vrai que les exemples abondent d'essais théologiques de toute nature qui veulent traiter théologiquement de tout, de la négritude à la science atomique et à l'astrophysique. La question qui se pose est de savoir en quoi de tels discours sont théologiques, c'est-à-dire offrent une intelligence de la foi à partir d'un point de vue particulier. S'il est vrai que tout peut être point de départ, il n'est pas sur que n'importe quel point de départ soit de lui-même assuré d'offrir les possibilités d'une prise théologique. De là l'échec de nombreuses recherches qui se terminent en considérations pieuses ou au mieux en concordisme.

Comment donc à partir d'un point de départ assurer les possibilités théologiques de cheminement? De fait un certain nombre de catégorisations sont déjà à l'œuvre. En bref les conceptualisations autour du thème de la culture qui impliquent l'affirmation que la connaissance de Dieu est médiatisée par les modes dont les êtres humains situent leur identité, et symbolisent leur être ensemble. Ici les **sciences de la religion** offrent un matériel incomparable. Elles se sont attachées à faire l'inventaire des représentations et modalités de rapport au sacré des êtres humains dans les diverses situations de leur vie sociale et historique.

Mais concrètement tout l'art sera de savoir déterminer un point de départ concret, une «situation de départ», un «cas» étudiable et traitable. Ici les méthodes d'**étude de cas** peuvent être utilisées ainsi que les procédures comparatives. Elles permettent de saisir dans des êtres vivants aux prises avec les situations réelles de leur existence comment est perçu et vécu le rapport à l'invisible.

Ceci veut dire que le point de départ, loin d'exclure le religieux, doit l'inclure comme partie prenante de l'étude. De ce point de vue, il n'existe pas de problèmes en soi, mais des êtres vivants et agissants tentant dans leur propre vie de se référer à la tradition chrétienne et de vivre la foi. En ce sens leur existence est un lieu théologique qui permet de saisir comment Dieu est vécu et dit par des êtres humains. Si la référence croyante n'est pas inclue dès le point de départ de la démarche, il n'y a aucune chance qu'elle se trouve au terme.

2.2 *L'instrumentation.* Peut-être aussi multiple que celles des divers disciplines des sciences contemporaines; la question pour chaque outil mis en œuvre est de savoir sa portée, c'est à dire qu'il permet de saisir et ne permet pas de saisir. Ainsi, la statistique longtemps en faveur, ne permet guère d'aller au delà d'une description ordonnée, et ne rend en aucun cas compte de la subjectivité des individus. Comme le note Boulard, mesurer la pratique ne dit pas ce qu'est cette pratique, et comme insiste Emile Poulat, le rapport entre la pratique et la foi constitue un mur qu'il faut franchir.

J'ai tenté en un autre lieu une classification des outils d'analyse des sciences de la société en fonction de leur pertinence par rapport à une réflexion théologique, distinguant les typologies descriptives qui conduisent à un discours croyant en terme de «signification», et les analyses fonctionnelles qui aboutissent à envisager la chose chrétienne sous forme de fonctionnements relevant de «l'arbitraire des individus et des groupes», et qui conduisent à une conception idéologique de la religion et des analyses de type culturel en termes de figures et de dispositifs qui mènent à s'interroger sur les figures concrètes et les dispositifs d'intervention de la foi dans nos sociétés.

Ce qui veut dire qu'à un type d'analyse correspond un type de discours de la foi, ou un type de théologie. On se trouve ainsi renvoyé à s'interroger sur les présupposés épistémologiques des méthodes employés comme des discours construits.

2.3 *Le discours théologique* revêt ainsi plusieurs modalités possibles, souvent à l'insu de ses auteurs. Mais aujourd'hui un discours n'est reçu dans le champ critique que s'il rend compte des présupposés qui ont permit de l'engendrer. C'est la raison pour laquelle les discours scientifiques sont en premier des discours méthodologiques. Peut-il en être de même pour la théologie?

Un premier regard montre qu'il en est bien ainsi et que l'on a à faire à des théologies de type phénoménologiques, ou de type structural, ou de type fonctionnel? Un petit ouvrage apparemment, mais apparemment seulement facétieux, explore ces diverses voies. C'est celui de Maurice Bellet: «Théologie express». Je vous en lis la première phrase: «Qu'il y a quant à Dieu une proposition incontestable et une seule: Dieu est un mot de la langue française». Pour ma part, j'ai tenté une typologie des théologies en fonction de leur rapport à la pratique et de l'épistémologie sur laquelle se fondait ce rapport: juxtaposition imposant un sens, interpellation dialogante, ou manifestation dans la culture.

Mais en arriver à ce dernier point soulève une question considérable: quels sont les instrument de la manifestation dans la culture de la présence et de l'action du Dieu chrétien? Dans la mesure où il ne s'agit pas seulement de faire discours, mais de rendre compte d'opérations culturelles, quelles sont les opérations culturelles qui peuvent être dites chrétiennes. La tradition a largement répondu à celà en ses propres catégories, par des réflexions concernant la foi, le langage et les signes dont la pensée contemporaine aurait intérêt à faire profit.

Pour ma part, je me réfère à ce que les scolastiques, et en particulier Thomas d'Aquin ont dit de l'acte de foi comme «Confession» c'est à dire acte social et croyant à la fois acte instituant dirions nous aujourd'hui. À partir de là on a un point de repère qui permet de situer les diverses manifestations, et de l'Église et de la culture et les unes par rapport aux autres. L'Etude sur les modes du transmettre récemment publiée est un essai de mise en œuvre de ces problématiques.

Une perspective s'ouvre donc d'élaboration de discours théologiques en fonction des situations concrètes des êtres humains qui fasse du rapport théologie-pratique autre chose qu'une vulgarisation ou un concordisme.

De tels travaux, dont on pressent les amorces ici ou là, soulèvent cependant des questions très fondamentales.

3. Questions

Une telle démarche conduit à des questions plus fondamentales sur l'être humain et les sociétés tels que le christianisme les a rendu possibles et peut les rendre possibles. En bref, ce sont des questions d'**anthropologie**.

3.1 Il est en effet inévitable de tenter de rendre compte de ce que porte le christianisme à partir des sciences de l'homme, mais l'inverse est aussi possible: rendre compte de *ce qu'est l'homme et la société à partir du christianisme.*

Pour n'évoquer qu'un exemple: quel rôle a joué la rationalité massivement diffusée par le catéchisme au nom de la religion, dans la constitution de ce qu'il est convenu d'appeler la mentalité séculière de notre temps? Un de mes amis me disait récemment: à partir du moment où l'on pose la question: «qu'est-ce que Dieu, on introduit la possibilité de l'athéisme». Les premiers catéchismes, avant Calvin ne posaient pas une telle question, mais bien, en quoi croyons nous? Ils étaient des confessions de foi, et non des énoncés explicatifs. La différence est intime, elle est considérable. Elle marque deux démarches dans la connaissance des êtres humains et de Dieu.

3.2 Mais du coup qu'appelle-t-on «*connaître Dieu*»? En d'autres termes, à quel type d'expérience et de parole renvoie l'affirmation que l'homme est capable de connaître et d'entrer en relation avec Dieu. Il ne s'agit pas ici des formes indéfinies de la religion, mais du fondement de l'expérience religieuse elle-même. Celle-ci est «codée» dans toutes les grandes traditions religieuses. Un travail tel que celui dont nous parlons ne peut éviter de s'interroger sur la façon dont telle tradition «code» en effet une telle expérience. C'est à dire qu'au delà des formes instituées, il posera la question de l'acte instituant de l'expérience religieuse. Quelle est l'expérience spécifique en jeu dans la religion? Une théologie pratique suppose d'une manière ou d'une autre une réflexion d'**anthropologie**

religieuse. Celle-ci peut demeurer théorique à partir des grands auteurs, James, Durkheim ou Otto. Elle conduit nécessairement à des interrogations pratiques et à des recherches sur le terrain, par exemple autour du thème de la fête. En ce sens une théologie pratique ouvre, par delà une psychologie ou une sociologie de la religion à une «pratique spirituelle», ou une «conversation à propos des choses de Dieu» pour laquelle une immense tâche est à faire. La séparation entre les domaines et les disciplines, pour nécessaire et fructueuse qu'elle soit ne peut éviter la question des formes pratiques de l'expérience impliquée dans la réflexion pastorale. La catéchèse est sans doute l'un des domaines ou l'avancée a été la plus forte pour cet aspect des choses, mais d'autres domaines seraient à explorer. Faute de cela, nombre de nos contemporains vont chercher dans des groupes ou des expériences parallèles, ce qu'ils ne trouvent pas dans leur propre tradition.

3.3 C'est reconnaître que dans *l'espace «interreligieux»* qui se développe dans nos sociétés, le débat religieux prendra une place grandissante. Il peut être mortifère et stérile ou se perdre dans les voies d'ocuménisme trop faciles. Il invite chacun des protagonistes à «rendre compte de sa propre foi». Du coup, le genre d'itinéraire proposé n'est pas facultatif et surérogatoire. Il apparaît comme l'équipement nécessaire à toute pensée soucieuse de manifester sa propre cohérence. Ultimement, il renvoie au problème de la «**vérité**», qui n'est pas seulement dans le discours et l'analyse critique, mais de l'ordre du faire. Comme dit Jean: «qui fait la vérité, vient à la lumière».

William J. Close

THE DOCTOR OF MINISTRY PROGRAM
AS
PASTORAL STUDIES

Abstract

A recent highly critical study of Doctor of Ministry programs by Auburn Theological Seminary and the Hartford Seminary Foundation reveals a troubling lack of agreement about the nature and purpose of the degree. Pastoral Studies may profit from the experience of the D.Min. program, with which it appears to have much in common.

This paper sketches some of the findings and criticisms of the Auburn-Hartford study as a basis for the exploration of the basic question: Is there a common core to D.Min. studies (and perhaps pastoral studies generally) and if so, where might (ought?) it (to) lie? The paper reviews issues of content and process and suggests an educational process that draws on some important themes of the Christian tradition.

Readers of *The Christian Century* and *Action Information* of the Alban Institute will be aware of the recent study of Doctor of Ministry programs carried out by Jackson Carroll of the Hartford Seminary Foundation and Barbara Wheeler of Auburn Theological Seminary.[1]Both reviews of the research[2] give highlights of the study, noting in particular the conclusions which offer qualified support for the degree. It is clear, for instance, that the degree is extremely popular, especially among white, male clergy in their middle forties who are approaching mid-career. The average participant in Doctor of Ministry (D.Min.) programs claims to be moderate theologically, but innovative, is usually a Protestant, and pastors a mid-sized stable or growing congregation. Small cities tend to be represented more frequently than rural communities. In short, pastors who enroll in Doctor of Ministry programs are very average. They report that they enter D.Min. studies primarily because the programs offer a structured way of doing continuing education—there is a rationale, a sequence, and a discipline, with an accompanying reward of a degree which represents a significant accomplishment. Although recipients of the degree report that they frequently move into more challenging congregations with commensurately higher salaries, there is nothing in the findings to support a cynical interpretation that they are simply "in it for the money."

Unfortunately, the study has uncovered significant evidence of what may prove to be a very serious shortcoming of the D.Min. degree. Carroll and Wheeler argue persuasively that there is a worrisome lack of agreement among seminaries in regard to the fundamental nature and purpose of the degree. Failure to come to terms with confusion around this issue, they warn, will jeopardize the future of the degree.

Although almost all schools offering the degree describe their program in their brochures using nearly identical language, usually drawn practically verbatim from the Standards of The Association of Theological Schools, all similarity ends there. In practice, the researchers discovered, there are wide divergences in methods and expectations among programs. All programs claim to provide studies which "go beyond the M.Div. level," but some schools mean by this that there should be specialised courses which simply cannot be included in the already full M.Div. curriculum, while others are intentional about requiring a higher level of performance. Nowhere is the contrast of visions for the D.Min. degree more evident than in regard to the final Project-Dissertation. Some schools require a small essay of what the researchers deem as questionable quality, while others require a submission which is different but—in intent at least—comparable to the Ph.D. thesis.

In December of 1986, before the final report of the research team was made public, the findings were presented to Directors of Doctor of Ministry Programs at a conference in Hartford, Connecticut. Needless to say, feelings ran high as the frequently unflattering picture was revealed. Nothing generated as much heat as the challenge posed by the study in regard to this confusion around the purpose of the degree, particularly as it is reflected in such disparities of expectations around the Project-Dissertation. Particularly troubling to many Directors was the revelation that the largest D.Min. programs in the United States apparently had the lowest expectations of the final project. The two Canadian Directors and a number of others registered strenuous objections to the threat to the integrity of the degree posed by low standards. In regard to expectations and standards, there is wide agreement in Canada among the churches and the two institutions offering the D.Min. degree. In order to ensure that the general confusion around the degree in the United States not undermine the Canadian consensus, the Canadians are participating with other concerned Directors in a project aimed at establishing a wider agreement in regard to standards.

Although it might be tempting to disregard the ferment around D.Min. as justifiably belonging to a degree which "everyone knows" is of questionable academic value, I wish to caution against such a position. As Dr. Randall Nichols of Princeton Theological Seminary argued before the assembled Directors in Hartford, all pastoral studies are implicated in this controversy. "The Doctor of Ministry degree started and has remained a covert reform movement in theological education." D.Min. surfaces and attempts to answer the question of an appropriate methodology for a theological education which attempts to bridge the worlds of the college and the church.

The truth is, there are a host of reservations about the M.Div. degree and, indeed, the Ph.D. as well. It may very well be that the Doctor of Ministry degree is simply carrying the heat for issues that belong to the whole system of theological education. Without a long and venerable history behind it, like the Ph.D., or an ecclesiastically backed guarantee, like the M.Div., D.Min. is simply the most vulnerable to criticism. The meaning of "excellence in ministry", to which D.Min. aspires, may be no more clear to educators in other programs of ethological education than it is to those toughing it out in the trenches of D.Min. The real value of D.Min. might yet prove to be the very unsettledness and diversity which its detractors decry. For all the controversy around the questions of the nature and purpose of the D.Min. degree, the genuine struggle to define the unity and coherence of the degree offers a real service to educators in other sorts of pastoral studies programs.

One outcome of the Auburn-Hartford study was the formation, alluded to above, of a group of D.Min. Directors to provide leadership to the rest of their colleagues in coming to terms with the issues raised. This group is presently engaged in some supplementary research to ascertain whether there might be a common core in D.Min. studies after all. Since D.Min. programs claim to be about practice above all else, it is reasonable to look for a *de facto* common core in what the diverse programs actually do, as opposed to what their publicity says they do. Some of the issues being explored in that study, as well as in the original Auburn-Hartford research project, have important implications for the whole enterprise of theological education.

One issue requiring clarification is whether the sought-after "common core" of D.Min. programs is to be found in content or process. Let me map out some of the territory in each of the problem areas. The Auburn-Hartford research revealed a wide diversity of views about proper *content* for a D.Min. program. All agree that this degree program must take one beyond the basic ministerial degree, the M.Div. Some institutions see themselves achieving this by requiring D.Min. students to choose additional courses from the M.Div. curriculum, that is, essentially to round out their program with courses which time would not permit in the shorter basic program. In such programs students are usually free to select from a variety of subject according to interest and availability; as well, they take the courses alongside regular M.Div. students. In other programs, going beyond the M.Div. is taken to mean entering into some specialization not possible in the basic curriculum. Most popular specialisations seem to be management and church growth methods.[3] A third approach is to require most or all courses of a student's program, to be at a post-M.Div. level. Some leeway is usually allowed if a student lacks a prerequisite in a proposed area of specialization. Such flexibility is not restricted to D.Min. programs. Programs emphasizing advanced level courses tend as well to require advanced level work in the final project. Both Canadian programs belong to this group. Whether a wider consensus in favour of insisting on post-M.Div. standards can be built remains to the seen, but for many Directors the integrity of the degree depends upon it.

D.Min., as Carroll and Wheeler note, is widely characterized by the use of methods which, though increasingly common in M.Div. programs, were thought to be revolutionary in theological education. The search for a common core of D.Min. studies will need to look, therefore, at *process*. Principally, we need to explore educational methods and theological methods.

According to Carroll and Wheeler, there is "a prevalence of certain educational methods, structures and devices" (II.B.2.Findings) in D.Min. programs. Learning contracts and other provisions for self-directed study, case studies from the student's own ministry, peer learning opportunities and interdisciplinary approaches are common. Although these methods are also found in many field education programs at the M.Div. level, as well as in clinical pastoral education settings, they have never played the role in seminary education generally that they do in D.Min. In fact., the D.Min. program is often a gentle subversive influence in the seminary to win a wider acceptable for adult educational methods. This is especially true among mainline denominational schools, whereas, apparently, evangelical schools tend to rely on the more traditional academic methods such as lectures. The researchers argue that while there is evidence that the so-called adult educational methods are indeed effective with adults, "there is no proof that such methods are invariably superior in the advanced education of professionally experienced persons." (II.B.2.Discussion).

Other studies[4] conducted on adult learners raise similar cautions. There is strong evidence to suggest that self-directedness in learning, for example, does not happen as often or with the effectiveness one might expect from the theory. The presence of a strong social context in which the learning can take place now appears crucial to adult learning. Contrary to some earlier theory which proposes the autonomous, inner-directed person as the ideal self-directed learner, it appears that people who relate well to structure and to other persons, whether instructors or peers, are better able to acquire new skills. Those D.Min. programs which simply turn the learner loose, relying on the theory of self-directedness of the 1970s, may find their students floundering and under-motivated, while D.Min. programs stressing peer learning and structure may find themselves surprised by the degree of motivation and direction displayed by their students.

The experience of the D.Min. program at St. Stephen's College confirms the recent findings. Students are more productive when they are working with peers and in clear communication with the College. When they operate in isolation, they tend to lose focus in their studies. As a result the College is becoming more conscious of the need to maintain a strong advisory relationship with students at a distance, as well as to encourage the maintenance of the peer relationship beyond the formal requirements. When the structure is evident to the student, they experience less anxiety about their program and consequently are less inclined to avoidance and other resistance-games of self-defeat.

In any event, the Auburn-Hartford report advocates more experimentation in educational methods. At St. Stephen's College (I can only speak for ourselves), we recognize that people learn in different ways. We make use of the Myers-Briggs Type Indicator (MBTI) in order to provide learning opportunities congruent with the sixteen psychological types. As well, we make sure that individuals can appropriate new learning experiences using their preferred entry-points, whether this be observation, experimentation, theory, or concrete experience.[5] In short, we try to be as hospitable a learning environment as possible. Each individual should feel at home because at least some of the methods employed correspond to their own preferred learning styles. Since they can enter the learning on their own terms, they tend to move out more flexibly into new, less comfortable, and hence more challenging, learning situations. The extent to which a D.Min. program can provide a methodologically pluralistic environment for its students, the more it will be living up to the best insights and early promises of D.Min.

We will now turn attention to theological methodology. By this I mean the theological dimension of D.Min. studies as a whole rather than, say, method of theological reflection, although these latter may well indicate more clearly than some other things what is the theological dimension in a given program. What I want us to focus on here is this: if educational methodology has to do with enabling people to learn, theological methodology has to do with enabling people to be transformed.

If the notion of transformation is essentially theological, it is worth noting for what it is worth that the models usually employed in the service of this goal are not particularly theological in themselves. Four models aiming at the transformation of the students can be discerned: intellectual, medical, growth and prophetic.

The intellectual model approaches people through their minds. Perhaps the Apostle Paul is the patron saint of this model (Ro. 12:2 ". . . be transformed by the renewal of your mind, that you may prove what is the will of God, what is good and acceptable and perfect.") In this model, a more sophisticated appropriation of doctrine and advanced theory, perhaps of psychology or organizational development, is understood to bring about the molding of an advanced professional. What distinguishes the recipient of a D.Min. degree from other pastors is the possession of advanced, albeit practical, knowledge. The D.Min. graduate is in a real sense a Doctor of the Church.

The medical model begins with an assumption of personal or professional deficiency on the part of the applicant, and, after careful diagnosis, prescribes a course of study specially designed to meet the needs of the aspiring student. Experts usually have great say in what needs to be learned and indeed in whether or not the student has learning it. Often this model is dominant in specialised D.Min. programs which lead to some additional form of professional certification. The strength of this model is in its capacity to introduce students quickly and efficiently to new fields of study where lack of prior experience and knowledge would certainly hamper progress were it not for the shrewd guidance of the expert.

The growth model may start from a presumption of deficiency or it may not. What is central to this model is its trust of the individual to do a self-appraisal and to set appropriate goals and objectives in relation to that appraisal. This model comes into its own when a student seeks to come to terms with personal dynamics which have shaped, frequently negatively, previous education and ministry. The so-called passages of adult life are well-documented. It is no coincidence that many pastors enter D.Min. programs in mid-career. Other transitions—from parish to denominational office or hospital chaplaincy, from one marital state to another, from one parish setting to another, from medium to long-term pastorate, from one style of relating to another—can bring persons to D.Min. at any stage of adult life. As a structured form of continuing education which examines experience, D.Min. would have to be invented if it did not exist in order to provide support and legitimacy for the struggles of transitions.

The prophetic model has perhaps the most explicitly theological roots, as its name suggests. This model utilises cross-cultural learning opportunities to enable the predominantly middle-class D.Min. student to experience poverty, alienation, racism, sexism, militarism and a host of other soul-jarring situations first-hand. It assumes that one's position in life (society, class, gender, etc.) is so determinative of one's consciousness that nothing short of shock treatment will bring one to a new perspective and genuinely new possibilities of ministry. Of course Amos and Jeremiah understood such things perfectly. With its usual emphasis on managerial competence, church growth, counselling proficiency, preaching and liturgical innovativeness, and so on, D.Min. can often be charged with a bland and one-dimensional vision of the world. But of course, the pastoral need not be at the expense of the prophetic. The principal contribution of the prophetic model is to remind us that advances are not always through smooth evolutionary transitions, but rather that often the discontinuous and disruptive in our lives lead to the greatest transformations. Since in all our ministry we follow one who died on a cross, we ignore the prophetic model in our D.Min. programs at the risk of apostasy.

Needless to say, the educational and the theological methodologies come together, or ought to, in one grand strategy for the ministry of the Church. What D.Min. is trying to do, perhaps not yet as effectively as we all would wish, is essentially what we desire for the whole Church. In a world of knowledge explosion, we want the whole people of God to be learning, and learning at an ever-increasing pace, relating everyday happenings and the most arcane of new discoveries to the insights of faith. In a world on the brink of self-destruction, we want the whole people of God to be searching their souls, scrutinizing their behaviour and lifestyles, embracing compassionately the dispossessed and marginalised, seeking the mind of Christ amid complex and competing moral choices, distinguishing the Spirit of Christ from the meaner spirits of traditional moralisms and national, class and sexual loyalties. And while the vision for the Church is neither clear not held by consensus, there are in the D.Min. approach principles which are gently shaping such a vision.

One principle moving us in the right direction might be stated as follows: as one learns or experiences personal transformation genuinely, one comes to a greater sense of mission in one's ministry, that is, one is able to organise and direct one's ministry activities toward the learning and transformation of one's parishioners. Another related principle might be formulated similarly: as one acknowledges and honours the relativity of one's own pathway to learning and transformation, one is more able to give leadership and pastoral care in ways appropriate to a pluralistic world, that is, one learns to tolerate and even honour the unique pathways of learning and transformation which others claim. These two principles, I suggest, account in large measure for why D.Min. programs do what they do in the way they do it. In a very real sense they point to an eschatological dimension to Doctor of Ministry studies.

A central focus of this symposium is the context of pastoral studies. The context of D.Min. studies is the future, or at least the future which can be drawn into the present in an enormous "as if". A D.Min. program is a sort of giant simulation exercise in which participants attempt to live into an imagined future. Not just any future, of course, but the future which the gospel is calling us toward. The eschatological dimension of D.Min. studies consists of a blending of two contexts: the essential features of the student's present ministry combined with the essential features of the hoped-for context of the Church's, and for the world's, future. By living into the hoped-for future, trying on new behaviours and skills in the laboratory-like setting of the classroom or peer gathering, and testing out the new theological insights against challenging (but invited and therefore safer) threats to cherished positions, students can have the experience of transformation which is essential for leadership in today's Church. The future is hurtling toward us with terrifying speed; an experiment like D.Min. is the very least we can do to meet the challenge.

From the above perspective, the great diversity among D.Min. programs highlighted by Carroll and Wheeler may not be such a bad thing. In a pluralistic world which is fast changing, diversity is an asset, not a liability. If there is a fundamental issue at stake in the controversy around D.Min., it cannot be around the diversity of means employed in the various programs. Rather, if it be anywhere, it is around the extent to which D.Min. can be recognized as having set for itself sufficiently high expectations for ministry and indeed the mission of the Church. The final chapter on both the Doctor of Ministry and the mission of the Church, fortunately, is yet to be written. Regardless of the gossip in this controversy, eschatology has not yet become apocalyptic.

Notes

1. Jackson Carroll and Barbara Wheeler, *A Study of Doctor of Ministry Programs*, Hartford, Connecticut, 1987. A Draft Report has been utilized in the preparation of this paper, necessitating use of citation by section references rather than page numbers.

2. Jackson W. Carroll, "Why is the D.Min. So Popular?", *The Christian Century*, Vol. 105, No. 4, Feb. 3-10, 1988, pp.106-8; Loran B. Mead, "Doctor of Ministry: Boon or Boondoggle?" *Action Information*, The Alban Institute, Washington, D.C., Vol. xiv, No. 2, March/April 1988.

3. Carroll and Wheeler excluded from their research pastoral care and counselling and marriage and family counselling specialisations on the grounds that these warranted their own special research project. These specialisations usually involve an independent certification process at the end of a carefully prescribed pattern of studies.

4. Cf. Stephen Brookfield ed. *Self-Directed Learning: From Theory to Practice*, Jossey-Bass Inc., San Francisco, 1985.

5. Cf. D.A. Kolb and R. Fry, "Towards an Applied Theory of Experiential Learning", outlined in D.H. Brundage and D. Mackeracher, *Adult Learning Principles and Their Application to Program Planning*, Toronto, 1980.

Marc Donzé

THÉOLOGIE PRATIQUE ET MÉTHODE DE CORRÉLATION

Résumé

L'auteur entend faire de la théologie pastorale ou pratique une instance réflexive et scientifique de l'agir de l'Église dans le monde aujourd'hui. Partant à la recherche d'une méthode, il rencontre dans l'univers catéchétique la «didactique de la corrélation», basée sure des intuitions de Tillich, Rahner, Schillebeeckx, Gisel. Il la transpose en théologie pastorale. La «méthode de la corrélation» va ainsi de la pratique à la pratique en passant, centralement, par une corrélation critique réciproque entre le monde de la référence chrétienne et le monde de l'agir ecclésial dans la société actuelle.

Si la pratique de la théologie est une réalité assez bien connue, encore qu'elle puisse être l'occasion d'évolutions importantes, voire surprenantes comme le passage de la néo-scolastique à un discours plus inductif et plus pétri des problèmes de l'anthropologie, la théologie pratique, pour sa part, a du mal à se trouver une identité, en particulier dans le monde francophone européen. Est-elle analyse de l'impact du discours sur Dieu dans les pratiques du champ social ou réflexion sur la pratique pastorale de l'Église? Est-elle une manière de faire toute la théologie, où seraient prises en compte les pratiques personnelles, morales, sociales, ecclésiales comme point de départ et point d'arrivée de la réflexion ou une branche de la théologie avec son champ et sa méthode propres[1]?

J'ai dû m'affronter au problème de cette identité floue de la théologie pratique, au moment où fut introduite à Fribourg (Suisse), en 1986, une chaire de théologie pastorale en langue française. L'Université de Fribourg est bilingue et jusqu'alors, l'enseignement de théologie pastorale était assumé par un professeur de langue allemande dans le sillage des méthodes inaugurées par Rautenstrauch, Sailer, Graf ou, plus récemment, du *Handbuch der Pastoraltheologie*. Une volonté de parallélisme entre les deux sections allemande et française, ainsi qu'une prise de conscience assez ambiguë de «l'importance de la pastorale» conduisirent à la création d'une chaire francophone. Encore fallait-il donner un contour à cet enseignement; et ils ne manquaient pas ceux qui le voyaient simplement comme une initiation au métier de pasteur.

J'ai donc dû tenter une percée, bien modeste encore, dont l'avenir et les discussions théologiques diront la pertinence. J'aimerais la typer ici en désignant le champ de la théologie pratique (I), ses acteurs et ses destinataires (II) et surtout sa méthode (III).

I. Une théologie de l'agir de l'Église

D'entrée de jeu, il m'est apparu que, si la théologie pratique était pourvue d'une chaire, c'était signe qu'elle entrait dans le concert des branches théologiques et que, dès lors, elle ne pouvait se donner le rôle de régenter une conception nouvelle de toute la théologie comme l'analyse des déplacements pratiques opérés par le discours sur Dieu, ni se constituer comme face pratique de la dogmatique ou de la morale, mais qu'elle devait se constituer autour d'un champ propre et original d'étude, qui ne soit recouvert par aucune autre branche de la théologie. Sinon, elle court le risque de ne jamais prendre son identité, ainsi qu'il advient assez largement en France.

Ce champ, ce **l'agir de l'Église aujourd'hui** ou, selon une terminologie usuelle, la pastorale. Cette détermination du champ n'est pas arbitraire, elle est simplement la compréhension la plus large du domaine que, dès les débuts au XVIIIe siècle, on avait assigné à cette branche. Il comprend tout ce que fait l'Église aujourd'hui pour annoncer et vivre l'Evangile dans toutes ses dimensions: le témoignage et l'annonce de la

Parole (*martyria*), la célébration des dons et de la gloire de Dieu (*leitourgia*), le service de la justice et de la charité (*diakonia*), le rassemblement communautaire comme prémices de la récapitulation de toutes choses en Christ (*koinônia*). Je pense qu'il faudrait ajouter à cela le thème central de **Gaudium et Spes**, à savoir le rapport entre l'Église et le monde entendu au sens de sa figure concrète aujourd'hui, puisqu'on ne peut concevoir aucune vie évangélique communautaire, qui ne mette en question et ne déplace la relation entre le monde et l'Église et que le devenir historique du monde pose sans cesse des jalons et des interpellations nombreuses pour la pratique ecclésiale. Dans ce contexte, une théologie des «signes des temps», entendue comme une réflexion sur l'actualité dans sa prégnance pour l'agir de l'Église, apparaît comme un moment nécessaire d'une théologie pratique.

Le champ ainsi déterminé est original. Aucune autre branche théologique ne s'occupe de réfléchir spécifiquement l'agir de l'Église aujourd'hui. Si la morale traite de l'agir du chrétien aujourd'hui, si l'ecclésiologie se penche sur la nature de l'Église et ses figures à travers l'histoire, la théologie pastorale seule se penche sur la figure actuelle de l'action ecclésiale. Mais ce champ peut-il vraiment donner objet à une réflexion théologique propre? est-il pertinent ou doit-on se contenter de vivre les recettes de toujours? Dans la mesure où l'aujourd'hui n'est pas entièrement déterminé et n'est donc pas adéquatement déductible de l'hier, dans la mesure où le temps nouveau peut être un kairos, c'est-à-dire un moment nouveau et décisif de la vie avec Dieu dans l'histoire[2], dans la mesure donc où l'action de l'Église est requise de s'adapter dans une double fidélité à Jésus-Christ et au moment présent, elle a besoin d'une réflexion théologique spécifique.

Théologie pratique ou théologie pastorale?

Comme désigner cette partie de la théologie, qui a pour domaine l'agir de l'Église aujourd'hui? Bien qu'elle n'ait pas une importance extrême, cette question est controversée et la réponse balance entre deux adjectifs: pastoral ou pratique. Parler de théologie pastorale[3], c'est désigner avec une certaine précision le champ d'études, mais c'est aussi encourir le risque de limiter la réflexion à l'activité des pasteurs. Et le risque n'a pas toujours été évité. La désignation pourrait donc pécher par étroitesse.

Parler de théologie **pratique**, c'est dire que le point de départ et le point d'arrivée de la réflexion se situent dans la pratique de l'Église. Comme j'aime à dire, «le premier livre de la théologie pratique, c'est la pratique». Cependant, le mot «pratique» est susceptible d'emplois si différents et si extensibles qu'il peut se mettre à désigner à peu près n'importe quoi: l'agir du chrétien, l'impact socio-culturel, l'engagement politique. Nobles objets de réflexion, mais qui échappent au domaine de notre branche. La définition pourrait donc pécher par imprécision et faire de la théologie pratique une sorte «d'auberge espagnole», où l'on retrouverait tous les domaines imaginables qui concernent l'action.

Y a-t-il vraiment une solution? Je ne pense pas, à moins de coupler lourdement les adjectifs pastoral et pratique. Et la désignation importe peu, dès lors que l'on est conscient des limites des mots employés.

II. Acteurs et destinataires

Si la théologie pastorale s'occupe de l'agir de l'Église, elle devra prendre en compte l'ensemble des acteurs pastoraux. Elle eut trop tendance à se limiter à l'action des ministres ordonnés, à la suite de ses initiateurs Rautenstrauch ou Sailer; elle doit maintenant intégrer la prise de conscience théologique que toute l'Église est ministérielle, porteuse de la vie et de l'annonce évangéliques. Ses destinataires sont donc tous les chrétiens, qui sont, au moins potentiellement, porteurs de la pastorale. Mais cela n'empêche pas qu'elle prenne pour destinataires privilégiés les agents pastoraux comme tels (ministres ordonnées, ministres laïcs, permanents d'Église, etc.). Elle doit devenir un service de leur action pastorale. Le service réflexif, si l'on peut se permettre ce mot peu prétentieux. C'est dire qu'elle doit comporter une analyse de la pratique et des suggestions pour une mise en œuvre de la pratique. C'est dire encore qu'elle est appelée à se mouvoir dans un style qui ne soit pas trop abscons pour ses destinataires.

Mais il m'apparaît que les destinataires devraient aussi devenir acteurs d'une théologie pastorale, pour qu'elle ne reste pas un «domaine réservé» de spécialistes. Les agents pastoraux le sont d'ailleurs de façon inchoative, à la manière dont M. Jourdain faisait de la prose, puisqu'ils réfléchissent à l'impact de leur action pastorale et à l'élaboration de tactiques, de processus, de cheminements toujours plus adaptés à la vie évangélique. Dès lors, le rôle de la théologie pastorale sera d'accompagner leur réflexion et de la faire accéder, pour tous les domaines importants et suffisamment généraux, à une rigueur scientifique adéquate.

Donc pour le dire en un mot, pas de théologie pastorale sans collaboration avec les agents pastoraux (et tout le Peuple de Dieu).

III. Élaborer une méthode

Pour que théologiens et agents pastoraux puissent élaborer adéquatement un moment réflexif (scientifique et théologique) de leur action, il importe de posséder une méthode qui satisfasse aux conditions suivantes:

a) partir d'une pratique (pastorale) pour aboutir à une nouvelle pratique pastorale;

b) comporter une rigueur scientifique dans l'analyse des situations, dans la référence théologique, dans la proposition d'actions;

c) être practicable à différents niveaux de réflexion et de compétence.

Me mettant en quête pour trouver une voie qui permette d'aller plus loin ou ailleurs que dans la formation du pasteur à l'image du Pastor Bonus, dans l'ecclésiologie appliquée ou dans la formation au counseling, je fus aidé par une coïncidence. Et l'on sait que les rencontres fortuites ou providentielles ne sont pas négligeables pour le progrès d'une réflexion.

Je devais adapter, à ce moment-là, un plan catéchétique allemand pour que nous puissions l'utiliser en Suisse romande. Ce plan — le *Zielfelderplan fur den katholischen Religionsunterricht*[4], devenue *Plan-cadre pour une catéchèse de l'enfance*[5] — basé sur la méthode de corrélation me parut donner un canevas non seulement pour la pratique catéchétique, mais aussi pour la réflexion théologique. Il me sembla possible d'en faire une transposition pour la théologie pastorale et d'obtenir ainsi une méthode qui réponde aux conditions posées précédemment. C'est cette méthode que je voudrais brièvement exposer ici en trois temps:

a) les sources théologiques de la corrélation
b) la méthode de corrélation en catéchèse
c) la méthode de corrélation au service de la théologie pastorale.

A) *Les sources théologiques de la corrélation*

Parler de corrélation, c'est parler d'abord d'une démarche théologique, où sont mis en relation réciproque (quoique non symétrique) l'homme et Dieu.

À première vue, cela paraît clair, voire évident pour toute théologie. Pourtant penser la relation de Dieu et de l'homme suppose toujours déjà une certaine idée de l'homme et de sa capacité à connaître Dieu. Ainsi certains vont définir la théologie de la corrélation comme une tension entre culture et foi; d'autres entre vie et foi; ou encore entre vie et foi de l'Église; entre expérience historique et révélation.

Au sein de ces interprétations très diverses, deux grands courants ont particulièrement marqué la réflexion des théologiens et catéchètes à l'origine des ouvrages précités:

- le courant ontologique (représenté entre autres par Tillich et Rahner) cherche à mettre en relation l'essence de l'homme et l'absolu;

- le courant historique (représenté par exemple par Schillebeeckx ou Gisel) se centre sur l'être historique de l'homme et pense en relation expérience et révélation.

Passons en revue brièvement la manière dont ces théologiens ont influencé l'élaboration du «modèle» de la corrélation.

1) Tillich:

La théologie de Tillich est marquée par un souci d'unité de tout l'Être. Ainsi place-t-il la corrélation à un niveau ontologique: elle est fondée sur la participation de l'être aliéné de l'homme à l'être en soi (Dieu).

La théologie de Tillich repose sur deux fondements ontologiques:

- Dieu, présent à tout ce qui est, permet de transcender les pôles fini et infini et de fonder l'unité du tout;

- l'homme, par le manque qui est en lui (aliénation) est question dont Dieu est la réponse. Il est orienté vers l'unité, car, comme tout ce qui est, il participe à l'être en soi.

Ces deux principes constituent le fondement de tous les aspects de la relation fini-infini (culture-foi, ...), lesquelles sont à comprendre analogiquement à ces deux principes.

2) Rahner:

K. Rahner peut être rapproché de Paul Tillich dans le sens où il fonde lui aussi ontologiquement l'ouverture de l'homme à Dieu, mail il s'en distingue sur plus d'un point, en particulier par une vision plus positive de l'existence humaine.

Sans parler de corrélation, Rahner porte le souci de définir les conditions à travers lesquelles l'homme peut entendre le message de la foi. Il réfléchit sur la relation anthropologie-théologie.

Pour Rahner l'homme est constitutivement, dans son être même d'homme, orienté vers le Dieu biblique.

Il fonde cette affirmation sur le fait que l'existence porte en elle-même une ouverture sur l'absolu. En effet, si l'homme peut s'interpréter lui-même, il porte nécessairement une ouverture sur l'infini, sur l'absolu, en ce sens qu'il sort de lui-même pour se comprendre. C'est ce que Rahner appelle la dimension transcendantale de l'homme, qui se révèle lorsque l'homme se trouve confronté aux questions fondamentales de l'expérience humaine (mort, solitude, bonheur, ...).

Pour Rahner l'expérience de l'absolu, l'expérience fondamentale est indispensable pour parvenir à la foi. Cette expérience de l'absolu qui concerne tout homme l'oblige à prendre position plus ou moins consciemment par rapport au mystère de l'absolu, que le croyant appelle Dieu. Et Rahner pose l'hypothèse que les présupposés du christianisme rejoignent l'ultime de l'homme: l'homme est dans son fondement ultime orienté vers la grâce, vers la recherche du salut, vers son fondement ultime.

Ainsi l'histoire chrétienne est comprise dans l'histoire humaine, en ce sens que la question fondamentale de l'homme sur lui-même et sa réflexion sur l'absolu prennent corps dans l'être au monde de l'homme. En ce sens, l'histoire est tout entière histoire du salut. La révélation chrétienne est un éclairage nouveau sur l'existence humaine, dont elle est partie prenante.

Pour Rahner, comme pour Tillich, l'homme est par essence ouvert sur l'absolu: pour Tillich du fait des limites de l'homme aliéné dans l'existence; pour Rahner du fait de la capacité de l'homme à s'appréhender lui-même. L'expérience de l'absolu est une réalité intérieure à l'homme.

3) Schillebeeckx[6]:

Schillebeeckx ne se situe pas comme Rahner ou Tillich dans une perspective ontologique, mais dans une perspective historique.

Sa question fondamentale c'est: **comment faire l'expérience du salut de Dieu qui se réalise pour nous en Jésus-Christ**. Il la traite en quatre temps:

1) L'interprétation de soi est une condition intrinsèque de la possibilité de la révélation:

Cette première affirmation semble rejoindre Rahner, pourtant Schillebeeckx considère que l'homme, esprit et corps, ne voit sa réalité intérieure que dans la communication avec les hommes et avec le monde. Schillebeeckx comprend la conscience humaine comme conscience de soi dans le monde.

La révélation rejoint alors l'homme comme être qui se cherche lui-même et tente d'arriver à se comprendre; l'homme qui se tenant devant soi se tient devant l'absolu qu'on appelle Dieu.

2) Le monde de l'expérience est le seul accès à la révélation:

L'être humain n'existe pas autrement qu'en tant qu'être corporel. Même l'activité de la conscience ne peut se comprendre sans référence au corps. Il s'ensuit que toute connaissance de l'homme passe par le corps, par l'être au monde de l'homme. L'homme n'a conscience que de la réalité dont il fait l'expérience et ne connaît Dieu qu'au travers de cette réalité. Il connaît Dieu en tant que créateur du monde et en tant qu'il se manifeste dans le monde.

3) Dieu lui-même appartient à la pleine définition de l'humain:

L'homme est homme en tant qu'il participe de la réalité de Dieu. L'être humain est un être-avec-Dieu-dans-ce-monde-d'homme-et-de-choses. Il s'ensuit que l'homme a conscience de l'absolu au travers des relations relatives à ses semblables et au monde. La relation à Dieu est inséparable des relations historiquement constituées. L'existence de l'homme en ce monde est le fondement de toute affirmation par rapport au mystère de Dieu.

4) L'expérience chrétienne est une expérience humaine:

L'expérience chrétienne résulte de la mise en tension de l'expérience humaine et de l'expérience des témoins de Jésus, prolongée et continuée dans la pratique libératrice des chrétiens. Ainsi la théologie puise à la double source: de l'expérience humaine aujourd'hui; et de l'expérience judéo-chrétienne.

Si Dieu existe nous ne pouvons le savoir que par la médiation du monde de l'expérience humaine, seul accès pour nous à la réalité. L'homme n'a donc pas de capacité spéciale, de sens spécial pour Dieu. Dieu se dévoile dans les relations relatives de l'homme. Et lorsque Dieu se révèle, il révèle l'homme à lui-même. Ainsi l'expérience humaine constitue le terreau dans lequel la théologie peut voir le jour: Dieu, tout en demeurant mystère se donne à l'homme comme dimension et fondement de la réalité expérimentée, bien qu'indirectement explicitée.

Pour Schillebeeckx, expérience et révélation sont structurellement unies du fait que toute expérience chrétienne est d'abord expérience humaine.

L'approche de Schillebeeckx situe la corrélation de l'expérience et de la révélation dans l'histoire. Corréler expérience humaine — expérience de foi ne consiste pas à mettre ensemble deux entités distinctes.

L'expérience chrétienne est relecture de l'expérience humaine et de l'expérience religieuse de la communauté à laquelle on se réfère, elle est «expérience d'expériences», c'est-à-dire réflexion sur des expériences religieuses les transformant en nouvelles expériences.

4) Gisel[7]:

P. Gisel dans la ligne de Schillebeeckx, affirme que la vérité de l'Évangile ne propose pas un nouvel espace, mais un nouveau mode d'habiter l'histoire des hommes. La vérité théologique advient dans une histoire dont elle fait partie, tout en étant toujours référée aux événements historiques fondateurs de la foi, qui en sont le pôle critique.

Pour Gisel, les figures qui nous précèdent dans la Tradition et les Écritures ne sont aujourd'hui figures de vérité que si elle sont aujourd'hui restituées à l'histoire et manifestent aujourd'hui la vérité.

Gisel traduit cette affirmation par le concept d'«homologie structurale» qui constitue un modèle d'interprétation de la corrélation.

L'homologie structurale[8] consiste dans la relation de deux figures, dans une analogie de rapports. Aucun terme n'est jamais considéré en soi, chacun est considéré relativement à un autre. Le N.T. face au vécu de la première communauté; la révélation par rapport à notre expérience actuelle.

Au cœur de l'homologie se trouve l'auto-affirmation de Dieu. Auto-affirmation qui vient à nous comme événement intervenue dans l'histoire par la Création et l'Incarnation. Et donc événement intervenant aujourd'hui encore. Voici comment on peut figurer cette homologie de rapports:

$$\frac{\text{énoncé biblique (NT)}}{\text{contexte historique}} = \frac{\text{annonce de l'Évangile aujourd'hui}}{\text{situation contemporaine}}$$

Si l'Évangile de Jésus-Christ est annonce de libération, notre prédication aujourd'hui doit être annonce de libération. S'il est béatitude des pauvres, il faut annoncer aujourd'hui que les pauvres sont invités au bonheur du Royaume. Il s'agit par conséquent d'inventer un langage fidèle à l'Évangile et à la situation contemporaine.

Dans la perspective historique de Gisel et de Schillebeeckx, l'homme se saisit comme être ouvert à Dieu dans ses relations aux autres et au monde dans l'histoire. C'est là que se joue la corrélation, qui permet à l'expérience de foi d'advenir toujours à nouveau.

Au terme de cette rapide approche des courants théologiques qui ont inspiré la méthode de corrélation, nous pouvons faire un bilan sommaire de leurs influences respectives.

Tillich, précurseur de la corrélation, a été rapidement dépassé. S'il influence notre compréhension actuelle de la corrélation, ce n'est qu'indirectement, pour avoir introduit l'idée d'une certaine continuité ontologique entre l'être de l'homme et l'être de Dieu.

Plus prégnant est l'apport de Rahner, au plan surtout de l'analyse de l'expérience de l'homme. Rahner, partant de l'être de l'homme, définit le lieu de la connaissance de Dieu dans la conscience transcendantale que l'homme a de lui-même, dans ses questions existentielles fondamentales. Il invite à l'approfondissement de l'expérience de l'homme.

L'apport de Schillebeeckx est le plus décisif. Du fait de son approche historique. Il définit le lien de la rencontre de Dieu dans l'être-au-monde historique et en relation avec leurs autres. Il conduit à une compréhension de l'expérience comme expérience historique et relationnelle et à une approche de l'expérience de Dieu comme expérience faite aujourd'hui avec les expériences fondatrices faites en Jésus-Christ.

Quant à Gisel, sa théorie de l'homologie fournit une clé de passage, qui se veut aussi rigoureuse que possible, entre la Révélation et l'aujourd'hui de la vie chrétienne.

Ce bref parcours permet de saisir la multiformité théologique de la méthode de corrélation, qui est sa richesse, mais qui peut être aussi la source de certaines ambiguïtés.

B) Le modèle de la corrélation

En conjugant tous ces apports, les auteurs du *Zielfelderplan* et du *Plan-Cadre* ont élaboré un modèle de la corrélation à usage catéchétique, mais qui peut aussi représenter un processus de réflexion théologique. Ils l'ont baptisé, de façon peu heureuse et peu poétique, modèle XYZ (voir schéma). Ce modèle met en œuvre l'expérience humaine en son sens le plus profond et la foi en Jésus-Christ transmise dans et par l'Église dans leurs relations réciproques. En voici l'exposé.

X

La méthode de corrélation commence toujours à partir d'une expérience vécue. Il en est d'ailleurs de toute connaissance qui prend son origine dans une perception, une émotion vécues.

C'est la case X. Ce X, transformé en petit bonhomme réceptif aux quatre horizons de la vie, comprend tout ce que l'homme vit et perçoit au premier degré, immédiatement. C'est le MONDE DU VECU. En d'autres termes, c'est le MONDE DE L'EXPERIENCE 1 (perception et émotion; *Wahrnehmung* et *Erlebnis*).

Ce monde comprend aussi bien les événements de vie profane que les événements religieux. Le vécu est pris aussi bien dans le monde des relations inter-personnelles ou des relations avec le cosmos que dans les expériences faites avec la Révélation, la Bible, la foi et la vie de l'Église, car lire un texte biblique ou participer à une liturgie, c'est aussi d'abord un vécu.

L'enjeu de ce X (monde du vécu), pris au point de départ obligé pour la connaissance et de la transmission de la foi, c'est d'affirmer que l'homme ne peut accéder à la foi que par l'expérience qu'il peut en faire au sein de son vécu. Il est donc nécessaire de prendre en compte le vécu dans ses particularités et sa globalité.

Y

Le vécu (expérience 1) n'est que la porte d'entrée. Il réclame prise de conscience, approfondissement et intégration.

C'est une démarche naturelle. Une expérience vécue vient s'intégrer dans tout le réseau de mes connaissances, de mes références, de ma manière de voir le monde et les personnes et de m'y situer. (C'est la case Y).

Un vécu nouveau vient s'intégrer dans le monde de mon expérience. Car, dès que je l'ai perçu:
- je me mets à distance de lui pour le réfléchir,
- je l'interprète en fonction de ce que je suis et de mes options fondamentales,
- je l'englobe dans le tout de mon expérience.

Ce processus, nous pouvons l'appeler EXPERIENCE 2 (intégration, sagesse; *Erfahrung*). *Bien qu'il se réalise souvent spontanément, il importe de le rendre conscient, de le thématiser au moment où l'on veut réaliser une démarche d'apprentissage et d'intégration de la foi.*

Liée à cette expérience de la vie, toujours en mouvement, en intégration nouvelle, en approfondissement de sagesse, il y a une expérience plus fondamentale encore: celle de l'être-homme. Expérience de fragilité et de grandeur.

«L'homme passe l'homme», disait Pascal. Mais il est aussi assigné à la mort. Expérience de **l'attente** d'un destin infini et qui comble. Et d'une **angoisse** devant les limites, la fragilité et la mort.

Cette co-présence constante de l'humanité en son destin le plus profond, nous pouvons l'appeler EXPERIENCE 3 (besoin du **sens**, soif de la **transcendance**)[9].

Cette expérience du sens, qui est toujours là, est très souvent enfouie sous l'immédiateté de la vie. Elle est beaucoup ignorée, voire niée par les hommes du XXe siècle. L'indifférent ne peut (ou ne veut) pas y accéder. Il est capital, pour l'apprentissage de la foi, que cette expérience soit parfois réfléchie. Car c'est au cœur de l'attente que se joue la promesse de la béatitude; au cœur de l'angoisse que se joue la promesse du salut. Pour celui qui n'accède pas à cette expérience du sens, quel besoin de Dieu peut-il y avoir? Parler de Dieu à la juste profondeur, c'est en parler au cœur des expériences humaines fondamentales.

Z

L'interprétation des expériences 1, leur intégration et leur englobalement dans l'expérience 2 et, plus encore, la réponse aux interrogations de l'expérience 3 se font toujours **en référence**.

En référence à soi-même et à tous les apports (parentaux, scolaires, etc.) que l'on a reçus, intégrés et qui constituent la personnalité. Mais aussi, très souvent, en référence à une vision du monde que l'on choisit en fonction de sa pertinence. Pour le chrétien, la référence, c'est Jésus-Christ. Parce que Jésus apporte la réponse la plus profondément humaine et vraie aux questions posées par les relations inter-personnelles et par le rapport au monde.

Faire référence à quelqu'un ou à une message, c'est adhérer à cette personne ou ce message. Ou à tout le moins se laisser interpeller. Faire référence, c'est un acte de foi et d'intelligence ou une disponibilité à recevoir une interprétation précise.

Pour un chrétien, le monde de la référence est donc constitué par Jésus-Christ, par la Bible et par la vie de la communauté des croyants à travers l'histoire et aujourd'hui. Annoncer la foi, c'est dire que le chemin de l'accomplissement de l'homme est en Jésus-Christ. On verra ci-dessous comment entrer dans ce monde de la référence chrétienne et comment l'utiliser en corrélation avec l'expérience en toutes ses dimensions.

XYZ

La vie est un processus continuel. Quand j'ai intégré (Y) un vécu nouveau (X) en fonction de la référence chrétienne (Z), je suis prêt pour aller un pas en avant, rencontrer un autre vécu, en fonction de toute mon expérience et de la référence que j'ai choisie. Je suis prêt à vivre, à agir à réagir. Je suis prêt à adhérer de façon nouvelle au Christ (ou à le rejeter).

Car la vie est toujours en mouvement. Et réfléchir, s'arrêter, se référer, intégrer, c'est faire une halte pour aller mieux de l'avant, en fonction de tout.

La case XYZ représente le monde de cette vie qui continue avec tous les apports qu'elle a reçus. Elle est le monde de l'agir, où non content d'avoir perçu la vérité de l'homme et de Dieu, le chrétien **fait** la vérité, selon l'expression de saint Jean.

Cette dernière case du modèle de corrélation est capitale. Car nul ne peut arrêter la vie. Et la foi est pour la vie. Pour l'accomplissement de la vie dans la justice et la sainteté de la vérité.

Corrélation

Après avoir décrit le modèle XYZ, il s'agit d'en indiquer la dynamique. De dire comment s'y joue la corrélation entre le monde de l'expérience et celui de la référence pour entrer dans un agir nouveau.

Le modèle XYZ

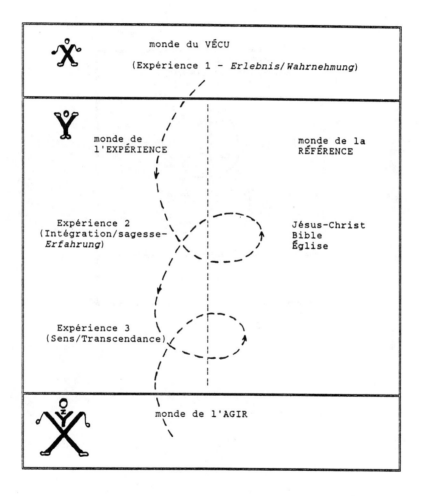

Le modèle d'une théologie
pastorale en corrélation

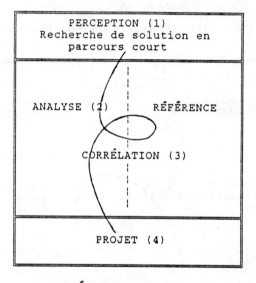

VÉRIFICATION (5)

Si je pars d'un vécu situé dans le monde des relations inter-personnelles (ou avec le cosmos), un vécu dont j'ai une vrai expérience qui m'a touché et non simplement un vécu dont je serais un spectateur passif et indifférent:

a) La première étape sera de creuser et d'intégrer ce vécu; de l'amener au niveau de l'expérience 2 (Y).

b) La deuxième étape sera de faire référence à la tradition chrétienne pour interpréter cette expérience 2 en fonction de la foi (Z). Cette référence peut apporter:

une confirmation

une interpellation

une contestation, etc.

ainsi joue la corrélation: l'expérience 2 se met en référence à la foi et reçoit une interprétation nouvelle.

c) La troisième étape (s'il y a lieu de le faire; ce n'est pas toujours le cas) sera de prendre conscience de l'expérience 3, liée au vécu et à l'expérience 2 (Y).

d) La quatrième étape sera à nouveau de faire référence à la tradition chrétienne pour donner réponse à l'expérience 3 en fonction de la foi (Z).

e) La cinquième étape sera d'aboutir à une conviction et un agir renouvelés.

On constate qu'entre le monde Y et le monde Z, il y a un aller et retour continuel, un questionnement et une interpellation réciproques. Cela constitue la **Corrélation**.

Mais faire référence à la Bible ou à la Tradition pour interpréter et renouveler l'expérience n'est pas simple, si l'on ne veut pas tomber dans le fondamentalisme ou aplatir l'histoire.

Pour le faire de manière sérieuse (voir scientifique), on utilise dans la méthode de corrélation, une homologie de rapports[10].

Elle part du fait que toute parole est traduction et interprétation d'une expérience vécue dans une situation historique et socio-culturelle donnée.

Une parole de l'Écriture sera donc interprétation d'un agir de Jésus (ou des prophètes, ou de Dieu) dans une situation donnée. Interprétation inspirée et, par conséquent, revêtue d'une autorité particulière.

Cette autorité traverse les siècles, mais cette parole est à réinterpréter pour être vécue dans une situation historique nouvelle, la nôtre. Pour que la réinterprétation soit honnête, il faut qu'il y ait le même rapport entre la parole et l'agir en situation au niveau de l'Écriture et au niveau de l'aujourd'hui: homologie de rapports.

$$\frac{\text{Parole } \mathbf{a}}{\text{Situation } \mathbf{b}} = \frac{\text{Parole } \mathbf{x}}{\text{Situation } \mathbf{y}}$$

$$\frac{\text{Jésus-Christ}}{\text{Écriture}} \quad \text{Histoire} \quad \frac{\text{Foi chrétienne}}{\text{Aujourd'hui}}$$

Ce rapport doit être fait avec sérieux et délicatesse. Car il est difficile à faire, mais il est possible: par les études d'exégèse, nous savons quand et comment les prophètes ou Jésus parlèrent et agirent et nous connaissons la situation d'aujourd'hui. Nous pouvons donc, avec tous ces éléments, et dans la mouvance de l'Esprit-Saint sans qui il n'est pas d'interprétation vraie, définir le dire et l'agir chrétien pour aujourd'hui.

Il importe encore de noter qu'entre Jésus-Christ et aujourd'hui, il y a une histoire qui n'est pas un pur discontinuum, une histoire qui porte des réalisations admirables de vie chrétienne, qui porte des traditions et des institutions. Il est impossible d'en faire fi. Passer du dire et de l'agir de Jésus-Christ au dire et à l'agir chrétien aujourd'hui ne peut se faire sans la médiation de l'histoire. Par exemple, on ne peut redire: «*Heureux les pauvres...*», sans tenir compte de l'expérience de François d'Assise.

Si l'on suit ce processus, on peut réaliser un dialogue exigeant et toujours actuel entre l'expérience de l'homme (des hommes) d'aujourd'hui et la Révélation. N'est-ce pas le propre de la théologie? Et ce modèle n'est-il pas practicable de façon assez large?

C) Une théologie pastorale basée sur la méthode de corrélation

Cette méthode de corrélation, partant du vécu pour aboutir à l'action, réfléchissant en profondeur l'expérience, intégrant avec rigueur la référence à la Révélation et à l'histoire de l'Église, m'est apparu transposable de façon aisée et pertinente pour devenir une méthode de théologie pastorale, à la fois pratique, scientifique et praticable par beaucoup.

Cette méthode se déroule en cinq phases:

1) Phase préliminaire. C'est la perception des expériences pastorales et des questions qu'elles posent. (correspond à X)

2) Phase d'analyse. C'est l'analyse socio-théologique des expériences, dont on veut faire l'étude approfondie. (correspond à Y)

3) Phase de corrélation. C'est la mise en relation des résultats de cette analyse avec les données de la Révélation et de l'histoire. (correspond à l'aller et retour entre Y et Z)

4) Phase de projet. C'est l'élaboration de scénarios pour un agir pastoral renouvelé, lesquels peuvent servir à une prise de décision par les instances concernées. (correspond à XYZ)

5) Phase de vérification, dans laquelle on peut percevoir sur le terrain pastorale la pertinence de tout le processus théologique qui a conduit à une action renouvelée (voir schéma).

En voici la description détaillée.

1) Phase préliminaire

a) Une pratique qui pose question
Si l'on excepte les démarches de théologie pastorale (T.P.) très générales (universelles et constantes) — et sûrement trop essentialistes — le

point de départ d'une étude de T.P. réside dans une **pratique qui pose question.**

Cette pratique qui pose question est le point de départ quasi nécessaire pour entreprendre une démarche de T.P., pour deux raisons:

- l'une, objective: la T.P., dans sa réflexion sur la pratique, s'enracine dans un moment historique donné: le questionnement de l'aujourd'hui est une entrée favorable pour ne pas faire une T.P. répétitive des solutions de toujours;

- l'autre, subjective: pour entreprendre la longue démarche d'une étude scientifique de T.P., il importe que la motivation soit forte et qu'elle corresponde à une nécessité vitale (qui, le plus souvent, est une difficulté vitale).

La pratique qui pose question n'est pas n'importe quelle pratique. Elle est un ensemble de faits observables vécus par les porteurs de l'annonce de l'Évangile (l'Église) ou par ses destinataires (les hommes), en tant qu'ils concernent directement ou indirectement l'annonce de l'Évangile dans son intégralité (y compris la justice, les droits de l'homme, etc.,) et la vie de l'Église comme réalisation communautaire porteuse du témoignage de l'Évangile.

Poser les questions, c'est un enjeu plus grand que de faire belle œuvre théologique. L'enjeu est de vivre en fidélité à l'Église et à l'Évangile d'une part, et de répondre aux besoins et aux questions des hommes qui crient avec urgence, d'autre part. La T.P., étudiant les pratiques qui posent question, devrait être en priorité au service de cet agir urgent, pour que cet agir soit pensé et coordonné théologiquement et pratiquement.

b) Recherche de solution en parcours court

Le pasteur, affronté à une pratique qui pose question, cherche naturellement une solution. Il fait appel pour cela aux données et aux moyens qui lui sont immédiatement disponibles, à savoir:

la sagesse et l'expérience pastorale

le bon sens

la connaissance du terrain pastoral.

Il aboutit en général à un aménagement des solutions anciennes par affinement, adaptation, amélioration, etc.

Ces solutions ont leur sagesse. Mais devant des problèmes trop amples, elles se révèlent souvent insuffisantes, trop courtes.

Alors se fait jour la nécessite d'un parcours long, plus complet, intégrant des éléments d'étude nouveaux non immédiatement saisissables.

Cependant, le parcours court reste nécessaire pour saisir l'ampleur de la question et l'enjeu exact du problème. En un mot, pour **problématiser.** Car, s'il fait aboutir à une pratique renouvelée, plus ou moins finement posée. Il permet de mieux mettre le doigt sur les vraies questions, sur les vraies apories.

c) Question — Objectif — Champ

La pratique pastorale met face à des questions. La recherche de solution en parcours court met face aux mêmes questions, mais de manière plus fine et plus problématisée. Il est capital de prendre du temps pour déterminer et poser la **question** que l'on veut traiter. Le P. Congar disait, dans une conférence à Genève: «*la solution d'un problème dépend beaucoup de la question par laquelle on entre dans le problème*».

Lié à la question, connexe à elle, et souvent la précédant, il y a l'**objectif**, la détermination de l'objectif. En effet, une questions n'est jamais totalement gratuite ou neutre; elle a toujours une quelconque finalité et cette finalité la conditionne et la détermine. Question et objectif sont interdépendants et se conditionnent mutuellement.

Si je prends conscience de cet objectif, ma question elle-même va se modifier et les chemins pour la résoudre s'en trouveront balisés. Cette détermination de l'objectif est d'une importance décisive, car elle permet de baliser le chemin de la réflexion. Elle ne doit pas être rigide, car la démarche d'étude peut naturellement réserver des surprises et imposer que les objectifs changent.

La question et l'objectif déterminent un **champ** d'observation, d'analyse et d'expérimentation. En T.P., cette champ doit se situer à l'intérieur de l'agir de l'Église au service de l'Évangile. Il y a deux sortes de champs:

- à grande extension où les questions, les recherches et les objectifs ne peuvent être que très généraux (niveau de la macro-pastorale);
- à petite extension où les recherches peuvent être fines et les objectifs devenir très concrets (niveau de la micro-pastorale).

d) Hypothèses

En général, liées aux questions et aux objectifs, il y a des hypothèses de travail et de recherche.

Il est important de se dire consciemment ses hypothèses... elles balisent, elles aussi, la recherche en anticipant la réponse à la question ou en prédéterminant les contours de réalisation de l'objectif.

Pour que l'hypothèse soit bonne, il faut qu'elle possède une capacité explicative vérifiable ou une capacité opérationnelle expérimentable. En un mot, qu'elle soit **falsifiable**, selon le mot de Popper.

Poser une hypothèse signifie donc trouver des éléments de solution entre la question et l'objectif et élaborer un chemin de vérification.

Toutes ces démarches sont importantes: c'est l'art de poser le regard et on a la pastorale de son regard.

2) Phase d'analyse

Après la phase préliminaire qui permet de cerner le plus exactement possible le fond du problème et de fixer quelques objectifs fondamentaux vient la phase centrale, qui se distribue en trois temps: analyse — corrélation — projet.

L'analyse consiste en l'observation scientifique (à l'aide des méthodes adéquates) du champ déterminé en fonction de la question posée, de l'objectif visé, de l'hypothèse à vérifier.

a) L'apport des sciences humaines

Les sciences humaines qui aident à cette analyse, qui le permettent, voire qui fournissent des éléments qui posent question sont en général les «sciences de l'agir» (Handlungswissenshaften), celles qui s'occupent de l'agir humain dans sa dimension concrète historique: sociologie, psychologie, pédagogie, sciences de la communication, etc. Il est d'ailleurs normal que les sciences viennent à l'avant plan, dans la mesure où la T.P. s'occupe de l'agir de l'Église et du chrétien dans et pour le monde d'aujourd'hui.

Le recours à ces sciences est indispensable, si l'on veut avoir des résultats élaborés qui soient autres que de simples impressions, nées de l'expérience pastorale, si l'on veut avoir une idée des causes socio-culturelles des comportements (qui ne sont pas toutes les causes, mais qui ont une immense importance).

Il est évident que les résultats de ces sciences sont à recevoir de manière critique. Ces résultats ne sont pas **la** vérité, mais représentent la conclusion d'observations et de déductions plus ou moins fiables selon la rigueur et les présupposés de la méthode employée. On peut notamment se poser les questions suivantes:

- qui observe et comment? (quels présupposés?)
- qu'est-ce qu'il observe? son champ d'observation?
- quels sont ses critères et ses hypothèses d'interprétation?
- quelles sont les limites inhérentes à la méthodologie? (par ex.: athéisme méthodologique)

b) Croisement des interprétations

Il ne suffit pas de recevoir l'apport des sciences de l'agir, même en marquant les limites épistémologiques et méthodologiques de cet apport.

Il importe de le soumettre à une première évaluation théologique. Il s'agit ici de réaliser un moment d'interpellation et de questionnement critique entre l'interprétation scientifique de la réalité perçue et une vision théologique de l'homme, de Dieu, de l'Église, de l'histoire (une sorte de première corrélation élémentaire: voir infra). C'est une interpellation réciproque, fort utile en ce sens qu'elle permet à la théologie de marquer les limites de l'apport des sciences de l'agir, mais aussi qu'elle permet à ces sciences de poser des questions pertinentes à la théologie.

Le résultat de cette étape analytique, c'est un **champ d'expérience** analysé scientifiquement et interrogé théologiquement. La pratique qui pose question: analysée et interprétée en rigueur scientifique, faisant rebondir des questions théologiques. Pour interpeller théologiquement cette pratique analysée, on pourrait se donner quatre questions fondamentales:

quel homme fait-elle émerger?
quel type d'Église construit-elle?
quel type de société promeut-elle?

quel Dieu, quel advenir de Dieu, quel salut?

Au travers de l'analyse (et de l'interpellation réciproque de la sociologie et de la théologie), la question liée à la pratique qui pose problème rebondit. Et doublement:

1) Comment penser et vivre l'insertion socio-culturelle, la liberté personnelle **et** la pratique de la foi? Comment faire pour que, dans telle situation de vie personnelle ou sociale, le Royaume advienne, pour que l'expérience de fois fasse partie de l'expérience de vie et ne demeure pas une sorte de référence extérieure, pour que la foi soit une pratique et non simplement une donnée du paysage mental? Que l'on analyse les problèmes communautaires, les questions nées de la pastorale des sacrements, les aléas de l'annonce de la Parole ou les désarrois personnels, on retrouve toujours cette question: comment faire pour que la foi soit annoncée et vécue et qu'elle devienne le coeur de la vie?

2) Et l'autre question sera: comment annoncer et vivre la foi, dans les questions d'aujourd'hui, en fidélité à Jésus-Christ? En fidélité à la tradition et à l'histoire de l'Église?

Cette double question est centrale pour la T.P. Elle va trouver sa réponse dans la théologie dite de la **corrélation** qui répond précisément à cette double question:

- comment penser aujourd'hui le rapport entre l'annonce de la foi et la globalité de la vie? et

- comment penser le rapport entre l'expérience de vie et de foi aujourd'hui et la fidélité à l'expérience fondatrice en Jésus-Christ?

Ce moment est parfois oublié: on passe facilement d'une pratique analysée à une pratique renouvelée sans faire le «détour» par l'Evangile. Dommage, car ce moment est central et proprement théologique. L'omettre c'est s'exposer à avoir une théologie pratique très «sociologique» ou très «pratico-pratique». C'est court-circuiter le moment central de la T.P.

3) Phase de corrélation

Appliquée à la théologie pastorale, la corrélation va consister en ceci.

À partir de la situation pastorale dûment analysée, il importe de réaliser une confrontation critique réciproque avec des situations semblables ou parallèles de l'A.T., du N.T. et de l'histoire de l'Église, en respectant bien sûr l'homologie de rapports, pour faire advenir une interprétation nouvelle ou une pratique nouvelle, plus appropriée à la fois aux requêtes du temps présent et aux indications de l'Évangile et de la Tradition. La corrélation est réciproque en ce sens que l'aujourd'hui pose des questions inédites ou nouvelles dans leur contexte et que l'Évangile et l'histoire gardent une fonction permanente d'interpellation pour les réalisations de l'aujourd'hui.

Dans cette phase, la théologie pastorale est appelée à faire recours à l'exégèse, à l'histoire, à la dogmatique pour établir la corrélation de façon adéquatement informée.

4) Phase de projet

Si la mise en corrélation débouche sur une proposition de pratique renouvelée, il est évident qu'elle doive aboutir à un **projet** concret de réalisation. Ce projet ne sera jamais totalement déductible scientifiquement. Il comporte un risque: celui du choix, de l'option à faire au milieu de l'extraordinaire complexité des structures, des situations, des éléments en jeu. Et un autre risque: celui de l'imprévisibilité de la décision libre. Mais si la T.P. est «réflexion pour une décision», selon le mot de Rahner, elle ne peut éviter ce double risque.

Dans cette phase de projet, la T.P. doit faire appel à une science **praxéologique** appropriée (science de la communication, de la prise de décision, pédagogie), développer des modèles prospectifs et les utiliser pour élaborer des projets et préparer les décisions à prendre.

Dans ces projets, elle devrait pouvoir:
- fixer l'objectif final
- fixer les objectifs intermédiaires
- déterminer les chemins et les étapes concrètes pour les réaliser.

Le rôle de la T.P. n'est pas de prendre des décisions pratiques. Il est de donner des éléments scientifiquement réfléchis, pour que les décisions soient prises par les instances concernées (évêques, décanat, conseil pastoral, etc.).

5) Phase de vérification

Comme la décision, la mise en action d'une pratique nouvelle n'appartient pas à la théologie pastorale: elle appartient à ceux qui réalisent l'action pastorale (en ce sens-là, le théologien pastoral se trouve en seconde ligne). En revanche, le théologien pastoral devrait pouvoir **accompagner** cette mise en action.

Il devrait pouvoir se donner les moyens d'une **vérification** du projet qu'il a élaboré et qui a été mis en action.

La pratique et ses résultats correspondent-ils aux objectifs intermédiaires et aux chemins choisis pour les atteindre? Et, si ce n'est pas le cas, comment rectifier les objectifs et la trajectoire? Selon quels critères?

Cette dernière phase est très rarement atteinte, car elle suppose qu'il y ait expérimentation concrète des projets du «pastoraliste». Elle demande un lien étroit du théologien avec les «gens du terrain», et beaucoup de temps. Mais elle semble bien nécessaire pour élaborer une vraie «science pastorale» liée de bout en bout à la pratique.

Pour conclure: la nécessaire interdisciplinarité

La description du parcours le montre à l'envi: la théologie pastorale est assignée constamment à la collaboration avec d'autres disciplines. J'ai parfois envie de dire avec un brin de dérision qu'elle est un *patchwork* interdisciplinaire.

Dans la phase d'analyse, elle travaille avec la sociologie ou d'autres «sciences de l'agir».

Dans la phase de corrélation, elle recourt à de nombreuses branches de la théologie.

Dans la phase de projet, elle devrait se servir des techniques de la mise en œuvre et de la prise de décision.

Dès lors, il n'est pas étonnant qu'elle ait peine à se trouver une identité propre et que la lecture de livres de théologie pastorale [11] donne l'impression d'avoir affaire à des ouvrages un peu composites. Cela est dû aux différences de méthodes employées selon les moments de la réflexion.

Mais son identité se trouve précisément dans ce parcours complexe que nous avons essayé de décrire et qui permet d'aller de la pratique à la pratique en gardant à la fois une certaine rigueur d'analyse des faits et une certaine exigence théologique (pour le dire en termes modestes). C'est peut-être un handicap. Mais cela peut devenir une chance, dans la mesure où la théologie pastorale devient non pas «la couronne de la théologie», selon le mot de Schleiermacher, mais un lieu de rencontre et un carrefour d'études.

Notes

1. Cf. J. AUDINET, «Quelles «pratiques» pour la théologie», dans: *Initiation à la pratique de la théologie*, t. V. Paris, Cerf, 1983, pp. 9-18.

2. Il me semble que c'est l'intuition de Jean XXIII demandant un *aggironamento* de l'Église.

3. Ou d'études pastorales.

4. Munchen, Deutscher Katecheten Verein, 1977.

5. Neuchâtel, Commission romande de catéchèse, 1981.

6. Cf. surtout *Expérience humaine et foi en Jésus-Christ,* Paris, Cerf, 1981.

7. Cf. surtout *Vérité et histoire*, Genève-Paris, Labor et Fides-Beauchesne, 1977.

8. Mal nommée. Elle n'a rien de structural. On pourrait l'appeler homologie (tout court) ou, à la rigueur, homologie de rapports.

9. On sent ici l'influence de Rahner. Étonnamment, P. Watzlawick parle à ce propos de «prémisses du troisième degré».

10. C'est ici que l'on a intégré l'apport de P. Gisel.

11. Par exemple, P.L. DUBIED, *L'athéisme, une maladie spirituelle?*, Genève, Labor et Fides, 1982.

Ernest Henau

PASTORAL THEOLOGY:
SCIENCE OR WISDOM?

Abstract

Pastoral theology suffers from a double identification pressure. As a theological discipline it has to prove its "secular relevance" while safeguarding at the same time its "Christian identity." And as a part of a theological faculty it has to prove its theoretic quality vis-à-vis the other disciplines and its indispensable place within the whole of theology. Hence pastoral theology runs a risk, more than other theological disciplines, of losing its theological identity by adopting a merely functional and rational vision of reality borrowed from the scientific method of knowledge. In this contribution, therefore, the question is asked whether pastoral theology ought not to be defined as wisdom rather than as science.

In his book *Was ist heute Theologie?* Jurgen Moltmann puts this question: "What is the function of Christian theology in the world of sciences that emancipated themselves from its dominion? What form should Christian theology adopt in a secularized world if it is to preserve its Christian identity and at the same time to prove its theological universitality?"[1] The background of Moltmann's question is the awareness that theology is no longer based on the commonly accepted evidence of God's existence and it has thus lost its universal competence and relevance. The question is not new, of course. It is endemic to a secularized culture that is rooted in the disappearance of religious unity in Europe and in the religious wars emanating from it. In order to survive, society had to declare religion a matter of private interest. In such a society, in which religion has lost its integrating function, theology can be no more "the queen of sciences" than the church could continue to be "the crown of society."

But in many countries today theology has remained an academic discipline. Even France with its strict separation between church and state, continues to have one university (Strasbourg) with a theological faculty. While this may be due to tradition, it is also due to the fact that many people are still convinced of the necessity of a theological faculty. This necessity may have opportunistic or pragmatic grounds. It may also be based on conviction or due to inertia which prevents the existing order being changed. This conviction may be even more connoted by a cynical aspect when one argues that, from the viewpoint of public health care, theological faculties are still much cheaper than psychiatric institutions whose numbers may increase with the disappearance of sense producing bodies.

It won't be a matter of amazement to anyone that the endemic question of the meaning of theology as an academic discipline becomes virulent in periods when financial means for scientific teaching and research become more scarce. At such moments theologians will be submitted to heavy identification pressure. They will then have to prove a certain number of things. In the first place they will have to prove that a theological faculty is committed to science and consequently that it is not an ideological apparatus of one or other church community. In other words a theological faculty is not an instrument for training of propagandists but of scientists. Otherwise it would lose its universal meaning and reflect only particular interests. One would further need to prove that theology has an irreplaceable method by which it is to be distinguished from, say religious studies that also deal with the phenomenon of religion or from the historical sciences that investigate the history of Christianity.

The situation of pastoral theology is even more problematic since it suffers from a double identification pressure. As a theological discipline it has to prove, in Moltmann's words, its "secular relevance," while safeguarding at the same time its "Christian identity." And as part of a theological faculty, it has to prove its theoretic quality vis-à-vis the other disciplines, its indispensable place within the whole of theology, that is. It can not be denied that pastoral theology, more than historical and systematic theology, is suspected to be an instrument at the service of an institution or an ideology. This has to do with its historical roots as an academic discipline. Pastoral theology was thought of as an applied science, as a kind of professional ethics and professional training. There is no escape from this suspicion, albeit for different reasons in our day. When stress is being put on empirical inquiry, on communication and interaction training, on clinical pastoral education and other such things, it is understandable that one comes to speak slightingly of a pastoral and ecclesial "technology." Add to this that pastoral theology, more than other disciplines, is a "scientia subalternata" that adopts its method from other sciences. In the first two branches of theology, the methods have originated within the discipline itself. The historical-critical method owes its most refined tools largely to biblical exegesis. The methods used by pastoral theology in our days have been literally imported. Because pastoral theology made use of knowledge and insights from other sciences it did deepen and renew its theories of practice. But there is a risk that these theories, when not based on a solid theological theory, degenerate into "syncretic banalities" (Michael de Foucault).[2]

But even in the supposition that pastoral theology would have a commonly accepted basic theory and that it would succeed in proving its universality by the consequent application of methods borrowed from other sciences, the question of what Moltmann calls its "Christian identity" remains. One cannot behave as if it does not constitute a problem when one adopts methods that were designed and that were developed in sciences which, at their origin, were affected by a rationalist and reductionist concern. This certainly applies to sociology which originated with A. Comte and E. Durkheim; it applies also to psychology insofar as it reached its maturity with Freud and it partly applies to communication sciences insofar as these are rooted in behavioristic psychology which puts maneouverability at its centre. In all these sciences, to the extent that they deal with religion, lurks what Vergote calls "a ferment of atheistic mysticism": one gets liberated from religion only by explaining it rationally.[3] Even when the efficacy of this "atheistic ferment" has decreased or disappeared in later evolutions, the "reductionist" approach remains.

Pastoral theology is thus confronted with two almost insoluble dilemmas. The first dilemma reads: to prove that it is not an ideological instrument, pastoral theology has to show that it is not at the service of dominating powers in the faith community. For, "Christian theology always happens in responsibility to the church."[4] Not only on principle but also in a merely pragmatic way pastoral theology depends on the church, because it intends to reflect on what is being done in the faith community. By giving up its relationship to the church it would saw off the branch on which it is seated. The second dilemma reads: to prove that it is a science, pastoral theology has to apply consequently and unabridgedly, the methods that it derives from sociology and psychology, thus running the danger of adopting the reductionist presuppositions of these methods and thus dissolving itself.

But there is something more. Essential to pastoral theology is the relation between theory and praxis. The relation between both dimensions is determined above all by the function that is attributed to each of them. When theory is to spell out what the practice should be, then the latter is reduced to realizing what the theory dictates. When the practice is seen as creating and renewing, the theory is then limited to illuminating, supporting and spreading the practice.

Classical pastoral theology almost always is a reflection of an existing praxis which is approached through hermeneutical or socio-scientific methods. This effort may be undertaken with at least two objects in view. Firstly, it is necessary to discover deficiencies in an existing praxis and to come to a new praxis, adjusted according to psychological, sociological, and educational insights (this originates a first model of pastoral theology). Secondly, the effort is directed towards finding norms or inspiration from action patterns of the past that are considered to be normative or "exemplary," in as far as they can be reconstructed from texts (second model).

In the first model three paradigms can be distinguished as far as the integration of social sciences is concerned. The so-called "ancilla" paradigm adopts the methods of the social sciences and makes them serve theological or ecclesial purposes.[5] The "alien prophecy" paradigm is complementary to the preceding one. The concept of "alien prophecy" was formulated by J. Scharfenberg. When used in this context it means that through "alien" methods theology recognizes anew forgotten elements of its own tradition or simply discovers values and ideals that may be enriching.[5] Finally in the paradigm of convergent options one tries to take into account some insights of recent scientific-theoretical discussion: (a) each process of knowledge or research is directed by interests, respectively options; and (b) for that reason the abstract way of speaking of the human sciences or of theology does not bring us any further. Two new insights result from this: 1. Scholars should ascertain their mutual interests and options in constructing or combining interdisciplinary insights; 2. the selection from "alien" stocks of knowledge takes place on the basis of convergent options (e.g., liberation, emancipation, peace, justice etc.).

Central in the second model of pastoral theology are the classical hermeneutical methods. One then tries to reconstruct or to analyze a praxis assumed to be normative with a view to finding norms or action patterns. I'd like to quote two examples of this type of pastoral theology. The first concerns the valedictory lecture of the Dutch protestant pastoral theologian J. Firet. According to him, all pastoral theologians accept the "disciplinary matrix" (Th. S. Kuhn) of pastoral theology, namely, the communicative acting at the service of the Gospel. He tries to illustrate this from the way it occurs in Paul's letter to the Philippians.[6] The second example regards an article of the German catholic pastoral theologian R. Zerfass. Starting from an analysis of the Zacheus pericope he tries to come to an integrative model of action within the faith community by interlinking the three dimensions of Christian, pastoral and ministerial action.[7]

This second model of pastoral theology has a number of modest objectives. Without wanting to be exhaustive, I'd like to mention some of them. It seeks to help pastors to understand their situation so that they can test their professional experience against former expectations. It also enables them to situate their experience within the broader context of society, of the church and of the individual person (faith evolution). It further enables them to recognize trends and to assess the situation from functional insights and not merely from moralistic considerations. And finally, it seeks to help them to related the research data to their own visions and ideas about pastoral policies.

About the first model, which is more inductive, the reproach is that it does not produce a satisfying integration between theology and social sciences: these sciences are not valued for their characteristic property since they are subjected to theological norms. About the second model, which is more deductive, the reproach is made that it does not transcend the level of intuition and consequently does not comply with the academic demands of scientific practice. It is further considered as being subservient to ecclesial concerns, thus running the danger of becoming an ideology. According to some, these obstacles can be overcome only by resolutely choosing inductive and strictly empirical methods in pastoral theology.

The most important contribution in the area of empirical methodology has been made by J. van der Ven.[8] He distinguishes three kinds of relations between what is "theological" and "empirico-methodological" (or socio-scientific). First, there is the multidisciplinary relation: pastoral theology takes cognizance of and uses the research results of the social sciences. Then there is the interdisciplinary relation: theologians and social sciences researchers collaborate in designing and carrying out an injury, while limiting themselves to the part that is connected with their own disciplines. Finally there is the intradisciplinary relation: the empirical methodology is incorporated into practical theology, that is to say, the pastoral theologians, as such, are empirical researchers themselves, adopting the socio-scientific research methods.

While van der Ven has been active mainly on a theoretical level, some of his students have carried out his method on a practical level. One of the most stringent essays has been undertaken by H.J.M. Vossen.[9] As he himself explains, he started interdisciplinarily, but through a learning process he moved into van der Ven's intradisciplinary direction. From the discussion that followed the publication of his dissertation it appears that there is a real danger that the tension between theology and (socio)-scientific method—referred to above as a dilemma—is dissolved by discharging one of its poles. More specifically, the reproach was made by J. Firet regarding Vossen's address that in his bereavement poimenics "faith" emerged only as a (positive or negative) intra-psychic factor in the subject of the bereavement process, "a form of giving meaning . . . next to many other forms. Giving meaning in a bereavement process is empirically not necessarily religious in order to come to a successful reorientation." Vossen holds that a theology that intends to be inductive, an "empirical theology," cannot go further. Evidently the question then is whether pastoral theology does not negate or abolish itself as theology by not seeking its starting point and its primary object in "what eye has not seen, nor ear heard, and what has not entered into the human heart" (1 Cor 2,9)—"even if this would entail the verdict of '"no science'."[10]

This phrase of J. Firet goes to the heart of the problem that we formulated at the beginning. The identification pressure that affects pastoral theology in the present circumstances can lead it to self-destruction. And this goes for the whole of theology as an academic undertaking. In his book *Zur Logik der Theologie*, Dietrich Ritschl wrote in 1984: "No matter how we balance weights, the decisive dimension of the theologian's work is surely not the appreciation by the academic sciences, nor the success gained through fashionable accommodation to cultural impact and prevailing trends. What is decisive is the openness to the Spirit of God." And Ritschl suggests that we should try to join the wisdom tradition: "Theology as wisdom liberates us from the fearful and competitive clinging to what is scientific; to be sure it respects the power of reflection of the professional academic, but it lives in the freedom of a "second naïveté," not of the innocent pre-critical but of the responsible post-critical naïveté."[11] This idea of "second naïveté" was called by Gabriel Marcel "la réflexion seconde."

Who would argue that this clears the road for all kinds of bungling and irrationalism, and that this can do so only by first making a caricature of the approach under discussion. What is at stake here is not rationality as such, but a certain form of rationality. Nor is it a question of playing off feeling and intuition against intellect and knowledge. At issue is the recognition of what characterizes theology.

In my opinion, the characteristic property of theology gets lost if we try frenetically to join a science paradigm that values only instrumental rationality. In the first place, we cannot overlook the fact that this paradigm is being criticized within the scientific world itself. In his "Introduction aux études pastorales," Marcel Viau has pointed to the possibilities offered by the new self-understanding of physics, especially of the quantum physics of such authors as Fritjof Capra, David Bohm and Bernard d'Espagnat, to allow pastoral theology to construct a scientific-theoretical framework: "One can formulate the hypothesis that if quantum physics is ready to integrate into its theory notions such as conscience and being to explain reality, there is then no objection against pastoral theology using the conceptual apparatus of physics, even its axiomatics and mathematical formalism, to achieve the construction of a theoretical and scientific framework. This process would allow us to rely on the enormous experimental achievements of physics while keeping to the God of the Christians as the ultimate finality to interpret the foundation of its proper reality."[12]

At the moment when the scientific paradigm that led to declaring theology un-scientific passes itself through a crisis, it would be unwise to model theology on that still current paradigm (at the risk that theology may destroy itself). Nor does it seem appropriate for pastoral theology to borrow a theoretical-scientific framework from quantum physics, as Viau proposes. Theology should rather remain faithful to its own tradition in which there is room for several designs and theories. However needed empirical inquiry may be in pastoral theology, still one will have to oppose every totalitarian claim of this option which acknowledges only the empirical form as scientific. Even apart from the fact that this form of doing theology joins a paradigm that is criticized by science itself because of its exclusive claims, one should hold that it is the nature of the matter under discussion (which can also be historical) that determines the research method to be followed.

A programmatic statement of W. Pannenberg, formulated in another context but relevant to our discussion, indicates the theoretical direction I would like to follow: "The prospect of Christianity and its theology is rather to integrate into a greater whole the reduced understanding of reality of secular culture and of its image of man and woman, against the reduced rationality of secular culture to create a greater space for intellect itself, to which also belongs man's and woman's relationship to God."[13]

The unilateral and exclusive nature of a merely functional-rational vision of reality, as this has developed within the European science-tradition, has always been questioned from Christian faith and from theology. For, through absolutizing this ideal of knowledge and science, decisive areas of reality that are accessible only from a totally human understanding (e.g., in the fields of intersubjective experience, of moral responsibility, of esthetics, of the realm of the symbols, of religion, etc.)—these decisive areas are either totally suppressed or disposed of as unimportant, that is to say, displaced from the public sphere to the arbitrariness of the private sphere. The threatening effects of such rationality become clearly visible today. There is a real danger that a wave of irrationalism may occur.

But there are also new opportunities for a theology which, from its very tradition, is well placed and equipped to advocate what I'd like to call a comprehensive rationality, a rationality, that is, which includes in its operation the other side of reason (the fields of phantasy, feeling, intuition, utopia, etc.) and this in such a way that it is no longer suppressed, but perceived, acknowledged and accepted in its irreducible proper nature. What is required is the intelligent interaction of reason with the other side of itself in order to do justice to reality in all its dimensions. Such an interaction cannot occur in the pure negation of the other side of reason, nor in today's often proclaimed discarding of reason (which leads to stupidity and superstition). Such an interaction occurs in a dialectical relation which upholds both sides in their differences and which at the same time brings them to their full validity and potentiality through each other.

Notes

1. J. Moltmann, *Was ist heute Theologie? Zwei Beiträge zu ihrer Vergegenwärtigung*, Freiburg/Basel/Wien, 1988, 20-21.

2. J. Firet, *De plaats van de praktische Theologie binnen de Theologische Faculteit*, in: *Spreken als een leerling. Praktisch-Theologische Opstellen*, Kampen, 1987, 29.

3. A. Vergote, *Het meerstemmige leven. Gedachten over mens en religie*, Kapellen/Kampen, 1987, 99.

4. J. Moltmann, *Ibid.*, 33.

5. Vgl. N. Mette/H. Steinkamp, *Sozialwissenschaften und Praktische Theologie*, Dusseldorf, 1983, 166 e.v.

6. J. Firet, *Communicatief handelen in dienst van het Evanglie. ("Paulus aan de Filippenzen" bijvoorbeeld)*, in: *Spreken als een leerling. Praktisch-theologische opstellen*, Kampen, 1987, 260-272.

7. R. Zerfass, *Priester und Laien in der Seelssorge*, in *Menschliche Seelsorge. Für eine Spiritualität von Priestern und Laien im Gemeindedienst*, Freiberg i. Br., 1985, 73-97.

8. H. van der Ven, *Op weg naar een empirische theologie*, in: *Meedenken met Edward Schillebeeckx* (ed. H. Haring e.a.), Baarn, 1983, 93-114; Id., *Vragen voor een empirische ecclesiologie*, in *Theologie in kerkvernieuwing*, Baarn, 1984, 51-93; Id., *Empirische methodologie in de Pastoraaltheologie*, in *Pastoraal tussen ideaal en werkelijkheid*, Kampen, 1985, 191-218; Id., *Ervaring en empirie in de theologie*, in Tijdschrift voor Theologie 27 (1987), 155-173; See also H.J.M. Vossen, *De ontwikkeling van een empirisch-theologisch statuut in de praktische theologie*, in: *Twintig jaar ontwikkelingen in de theologie* (ed. W. Logister e.a.), Kampen, 1987.

9. H.J.M. Vossen, *Vrijwilligerseducatie en pastoraat aan rouwenden. Een pastoraaltheologisch onderzoek naar een curriculum voor vrijwilligers in het pastoraat over het bijstaan van rouwenden*, Kampen, 1985.

10. J. Firet, *Het niveau van de intuïtie overstijgen. Uitvoerige bespreking van het proefschrift van H.J.M. Vossen: vrijwilligers-educatie en pastoraat aan rouwenden*, in: Praktische Theologie 13 (1986), 595-605, t.a.p. 602-603.

11. D. Ritschl, *Zur Logik der Theologie. Kurze Darstellung der Zusammenhänge theologischer Grundgedanken*, Munchen, 1984, 339.

12. M. Viau, *Introduction aux études pastorales*, Montréal, 1987, 197.

13. W. Pannenberg, *Christentum in einer säkularisierten Welt*, Freiburg/Basel/Wien, 1988, 75.

Augustine Meier

THE APPLICATION OF HERMENEUTICS TO PSYTHOTHERAPY PRACTICE, THEORY AND RESEARCH

Abstract

In recent years hermeneutics has been offered as an alternative method to rationalism and empiricism for the understanding and study of human actions. This paper explores the application of hermeneutics to psychotherapy practice, theory and research. This theme is developed by summarizing the essential elements of psychotherapy practice, and by outlining the historical and philosophical influences in the evolution of hermeneutics. This is followed by the presentation and comparison of the three ways of knowing, namely, rationalism, empiricism and metamorphism. A summary of the relevant thoughts of the hermeneuticists—Schleiermacher, Dilthey, Heidegger, Gadamar, Ricoeur, Fingarette—who have contributed to its evolution is then provided. Selected hermeneutically derived concepts from the works of these writers are then applied to psychotherapy practice, theory, and research. The conclusion is that hermeneutics provides concepts which enriches our understanding of psychotherapy practice and theory but offers minimally towards psychotherapy research. Nevertheless rationalism, empiricism and hermeneutics are best understood as playing complementary roles in psychotherapy practice, theory and research.

There is a lively discussion underway regarding the applicability of hermeneutics to the social sciences and particularly to psychology and psychotherapy (Packer, 1985, 1988; Faulconer & Williams, 1985, 1987; Day, 1988; Russel, 1988; Barratt, 1987, 1988; Frank, 1987; Eagle, 1984; Stroud, 1987; Rennie, Phillips & Quartaro, 1988; Messer, Sass & Woolfolk, 1988). More specifically, the argument centers around the appropriate methodology for understanding human action and behaviour. Hermeneutics, following the pioneer work of Heidegger (1962) is offered as an alternative to positivism and rationalism as a method to study and understand human actions (Packer, 1985).

The purpose of this paper is to explore the application of hermeneutics to psychotherapy theory, practice and research. The question asked is: does hermeneutics provide something potentially new and meaningful to the science of psychotherapy. The thesis is: hermeneutics, rationalism and empiricism contribute in a complementary way to the understanding and practice of psychotherapy.

To develop this theme, the paper will be divided into five parts. The first part provides a brief description of a current perception of the essential elements of psychotherapy. The second part presents hermeneutics under four topics: origin and definition, philosophical influences, philosophical focus, and issues addressed. In the third part, hermeneutics as an alternative scientific method will be discussed. The fourth part summarizes the relevant contribution of six hermeneuticists. The application of hermeneutics to psychotherapy is presented in the fifth section. The paper concludes with a discussion.

Psychotherapy

In this paper the term "psychotherapy" refers to all of its forms, including psychological psychotherapy, psychiatric psychotherapy and pastoral psychotherapy. It is assumed that the essential differentiating quality among these forms of psychotherapy is the experiential content and not the method. All forms of psychotherapy share common techniques and methods.

Psychotherapy is a process, an event in action, which involves an interrelated chain of significant client activities and/or experiences and therapist responses. These significant client experiences can be labelled as: awareness (understanding), action and consolidation. In his paper on the pertinence of hermeneutics to psychotherapy theory and practice, Frank (1987) identified understanding as a significant therapeutic endeavour. He attempted to construe all therapeutic endeavours, regardless of theoretical orientation, under the term "understanding." This explains only part of the therapeutic process and his paper is weakened by neglecting to include action and consolidation as equally significant therapeutic endeavours and experiences.

In reviewing the major psychodynamic, experiential and cognitive oriented therapies, it becomes evident that awareness (understanding) plays a significant role in the therapeutic process (Freud, 1938; Perls, 1969; Rogers, 1951). The assumption is that by changing the clients' present understanding to a new understanding of their problem, the symptoms and conflicts will dissipate. Thus the transformation of meaning becomes a significant client task.

The cognitive theorists add a second dimension to the therapeutic endeavour which is action. Behaviorists make this a fundamental task of therapy (Wolpe, 1969). Cognitivists, such as Ellis (1979), Beck (1976) and Meichenbaum (1977) insist that the new understanding be put into actions which result in new behaviours. Thus, a link has been established between understanding and action.

From another perspective, this chain of interrelated client activities has been broadened to include consolidation. Masterson (1985), an Object Relations Theorist, outlines how the acting out of the new self elicits new feelings and new actions which become grafted to the genuinely experienced enduring self through the process of consolidation. This view is not unique to Masterson, but is held in common with many of the contemporary Ego Psychologists and Object Relations Theorists.

This chain of interrelated significant client activities has been broadened to include seven phases or stages, namely: the problem definition, exploration, awareness, decision, experimentation, consolidation and termination phases (Meier & Boivin, 1983, 1984, 1987, 1988). Thus a client in the progress of psychotherapy will move from one phase to another but will give focus to one or more of the phases as he/she achieves the sought level of being.

In terms of achieving these objectives, there is a general consensus that the therapist at one time is passive and non-directive and helps the client to explore inner experiences which leads to understanding and the investigation of potential new actions. At other times the therapist is more directive and active and offers an interpretation, or will introduce a new experience, through exercises such as dialoguing and imagery, which will elicit new experiences, that is feelings, thoughts, motives, etc. These active and directive interventions have as a goal increasing understanding, eliciting new action and bringing about consolidation.

The goals of therapy are achieved by focusing on the whole of the client's experiences. This includes thoughts, feelings, motives, competencies, meanings and values. It is thought that inappropriate thoughts (Beck, 1976; Ellis, 1979), unexpressed feelings (Rogers, 1951), unfulfilled needs (Freud, 1938; Perls, 1969), lost meanings and values (Frankl, 1969, 1975), and incompetencies (Wolpe, 1969) constitute emotional problems.

In summary, the process of psychotherapy can be viewed as comprising a chain of three interrelated significant client activities, namely, understanding, action and consolidation. These are brought about through therapist and client interaction wherein the therapist will interweave a passive and non-directive interventions with that of an active and directive responses. In this endeavour the therapist and client focus at one time or another on the whole of the client's inner experience. A valid theory of psychotherapy must incorporate these significant client activities into its model, demonstrate how they are theoretically linked, and show how they are translated into assessment procedures and therapeutic interventions. Hermeneutics, in offering an alternative model to a rational and/or empirical based psychotherapy, is expected to address all of these issues.

Hermeneutics

Having set the ground work which was to briefly outline the therapeutic process, the task now is to present hermeneutics. In order to appreciate contemporary hermeneutics and its applicability to psychotherapy, it is necessary to know its roots, point out the influences that affected its evolution, present the philosophical focus of its endeavours, and outline the issues addressed. To achieve these goals, this part of the paper will be presented under four headings: origin and definition, influential philosophical movements affecting its evolution, philosophical focus, and issues addressed.

Origin and Definition

Hermeneutics as we know it today originated from philology as one of its sub-disciplines (Bleicher, 1980 p. 11-13; Bauman, 1978 p. 7-9). The term "hermeneutics" comes from the Greek word *hermeneutikos*, which means explaining or interpreting. The myth is that Hermes, a wing-footed Greek god, was sent to deliver a message and to interpret that message because it was assumed to be beyond human intelligence. Modern hermeneutics has its roots in the 17th century but emerges clearly in the 19th century with the works of Schleiermacher and Dilthey.

Hermeneutics was commissioned with two tasks: one, ascertain the exact meaning content (authenticity) of a word, sentence, text, etc.; two, discover the instructions contained in symbolic forms. Two hermeneutical branches were formed, philology and exegesis. The former was concerned with the interpretation of secular texts and the latter was concerned with the interpretation of sacred texts. Exegesis became a very important discipline during the 15th and 16th centuries following the protestant reformation in order to determine the authenticity of sacred texts and to establish their literal historical meaning as a basis for the moral meaning. In their interpretative tasks, both exegesis and philology relied on rules of grammar, meanings of words, etc. These served as external and objective criteria in the re-possession of the authentic version of a text and in interpreting its meaning.

Hermeneutics can loosely be defined as the "theory or philosophy of the interpretation of meaning" (Bleicher, 1980 p. 1). Packer (1985) says that hermeneutics is "an attempt to describe and study meaningful human phenomena in a careful and detailed manner as free as possible from prior theoretical assumptions, based instead on practical understanding" (p. 1081). Ricoeur (1981) offers a slightly different definition. He says that hermeneutics "is the theory of the operations of understanding in their relation to the interpretation of texts" (p. 43). The gist of these definitions is that hermeneutics is the functioning of human understanding.

Influential Philosophical Movements

In its evolution, hermeneutics has been influenced by two philosophical movements, namely, Romanticism and Kantianism (Bauman, 1978 p. 23-47).

Romanticism, which has its roots in Hegel's world spirit, represented an era of subjectivism. As a movement it searched for the conditions of knowledge of the spirit. In its reaction to rationalism, Romanticism looked not to the conditions of human knowledge, but to the force of the spirit as the source of the creative process and understanding. The spirit is the unconscious creator within a human genius who is the great creator or human culture. Life, for Romanticism, means to have a living relation to the creative process of the genius. Interpretation in this context looses its epistemological concern and seeks a way to be at one with the creative process. The slogan of Romanticism is: "To understand an author as well as and even better than he understands himself."

As a movement Romanticism was concerned with the understanding of the inner life of a person, be it an artist, writer, etc. The focus of Romanticism was less on the form and composite of human products, such as art, but more on the inner life of the artist. Following Hegel's lead, all persons are thought to share in one common World Spirit. It was the spirit that provided commonality on the basis of which we could understand the other. The fundamental assumption was that the spirit, the deeper lying meanings, could be reached through intuition. Intuition was considered to be a valid method of understanding.

Hermeneutics was affected by Romanticism in that the interpretation of the text became less interested in interpreting the meaning of the text and became more interested in understanding the meaning behind the text. The focus shifted from understanding the meaning of the text to understanding the writer who provided the text. It was also assumed that one could validly use intuitive thinking to arrive at the underlying meanings. This was in stark contrast to the approaches of exegesis and philology which relied on external criteria.

The second philosophical movement which affected hermeneutics was Kantianism. The main prescriptive of Kantianism is the validation of understanding. In this sense Kant challenged logicians (hermeneuticists) who simply offered insights but failed to demonstrate their validity. Kant ended rationalism by shifting the emphasis from the object to the conditions of knowing in the subject: the appearances of knowing. The major goal of Kantian philosophy is the investigation of the condition of knowledge. This philosophical movement affected hermeneutics in that it was challenged to validate or objectify its interpretations. From another perspective, Kantian philosophy provided a method whereby interpretations could be validated. It answered the question: which interpretation is correct? This was crucial since hermeneutics adopted the intuitive process as a method of knowing. It was important that the products of intuition be objective.

A consequence of Kantianism is that it divorced the operation of knowing from the object itself. Instead of searching for the hidden meaning of the text, Kant ascertained the security of the cognitional operations.

In brief, the two philosophical movements of Romanticism and Kantianism affected the evolution of hermeneutics. This is clearly seen in the activities that hermeneutics undertook and in the methods adopted by the major theorists as will be pointed out later. The two movements influenced hermeneutics in the adoption of the intuitive process (Romanticism) to understand the meaning lying behind the text and in providing a method (Kantianism) whereby to objectify an interpretative approach. The net effect was the shift from a search for the meaning to the search for the security of cognitional operations.

Philosophical Focus

Two major philosophical activities characterize modern hermeneutics, namely epistemology and ontology.

Epistemology is that "branch of philosophy which deals with the origin, nature and validity of knowledge" (Chaplin, 1968 p. 164). Ontology, on the other hand, is "the branch of philosophy concerned with the nature of being" (Chaplin, 1968 p. 333).

Having evolved from exegesis and philology which used external criteria such as meaning of words and rules of grammar to interpret texts (Bleicher, 1980 p. 13), modern hermeneutics relied on the intuitive process (empathy and divination) as a method of interpretation and understanding. This shift in the task of hermeneutics brought with it two problems, the problem of knowing and the problem of interpreting correctly. The problem of knowing is an ontological question whereas the problem of interpreting correctly is an epistemological question (Bleicher, 1980).

These two issues, in one form or another, became fundamental questions of modern hermeneutics and color the activities of the principal writers. For example, Heidegger's (1962) only concern was the ontological grounding of understanding in Being whereas Schleiermacher (1977) and Dilthey (1961; Palmer, 1969) were interested in the correct interpretation (epistemology) of meanings. Both Schleiermacher and Dilthey shifted hermeneutics to understanding. Dilthey proposed that hermeneutics was the preferred method of the human sciences. Ricoeur (1981 p. 43-62), who intensely disliked the epistemological and ontological split, worked towards a text theory of hermeneutics which tried to integrate the ontological and epistemological issues.

In brief, the evolution of hermeneutics is characterized by the intertwining of epistemological and ontological problems and endeavours. All of the modern hermeneuticists can be placed on the epistemological and ontological axis according to their peculiar interests. This concern definitely marks modern hermeneutics, as will be seen later in this paper.

Issues Addressed

The ontological and epistemological concern translated itself into a more immediate and concrete problem, that of understanding and/or explaining. Ontology is concerned with the nature of being which is the foundation of understanding. Epistemology is concerned with the origin and validation of truth. These two concerns became divorced and hermeneutical systems were constructed which either included or excluded explanation. The issue of understanding and explanation, thereby, became another axis on which to compare the various hermeneutical systems. The one exception to this is the work done by Ricoeur (1981) who attempts to integrate both philosophical interests into his hermeneutical system.

In summary, the various hermeneutical systems are characterized by their position of three bi-polar axises: the Romantic versus Kantian influence, the ontological versus epistemological orientation, and the understanding versus explaining commitment.

Hermeneutics as an Alternative Scientific Method

A common theme among all hermeneutics is that hermeneutics is the appropriate scientific method for the study of human action or the "text" as Ricoeur (1981) insists. Heidegger and Gadamer, in particular, consider the "scientific method" as the source of Western alienation and forgetfulness. They are critical of both rationalism and empiricism being able to penetrate the understanding of the human condition.

In order to place the hermeneutic versus rationalism and empiricism debate into a broader context, it is useful to consider the ways of knowing reality, be it inner reality or outer reality. Royce (1959, 1964, 1973) and Sorokin (1941) have pointed out that there are three basic ways of knowing, which they name empiricism, rationalism and metaphorism. The latter was previously known as intuitionism (Royce, 1959, 1964). The three isms are considered basic because of their fairly direct dependence upon a variety of psychological cognition, on the one hand, and their epistemological testability, on the other hand. The implication is that each of these isms represents a legitimate approach to reality, but that different criteria of knowing are involved. Rationalism, for example, is dependent upon logical consistency, empiricism upon correct perception, and metaphorism upon the degree to which symbolic and intuitive cognitions lead to universal, rather than idiosyncratic, insights. It should be mentioned that none of these psychological processes operates independently of the others. Rather, there is a dominance of one operation in each of the ways of knowing. Royce (1973) has empirically demonstrated the validity and reliability of these three ways of knowing. Moreover, empiricism, rationalism and metaphorism, have been observed to correspond to the cultural values of the sensate, rationalism and idealism, respectively (Sorokin, 1941).

Since hermeneutics is critical of rationalism and empiricism and offers its approach as being different from the two, it will be considered, in this paper, as a form of metaphorism.

The peculiarity of hermeneutics as an alternative scientific method can best be understood by comparing it to rationalism and empiricism in terms of the origin of knowledge, the nature of the object of study and the type of explanation (Royce, 1973; Packer, 1985). This is summarized in Table 1.

Origin of Knowledge

For rationalism, "theorizing" is taken as primary for the generation of knowledge. That is, an individual comes to know and act in the world through the generation and testing of hypotheses. The hypotheses are derived from a priori structures which are essentially logical, such as categories, rules, concepts and principles. Thus knowledge is essentially deductive and an increase in knowledge is viewed as proceeding in a logical manner. For example, Piaget (1970) theorized that invariant sequences in cognitive development stem from the inherent logic of the structures which guide theorizing activity.

According to the empiricist paradigm, the grounding of knowledge is provided by "brute data" observables. These data are considered to be facts about the world, can be identified and recorded in a theory-free manner and are prior to and independent of theory construction. It is held that a similar passive accretion of knowledge takes place in the person.

For hermeneutics and the ontology that grounds it, practical activity is taken to be the primary origin of knowledge. Practical activity which implies direct and everyday involvement with tools, artifacts and people, exists prior to any theorizing and is characteristically distinct from the latter. Heidegger distinguishes three distinct but interrelated modes of engagement or involvement that people have with their surroundings: ready-to-hand (practical), unready-to-hand (reflective), and present-at-hand (theoretical) modes of engagement.

In the ready-to-hand mode the persons are actively engaged in practical projects in the world, such as mailing a letter. Their awareness is essentially holistic and the world they find themselves in is seen globally as a whole network of interrelated tasks, projects and so on. The personal and historical situation of which they are a part structures the manner in which they experience aspects of the project. In this level of engagement the project is carried out without reflection and analysis, holistically, and almost as if by habit.

In the unready-to-hand mode of engagement, the persons experience an obstacle in their practical activity. The source of the breakdown becomes important and attracts attention, however it is still seen as an aspect of the projected in which they are involved.

Lastly, in the present-at-hand mode of engagement, the persons detach themselves from ongoing practical involvement in a project at hand and reflect, step back and turn to more abstract and general problem-solving tools such as calculation and logical analysis. At this point the persons' experience changes in character in that the elements of the project are viewed as discrete and distinct with definite measurable properties such as a weight, a mass, and a material. The elements are not experienced as part of a whole or in context.

According to Packer (1985) the ready-to-hand mode gives the most primordial and direct access to human phenomena. The ready-to-hand mode is not grasped theoretically as is the present-at-hand mode.

Object of Study

In its investigation rationalism (e.g., structuralism) isolates a special object such as language. This is studied as an abstract system outside of the context of its use in speech. Thus the system is studied separate from action or involvement.

Empiricism, such as classical behaviorism and experimentalism, studies a physical system which operates through relations of cause and effect. The assumption is that phenomena are constituted by isolable elements which impinge on each other and can in principle be observed in isolation. Variables can be independently manipulated and their effects can be observed.

The object of study in hermeneutic inquiry is the semantic structure of everyday practical activity. The starting point for the inquiry   the ready-to-hand mode of engagement. The hermeneutic investigator studies what people do when they are engaged in the everyday practical tasks of life rather than in the detached contemplation that characterizes pencil-and-paper tests and most interview situation (unready-to-hand). Practical action is taken to be semantic or textual, that is, it is assumed that actions serves human purposes and interests. Hermeneutics is concerned with the explication of meaning. Practical activity is thought to be perspectival and holistic (Packer, 1985 p. 1085-1087).

Type of Explanation

Rationalism seeks an explanation which formally characterizes the phenomena studied. For example, Piaget (1970), a structuralist, sought a mathematical and logical structural (group, rings, etc. characterized primarily by operations of transformations) model of explanation.

The empiricist seeks covering laws that reflect the regulation of co-occurrence of observables. The laws are not logical rules but statements that express causal and empirical contingencies. That is, the laws take the form of statements that certain events would occur given the existence of specified necessary initial conditions. Packer (1985) states that these general laws "should allow both explanation of the occurrence of a *post event* (working backwards to argue that the initial conditions must have been present) and also *predicting* of future occurrences (working forward to argue from observing the presence of the causal or predisposing initial conditions ... " (p. 1088).

In contrast to both formal structures and causal laws, hermeneutics seeks to elucidate and make explicit the practical understanding of human action by providing an interpretation of them. Hermeneutics is an historically situated approach which regards explanation as giving an account of current interests and concerns. Unlike rationalism and empiricism, it does not search for timeless and ahistorical laws and formal structures. The interpretations of hermeneutics may be in the form of a narrative and natural language. Such interpretations have a structure but it is one whose elements are not context-free in their identification and definition. Packer (1985) states that "the structure of a hermeneutic characterization is a semantic one, not a logical or causal one. Its relationships are meaningful ones, sensible and necessary, but only in terms of the particular historical or cultural situation under investigation" (p. 1089).

Major Hermeneuticists

All of the hermeneuticists to be presented agree on one point, namely, rationalism and empiricism are not the proper scientific methodologies for the study of human action. In place of these two disciplines they offer hermeneutics as a promising methodology. The hermeneutics, however, differ on three fundamental points: the influence of Romanticism and Kantianism, their ontological and epistemological interests, and their position on the understanding versus explanation debate. The hermeneutics to be presented are: Schleiermacher, Dilthey, Heidegger, Gadamer, Ricoeur, and Fingarette.

Schleiermacher

Schleiermacher (1977), a German philosopher and theologian, and considered to be the father of modern hermeneutics, developed a general theory of hermeneutics designed to be applicable to every language statement, oral and written. In the language statement he identified a "universal element" and a "particular element." The "universal element" comprises the shared language available to both speaker and hearer and the "particular element" comprises the personal message to be transmitted. To comprehend the "universal element" one applied the general rules of language and convention. However to comprehend the "particular element" requires more than a technical knowledge of the language in which the message is couched. To discern this particular meaning requires another level of interpretation which Schleiermacher termed "psychological" or "divinatory." To interpret the spoken word or text at this level required intuition and imaginative feeling for its author (Schleiermacher, 1977 p. 3-5).

Schleiermacher, thus, tried to develop a general theory of hermeneutics by demonstrating how thought and its linguistic expression were interrelated. He tried to link thought and its expression by applying both a linguistic grammatical interpretation of the text and a psychological, technical interpretation of the singularity of the other. When thought and expression have been interlinked, it can be said that one understands the author as well as or better than he/she understands himself/herself.

Schleiermacher contributed to modern hermeneutics in two ways. First he recognized the need to develop a general theory of hermeneutics governed by understanding. Secondly, he recognized that the process of understanding comprised a methodological aspect (grammatical, philological analyses) and a divinatory aspect (Van Den Hengel, 1982 p. 97-98). Schleiermacher, to a limited degree, integrated the interests of Romanticism and Kantianism as it applied to hermeneutics.

Schleiermacher's theory has been criticized because of the concept of divination which lends itself to the projection of one's own preconceptions onto a text (Gerkin, 1984 p. 42). He failed to devise a system whereby the intuition could be reality tested or validated.

Dilthey

Unlike Schleiermacher, whose interest was the interpretation of sacred texts, Dilthey, a philosopher and literary historian, was interested in the pervasiveness of historicity which had replaced philology by the end of the 19th century (Dilthey, 1961; Palmer, 1969; Van Den Hengel, 1982 p. 98-99). He sought to discover how historical knowledge can exceed intuition and achieve a scientific status very much like the explanatory theories of experimental sciences succeeded to achieve an objective base.

Following the philosophy of Hegel, Dilthey viewed history as the manifestation or expression of the Spirit, which is the deposit of experience and the objectivation of humanity. The figures of the Spirit, the fundamental expression of life, form a structured and coherent chain of events (*Zusammenhang*) that in their objectivation and their coherence are abstracted from an irretrievable individuality into the realm of universal knowledge. To derive meaning an individual and his works must be inserted into this great chain of events (*Zusammenhang*). For Hegel, Spirit was corporate, but for Dilthey, spirit was individual. For Dilthey, it is not the objective Spirit but the life expressions of the individual that constitute the great interlinking of history. Since the fundamental expressions of life in history are productions of individuals, one individual has access to the understanding of another. The great *Zusammenhang* of history is a form of individual, and the objectivity of its expressions allows us to understand the other.

For Dilthey, hermeneutics is the discipline that comprehends the psychic life of another by reproducing the *Zusammenhang*. Hermeneutics is a *Nachbildung* , a recreation of another's life. This can only be undertaken if these manifestations of life assume a durable form—if a written text—which alone will permit the recreation of another, that is, an entry into his/her psychic life. It is assumed that the psychic has become fixed. For Dilthey, hermeneutics is basically a psychology: a science of empathy into the state of another.

Dilthey was not only concerned in presenting a method to understand the individual, he was equally concerned that the discipline be respectable and objective which he sought to accomplish by applying the scientific methods of philology. Since hermeneutics was to be an interpretation of the written text of life, philology was the science of the reading of these texts.

Dilthey's hermeneutics have been criticized on several grounds. First, because of his concern to establish history as a scientific discipline, Dilthey's hermeneutics did not rise beyond the epistemological level. Secondly, his concern to delve behind the meaning of the text and empathetically understand the other reduced interpretation to a psychological concern. However, his major contribution consists in his insistence that life can be grasped in its mediations, thus opening the door for the discipline of interpretation (Van Den Hengel, 1982 p. 99).

Schleiermacher and Dilthey represent the first phase in the evolution of hermeneutics. With Heidegger and Gadamer hermeneutics moves out of the arena of epistemology to that of fundamental ontology. The question asked is not, "how do we know a text of history or another?" but "what is the mode of being of that being who only exists through understanding?" (Ricoeur, 1973). Their endeavours takes hermeneutics beyond the split of subject and object that dominates epistemology to the question of being.

Heidegger

In place of Dilthey's hermeneutics of the understanding of another's psyche through empathy, Heidegger shifted to a hermeneutics of the *Dasein*, that is, to the relation of being with the world (Ricoeur, 1981 p. 54-59). In his book *Sein und Zeit*, Heidegger (1949) stated that prior to any theory of knowledge, prior to any split between subject and object, there is an inquiry into Being that is more primordial than the epistemological one. Accordingly, Being for him was the ultimate reality and he set himself the task to phenomenologically analyze Being into its existential constituents. His contention is that understanding is a mode of being rather than a mode of knowledge. Consequently the activity of understanding can be grasped solely as an aspect of being, as an essence of existence (Bauman, 1978 p. 149).

Heidegger's (1949) starting point is the grounding relation of every subject in being in the world. Before persons find themselves in any place, they find themselves in the world. Thus Heidegger begins not with understanding, but the "world" and from here he moves to "being in" and to "being there." Understanding is located in this movement from "world" to "being there." Heidegger situates understanding within the triad of situation (*Befindlichkeit*), understanding (*Verstehen*), and interpretation (*Auslegung*). This triad existentially constitutes "there."

Dasein, that is being in the world, has the power to root persons and the capability to orient them. *Dasein* implies the power to root and to orient itself. This orienting and rooting, however is the task of understanding, which arises out of this *Befindlichkeit*. The task of understanding is to orient persons in a situation and to guide this orientation so that a person's possibilities are projected. Understanding, then, reveals the Being in the world. Understanding is an existential constituent of being charged with the task of guiding the unfolding of a person's potentials.

The understanding, however, is unravelled through interpretation, or as Heidegger calls it, *Auslegung*. In this sense, interpretation is not an exegetical method, but an explication. The task of interpretation is to unravel understanding and to bring understanding to itself. In this process, interpretation is guided by an anticipatory or a forestructure of understanding. This anticipatory structure comprises *Vorsicht* (foresight), *Vorgriff* (fore-conception), and *Vorhabe* (having in advance). Thus interpretation works with a pre-understanding, a pre-acquisition of Being in the world. The task of interpretation is to explicate this pre-acquisition of the whole in terms of a particular area under consideration. This process of understanding and interpreting results in what Heidegger refers to as the hermeneutical circle. This means that in order to interpret something one must first have an anticipatory understanding of the whole. Thus interpretation is an explication of something of which there is a pre-understanding.

Linked with interpretation is language. For Heidegger, language is not construed as communication to another, but as a disclosure (*Aufzeignung*) of being and its link with *Dasein*. Language is a disclosure of *Dasein*. It is linked to interpretation at the point where that which is interpreted passes into articulation. Language is the way a person articulates and manifests his/her understanding of Being in the world. Thus language is not primary, but derived. Being is primordial.

With reference to language, Heidegger distinguishes between the saying of something and the hearing of something. Language, and therefore understanding, is first of all hearing. He says that before persons are able to say something to another, they must be silent and hear. Hearing is a constituent of discourse. Thus before discourse is open to another and to the world, it must have its foundation in hearing.

Heidegger further distinguishes between "saying" (*reden*) and "speaking" (*sprechen*). *Reden* is the "telling-say" of hearing, which is existentially constituted, and *sprechen* is the linguistic expression which exteriorizes *rede*. According to Heidegger, all linguistics operate on the level of speaking and are not able to reach the level of *rede* nor do they add anything to *rede*.

In brief, Heidegger offers a hermeneutics which is grounded in being. The chief critique of Heidegger's hermeneutics is his unwillingness to move from the ontological to the epistemological questions regarding the status of understanding and by implication, of the human sciences (Ricoeur, 1981 p. 57).

Gadamer

Gadamer, philosopher and historian, re-opened the question of the relationship between ontology and epistemology which Heidegger ignored. Gadamer re-introduced Dilthey's concern for the epistemological status of the human sciences within the Heideggerean achievement of an ontology of understanding. He developed a hermeneutical system founded on the dialectical notions of participation and distanciation (Gadamer, 1975).

The term "participation" refers to the primordial relationship of things to being. It states that before things can be opposed, they belong to being. The term "distanciation" refers to the split between subject and object observed in the human sciences. The distanciation, which is the foundation of the human sciences permits a critical judgment to take place. It allows for a measure of objectivity. However he is very critical of this state of affairs because of its impoverishment in understanding. For him the reality of life and method are irreconcilable. He thinks that the ideal of method destroys the reality of life. In his own words, Gadamer (1967) states that: "We cannot extricate ourselves from historical becoming, or place ourselves at a distance from it, in order that the past might become an object for us ... We are always situation in history ... The past does not become available to us as an object of observation. We are never free of the past. We can only become conscious of how it affects us as the past of our experiences" (p. 103-104).

To describe the participation in being or the historical and dialogical nature of understanding, Gadamer (1975) introduced two concepts, "horizon of understanding" and "fusion of horizons of understanding." The "horizon of understanding" refers to all that a person takes with him or her (e.g., perceptions, experiences, biases) to the understanding of the other. By the term "fusion of horizons of understanding," Gadamer refers to the intersubjective merger of meanings, biases, etc. This occurs when the interpreter and the text hear each other and inform each other so as to come to one interpretation or understanding. Gadamer points out the interplay of these two concepts in the interpretation of a text and stresses the importance for the interpreter to be aware of his/her "horizon of understanding" and not allow it to negatively influence the interpretation of the text. Even though Gadamer is opposed to distanciation because of the subject and object split it creates, yet the concept of "horizon of understanding" implies the need for such distanciation(?) If so, we are back to where we started.

In brief, Gadamer undertook to affirm the ontological basis of hermeneutics and offered a technique to ensure accuracy of interpretation. His placing of the historical existence over critical reflection caused him to ally himself with Romanticism.

Ricoeur

Ricoeur, a contemporary philosopher, set himself the task to relate hermeneutic understanding to the explanatory mode of knowing of the empirical sciences. Unlike Schleiermacher and Dilthey, who sought validation for hermeneutical statements, and unlike Heidegger and Gadamer who disregarded the epistemological question, Ricoeur accepted the challenge to mediate the two spheres of discourse, that is, ontology and epistemology, or truth and method. Ricoeur clearly stated that there is no understanding without explanation, and that there is no explanation without understanding (Bleicher, 1980 p. 217-259; Van Den Hengel, 1982 p. 104-112).

Ricoeur set out to meet the challenge by developing what he calls an "indirect ontology" and a "methodological hermeneutics." He links the ontological and epistemological thrusts with reflective philosophy by use of Gadamer's notion of appropriation. Appropriation in turn, has two sides to it, participation and distanciation. According to Ricoeur, language, which is the basis for his indirect ontology, manifests and exteriorizes participation and distanciation. But it is only in poetic language that this occurs.

The indirect ontology and methodical hermeneutics of Ricoeur will be presented under the following headings: participation, distanciation, poetic text, and appropriation.

Participation

In place of Heidegger's ontological analysis of the primordial *Dasein* as the mode of being of understanding, Ricoeur turned to the forms of understanding. These forms are derived from the primordial, ontological understanding. The most fundamental of these forms, according to Ricoeur, is language itself.

To describe the ontological dimension of language Ricoeur employed Gadamer's notion of participation. Participation, as a concept, expresses a primordial relation of things to a source that is inclusive and encompassing. Participation states that belonging to and a dependence on being is prior to any distinction between subject and object. Thus subjectivity and objectivity are derived forms. Similarly understanding and explanation are derived forms. Thus at the very heart of the epistemological process Ricoeur finds a notion of understanding that points beyond a concern for accuracy and validation as observed in the sciences to an apprehension of belonging to the whole of what is.

Similar to Heidegger before him, Ricoeur states that before language is structured, before language is spoken, the person who speaks the language is the being through whom existence, Being, comes to language. This condition is an ontological condition.

Distanciation

The second major concept in Ricoeur's indirect ontology is that of distanciation. Following Gadamer, Ricoeur defines distanciation as the externalization of one's participation into some form of objectification. However Ricoeur is in disagreement with Gadamer as to the evaluation of distanciation. For Gadamer, the distanciation of our participation in being represents our alienation from the home of being. For this reason, distanciation is to be overcome or abolished for the sake of understanding. According to Ricoeur, on the contrary, one's very participation in Being requires distanciation. Distanciation provides the necessary condition for the possible interpretation of one's participation. Thus distanciation is necessary to make understanding possible.

For Ricoeur, distanciation is affected through language which is the basic externalization of being. This externalization creates a distance between speaker and reality. Since distanciation is the transcendental condition of the apprehension of Being, language is the exteriorization not only of our participation but also of our distanciation. Distanciation through language is constitutive of participation. For Ricoeur, in the exteriorization of language, the experience of being is intensified.

Poetic Text

Ricoeur is clear and specific in stating that it is poetic language, the creative dimension of language, which bears the indirect ontology. This is not to say that the language of the physical sciences are totally devoid of the experience of participation. Its primary aim is not to express one's participation, but to manipulate what distanciation has enabled one to recognize and articulate.

Earlier Heidegger proposed that the pre-Socratic poets provided the locus for the manifestation of being for an ontology prior to metaphysics. Ricoeur, on his part, invests poetics with the charge of relinquishing the secret of our bond. The language of being is not merely a word, not merely a sentence, but a poetic text. Thus for Ricoeur, it is necessary to turn to the poetic text as the manifestor of the ontological ground. The term text is used broadly to refer not only to a written text, but to any durable creative art production.

Appropriation

The task of hermeneutics is to help one appropriate what is one's own. Appropriation is the subjectification of participation. It is the becoming of oneself. Since the appropriation is by way of the text and in no sense a direct unmediated work, the task of appropriation pertains to the hermeneutical exercise of the work of interpretation. Ricoeur states that there is no appropriation without interpretation; appropriation is interpretation.

As for a critique of Ricoeur's hermeneutics, it seems that it has two advantages. First, it avoids obstacles encountered in a direct ontology. Secondly, a hermeneutics based on a text allows Ricoeur to rejoin the epistemological concerns of Schleiermacher and Dilthey. Text theory integrates explanation and understanding so inextricably that there can be understanding without explanation and vice versa. However the text theory does raise one fundamental problematic. Does the theory of the text allow for making the distanciation occasioned by the text productive? Can the text affect the appropriation of one's participation in being (Van Den Hengel, 1982 p. 111)? Another criticism is: to what extent is an indirect ontology capable of grasping being? That is, to what extent does language mediate the essential understanding? Language is culturally determined and therefore a text which was composed using the language of a culture might reflect less the deeper understandings and more the artificialities of culture. Language is socially learned. It seems that Ricoeur has avoided the real problem by stepping back one step and rather than attack ontological and epistemological questions directly, he has created an ontology and hermeneutics which is less secure.

Fingarette

Fingarette (1963) is a philosopher who has given careful attention to the psychoanalytic tradition. Based on hermeneutic theory, he formulated the task of the therapeutic helper which differed from that of Ricoeur's (1970) reading of Freud. He suggested two possible definitions of the task, preferring the second one. The first defined the therapeutic task as "the search for the hidden reality." This would be similar to Freud's (1938) interpretation when he said that the goal of psychoanalysis was to render conscious that which is unconscious. Thus the task, according to this definition, is to open the door hiding the past so that the hidden reality can be found.

His second definition of the therapeutic task suggests that the therapist offer a new interpretation of both the past and present. He states that "the therapeutic insight does not show the patient what he is or was; it changes him into someone new . . . Insight into its main function does not reveal unknown events of the past but helps us to know past events in a new way . . . " (Fingarette, 1963 p. 20).

The significant suggestion is that the therapist offer his/her interpretation of reality. This brings up the questions as to validating the interpretation. It also brings up the issue of the interaction of the therapist's and the client's interpretative process. Freud (1938) indicated that a therapist's interpretation has therapeutic significance only if the client has reached that state where he/she could have made it himself/herself. Thus it does raise the question: when does the therapist's interpretation reflect the reality of the client and when is such an interpretation valid?

Application of Hermeneutics to Psychotherapy

In considering the application of hermeneutics to psychotherapy, it will be necessary to separate that which is specific to hermeneutics from that which is common to it and to other disciplines. This section will be organized around psychotherapy as practice, theory and research.

Psychotherapy Practice

Relevant Concepts

There are many concepts that a therapist could borrow from hermeneutics to enrich the understanding of the therapeutic process. Concepts such as "Auslegung," "horizons of understanding," "fusion of horizons of understanding," "hermeneutical circle," "participation" and "distanciation" all speak to the psychotherapeutic process. These concepts could be translated into therapeutic language to underline the need for the therapist to be engaged in the therapeutic process and yet maintain distance, to put aside one's biases, assumptions and theoretical mind sets, to help the client to explore and expose the inner feelings and meanings, to constantly check out one's perceptions and to communicate with the other by using his or her language.

However these concepts, in substance, are not specific to hermeneutics, but are shared in common with psychotherapists. Psychotherapists, for their own reasons and in their own ways, developed similar concepts in their attempts to understand and help clients. It is accurate to say that both hermeneutics and psychotherapy have been influenced by the Romantic and Kantian philosophies. Psychotherapy emphasizes the importance to understand the client's inner reality (Romanticism) and yet at the same time validate the understanding (Kantianism). Thus for both hermeneutics and psychotherapy, it is important to enter into the life of the other in order to grasp the deeper meaning, and at the same time to validate the interpretation. The fact that hermeneutics and psychotherapists independently arrived at a set of common concepts which impinge directly upon the therapeutic process affirms the importance of meaning in human action and in people's lives.

Familiarity with hermeneutics enriches the art and science of psychotherapy by providing a set of concepts.

Fixed text versus text being composed

The material used by hermeneutics is a fixed text, be it written or in art form. As Ricoeur (1976) states, "Where dialogue end, hermeneutics begins" (p. 32). Through the processes of participation, distanciation and appropriation (Ricoeur, 1981; Gadamer, 1975) one becomes part of the understanding conveyed by the text. This understanding becomes enriched—more complete— through a process called the "hermeneutical circle" (Dilthey, 1961).

To be of help to psychotherapy, hermeneutics must be able to provide a method to interpret a text as it is being composed, such as therapy interview, since psychotherapy is a process which comprises action and movement. It is true that in the composition of the interview, both the therapist and the client are interpreting each other's responses using a text, be it a theory of counseling or be it an unwritten and influencing text based on the totality of experiences. Thus far hermeneutics has not addressed this problem. Not to be able to interpret a text as it is being produced by client and therapist severely limits the value of hermeneutics as a method to psychotherapy. Moreover, hermeneutics has to grapple with the reality of the interaction of two interpretative systems as therapist and client interact. In therapy, both the therapist and the client come from their interpretative systems and together form the oral dialogue that is called psychotherapy. The concept of *mimesis* (Ricoeur, 1984 p. 46) does not address the process of producing a text but rather refers to the interview transcript. This differs from the hermeneutical enterprise where there is one dynamic interpretative system trying to understand an endurable art form.

Lastly, hermeneutics must indicate how the therapist, in the session, is to quickly interpret what the client said, and then formulate an intervention in keeping with the interpretation. The therapist, so to speak, interprets, on the run, the experience of the other.

Understanding, action and consolidation

Hermeneutics has primarily been concerned with understanding, be it a practical understanding. If it is going to become a viable alternative to rationalism and empiricism, it must also address other important dimensions of effective therapy outcome, such as client behavior and action and the consolidation of experiences. New awarenesses or understandings are only one significant part of the therapeutic process.

Assessments

Hermeneutics and psychotherapy theorists touch on a common chord when they state that an understanding of the person is mediated through creative productions. For hermeneutics, following the tradition of Ricoeur, the production is a poetic text. The text, through language, is thought to grasp, convey, and reveal understanding in its deepest form. Psychologists, as well, assume that one can arrive at an understanding of a person through the mediation of client productions, such as the stories in the administration of the Thematic Apperception Test (Bellak, 1954; Stein, 1948) and the imaginative productions in the use of the Rorschach Technique (Rorschach, 1951; Klopfer et al., 1962).

Psychotherapy Theory

Theory Building

One of the fundamental statements of hermeneutics is that, in the formulation of a psychotherapy theory, rationalism and empiricism abstract from the lived experience and focus solely on abstract concepts, such as laws, principles, and learning (cause and effect). Hermeneutics underlines the importance of viewing the human reality (e.g., actions, behaviors, attitudes) holistically rather than atomistically. The elements, according to hermeneutics, make sense only when viewed in an integrated way and as related to the lived experience. This is achieved in following Heidegger's dictum to use action as the base for understanding.

In this sense, hermeneutics (metaphorism) makes an important contribution to the initial steps of theory building. It emphasizes the importance of letting data speak for themselves and of not coloring them by preset ideas. This approach allows for new understandings of the therapeutic process. This is an approach used by many of the creative psychotherapists such as Rogers, Freud, Perls. The hermeneutic approach is not sufficient itself to formally test hypotheses. It requires the support of rationalism to link, in a consistent and logical fashion, the observations, perceptions and concepts, and it requires the support of empiricism to test out the validity of the new observations. Thus, the three ways of knowing provide supplementary roles with each enriching the other. Creative theory building, as distinguished from theory testing, requires the input from the three ways of knowing—metaphorism, rationalism and empiricism.

Broadening the base

Hermeneutics has constantly been concerned with establishing the validity of its interpretations. For this it has turned outwards. For example, Schleiermacher and Dilthey assumed that truth lies in a shared experience which is of a spiritual nature. More precisely, they assumed, following Hegel, that there was a world spirit which influenced a person's behavior. Truth for them lies in the capturing of this spirit. More accurately, they insisted that, because the interpreter shares this spirit, he is able to understand the other. The validity of the interpretation was grounded in a shared common world spirit.

Scholars such as Husserl place the epistemological investigation in a shared consciousness. The goal was to purify consciousness, through "bracketing," so that there remains only pure consciousness.

A later development grounded the validity in language which was taken to embody and reflect the spirit. Language is a product of being, therefore.

What has been forgotten is that a person's thinking and meanings are a function not only of the spirit but also of the corporal makeup. Today we know more and more how body and mind mutually influence each other. The biochemical constitution of the neuronal synapses, for example, affect mood and the thinking process. Hermeneutics, to ground their interpretations, need to broaden the basis of understanding and interpretation to include not only psychological functioning but also incorporate the influences of the body and culture.

Establishing reliability and validity

It appears that the current major task of hermeneutics is to render its system reliable and valid. Thus far is has not achieved either of these goals.

Obviously, when one says that one can interpret the same reality from different perspectives and that one never knows when one will reach a point where two or more people interpreting the same reality will reach a consensus, we have a problem. Solving the problem by recourse to the "hermeneutical circle" is really not a solution despite the richness of this concept.

Secondly, to borrow concepts from another discipline (e.g., psychology) to aid in interpretation and then use the same discipline from which concepts were borrowed as a validation of its interpretation is to enter into circularity. Such an approach fails to demonstrate the validity of an interpretation.

Psychotherapy Research

In order that a model be useful for psychotherapy research it should be heuristic and provide a method of investigation. Hermeneutics does not claim to provide explanatory modes—a reliable and valid method of investigation—for the social sciences but assumes that these will be found within the context of that discipline.

Hermeneutics, however, is capable of generating hypotheses for investigation. The dictum that one should enter the research enterprise with the idea of discovering meaning as well as demonstrating it, is useful. That is, one should allow for new meanings to emerge by addressing the lived situation in a detached way. To illustrate this, reference will be made to the observation and eventual verification of the counselling phases (Meier & Boivin, 1983, 1988a). It was observed that as clients move through the counselling process, they pass from one phase to another. This was observed first for one client. At this level the understanding of the process would be idiosyncratic. However through observations of the same phases in subsequent clients, the understanding moved from being idiosyncratic to being generalized. In the development of the phase concept, the therapists moved back and forth from observation to an understanding of the phenomena. One could say that the therapist was engaged in an activity described as the "hermeneutical circle." From these observations, the hypothesis of counselling phases is generated. In order to contextualize—logically and consistently connect—phases within the therapeutic process, hermeneutics relies on rationalism and in order to test out the validity of these phases, hermeneutics turns to the empirical method. Thus hermeneutics plays an essential role in the development of testable hypotheses.

From another perspective, Eagle (1984) succinctly summarizes the weaknesses of current hermeneutics. He says that hermeneutics is not able to reliably interpret meanings, is not able to demonstrate which of the meanings asserted is the most effective in a therapeutic context (p. 164-171).

Discussion and Conclusions

I would like to conclude this paper by summarizing Russell's (1988) concerns regarding the tasks that lie ahead for hermeneutics. He says that if hermeneutics is to be considered more than a subjective method that may be optimally employed within context of discovery, it must fulfill at least two requirements. The first is that a case must be made to the effect that hermeneutics can or does achieve some explicable form of objectivity and explanatory power. Secondly, when the case for objectivity and explanatory power can be made, practising hermeneuticists must polemically present arguments and studies that demonstrate the peculiar strengths of their inquiries relative to the peculiar weaknesses of "rationalist" or "empiricist" inquiry concerning a particular phenomenon (p. 131).

Because of the major hurdles to be overcome, it does not appear that hermeneutics will, in the near future, be able to offer a valid and reliable alternative to "rationalism" and "empiricism." It will continue to remain subjective, not an objective science. At the present time it seems that a viable approach to the development of theories of human action, such as a theory of psychotherapy, will be best served by borrowing and utilizing basic concepts from rationalism, empiricism and hermeneutics. It would be premature to exclude any of these three systems in the development of a theory of psychotherapy.

A continued dialogue between hermeneutics, rationalism and empiricism is required to serve the best interests of psychotherapy practice, theory, and research. The three ways of knowing are best understood not as being compatible, as Meichenbaum (1988) suggests, but as being complementary. Each of the ways of knowing plays an important and legitimate role in the scientific enterprise (Royce, 1973).

Acknowledgements

The author expresses his sincere appreciation to Dr. John Van Den Hengel, associate professor, Faculty of Theology, St. Paul University, Ottawa, Ontario, for his helpful suggestions and comments on earlier drafts of this manuscript. Thanks are also expressed to Dr. James Pambrun, full professor, Faculty of Theology, St. Paul University, Ottawa, Ontario, for his helpful suggestions.

References

Barratt, B.B. & Sloan, T.S. (1988). Critical Notes on Packer's "Hermeneutic Inquiry". *American Psychologist*, 43, 131-133.

Bauman, Z. (1978). *Hermeneutics and Social Sciences*. New York: Columbia University Press.

Beck, A.T. (1976). *Cognitive Therapy and the Emotional Disorder*. New York: International Universities Press.

Bellak, L. (1954). *The Thematic Apperception Test and the Children's Apperception Test in Clinical Use*. New York: Grune & Stratton.

Bleicher, J. (1980). *Contemporary Hermeneutics as Method, Philosophy and Critique*. London: Routledge and Kegan Paul.

Boisen, A. (1952). *The Exploration of the Inner World*. New York: Harper Torchbook.

Braaten, C.E. (1966). *History and Hermeneutics*. Philadelphia: Westminster Press.

Chaplin, J.P. (1968), *Dictionary of Psychology*. New York: Dell.

Day, W. (1988). Hermeneutics and Behaviorism. *American Psychologist*, 43, 129.

Dilthey, W. (1961). *Meaning in History: W. Dilthey's Thoughts on History and Society*. H.P. Rickman (ed.). London: George Allen & Unwin Ltd.

Eagle, M.E. (1984) *Recent Analysis in Psychoanalysis, A Critical Evaluation*. Toronto: McGraw Hill.

Ellis, A. & Whiteley, J.M. (1979). *Theoretical and Empirical Foundations of Rational-Emotive Therapy*. Monterey, Calif.: Brooks/Cole Publishers.

Fingarette, H. (1963). *The Self in Transformation: Psychoanalysis, Philosophy, and the Life of the Spirit*. New York: Harper Torch Books.

Frank, J.D. (1987). Psychotherapy, Rhetoric, and Hermeneutics: Implications for Practice and Research. *Psychotherapy*, 24, 293-302.

Frankl, V.E. (1969). *The Will to Meaning, Foundations and Applications of Logotherapy*. Toronto: New American Library.

Frankl, V.E. (1975). *The Unconscious God, Psychotherapy and Theology*. New York: Simon and Schuster.

Freud, S. (1938). *An Outline of Psycho-Analysis*. London: The Hogarth Press, 1949.

Gadamer, H.G. (1967). *Kleine Schriften* (3 Vols.), J.C.B. Mohr, Tubingen; partly translated by David Linge, *Philosophical Hermeneutics*. Berkeley: California University Press.

Gadamer, H.G. (1975) *Truth and Method*. New York: Seabury Press.

Gadamer, H.G. (1976). *Philosophical Hermeneutics*. Berkeley: University of California Press.

Gerkin, C.V. (1979). *Crisis Experience in Modern Life: Theory and Theology for Pastoral Care*. Nashville: Abingdon Press.

Gerkin, C.V. (1984). *The Living Human Document, Re-Visioning Pastoral Counseling in a Hermeneutical Mode*. Nashville: Abingdon Press.

Habermas, J. (1971). *Knowledge and Human Interests*. Boston: Beacon Press.

Heidegger, M. (1949). *Sein und Zeit* (6th edn.). Neomarius, Tubinger. Translated as *Being and Time*. New York: Harper & Row.

Heidegger, M. (1959). Trans. Ralph Manheim. *An Introduction to Metaphysics*. New Haven: Yale University Press.

Heidegger, M. (1978). *Being and Time*. Oxford: Basil Blackwell.

Howard, R.J. (1982). *Three Faces of Hermeneutics: An Introduction to Current Theories of Understanding*. Los Angeles: University of California.

Ihde, D. (1971). *Hermeneutic Phenomenology: The Philosophy of Paul Ricoeur*. Evanston: Northwestern University Press.

Klopfer, B., & Davidson, H.H. (1962). *The Rorschach Technique, An Introductory Manual*. New York: Harcourt, Brace & World.

Meichenbaum, D. (1977). *Cognitive-behavior Modification*. New York: Plenum.

Meichenbaum, D. (1988). What Happens when the Brute Data of Psychological Inquiry are Meanings: Nurturing a Dialogue between Hermeneutics and Empiricism. In S.B. Messer, L.A. Sass, & R.L. Woolfolk (eds.). London: Rutgers University Press, 116-130.

Meier, A. & Boivin, M. (1983). Towards a Synthetic Model of Psychotherapy. *Pastoral Sciences*, 2, 137-176.

Meier, A. & Boivin, M. (1984). *Decision/Commitment Phase*. Ottawa, Ontario: St. Paul University. Unpublished manuscript.

Meier, A. & Boivin, M. (1987a). *Manual of Operational Criteria, Coding Guidelines and Training Procedures for Use of the "Counseling Phases Criteria."* Ottawa, Ontario: St. Paul University. Unpublished manuscript.

Meier, A. & Boivin, M. (1987b). *Client Verbal Response Category system: Reliability and Validity Data*. Ottawa, Ontario: St. Paul University. Unpublished manuscript.

Meier, A. & Boivin, M. (1988a). *Counseling Phases Criteria: Interrater Agreement and Validity Data*. Ottawa, Ontario: St. Paul University. Unpublished manuscript.

Meier, A. & Boivin, M. (1988b). *Client Verbal Response Category System: Rationale, Development, Definitions, Scoring Manual and Research Data*. Ottawa, Ontario: St. Paul University. Unpublished manuscript.

Packer, M.J. (1985). Hermeneutic Inquiry in the Study of Human Conduct. *American Psychologist*, 40, 1081-1093.

Packer, M.J. (1988). Hermeneutic Inquiry: A Response to Criticisms. *American Psychologist,* 43, 133-136.

Palmer, R.E. (1969). *Hermeneutics.* Evanston: Northwestern University Press.

Reagan, C.E. & Stewart, D. (eds.) (1978). *The Philosophy of Paul Ricoeur.* Boston: Beacon Press.

Rennie, D.L., Phillips, J.R. & Quartaro, G.K. (1988). Grounded Theory: Approach to Conceptualization in Psychology. *Canadian Psychology,* 29, 139-150.

Ricoeur, P. (1970). *Freud and Philosophy: An Essay in Interpretation.* New Haven: Yale University Press.

Ricoeur, P. (1974). *The Conflict of Interpretations.* Evanston: Northwestern University Press.

Ricoeur, P. (1976). *Interpretation Theory: Discourse and the Surplus of Meaning.* Fort Worth: The Texas Christian University Press.

Ricoeur, P. (1981). *Hermeneutics and the Human Sciences: Essays on Language, Action and Interpretation.* New York: Cambridge University Press.

Ricoeur, P. (1984). *Time and Narrative.* Trans. K. McLaughlin & D. Pellauer. Chicago: The University of Chicago Press, Vol. 1.

Rogers, C.R. (1951). *Client-Centered Therapy: Its Current Practice, Implications and Theory.* Boston: Mifflin.

Rorschach, H. (1951). *Psychodiagnostics: A Diagnostic Test on Perception.* Trans. P. Lemkau & B. Kronenberg. New York: Grune & Stratton, Inc.

Royce, J.R. (1959). The Search for Meaning. *American Scientist,* 47, 515-535.

Royce, J.R. (1964). *The Encapsulated Man: An Interdisciplinary Essay on the Search for Meaning.* Princeton, New Jersey: Van Nostrand.

Royce, J.R. (1973). The Present Theoretical Situation in Theoretical Psychology. In B.B. Woman (ed.), *Handbook of General Psychology.* Englewood Cliffs, New Jersey: Prentice-Hall, 8-21.

Russell, R.L. (1988). A Critical Interpretation of Packer's "Hermeneutic Inquiry in the Study of Human Conduct". *American Psychologist,* 43, 130-131.

Sass, L.A. (1988). Humanism, Hermeneutics, and the Concept of the Human Subject. In S.B. Messer, L.A. Sass, & R.L. Woolfolk (eds.). London: Rutgers University Press, 222-271.

Schleiermacher, F.D.E. (1977). *Hermeneutics: The Handwritten Fragments.* In H. Kimmerle (ed.), J. Duke & J. Fortman (trans.), Missoula, Mont: Scholars Press.

Sorokin, P.A. (1941). *The Crisis of Our Age.* New York: Dutton.

Stein, M. (1948). *The Thematic Apperception Test.* Cambridge, Mass.: Addison-Wesley Press.

Thompson, J.B. (1981). *Critical Hermeneutics: A Study in the Thought of Paul Ricoeur and J. Habermas*, New York: Cambridge University Press.

Van Den Hengel, J.W. (1982). *The House of Meaning: The Hermeneutics of the Subject of Paul Ricoeur.* Washington: University Press of America.

Van Den Hengel, J.W., O'Grady, P., & Rigby, P. Cognitive Linguistic Psychology and Hermeneutics, *Man and World*, in press.

Wakefield, J. (1988). Hermeneutics and Empiricism: Commentary on Donald Meichebaum. In S.B. Messer, L.A. Sass, & R.L. Woolfolk (eds.). London: Rutgers University Press, 131-148.

Weinsheimer, J.C. (1985). *Gadamer's Hermeneutics A Reading of Truth and Method.* New Haven: Yale University Press.

Winquist, C.E. (1978). *Homecoming: Interpretation, Transformation and Individuation.* Ohico, Calif.: Scholars Press.

Winquist, C.E. (1981). *Practical Hermeneutics: A Revised Agenda for the Ministry.* Ohico, Calif.: Scholars Press.

Wolpe, J. (1969). *The Practice of Behavior Therapy.* Toronto: Pergamon Press.

Woolfolk, R.L., Sass, L.A., & Messer, S.B. (1988). Introduction to Hermeneutics. In S.B. Messer, L.A. Sass, & R.L. Woolfolk (eds.). London: Rutgers University Press, 2-26.

Table 1

Rationalism, Empiricism and Hermeneutics compared as to Origin of Knowledge, Object of Study and Type of Explanation

	Rationalism	Empiricism	Hermeneutics
Origin of Knowledge	Theorizing Hypothesizing	Brute data Observables	Practical activity
Object of Study	Abstract System	Physical System	Context
Type of Explanation	Logical	Cause-effect	Interpretation

Jean-Guy Nadeau

POUR UNE SCIENCE
DE L'ACTION PASTORALE.
LE SOUCI DE LA PERTINENCE PRATIQUE

Résumé

Les études pastorales sont situées aux confins des exigences de l'agir (pastoral) et de la réflexion théologique. Cette communication présente la *praxéologie pastorale* comme une méthode d'analyse et d'élaboration des pratiques pastorales, ainsi que de formation de leurs agents. Soucieuse de l'enracinement des pratiques pastorales dans leur pays réel — avec ses défis et son autocompréhension —, comme de leur enracinement dans la mémoire et le projet de Jésus Christ, la praxéologie pastorale vise à développer des pratiques et efficaces, conscientes de leurs enjeux et de leur fonctionnement, capables d'établir leur pertinence quant à leur culture et à la tradition chrétienne. On en trouvera ici les fondements, les objectifs et le parcours.

> Le geste d'intervention pastorale pose
> des questions qui débordent l'intelli-
> gence de la foi proprement dite et
> appellent un autre logos, le logos de
> l'action.
>
> (Lucier 1973:9)

Depuis que les centres de formation théologique et pastorale portent une attention plus rigoureuse à l'action pastorale, celle-ci apparaît de plus en plus comme un monde riche, aux dimensions multiples en constante interaction les unes avec les autres. Or cette richesse est source d'exigences accrues pour les acteurs de ces pratiques, dont nous sommes. Théologiens, ministres ou agents de pastorales, nous sommes souvent pris en effet dans l'exigeant mouvement de pratiques dont l'ampleur croît avec le développement de la culture et des réseaux de communication, et dont nous subissons parfois la complexité davantage que nous ne le saisissons et ne la gérons.

Or il importe à celui ou celle qui entend mener une action efficace et responsable de connaître les composantes de sa pratique, système complexe d'interactions d'agents situés dans un environnement qui à la fois influence leur action, lui donne signification et en est affecté (Kinast: 34; Granger 6; Ricœur 1983: 108). À cette fin, nous devons décomposer en sous-ensembles l'ensemble complexe que constitue cette pratique (Kaufmann: 12). Ce principe logique qui caractérise la démarche scientifique appelle la méthode comme «tentative (...) pour vaincre la complexité du monde» (Caude et Moles: 437), ici le monde de l'action pastorale. C'est donc de méthode, plus précisément d'une méthode d'appréhension critique des pratiques pastorales, qu'il sera ici question.

Devant cette conscience de la complexité du réel et des exigences de nos pratiques, on ne s'étonne pas que la méthode soit de plus en plus objet d'études, d'expérimentation et des débats en théologie comme ailleurs. Nécessaire dans la recherche pour mener à bien une décomposition du complexe, tout autant que pour recomposer, refigurer ce qui a été ainsi analysé, elle paraît nécessaire aussi pour qui veut mener à bien une pratique responsable. La méthode permet alors de réarticuler consciemment et critiquement intuition et logique (Russo: 179), initiative, raisonnement, liberté et responsabilité, de façon à ce que du nouveau pour l'intelligence et la pratique émerge de cette articulation. C'est ainsi que certains suggèrent de «réserver le nom de méthode à la démarche d'un esprit qui cherche et non d'un esprit qui retrouve ce qui a déjà été trouvé» (Caude: 6). D'où les visées heuristiques de la praxéologie pastorale.

Bernard Lonergan (1978: 9) signale à juste titre que

> la méthode n'est pas un ensemble de règles que n'importe qui, voire
> un idiot, n'aurait qu'a suivre méticuleusement; c'est plutôt un cadre
> destiné à favoriser la créativité et la collaboration. La méthode met

en relief les divers groupes d'opération que les théologiens doivent accomplir pour s'acquitter de leurs différentes tâches.

Bien qu'il vise la pratique théologique, nous croyons que sa réflexion vaut aussi pour la pratique pastorale. La méthode n'y est pas non plus destinée à des idiots mais, favorisant la créativité et la collaboration nécessaires aux pratiques pastorales, elle met en relief les divers groupes d'opération que les pasteurs doivent accomplir pour s'acquitter de leurs différentes tâches (Whitehead et Whitehead 1980).

Au premier abord, la méthode paraît évidente et aller de soi, suivre le procès normal de l'activité humaine: expérimenter, comprendre, juger et décider en fonction des processus précédents (Lonergan: 28). Elle se complexifie cependant, mais toujours en explicitant les procédés naturels de l'esprit humain, dès qu'à expérimenter ou ressentir on ajoute *prêter attention* et *analyser*, qu'à comprendre on ajoute *corréler* et *débattre*, qu'à agir en ajoute *planifier* et *évaluer*. De plus, chacun de ces ajouts, nécessaires à un parcours méthodique de recherche ou d'action, porte des germes de conversion: à l'attention, à la responsabilité, à la planification et à l'évaluation par exemple. D'où la portée non seulement heuristique, mais pédagogique de la méthode.

C'est dans cette double visée que s'est développée une science de l'action pastorale que, soucieux d'indiquer clairement sa prise en compte des rapports entre la théorie et la pratique, ses pionniers ont appelée *praxéologie pastorale*. Cette science de l'action pastorale vise à faire émerger la réalité d'une pratique particulière pour la confronter à ses porteurs et à leurs référents, de façon à la rendre plus consciente de ses enjeux en vue d'accroître sa pertinence et son efficacité. Si cette pratique est pastorale, c'est à la *memoria Christi* aussi bien qu'à son monde socio-culturel et à son autocompréhension qu'elle se confrontera, de façon à accroître son service, son coefficient de libération (Nadeau 1987: 18). Voilà donc le défi d'une praxéologie pastorale: articuler critiquement *logos* de l'action et *logos* de la foi; articuler consciemment mémoire, promesse et actions dans le présent[1].

Cette science s'adresse donc d'abord à des gens d'action: pasteurs ministres, agents de pastorale laïques, chrétiens et chrétiennes qui entendent améliorer leur pratique en termes d'efficacité, de signifiance et de pertinence. Homme ou femme d'action en même temps que hérault d'une révélation, le ministre est appelé à mettre en relation féconde «la Bible et la tradition chrétienne avec la méthodologie praxistique» (Sheehan 1987). Il s'agit pour lui d'intégrer, assurer ou améliorer une double fidélité ou une double pertinence quant au monde contemporain avec ses défis, ses requêtes et ses possibilités, et quant au Règne de Dieu avec ses défis, ses requêtes et ses possibilités. Cette pertinence et cette fidélité relèvent en fait d'une même dynamique et leur distinction, qu'il ne faut surtout pas ériger en dichotomie, n'est peut-être que théorique ou méthodologique; néanmoins les agents de pastorale s'y trouvent quotidiennement confrontés et, comme leurs commettants, ils aspirent à en résoudre les tensions.

On s'entend aujourd'hui pour situer la réflexion théologique comme une quête et une tâche de corrélation critique entre l'expérience et le langage communs d'une part, et la tradition chrétienne d'autre part (Tracy 1975). Cette requête a marqué la praxéologie pastorale depuis ses débuts et l'a déterminée comme une démarche en trois temps: herméneutique du temps présent, herméneutique de la tradition chrétienne, herméneutique chrétienne du temps présent (Lucier 1972b).

Théologie et pastorale se trouvent ainsi confrontées à retisser les liens entre l'existence quotidienne, l'action et l'intelligence chrétiennes. Cette quête que la sécularisation a suscitée chez de plus de chrétiens et de chrétiennes interpelle de front la pratique pastorale quant à sa pertinence, sa signifiance et son efficacité. D'où la nécessité d'une herméneutique de cette pratique même. Or une telle herméneutique, si elle veut être de quelque utilité pratique, doit s'élaborer en science de l'action, science de l'action réfléchie ou de la *praxis*.

C'est cette démarche où se conjuguent sciences de l'action, «theological reflection» et «field education» que j'entends présenter ici. Je le ferai en trois temps: exposé des fondements de la praxéologie pastorale; présentation des objectifs de la formation en praxéologie pastorale; survol de son parcours.

I Les fondements d'une science de l'action pastorale

Trois attentions majeurs, parmi d'autres sans doute, m'apparaissent déterminer la source de la praxéologie pastorale. D'abord un souci de pertinence de la réflexion théologique et surtout de l'agir pastoral vis-à-vis du réel. Puis la conscience du caractère déterminant de la praxis dans l'élaboration de l'humain et de l'histoire, conscience qui a mené les études pastorales à se confronter aux sciences de l'action et à reconnaître la responsibilité interactive des acteurs d'une pratique. Enfin, une saisie de l'Écriture comme récit interprétant de la *mémoire de la pratique*, ou de la cause de Jésus Christ, saisi nécessaire pour assurer et évaluer les prétentions pastorales de ces pratiques.

1. Un souci de pertinence vis-à-vis du pays réel

> «Tais-toi et écoute!
> Après, tu parleras.»

Première source de la praxéologie pastorale, ce souci du pays réel caractérise les requêtes de plus en plus de chrétiens et de théologiens. Pour le situer dans le temps, Jacques Grand'Maison rappelle que, lors de son cours sur la doctrine sociale de l'Église dans les années 1950 au Grand Séminaire de Montréal, il n'y serait venu à l'esprit de personne de descendre la côte de la rue Sherbrooke pour aller s'enquérir, à quelques minutes de marche, de ce que vivaient les ouvriers dont et pour lesquels parlaient ces cours. Encore en 1967, alors que Grand'Maison envoie les étudiants de son course de pastorale à la Faculté de théologie observer différents milieux sociaux, cette initiative rencontre l'étonnement de la Faculté, bon nombre de professeurs et d'étudiants considérant qu'il s'agit là d'une perte de temps face à l'apprentissage du *message à transmettre* au monde et des *techniques pour le faire*[2].

Entre ces deux moments, Jacques Grand'Maison s'est trouvé confronté à une interpellation qui a fortement marqué la praxéologie pastorale. Après une réunion de J.O.C., une militante confie à leur jeune aumônier: «T'es une gars plein d'allure, Jacques, mais tu ne connais pas ce dont tu parles. Tais-toi et écoute pendant un bout de temps. Après du parleras.»

«Tais-toi et écoute. Après tu parleras.» Cette requête issue du terrain pourrait être le précepte de base de la praxéologie pastorale[3]. Comme tant de nos discours, celui du jeune pasteur formé, reconnu compétent et «envoyé au monde» par son Église, s'avérait étranger à la pratique et au quotidien qu'il devait vivifier, animer et même guider. L'écoute du terrain avec son vécu, son expérience et sa compétence apparait donc comme un fondement de la pratique pastorale comme de la praxéologie.

Différentes de l'idéologie, si bienveillante soit-elle, les pratiques interrogent le discours, et d'abord sa pertinence. Le discours, en effet, a bien souvent peu de prise sur une pratique qui se tient devant lui comme un lieu de différences et de contradictions, de désirs et d'insatisfactions, de compromis et de planification, d'action et de réflexion. Il faut alors réélaborer (*labor*: labeur, peine, effort) l'intelligence et le discours à partir de ces pratiques qui les interpellent et les appellent à la fois. Se taire et écouter, c'était — et c'est toujours — inverser le rapport idéologique aussi bien que pratique entre l'agent de pastorale et ses «clients» qui, de récepteurs d'un message porté par celui qui a été formé et qui «sait», deviennent alors ou sont reconnus co-auteurs d'une pratique commune. D'où l'intérêt de ces démarches d'élaboration théologique et pastorale qui mettent au premier plan l'attention au pays réel, l'attention à la vie et à la parole, parole d'hommes et de femmes aussi bien que parole de Dieu[4].

Ecouter le pays réel, c'est bien sûr répondre à un souci de pertinence ou de *relevance* issu du terrain et de la pratique aussi bien que de la foi elle-même. C'est aussi se situer dans la foulée d'une théologie de la création et de l'incarnation attentive aux traces de Dieu dans le monde et dans l'histoire, attentive à l'altérité des humains en même temps qu'à leur appartenance commune. La pratique pastorale en effet ne saurait se fonder uniquement sur une herméneutique de la tradition chrétienne, d'autant que celle-ci est le plus souvent identifiée à l'Écriture ou au canon historique. Elle doit *aussi* s'édifier sur une herméneutique du temps présent où, en creux comme en bosse, «l'admirable commerce» de la Révélation continue de se déployer et de s'élaborer. Et d'abord à travers des pratiques, comme en témoignent la geste d'Israël et celle de Jésus.

2. Un intérêt pour la signification et l'efficacité des pratiques

La pratique, lieu de responsabilité directe de l'agent, constitue le lieu réel, fondateur de la praxéologie. Si nous la présentons en second, c'est dans la mesure où elle est venue spécifier pour nous l'attention au réel. Le «pays réel» de l'agent pastorale aussi bien que celui des humains, c'est bien sûr leur société et leur culture, mais c'est aussi et d'abord leur pratique — quotidienne, familiale, professionnelle — et celle de leur communauté. Ministre, c'est dans des pratiques particulières que l'agent de pastorale incarne son service et élabore le monde en même temps que son identité et celle de sa communauté.

Cette attention à des pratiques particulières spécifie la praxéologie pastorale quant à des théologies pratiques ou pastorales[5] plus attentives à des situations ou à des pratiques globales (Tracy 1981), en même temps qu'elle nous rapproche d'autres tendances de ces théologies (Kinast 1983; Sheehan 1987). Certes, l'agent de pastorale est d'abord un humain, un citoyen et un chrétien, habitant de l'expérience et du langage communs aussi bien que de la tradition chrétienne, de sorte qu'une herméneutique de la pratique doit tenir compte de ces mondes. Mais c'est d'abord son caractère d'homme ou de femme d'action, ses pratiques situées dans ces mondes qu'elles construisent et où chacun élabore son rapport aux autres, à lui même, au monde et à Dieu qui intéressent la praxéologie pastorale et la déterminant comme science de la pratique pastorale. La praxéologie pastorale apparaît alors

> comme un champ herméneutique qui se situe aux confins des sollicitations de l'expérience et des décisions d'intervention (...l'acte théologique s'y élaborant) au point de jonction des impératifs du sens et des impératifs de l'action, dans une sorte de chassé-croisé où l'interfécondation du faire et du dire dynamise l'intervention. (Lucier 1974-1987: 21)

La praxéologie pastorale reconnaît cependant sa parenté avec la théologie pratique ou pastorale saisie comme lieu et *process* de transformation et d'engagement. Théologie pratique aussi, parce que, si elle vise, comme toute théologie, à rejoindre «les enjeux de base de l'existence humaine» (Ogletree: 85) c'est à travers un rapport critique à l'action qu'elle fait, émergeant *de* et retournant *à* des pratiques dont elle vise l'intelligence et l'amélioration (Kinast: 38; Hellwig 1982:15s). D'où ce terme de praxéo-logie, *logos* de la *praxis*, pour le désigner et le distinguer d'approches qui pourraient rester théoriques ou applicatives. De là enfin l'apport nécessaire à la praxéologie pastorale des sciences de l'action et de la décision[6], de la phénoménologie et de la réflexion transcendentale (Tracy 1975), de l'éthique (Browning 1983; Tracy 1983).

Centrée sur des pratiques particulières, la praxéologie pastorale ne cherche pas d'abord à élaborer *un* discours théologique, ni même une théorie de la pratique pastorale, quoiqu'elle y soit parfois menée. Plus pragmatique, elle provoque et facilite un processus de *disclosure-transformation* (Tracy) *de pratiques particulières,* de leurs acteurs et d'abord de leurs ministres mêmes. Elle est, à ce titre parmi d'autres, parente d'une *theological reflection* attentive à dégager d'une pratique particulière ses dimensions d'action, de sens et de responsabilité (Ogletree), et saisi comme un «process centered on discovering one's operative theology as it unfolds in human experience [with an interpretation] which includes both understanding and responsible action or commitment» (Sheehan 1984: 31).

Praxéologie et praxéologie pastorale

La praxéologie comme science de l'action est issue de la philosophie des sciences (Bourdeau), de la philosophie de l'action (Espinas, Kotarbinksi, Meloes) et des sciences économiques (Slutsky, von Mises, Lange). Elle est aussi utilisée en sociologie du travail (Aron, Daval), en sciences de l'organisation (Caude et Moles) et de la décision (Guilbaud, Kaufmann), etc. Le terme aurait été créé par Louis Bourdeau dans sa *Théorie des sciences* (1882) pour désigner les sciences des fonctions (Ostrowski, 39). Espinas (1897) l'aurait repris pour désigner une sagesse pratique des principes de l'action humaine et de ses techniques, sagesse que Kotarbinski et von Mises ont dévelopée comme méthodologie analytique de l'action et de ses agents.

Chez Kotarbinski, la praxéologie visa à élaborer des principes généraux, une méthodologie de l'action efficace. Chez von Mises, elle est une connaissance formelle et générale qui vise, à partir de l'analyse de l'action humaine en termes de composantes et de formes, et à partir de la sagesse pratique déjà colligée dans les Évangiles, les proverbes, les fables, les techniques, etc., à élaborer les lois générales de l'action (efficace par nature chez von Mises) de façon à les appliquer à la décision pratique.

Mais ces auteurs tendent à réduire cette science de l'action humaine et de la coopération sociale à «l'ajustement des moyens à la réalisation d'une fin donnée sans tenir compte de la valeur intrinsèque de ladite fin» (Daval 1963: 139). À ce titre, Taylor en serait le héros incontesté! Mais nous dirions aujourd'hui que, mauvais architecte, Taylor n'a «écouté» les intérêts que d'un actant des pratiques qu'il analysait et réaménageait: le patron!

C'est ainsi que nous avons cherché à réintégrer à la praxéologie les dimensions axiologiques et herméneutiques de l'action. Préoccupée de signifiance et de pertinence aussi bien que d'efficacité, les pratiques et les études pastorales ne sauraient en effet endosser une telle conception de la praxéologie. Déjà Arnold Kaufmann réagissait à cette réduction du champ de la science de l'action en constatant que «sur ce sujet, on ne peut séparer l'éthique de la logique» (1968:11). La praxéologie pastorale se trouve alors plus près de la recherche-action que de la praxéologie polonaise ou autrichienne. Ainsi, avec le souffle qui le caractérise, Jacques Grand'Maison (1975: 11; Goyette et Lessard-Hébert 1987: 117) intègrait la perspective marxienne à la praxéologie qu'il présentait comme une démarche «capable d'articuler le vécu, l'action et la pensée, le savoir être, vivre, dire et faire collectif des travailleurs [ou des acteurs], l'expérience réfléchie, la conscience de classe et la création collective». Était ainsi réouvert le champ ou l'intention praxéologique, d'une manière qui nous semble plus fidèle à la réalité de la *praxis*.

On doit cependant retenir l'objet spécifique des praxéologies de Kotarbinski et de von Mises, soit l'univers des agents libres qui agencent leurs moyens en vue d'une fin, déterminant leur action à partir de ce que von Mises appelle les trois présupposés de l'action qui me semblent tout à fait valables pour l'action pastorale: malaise devant une situation existante, image d'une plus grande satisfaction ou d'un moindre malaise possible, représentation d'un pouvoir d'agir. De cette science de l'agent, éventuellement utile à celui-ci, la recherche-action a fait une science directement pour l'agent (Goyette 1987: 117) une science pour l'homme d'action (Kaufmann, 1968: 12).

De von Mises, la praxéologie pastorale peut aussi retenir que l'action existe par l'échange entre l'Ego et l'Alter Ego, et qu'il importe d'étudier les problèmes de cet échange. En fait, la recherche-action situe au cœur du paradigme praxéologique la notion d'interaction dont elle affirme la nécessité interprétative. Se fondant sur «une théorie pluraliste de l'action humaine comme autoposition des acteurs et transformation des situations sociales» (Goyette et Lessard-Hébert: 118), la praxéologie se fait alors science de la communication.

On comprendra donc que nous saisissions l'acte théologique comme émergeant de la compréhension critique, corrélée avec les compréhensions portées par la tradition constituée, que des acteurs ont de leur propre pratique (*praxis fides quaerens intellectum*). Sensible aux acteurs d'une pratique, la praxéologie pastorale est alors particulièrement sensible aux liens entre action, intérêt et connaissance (Habermas).

On le voit, la praxéologie pastorale appartient à une vaste famille scientifique: praxéologie, sciences de la communication, recherche-action, etc. C'est sur ces vecteurs que s'élabora sa réflexion théologiqe et pastorale.

Si on veut la situer dans la typologie des rapports théorie-pratique proposée par Matthew Lamb, la praxéologie pastorale me semble relever d'un modèle de corrélation critique praxistique (*critical praxis correlation*) épistémologique-organisationnel. Premier lieu de compréhension, d'élaboration et de transformation de soi et du monde, la pratique s'y avère lieu d'authentification, de conversion et d'engagement du discours comme de l'être. Analyse critique et herméneutique de la pratique, la praxéologie pastorale s'élabore alors comme un processus de dévoilement et de transformation de la pratique aussi bien que du sujet.

La reconnaissance du sujet

Science des agents et de leurs interactions, la praxéologie pastorale se fonde donc aussi sur la reconnaissance des sujets d'une pratique et vise leur responsabilisation. En effet, parler de *praxis* ou de pratique, c'est parler d'un sujet qui en est l'auteur, ou d'un groupe porteur de celle-ci. Les sciences de l'action et de la communication, la théologie et le simple bon sens se conjuguent ici pour rendre à chacun sa part de responsabilité dans le procès (process) d'une pratique. Thomas Groome par exemple, a tenté de briser la perspective d'un sujet qui fait ou mène une pratique pour un autre, en montrant que chacun des participants est réellement sujet, co-responsable de la pratique (Raymond 1987a: 124). «Le récepteur de mon action est aussi un agent», rappelle Gewirth (*Reason and Morality*). Système des actions *et* des interactions, la praxéologie pastorale nous conduit du système aux acteurs, sujets en devenir ou en *process* qui jugent et décident, agissent et souffrent, cherchent à comprendre, etc.

La perspective interactionniste symbolique devient ici prioritaire et se conjugue à l'éthique, trop peu prise en compte dans la réflexion pastorale, mais que, dans la ligne d'une théologie politique, Tracy (1983: 72ss) et Browning (1983: 187) situaient déjà au cœur de celle-ci[1]. En effet, considérer chacun des participants d'une pratique comme sujet de celle-ci nous conduit aussi à prendre au sérieux l'impératif kantien et la Règle d'or qui nous rappellent, selon les termes de Ricœur (1989b), que «l'autre est potentiellement la victime de mon action». Combien de gens nos pratiques n'ont-elles pas blessés, le plus souvent à notre insu parce que, justement, nous n'étions pas attentifs au réel?

Enfin, cette sensibilité interactionniste et éthique nous tourne de côté de la formation du sujet, un des trois types de finalités de la recherche-action à laquelle appartient ou que détermine la praxéologie, selon que l'on parle d'une méthode ou d'un paradigme praxéologique (Morin: 34; Goyette et Lessard-Hébert: 116ss). On ne s'étonnera donc pas, comme nous l'évoquions à la fin du paragraphe précédent, que nous considérions la praxéologie pastorale comme un processus d'action-réflexion-formation.

3. *Une herméneutique de la mémoire de Jésus-Christ*

Notre souci de pertinence de l'acte théologique quant au pays réel et à la pratique nous amène à ne présenter qu'en dernier lieu ce fondement de la praxéologie pastorale bien qu'il se situe à sa source même. La quête de la pertinence de la mémoire de la vie-mort-résurrection de Jésus Christ pour les hommes et les femmes de ce temps fonde radicalement le projet de praxéologie pastorale, comme celui de toute théologie d'ailleurs. Si nous cherchons à connaître et à transformer le pays réel de la pratique et de ses sujets, c'est parce qu'une option de fond nous y invite, celle-là même qui porte nos pratiques. Avec les requêtes de connaissance et de reconnaissance, de sens et de planification qui marquent toute pratique, c'est cette option de foi — qui se veut salutaire — qui nous convie à la tâche de corrélations critiques entre l'herméneutique de telle pratique (pastorale) et l'herméneutique de la tradition dont elle se réclame.

Nous retrouvons ici la triple herméneutique qu'évoquait Pierre Lucier (1927b): herméneutique du temps présent, herméneutique de la tradition chrétienne, herméneutique chrétienne du temps présent. Afin de mener à bien cette triple tâche particulièrement exigeante, le théologien, comme le pasteur qui s'y engage, doit être enraciné aussi bien dans son temps que dans la dynamique de la foi chrétienne. Il paraît impossible en effet de parler du salut en Jésus Christ qui vient rencontrer l'être humain sans re-lire la vie humaine avec ses aspirations et ses perplexités, ses joies et ses souffrances, ses appartenances et ses solidarités, ses univers symboliques, etc. Une double fidélité s'y trouve en cause, disions-nous: fidélité à la dynamique chrétienne portée par une mémoire particulière et ses paris de sens, fidélité à l'univers contemporain porté par une culture dont les paris sont souvent en altérité avec la mémoire chrétienne.

Si nous parlons de paris c'est que, livrée, comme le Corps auquel elle est consubstantielle, la révélation ne se tient pas dans l'éclat de l'évidence. Le récit évangélique lui-même en témoigne bien[8]. D'où la nécessité d'un travail d'interprétation qui s'élaborera comme pari (Lucier 1972a), pari de sens et d'existence qui, ouvrant sur de nouvelles possibilités d'être (Ricœur), interpelle l'action. Fidèle à la dynamique biblique qui la nourrit, l'interprétation en praxéologie ne saurait en effet se satisfaire d'une élaboration de sens. Confrontée aux impératifs de l'action (Lucier 1974), sa tâche consiste à élaborer un discours signifiant et pratique, c'est-à-dire pertinent, recevable et motivant pour les acteurs de la pratique qu'elle vise.

En cohérence avec ses fondements précédents, la praxéologie pastorale élabore cette herméneutique à partir de l'attention aux drames humains fondamentaux, particulièrement ceux qui marquent la pratique en cause, et à partir de la lecture de la pratique de Jésus. Les christologies et les lectures actuelles de l'Évangile nous ont sensibilisé au fait que le récit, c'est-à-dire la refiguration d'une pratique[9], constitue le genre littéraire de base des évangiles. C'est en effet la pratique de Jésus avec ses concitoyens qui y est mise en scène, mise en-jeu. C'est donc sur le récit de la pratique de Jésus que la praxéologie pastorale fonde son interprétation de la tradition chrétienne, bien qu'elle en considère aussi les autres classiques et événements.

Pour lire la pratique évangélique et en tirer un réseau d'intersignification signifiant pour la pratique pastorale, la praxéologie utilise des approches qui relèvent tantôt de l'analyse structurale (plus proche d'une lecture de sens), tantôt de l'analyse existentielle (plus proche d'une lecture de signification). Une de ces approches existentielles, voire pastorales, consiste à interroger la pratique évangélique quant à ce que nous appelons *les cinq fonctions d'élaboration des pratiques*: élaboration du sens des réalités (à commencer par les réalités corporelles, économiques, matérielles, etc.), élaboration de l'identité des personnes, du rapport à l'Autre, des collectivités, et enfin de l'éthique (Comité Catholique 1975, 1980; Raymond 1985; Nadeau 1987a, 1987c).

Le lecteur de Greeley (1972) aura reconnu les fonctions de la religion. Ces fonctions désignent pour nous des dimensions fondamentales de l'expérience humaine présentes à toute pratique dont elles déterminent les drames et les enjeux, et il nous semble que les pratiques pastorales qui se veulent pratiques de salut doivent y être particulièrement sensibles. Qu'est-ce que l'Évangile en effet sinon des femmes et des hommes qui retrouvent dignité et sens à leur vie, découvrent ou redécouvrent le visage de Dieu, se redressent et en témoignent, forment communauté, réélaborent leurs rapports éthiques, etc.? Bien que leur saisie émerge d'abord de l'expérience humaine, ces dimensions existentielles, comme les fonctions pastorales qu'elles appellent, marquent la pratique de Jésus, dont la mémoire leur donne cependant un sens particulier. C'est en effet selon l'une ou l'autre de ces dimensions que ses contemporains ont fait l'expérience du salut, qu'ils l'ont reconnu ou rejeté.

L'herméneutique pastorale vise donc à relire dans un souci d'éclairage réciproque nos pratiques et celle de Jésus. Les corrélations entre ces lectures impliquent l'usage de modèles et de procédés encore peu développés, mais dont l'imagination et la discussion constituent toujours des pierres d'angle. Il nous paraît clair aussi que l'élaboration d'une herméneutique pastorale ne saurait être qu'interdisciplinaire si elle veut être sensible à la complexité et aux requêtes des pratiques comme à celles de l'intelligence de notre temps (Lefebvre 1971 a.b.c.). Les sciences humaines sont nécessaires aussi bien à l'appréhension qu'à la compréhension d'une pratique, fut-elle évangélique. Avec l'histoire et l'exégèse qui relèvent aussi de leur dynamique, elles balisent et orientent selon leurs perspectives propres tant l'herméneutique de la tradition chrétienne que celle de la pratique[10].

Par ailleurs, ces sciences, surtout lorsqu'elles s'articulent critiquement les unes sur les autres, changent la manière même de voir et de regarder, de questionner et de comprendre, d'agir et d'espérer, déplaçant ainsi les paramètres de la compréhension et instaurant une dynamique de soupçon là même où l'Église et la théologie s'étaient habituées à «leur» monde (Jossua: 242). Au confluent de ces deux approches, la praxéologie pastorale, comme toute théologie en fait, se trouve confrontée à l'élaboration d'un discours critique qui fasse place à la foi et au soupçon (Ladrière). D'où le caractère toujours interpellant et bouleversant d'une herméneutique pastorale qui se veut féconde pour une pratique et ses acteurs aussi bien que pour la tradition elle-même.

II Les objectifs de la formation en praxéologie pastorale

La praxéologie pastorale vise donc l'élaboration pastorales conscientes de leurs enjeux et de leur fonctionnement; promotrices des responsabilités des divers acteurs sociaux et ecclésiaux; capables de se dire, d'établir leur cohérence et leur pertinence quant à leur culture et à la tradition chrétienne; soucieuses enfin de leur efficacité.

Dans cette foulée et celle des pages précedentes, je présenterai quatre objectifs généraux de la formation en praxéologie pastorale: 1) développer un réflexe d'observation ou d'attention au réel d'une pratique et s'y habiliter; 2) s'habiliter à élaborer une interprétation théologique responsable et pertinente pour une pratique; 3) s'habiliter à dégager des interpellations pratiques de l'interprétation; 4) s'habiliter à planifier et à évaluer une pratique de façon à tenir compte de l'interprétation et de l'observation précédentes.

1. Le premier de ces objectifs généraux, qui se situe dans une visée de conscientisation, est de développer chez les (futurs) ministres[11] un *réflexe d'observation* ou d'appréhension de leur pratique. Après plusieurs d'années d'enseignement et de travail sur le terrain, Jacques Grand'Maison (1974-1987: 127ss) soulignait combien cette appréhension du réel ne va pas de soi, combien elle implique une sorte de conversion mentale. Non seulement faut-il tendre à se distancer de ses intérêts, mais encore faut-il observer de façon «polythétiste» (Claudette Roy), tout en retardant le jugement (Aristote). Ainsi, mon expérience d'enseignement, à laquelle font écho des propos d'étudiants qui s'y sont prise en flagrant délit, m'a appris que, marqués par nos intérêts, nous sommes très largement portés à décrire notre pratique telle que nous la concevons ou telle qu'elle devrait être, plutôt que telle qu'elle «apparaît».

Observer une pratique, c'est prendre conscience de ses modes, objectifs, résultats, tendances; c'est être à l'écoute de ses acteurs; c'est saisir ses interactions avec son milieu socio-culturel et ecclésial. Cet objectif d'observation a deux corollaires. (1) saisir qu'une pratique pastorale ce n'est pas seulement ce que font, pensent, veulent et disent ses animateurs ou ses ministres, c'est-à-dire ceux qui sont (ou doivent être) au service de cette pratique, mais qu'une pratique pastorale est le fruit et le *process* d'interactions, de réciprocité, de compromis entre ses différents acteurs. À ce titre, la praxéologie pastorale est souvent une occasion de conversion du ministre, conversion suscitée par l'écoute de l'autre (et de l'Autre) dans la pratique. (2) saisir qu'une pratique, quelle qu'elle soit, est déterminée par un milieu particulier, social aussi bien qu'ecclésial, et qu'il importe de connaître ce milieu pour connaître une pratique.

Signalons enfin que l'observation ne vise pas seulement à saisir les faits et les discours d'une pratique, mais à en identifier les forces et les faiblesses en vue d'en dégager le réseau d'intersignification et la dramatique de fond. L'agent de pastorale en effet porte un regard de sens et d'action sur la pratique, lisant celle-ci aussi bien en profondeur qu'en superficie. Nous parlons alors de la problématisation, moment plus critique de l'observation et déjà premier pas d'une interprétation systématique.

2. Un deuxième objectif général vise *l'élaboration d'une interprétation responsable* ancrée dans le réel de la pratique, de ses acteurs, et de leur milieu, aussi bien que dans le réel (et pas seulement l'idéologie) de la tradition chrétienne. Trop d'interprétations pastorales en effet, ne sont issues que du discours ou des besoins de l'institution (au mieux de la communauté ecclésiale) qui promeut telle ou telle pratique. — cet objectif se greffe le souci que cette interprétation soit le fruit d'un questionnement et d'une démarche, tant personnels que communautaires, que pourront signer les acteurs de la pratique. Se profile alors une attente d'appropriation, de prise de responsabilité du discours de foi par les acteurs des pratiques pastorales qui pourront ainsi passer d'un discours institué à un discours instituant provoqué par les requêtes de leur pratique.

Trop de chrétiens en effet sont aphones sur leur expérience de foi parce qu'ils n'ont jamais été saisis, parce qu'ils ne sont jamais situés comme des producteurs de sens dans le domaine de leur propre foi, mais ont appris à répéter un sens que d'autres leur donnaient ou leur imposaient (Legrand: 189). Or «pastoring [...] is not mere repetition, but rather interpretation for change», signale avec a propos Mary-Ellen Sheehan (1984: 31). Voilà donc un autre défi de la praxéologie pastorale: rendre à chacun sa tâche et sa capacité, sa responsabilité dans la production du sens et du discours chrétiens aussi bien que des pratiques chrétiennes. Mais il ne s'agit pas seulement de produire du sens. Encore faut-il que ce sens soit valable en regard de la pratique de Jésus et de la situation contemporaine, et qu'il soit vivifiant pour elles. «Il y a pire que l'erreur. La vérité morte, mortifère.» (Sullivan: 74).

3. Un troisième objectif général de la praxéologie pastorale vise à *dégager les interpellations pratiques* du sens ainsi proposé et déployé par l'interprétation. Il y a en effet, surtout dans l'action, un rapport étroit entre interprétation et interpellation. Si interpréter c'est dégager des possibilités d'être ouvertes par un texte ou une pratique, les acteurs d'une pratique ne sauraient en rester là. Ils doivent identifier parmi ces possibilités celles qui interpellent directement leur pratique et choisir celle qui paraît la plus susceptible d'y être incarnée à neuf. D'où un mouvement de retour au terrain pratique avec ses possibilités et ses limites. Toutes les interpellations ne sont pas recevables et réalisables dans telle pratique à tel moment donné. Encore une fois, nous sommes acculés au réel avec ses acteurs, son milieu, etc. La pratique et les interventions qu'on y mènera apparaissent alors comme un lieu et un processus de com-promis, de promis ensemble, fruit d'un échange où aucun ne retrouvera tout à fait ce qu'il a amené, mais où chacun retrouvera quelque chose de ce qu'il a amené, et que l'écoute et l'interprétation auront pu faire émerger, dévoiler, articuler.

4. La praxéologie pastorale vise enfin à *développer chez l'agent la conscience qu'une pratique ça se planifie et s'évalue*, et à l'y habiliter. Pour que chacun puisse y jouer un rôle constructif et y prendre une responsabilité effective, il importe de savoir ce que l'on veut faire, pourquoi on veut le faire

et comment il est possible de le faire. Peu d'agents sont sensibles à cette dimension d'une planification rigoureuse d'une pratique ou d'interventions spécifiques au sein de celle-ci. Nous fonctionnons le plus souvent par intuition, planifiant chacun pour soi et à court terme, de sorte que la participation en devient d'autant plus difficile et que nous n'avons de comptes à rendre à personne. Nos objectifs étaient-ils réalistes? Établis par qui? Les a-t-on atteints? En utilisant quelles ressources? Avec quels types de participation? En respectant des échéances qui tenaient compte des rythmes de chacun? Voilà autant de questions auxquelles la planification et l'évaluation permettront de faire place et de répondre.

Ces objectifs — *appréhension critique* et *interprétation pastorale* d'une pratique, choix d'y actualiser une *orientation particulière* et déploiement d'un *projet d'action* — constituent les clés de la praxéologie pastorale. S'y greffent quelques objectifs corollaires centrés sur la formation personnelle ou le savoir-être: conversion du regard de l'agent, prise de responsabilité de l'interprétation et du discours de sens, responsabilisation de l'ensemble des acteurs, etc. Une dernière clé s'y joint enfin, qui informe et oriente les précédentes: la prospective (Nadeau 1987d). Celle-ci vise l'ouverture aux conséquences souvent indirectes de l'action, ainsi que l'explicitation des intentionnalités et de la mémoire qui animent la pratique...et son auto-réflexion praxéologique.

III Le parcours de la praxéologie pastorale

La démarche de praxéologie pastorale relève à la fois du stage et de l'étude de cas, le chercheur y étudiant une pratique à laquelle il participe. Nous visons ainsi à ce que son apprentissage de l'observation, de l'interprétation, de l'orientation et de la planification des pratiques pastorales s'effectue à partir d'enjeux d'action et de compréhension actuellement vitaux pour lui.

Le parcours en praxéologie pastorale se module sur cinq niveaux interactifs où nous retrouvons les cinq dynamiques de la connaissance (Lonergan), qui sont en fait des dynamiques de la pratique: *attending, understanding, judging, deciding, acting.* Voyons les étapes de ce parcours avec les objectifs et les modes de chacun, en signalent dès le départ qu'un questionnaire-cadre à l'usage des étudiants, en élaboration continue depuis quinze ans, l'accompagne de près (Nadeau et Raymond).

1. L'observation

Au point de départ du parcours se situe une pratique particulière, souvent une pratique qui pose question ou que l'on vise à améliorer. L'observation y opère une première distance, une première «objectivation». Cette étape «d'écoute active» vise à dégager et analyser les éléments-clefs, déterminants de la pratique, à en idenfifier les forces et les faiblesses, à trouver «les mots pour la dire». Elle s'ouvre avec le récit spontané que l'acteur fait de sa pratique. Ce récit lui permet de faire émerger au langage, selon ses propres mots, l'expériences qu'il a de la pratique, ses positions et ses perspectives, sa problématique de celle-ci.

Le moment suivant, l'observation guidée par les six pôles structurels d'une pratique, vise l'analyse systématique de cette pratique. Confrontant l'agent aux faits et aux interrelations de sa pratique, elle lui permet de corroborer, compléter, corriger la perception spontanée exprimée dans son premier récit. Elle se déploie ici selon une approche structurelle qui distingue et met en relation les différents pôles d'une pratique: QUI FAIT QUOI, POURQUOI, OU, QUAND, COMMENT (les *six W's* en anglais). Sont ainsi pris en considération les acteurs de la pratique avec leur culture, ses enjeux et ses intérêts, ses relations avec le milieu social et ecclésial, son rapport au temps et à l'histoire, ses modes — d'élaboration, de réalisation et de communication —, et enfin ce qu'elle fait advenir (Groome 1980; Ricœur 1977, 1983: 88s; Raymond 1987a).

Le regard attentif et l'écoute active constituent les chevilles ouvrières de cette étape. La découverte du sens et des enjeux d'une pratique, on le sait, ne relève pas seulement d'une démarche de réflexion, mais d'abord et avant tout de la prise en compte des discours de ses acteurs. En effet, les pratiques qu'étudie la praxéologie ne sont pas des événements naturels, mais des événements historiques façonnés par des humains avec leurs intérêts, leurs projets, leur culture, etc. En ce sens, l'interprétation n'est pas seulement une affaire concernant l'intelligence ou la foi du théologien ou du ministre. Tout en étant critique, elle est d'abord une question d'attention à ce qui se vit, ce qui se dit déjà là et qui échappe trop souvent aux études théologiques et même aux études pastorales. Cette observation plus attentive se nourrit de techniques qualitatives telles le verbatim, la carte de relations, l'entrevue non-dirigée, etc.

De ce premier panorama, l'agent fera enfin ressortir les forces et faiblesses, les problèmes de la pratique dont il pourra poursuivre l'observation et la compréhension.

2. *La problématisation*

La problématisation vise à relier les données de l'observation en spécifiant les relations entre les termes de la pratique, particulièrement ceux qui font problème, de façon à en dégager une dramatique fondamentale. Il s'agit de retisser le réseau d'intersignification ou la configuration de la pratique que l'analyse précédente a en quelque sorte défait (Lucier 1972b-1987: 69; Nadeau 1987b: 184s; Raymond 1987a: 108s; Ricœur 1983: 85ss). Selon que les problèmes qui auront attiré l'attention de l'observateur apparaîtront davantage personnel ou interpersonnel, organisationnel, économique, pédagogique, politique, de l'ordre de l'interaction avec le milieu social ou ecclésial, le chercheur pourra recourir aux sciences qui ont développé une expertise sur ces types de problèmes, y choisir ou élaborer à partir d'elles un schéma de représentation, un modèle de compréhension. D'où une nécessaire confrontation avec la littérature scientifique. La problématique s'élabore donc en dialogue avec les sciences humaines. Elle se structurera selon des modes de compréhension historique, dialectique, analogique, structurel, factoriel, etc. (Nadeau 1987b: 196-206). Elle pourra aussi se référer aux cinq fonctions d'élaboration des pratiques qui permettront alors de modéliser les résultats de l'observation selon une dynamique pastorale plus manifeste.

En proposant et critiquant diverses hypothèses de sens, l'agent tente de saisir et de mettre en perspective, aussi bien socio-culturelle que religieuse, la configuration des drames et des enjeux de la pratique. La problématique détermine ainsi ce à quoi l'interprétation devra être sensible dans sa relecture de la tradition.

3. L'interprétation pastorale

La première étape se centrait sur la pratique que la deuxième situait dans l'intelligence de sa culture. La troisième se centre sur l'herméneutique de la tradition chrétienne et sur les corrélations entre celle-ci et la dramatique de la pratique. S'y articulent donc expérience, information culturelle et tradition (Whitehead et Whitehead 1980). L'interprétation vise à établir et à critiquer, mais surtout à stimuler la qualité évangélique des identités, des significations, des expériences de Dieu, des rapports collectifs et de l'éthique élaborés par la pratique. Dans une double circulation, il s'agit d'établir l'apport du discours chrétien à la pratique et celui de la pratique à la dynamique chrétienne.

Nos pratiques et la tradition chrétienne mettent en jeu et proposent un certain nombre de possibilités d'être historiques. L'interprétation pastorale vise à confronter ces possibilités, à en vérifier l'authenticité, à dégager des alternatives pertinentes pour aujourd'hui et à choisir celle qui paraît la plus féconde, la plus vivifiante pour la pratique.

Ainsi, l'interprétation en praxéologie pastorale ne vise pas à élaborer un discours théologique fondamental ou global, mais un discours qui soit fécond pour cette pratique particulière à laquelle nous sommes confrontés. Notre visée très limitée est ici de clarifier, critiquer, réviser les options théologiques effectives de la pratique en regard de l'expérience contemporaine (processus commencé avec la problématisation) et de la tradition portée par l'Écriture, l'histoire, la dogmatique, etc.

Le premier temps de cette étape vise à exprimer les corrélations spontanées que l'agent établit entre sa pratique ou son drame d'une part, et la tradition chrétienne d'autre part. Le second moment «lit» la pratique selon les cinq fonctions d'élaboration des pratiques. Attentive aux dramatiques de menace et de salut d'une pratique pastorale, cette lecture en permet aussi une sorte d'évaluation quant à sa mission pastorale (Nadeau 1987a, 1987d).

Cette lecture de la pratique est suivie d'une lecture semblable de récits de l'Écriture, particulièrement du Nouveau Testament. Nous avons fait le pari de lire des *récits* de l'Écriture de façon à en tirer des enjeux, des dramatiques et des dynamiques d'action. Ainsi notre première rencontre avec l'Écriture est davantage particulière que globale, analytique que synthétique. Il ne s'agit pas d'appliquer une synthèse théologique ou biblique sur la pratique, d'utiliser une telle synthèse pour en dénouer le drame. Nous voulons d'abord rencontrer des drames semblables dans la pratique de Jésus, celle des *praxein apostolon*, celles d'Israël. Suivent des lectures praxéologiques et herméneutiques de déclarations du Magistère, de pratiques pastorales anciennes et actuelles, de discours théologiques qui semblent pertinents à la saisie et au dénouement du drame de la pratique.

Parler de pertinence quant au drame de la pratique, c'est indiquer que nos lectures de la tradition aussi bien que des récits néo-testamentaires ne porteront pas nécessairement sur des pratiques semblables à celle que nous étudions, mais sur des drames ou des enjeux homologues à ceux de la pratique. Par exemple, l'étude d'une pratique de préparation au baptême ne nous mènera pas nécessairement à lire des récits qui mettent en scène la pratique baptismale; quoique cette lecture ne soit pas exclue, au contraire, nous chercherons surtout des textes susceptibles d'éclairer le drame de la pratique saisi par la problématique; par exemple, un drame de participation, d'acculturation, de rapports au symbolique, etc.

Des corrélations, des oppositions, des intuitions émergent de telles lectures. Les derniers moments de l'interprétation visent à les déployer en un discours cohérent en rapport avec la dynamique fondamentale du mystère chrétien, de façon à en tirer des interpellations concrètes et fécondes pour la pratique.

4. La réélaboration opérationnelle et l'intervention

La réélaboration opérationnelle ou l'intervention marque le moment de la responsabilité, de la déliberation et de la décision devant des choix pratiques. Elle vise à dégager les effets de l'interprétation sur la pratique, de façon à choisir, planifier et gérer une intervention responsable, practicable et recevable, c'est-à-dire attentive aux différents acteurs de la pratique, à leurs ressources, à leurs possibilités et à leur milieu. Trois conditions sont nécessaires pour mener à bien une telle intervention: une information valide, un choix libre et informé par des cartes cognitives et des objectifs, un engagement interne (Argyris: 16-20). Les étapes précédentes ont permis de dégager l'information et d'élaborer les cartes cognitives, les schémas de compréhension nécessaires à la saisie de la pratique. Voici venu le temps d'en rajuster le tir quant à ses objectifs et d'y arrimer à neuf ses moyens. Trop de pratiques pastorales n'ayant que des objectifs fondamentaux ou généraux dont on ne peut évaluer la réalisation, on y veillera à spécifier quelques objectifs qui s'avéreront d'autant plus motivants qu'ils seront susceptibles d'être atteints à plus ou moins court terme.

On profitera aussi de cette étape pour être davantage sensibles aux dimensions communicatives et opérationnelles des pratiques telles l'animation, la participation, l'information et la formation, l'orientation, la concertation (avec l'extérieur), la planification, la gestion, l'évaluation (Nadeau et Raymond: 304-306). S'il ne l'a pas fait avec l'observation, c'est aussi l'occasion pour le ministre de prendre conscience de ses styles d'intervention: créateur de mythes, fou du roi, bâtisseur, supporteur, critique, archiviste, fantôme, etc. [12].

Au terme de cette étape, et en tenant compte des rétroactions prévisibles, on aura élaboré et mis en œuvre un plan d'action concret où nous retrouvons les six pôles qui ont guidé l'observation: objectifs, destinataires, étapes, opérations, responsabilités, échéances, modes et objets d'évaluation. Ce plan d'action vise à améliorer la pratique, soit en renforcissant certaines de ses tendances, soit en y apportant des modifications plus ou moins majeures, soit en rejetant certaines de ses composantes, soit enfin en innovant radicalement.

5. L'évaluation et la prospective

Cette dernière étape renvoie au cœur de la pratique et à sa relance. Alors que l'évaluation fait ici le point sur l'évolution de la pratique et le parcours de l'agent, la prospective en nomme la mémoire, l'espérance, l'horizon. Elle vise à dégager les possibilités et les suites de l'intervention prévisibles à moyen et à long termes, pour la pratique elle-même d'abord, mais aussi pour le monde, l'humain et leur relation à Dieu. Certains y vivront une démarche spirituelle où l'agent, en la présence de l'Autre, se recentre sur ce qui le fait vivre et qui l'appelle à s'engager dans cette pratique, nomme à neuf sa foi et son espérance, et réaffirme sa responsabilité face à cette Parole qui l'interpelle du cœur de l'agir, de l'Écriture, de l'histoire et de sa communauté.

Conclusion

En guise de conclusion, rappelons que la praxéologie pastorale se présente, à la fois avec prétention (dans la poursuite de son objet) et avec humilité (dans la conscience de ses possibilités), comme une science holistique de l'action. Elle vise en effet l'action avec sa chair, ses composantes structurelles, ses référents axiologiques et idéologiques. Elle vise ainsi les agents de l'action avec leurs intérêts, leurs motivations, leurs limites et leurs possibilités, leurs interactions surtout. Elle vise enfin le sens et la pertinence des pratiques pastorales dans le monde. En terme de formation, elle pourra développer l'appréhension critique des sujets, les convertir au réel et à leurs responsabilités, pratiques et théologiques, améliorer les pratiques qu'elle touche. Elle pourra enfin, mais non sans heurts nous apprend l'expérience, accroître la richesse d'une communauté dont les membres actifs seront davantage conscients de leurs pratiques, habiles à en établir le sens et à les mener avec efficacité comme avec grâce.

Devant de tels défis, qui relèvent aussi bien de la vie communautaire que de la théologie et des sciences de l'action, on comprend que la praxéologie pastorale se préoccupe de méthodes de saisie de réel et de corrélation avec la tradition. On comprend aussi qu'elle se trouve bien «jeune». Ses apports les plus concrets résident peut-être dans l'intégration de la grille des pôles structurels d'une pratique avec celle des fonctions d'élaboration des pratiques, ou encore dans son effort de modélisation de types de problématisation. Quant à son apport majeur, on le trouvera peut-être dans son souci de la tension et de l'articulation entre la *praxis* et le *logos*, entre l'action et son discours, ses réalisations et ses orientations. Pour plusieurs, l'apport de la praxéologie à leur cheminement aura été une conversion au réel, ainsi qu'à l'altérité et à la responsabilité des divers sujets d'une pratique.

Notes

1. Cette articulation de la temporalité, cf. Groome (1980), Nadeau (1987d: 262-270), Raymond (1987a: 110-116), Ricœur (1983, 1985).

2. On reconnaît là les orientations des deux premiers modèles, d'application et d'apprentissage technique, présentés par Whitehead et Whitehead (1975).

3. On en trouve un équivalent dans les propos du Grand Timonier rapportés par Han Suyin (*Le déluge du matin*, p. 262): «Pas d'enquête, pas de droit à la parole... Les sottises ne résolvent pas les problèmes... Vous ne pouvez pas résoudre un problème? Eh bien, allez vous informer des faits d'aujourd'hui et de leur historique.»

4. Je trouve encore étrange le fait que plusieurs ministres et théologiens connaissent mieux la parole de Dieu codifiée par l'Écriture et la tradition que (celle engainée dans) les paroles de leurs concitoyens, ou même des «co-acteurs» de leurs pratiques. Ainsi accorde-t-on souvent plus d'importance au milieu de vie de Jésus et au milieu de rédaction des Écritures qu'à notre milieu de vie, celui de notre communauté ou de l'Église de notre temps.

5. Cf. les distinctions faites par Viau 1987, ch. 4.

6. Praxéologie bien sûr, mais aussi sémiotique de l'action, sciences de la communication, interactionnisme symbolique, recherche-action, etc.

7. Cette perspective se conjugue aussi à l'ecclésiologie dans la mesure où elle sensibilise chacun au fait qu'une communauté ne saurait être le fait d'un seul ou de quelques uns qui y seraient identifiés par leurs fonctions, mais le fait de la participation baptismale et de l'engagement pratique des chrétiens et des chrétiennes dans la vie-mort-résurrection de Jésus-Christ. Par son attention aux interactions constitutives de toute pratique sociale ou pastorale, la praxéologie pastorale nous éveille directement à cette participation.

8. On trouvera une bonne illustration de ces procédés d'interprétation évangliques dans Raymond 1987b, 1987c.

9. Ricœur (1983) attribue la refiguration à l'acte de lecture ou de réception (d'application) de l'œuvre, et parle plutôt de récit configuration intrigante» (au sens de «mise en intrigue») de la *praxis*. Ses réflexions sur l'écart entre discours

et événement indiquent cependant que le récit lui-même constitue une refiguration de la *praxis* «lue» ou reçue par le narrateur.

10. Pour des illustrations, cf. Nadeau, 1987, 1989.

11. Les étudiants que nous formons se recrutent parmi les clercs et des laïques agents de pastorale actuels et futurs. Presque tous sont déjà acteurs ou ministres d'une pratique sociale ou pastorale et ce n'est que très rarement que nous proposerons un milieu de state ou un «field placement» à l'un d'entre eux. Nous avons comme *a priori*, souvent vérifié, que l'on peut mener un parcours de praxéologie pastorale au sein de toute pratique humaine. Par là, nous répondons aussi au vœu d'étudiants qui veulent devenir de meilleurs intervenants dans *leur* pratique.

12. Dans un souci de souligner les points de rencontre entre pratique pastorale et pratique théologique, je réfère ici à des rôles que Monika Hellwig (1987) attribue aux théologiens. De la même façon que les dynamiques de la connaissance présentées par Lonergan nous ont paru identifier aussi les dynamiques de la pratique, ces rôles théologiques nous paraissent identifier aussi des tâches assumées dans les pratiques pastorales.

Bibliographie

ARGYRIS, Chris 1970 *Intervention Theory and Method. A Behavioral Science View.* Reading (Mass) - Don Mills (Ont), Addison-Wesley.

BROWNING, Don. S. (ed.) 1983 *Practical Theology, the Emerging Field in Theology, Church and World.* San Francisco, Harper and Row.

_____ 1983 «Pastoral Theology in a Pluralistic Age». *Practical Theology*: 187-202.

CAUDE, R. 1964 «La méthodologie: caractères généraux et applications», dans R. Caude et A. Moles (ed.), *Méthodologie*: 3-17.

CAUDE, R. et MOLES A. 1964 «Conclusion», dans R. Caude et A. Moles, dir., *Méthodologie*: 437-444.

CAUDE, R. et MOLES A. (ed.) 1964 *Méthodologie. Vers une science de l'action.* Paris, Gauthier-Villars.

COMITÉ CATHOLIQUE DU CONSEIL SUPÉRIEUR DE L'ÉDUCATION 1975 *Voies et impasses 1. Dimension religieuse du projet scolaire.* Québec, Ministère de l'éducation. 1980 *Voies et impasses 5. L'animation pastorale.* Québec, Ministère de l'éducation.

DAVAL, Roger 1963 «La Praxéologie». *Sociologie du travail*, 2 (avril): 135-155.

ESPINAS 1987 *Les origines de la technologie.* Paris, Alcan.

GASPARSKI, W. et PSZCZOLOWSKI, T., dir. 1983 *Praxiological Studies. Polish Contributions to the Science of Efficient Action.* Warszawa, PWN - Polish Scientific Publishers. Boston, D. Rudel.

GOYETTE, Gabriel et LESSARD-HEBERT, Michelle 1987 *La recherche-action, ses fonctions, ses fondements et son instrumentation.* Québec, Presses de l'Université du Québec.

GRAND'MAISON, Jacques 1973 *La seconde évangélisation.* t.1 *Les témoins,* t.2.1 *Outils majeurs.,* t.2.2 *Outils d'appoint.* Montréal, Fides (Héritage et projet). 1974 «La carte des relations et son défi épistémologique». *Études pastorales '74:* 6-25, repris dans Nadeau, J.G., dir., *La praxéologie pastorale* t.1 (1987): 127-148. 1975 *Des milieux de travail à réinventer.* Montréal, Presses de l'Université de Montréal.

GRANGER, G.G. 1968 *Essai d'une philosophie du style.* Paris, A. Colin.

GREELEY, Andrew 1972 *Unsecular Man. The Persistance of Religion.* New York, Schoken Press.

GROOME, Thomas H. 1980 *Christian Religious Education.* San Francisco, Harper and Row.

HELLWIG, Monika 1982 *Whose Experience Counts in Theological Reflection?* Milwaukee (Wis), Marquette University Press. 1987 «Who is Truly a Catholic Theologian?» (Presidential Address). *Catholic Theological Society of America Proceedings* 42: 91-100.

JOSSUA, Jean-Pierre 1988 «La condition des théologiens depuis Vatican II, vue par l'un d'entre eux». *Le retour des certitudes.* Paris, Centurion: 235-257.

KAUFMANN, Arnold 1968 *L'homme d'action et la science. Introduction élémentaire à la praxéologie.* Paris, Hachette.

KINAST, Robert 1983 «Orthopraxis, Starting Point for Theology». *Catholic Theological Society of America Proceedings* 38: 29-44.

KOTARBINSKI, Tadeusz 1937 «Idée de la méthodologie générale — Praxéologie». *Actualités Scientifiques et Industrielles* 533. 1965 *Praxeology. An Introduction to the Sciences of Efficient Action.* Oxford, Pergamon Press.

LADRIÈRE, Jean 1984 *L'articulation du sens* II. Les langages de la foi. Paris, Cerf (Cogitatio Fidei).

LAMB, Matthew 1982 «The Thoery-Praxis Relationship in Contemporary Theology». *Catholic Theological Society of America Proceedings* 31: 149-178.

LEGRAND, Hervé 1983 «La réalisation de l'Église en un lieu». *Initiation à la pratique de la théologie* 3, Paris, Cerf: 143-273.

LONERGAN, Bernard 1978 *Pour une méthode en théologie.* Montréal, Fides.

LUCIER, Pierre 1972a «Le statut de l'interprétation théologique». *Études pastorales '72:* 43-56; réédité dans Nadeau, J.G., dir., *La praxéologie pastorale* t.2 (1987): 11-27. 1972b «Refléxions sur la méthode en théologie». *Sciences Religieuses* II/l: 63-75; réédité dans Nadeau, J.G. dir., *La praxéologie pastorale* t.2 (1987): 61-72. 1973 «Un modèle d'analyse du geste d'intervention pastorale». *Études pastorales '73*, Université de Montréal: 7-35. 1974 «Théologie et praxéologie». *Études pastorales '74*: 27-40; réédité dans Nadeau, J.G., dir., *La praxéologie pastorale* t.1 (1987): 15-31.

MISES, Ludwig von 1950 *Human Action. A Treatise on Economics*. New Haven, Yale University Press.

MORIN, André 1985 «Critères de «scientificité» de la recherche-action». *Revue des sciences de l'éducation* XI, 1: 31-49.

NADEAU, Jean-Guy 1987*La prostitution, une affaire de sens. Étude de pratiques sociales et pastorales*. Montréal, Fides (Héritage et projet 34). 1987a «La vocation et la mission des baptisés». *Prêtre et Pasteur. Revue des agents de pastorale*: 450-458. 1987b «La problématisation en praxéologie pastorale». *La praxéologie pastorale* t.1, Montréal, Fides: 181-206. 1987c «Les cinq fonctions d'élaboration des pratiques». *La praxéologie pastorale* t.2: 79-85. 1987d «La prospective en praxéologie pastorale». *La praxéologie pastorale* t.2: 259-271. 1987e «Les agents de pastorale et l'observation du réel». *La praxéologie pastorale* t.1: 91-106. 1989 «De l'évidence à l'élaboration du sens». En voie de publication dans P. Ricœur et al., *Études pastorales et interprétation*. Montréal, Fides.

NADEAU, Jean-Guy, (dir.) 1987 *La praxéologie pastorale. Orientations et parcours*. 2 tomes. (Cahiers d'Études Pastorales 4 et 5), Montréal, Fides.

NADEAU, Jean-Guy et RAYMOND, Gilles 1987 «Dossier de travail en praxéologie pastorale». *La praxéologie pastorale* t.2, Montréal, Fides: 283-309.

OGLETREE, Thomas 1983 «Dimensions of Practical Theology: Meaning, Action, Self», dans S. Browning, ed., *Practical Theology*.

OSTROWSKI, Jan 1983 «An Outline of the Prehistory of Praxiology». W. Gasparski et T. Pszczolowski ed., *Praxiological Studies*: 31-46.

PETRUSZEWYCZ, Micheline 1965 «A propos de la praxéologie». *Mathématiques et sciences humaines* XI: 11-18.

RAYMOND, Gilles 1985 «La formation et l'enracinement de l'espérance». *Prêtre et Pasteur. Revue des agents de pastorale*, 88/10: 584-591; réédité dans Nadeau, J.G., dir., *La praxéologie pastorale* t.2 (1987) 273-282. 1987a «Les six pôles d'exploration d'une pratique. La praxéologie pastorale et Thomas H. Groome», dans Nadeau, J.G., dir., *La praxéologie pastorale* t.1: 107-126. 1987b «L'intervention pastorale et l'Evangile», dans Nadeau, J.G., dir., *La praxéologie pastorale* t.2: 87-100. 1987c «Le rôle des fidèles dans la manifestation, la reconnaissance et la proclamation de la révélation», dans Nadeau, J.G., dir., *La praxéologie pastorale* t.2: 101-115.

RICŒUR, Paul 1977 *La sémantique de l'action*. Paris, éditions du C.N.R.S. 1983 *Temps et récit 1*. Paris, Seuil. 1985 *Temps et récit 3. Le temps raconté*. Paris, Seuil. 1989a «De l'herméneutique au problème de l'identité. Questions à la praxéologie pastorale», en voie de publication dans Ricœur, P. et al., Nadeau, J.G., dir., *Études pastorales et interprétation*. Montrèal, Fides (Cahiers d'Études Pastorales 6). 1989b «Les structures téléogique et déontologique de l'action. Aristote et/ou Kant?», en voie de publication dans *Études pastorales et interprétation*.

RICŒUR, Paul et al. Jean-Guy Nadeau, dir. 1989 *Études pastorales et interprétation*. Actes du colloque 1987 du Groupe de Recherche en Études Pastorales, (Cahiers d'Études Pastorales 6) Montréal, Fides.

ROY, Claudette 1983 *Une praxéologie de l'action éducative*. Université de Montréal, Thèse de Ph.D. (Éducation).

RUSSO, R.P. 1964 «Méthodologie de l'action». R. Caude et A. Moles (ed.), *Méthodologie*: 173-186.

SHEEHAN, Mary-Ellen 1984 «Theological Reflection and Theory-Praxis Integration», *Sciences pastorales - Pastoral Sciences* 3: 26-28.

1987 *Assumptions About Experience and Knowledge: Naming Issues in Practical Theology*. Paper presented at the Seminar in Practical Theology, C.T.S.A. Convention.

SHIRBEKK, G., ed. 1983 *Praxeology: an Anthology*. Irvington-on-Hudson (N.Y.), Columbia University Press.

SULLIVAN, Jean 1980 *Parole du passant*. Paris, Panorama aujourd'hui/Centurion.

TRACY, David 1975 *Blessed Rage for Order: The New Pluralism in Theology*. New York, Seabury. 1981 *The Analogical Imagination. Christian Theology and the Culture of Pluralism*. New York, Crossroad. 1983 «The Foundations of Practical Theology». Don S. Browning, ed., *Practical Theology*: 61-82.

VIAU, Marcel 1987 *Introduction aux études pastorales*. Montréal, Paulines.

WHITEHEAD, James D. and Evelyn E. WHITEHEAD 1975 «Educational Models in Field Education». *Theological Education* XI (Summer): 269-278. 1980 *Method in Ministry. Theological Reflection and Christian Ministry*. New York, Seabury.

Marc Pelchat

ECCLÉSIOLOGIE THÉOLOGIQUE
ET
ECCLÉSIOLOGIE CONTEXTUELLE.
L'ECCLÉSIOLOGIE
DANS LES ÉTUDES PASTORALES

Résumé

L'auteur de cet essai estime insuffisant de considérer l'Église comme l'objet d'une théologie dogmatique appliquée à en préciser logiquement la nature essentielle. Il veut montrer que l'ecclésiologie se présente davantage comme un champ d'étude inter-disciplinaire qui comporte une dimension pratique, tout en ne cessant pas d'être un authentique domaine de la théologie. Se définissant comme un effort pour comprendre la nature et la mission de l'Église, l'ecclésiologie effectue la lecture théologique d'une réalité sociale qui est le sujet historique de pratiques communautaires. La réflexion théologique sur l'Église devrait porter sur le développement dans l'histoire du mouvement issu de Jésus Christ et sur la lecture des pratiques de la communauté croyante.

Introduction

Le renouveau survenu en théologie depuis le début du siècle, dont les travaux du deuxième concile du Vatican marquent à la fois un point d'arrivée et un point de départ, s'est pour ainsi dire concentré dans l'ecclésiologie. Tout ce qui concerne l'Église et ses pratiques est devenu en quelques décennies l'un des champs de recherche théologique les plus fréquentés. L'architecture même des documents conciliaires de Vatican II s'articule autour des deux constitutions sur l'Église, *Lumen gentium* et *Gaudium et spes*. Alors que la notion d'Église avait subi une lente juridisation depuis la fin de l'époque patristique, l'ecclésiologie est devenue davantage théologique dans le climat du romantisme allemand et du renouveau de l'école romaine au dix-neuvième siècle. Cette redécouverte d'une approche théologique de l'ecclésiologie est redevable en partie aux travaux historiques qui se sont multipliés sur l'Église. Mais il est temps de se demander s'il est suffisant de considérer l'Église comme l'objet d'une théologie dogmatique qui cherche à en préciser la nature essentielle par une réflexion systématique. La réflexion sur l'Église n'appartiendrait-elle pas également à la théologie pratique et aux études pastorales?

L'ecclésiologie ne se réduit pas à une série de propositions dogmatiques ou de définitions juridiques qu'il suffit de fonder théologiquement. Cet essai veut montrer que l'ecclésiologie se présente davantage comme un champ d'étude inter-disciplinaire qui comporte une dimension pratique, tout en ne cessant pas d'être un authentique domaine de la théologie. Se définissant comme un effort pour comprendre la nature et la mission de l'Église, l'ecclésiologie effectue la lecture théologique d'une réalité sociale qui est le sujet historique de pratiques communautaires. La réflexion théologique sur l'Église porte sur le développement dans l'histoire du mouvement issu de Jésus Christ et sur la lecture des pratiques de la communauté croyante. Ecclésiologie et pratique pastorale, nature et mission de l'Église, sont indissociablement liées. L'on pourrait dire qu'une communauté chrétienne met en œuvre les pratiques pastorales qui correspondent à sa conscience ecclésiale. À l'inverse, le discours sur l'Église est influencé par le mode d'intervention pastorale choisi dans un contexte donné. L'ecclésiologie ne se réduit ni à une pure ontologie, s'intéressant à l'essence de l'Église, ni à une pure sociologie, s'intéressant au seul fonctionnement des institutions. Elle s'inscrit dans un domaine de la connaissance qui établit une relation entre l'expérience et l'interprétation de tout ce qui est impliqué dans cette expérience à différents niveaux: historique, sociologique, théologique.

Parce que la nature de l'Église se confond avec sa mission dans le monde, la pratique pastorale fait partie de sa définition théologique et contribue à re-définir constamment le groupe ecclésial qui est le sujet premier des pratiques pastorales. En proposant l'expression d'un nouveau vécu ecclésial, la pratique pastorale instaure une critique permanente de l'institution. L'ecclésiologie ne peut donc se contenter de constituer un corps de propositions théoriques et définitives sur l'Église. Elle est le lieu d'une théologie en dialogue continuel avec les pratiques vécues dans le groupe ecclésial. L'ecclésiologie semble donc émerger à la jonction de la théologie systématique et des études pastorales. C'est le sujet que nous voulons développer ici selon le parcours suivant:

1. Situation de l'ecclésiologie dans la théologie systématique.
2. Situation de l'ecclésiologie par rapport aux études pastorales.
3. L'ecclésiologie entre théologie systématique et théologie pratique.

Situation de l'ecclésiologie dans la théologie systématique

L'ecclésiologie, en tant que sous-discipline de la théologie systématique, est relativement récente, si on l'entend comme un traité particulier ayant pour objet une partie du mystère chrétien. La théologie «de Ecclesia» a été dégagée peu à peu d'une pensée chrétienne multiforme. Pendant longtemps a existé dans la chrétienté une conscience commune du mystère de l'Église en l'absence de tout écrit théologique ou formulation dogmatique abordant formellement la question. La recherche d'une meilleure intelligence de l'Église n'a cependant jamais été absente de la réflexion chrétienne, sous l'aspect christologique, sacramentaire et liturgique, spirituel ou canonique.

D'une ecclésiologie juridique à une ecclésiologie théologique

La représentation que l'on s'est donnée de l'Église à chaque époque n'a cessé de se traduire dans les institutions et les pratiques. La théologie de l'Église qui s'est exprimée chez les Pères était surtout sacramentelle. S'exprimant dans un langage symbolique, cette théologie faisait une grande place à la contemplation du grand mystère dont l'Église était l'un des mystères dérivés. Ce mode de pensée symbolique, plus apte à traduire la profondeur du mystère chrétien, qu'à en rendre compte d'une manière systématique et réfléchie, recula devant la théologie spéculative qui prit son élan à l'âge scolastique. Pendant les siècles suivants a dominé une ecclésiologie de type davantage juridique et cléricale, souvent élaborée autour de la querelle des deux pouvoirs, le temporel et le spirituel. Même dans la théologie d'un saint Thomas d'Aquin, le plan juridique était l'objet d'une insistance particulière, soutenant par exemple la thèse de l'obéissance au pape comme nécessité de salut. Une telle approche tenait davantage de la «hiérarchiologie», selon le mot lancé par Yves Congar en 1947, que de la théologie de l'Église. Depuis l'époque médiévale, «l'ecclésiologie la plus officielle était dominée par une vision juridique[1]». À l'époque moderne, jusqu'à l'ouverture du concile Vatican II, la théologie «de Ecclesia» a pris la forme d'une apologétique triomphante alliée à une faible culture biblique. Elle s'est développée sous le signe de l'affirmation de l'autorité et du refus de la modernité. Le tournant décisif a été pris avec ce que l'on pourrait appeler la renaissance ecclésiologique du vingtième siècle. C'est alors que se multiplient les travaux sur l'Église comme mystère, sacrement, corps mystique et peuple de Dieu².

Tout l'effort ecclésiologique, initié vers la fin du dix-neuvième siècle surtout en Allemagne, en Italie et en France, et aboutissant à Vatican II qui en effectue une synthèse, pousse l'Église à prendre une conscience réflexive d'elle-même dans le contexte du monde contemporain. On pouvait reprocher à une doctrine ecclésiologique trop exclusivement juridique de «naturaliser» l'Église, d'en faire une pure société humaine, une *société parfaite*. Délaissant sa perspective trop exclusivement canonique, l'ecclésiologie est devenue davantage théologique. En retournant aux sources scripturaires et patristiques pour enraciner l'être de l'Église dans le mystère trinitaire, l'ecclésiologie a pris sa place dans le mouvement théologique contemporain. Les recherches historiques et la remise en valeur des images bibliques et patristiques ont permis de renouveler les représentations courantes de l'Église: peuple de Dieu, corps du Christ, épouse du Christ, temple de l'Esprit, famille de Dieu. Elles ont souvent inspiré le rétablissement ou la création d'instruments concrets de réalisation de cette nouvelle figure de l'Église: collégialité et synodalité, conférences épiscopales, conseils presbytéraux et pastoraux, nouveaux ministères, etc.

Mais il subsiste toujours un écart entre les représentations de l'Église et les pratiques ecclésiales. On peut même parler de certaines impasses dans la mise en œuvre de cette ecclésiologie théologique. Plusieurs attribuent cette difficulté à la co-existence d'ecclésiologies concurrentes. Ainsi, dans les documents conciliaires de Vatican II, et dans la pratique de l'Église post-conciliaire, une ecclésiologie de la communion voisine l'idée de société hiérarchique. La communion ecclésiale, parce qu'elle fait participer des personnes différentes aux mêmes réalités, fonde l'aspiration à une responsabilité partagée. Une ecclésiologie plus hiérarchique insiste sur la diversité des dons et des charges confiées pour le bien de tous, mais concentre la responsabilité de l'Église entière entre les mains de quelques-uns. Tout le problème consiste à traduire dans les institutions et les pratiques une représentation théologique. Le code de droit canonique de 1983 n'est pas vraiment parvenue à traduire le nouveau visage de l'Église inspiré de Vatican II. Des pratiques cléricales ou autoritaires chevauchent encore avec des pratiques communautaires. Certains discours officiels semblent parfois se situer en deçà de l'esprit manifesté à Vatican II, tout en utilisant le vocabulaire conciliaire. Une ecclésiologie strictement théologique risque donc de «spiritualiser» une définition de l'institution qui ne parvient pas à prendre forme dans la pratique. Il est facile d'utiliser les notions théologiques de communion et de mystère tout en maintenant une vision proche de la rationalité juridique et légitimant le *statu quo* ecclésial. Tout en ne cessant pas d'être théologique, l'ecclésiologie doit donc s'engager sur un terrain plus pratique au nom même de la vérité de sa réflexion sur l'Église.

Regard socio-historique et regard de foi

L'ecclésiologie opère à deux niveaux: au plan ontologique et au plan sociologique. Il faut éviter toute identification comme toute dissociation entre les deux. Une tension permanente est maintenue dans l'Église entre deux dimensions, l'une intérieure et l'autre extérieure. Cette tension est intrinsèque à la nature même de l'Église, dont l'existence se situe dans un double rapport à Dieu et au monde. Comme l'événement du Christ, la réalité de l'Église comporte une dimension eschatologique, mais elle ne peut être comprise que dans sa dimension socio-historique, car la figure eschatologique de l'Église se construit dans l'histoire et avec ses matériaux.

Dans un essai épistémologique récent sur la méthodologie appliquée à l'étude de l'Église, Roger Haight prend comme point de départ que l'Église se présente avant tout comme un phénomène social ayant une existence historique. En conséquence, la méthode historique doit se conjuguer à la méthode théologique dans la pratique de l'ecclésiologie[3]. L'objet d'étude de l'ecclésiologie étant «l'Église empirique», la communauté concrète existant dans l'histoire, la tâche de l'ecclésiologie ne se réduit pas à l'interprétation ou au développement de définitions théologiques ou doctrinales sur l'Église, comme si elle était une idée subsistant en dehors de l'histoire. S'appuyant sur d'autres études, celles de Komonchak et de Gustafson[4], Haight écarte toute forme de «réductionnisme théologique» visant à considérer l'Église comme une réalité socio-historique absolument sans équivalent dans l'histoire, comme une entité entièrement nouvelle dont seule la théologie systématique pourrait rendre compte adéquatement. Tout en évitant de verser dans le réductionnisme opposé, faisant de l'Église un pur produit socio-historique à l'instar d'autres institutions humaines, l'ecclésiologie doit adopter une méthode qui tienne à la fois des sciences humaines et de la théologie. L'approche interdisciplinaire se révèle la plus apte à conjuguer une lecture théologique portant sur l'Église concrète et une lecture historique de l'Église empirique. Regarder l'Église comme un phénomène historique et social, obéissant à certaines lois communes, peut très bien s'effectuer en tenant compte du regard de foi qui voit l'Esprit de Dieu à l'œuvre dans la communauté des baptisés. La question qui se pose est la suivante: comment articuler le regard socio-historique avec le regard de foi?

On sait qu'à l'époque du rationalisme, à partir du dix-septième siècle, la théologie fondamentale prit la forme de l'apologétique. Cette ancienne apologétique était fondée sur la conviction que la raison humaine peut parvenir à l'évidence de la vérité à partir de principes a priori indiscutables. L'apologétique de l'Église s'élaborait alors autour de deux principes. Le premier reposait sur la fondation et l'assistance de l'Église par le fondateur: Jésus le Christ. Le second s'appuyait sur le fait de l'Église dont la pérennité était regardée comme un signe divin, ni plus ni moins qu'un miracle. Or, l'affirmation voulant que le Christ ait fondé une institution spécifique et durable n'a pas résisté à la critique historique. La durée de l'Église dans le cours de l'histoire a aussi pu être interprétée autrement que comme un signe surnaturel. Ainsi que l'a montré Avery Dulles, la nouvelle théologie fondamentale a permis de franchir l'impasse de cette logique où l'évidence objective rendait la foi superflue. John Henry Newman lui apparaît comme le chef de file de ceux qui interprètent la démarche de la pensée chrétienne «non pas comme un passage de la raison à la foi, mais comme un mouvement intellectuel qui va de la foi à la foi»[5]. La réflexion théologique s'appuie alors sur un *processus heuristique*. La caractéristique épistémologique d'une telle démarche est de favoriser une découverte progressive à partir de ce qui a été saisi par la foi et de tout ce qui reste encore à découvrir. Entre les deux termes, toutes les ressources de la raison, de l'expérience et de la créativité sont mises en œuvre. Le processus de découverte religieuse élaboré par Avery Dulles avec l'aide de l'épistémologie de Michael Polanyi, favorise «l'activation des capacités humaines de découverte, sous l'égide de l'attrait divin»[6]. La lecture théologique de la réalité-Église s'effectue simultanément dans un regard de foi et dans un regard socio-historique. Tout ce qui est découvert dans la praxis historique, dans l'expérience ecclésiale, participe à la connaissance progressive d'une réalité qui origine dans la foi et conduit à la foi.

La mise en valeur, dans l'ecclésiologie contemporaine, de la notion d'Église comme sacrement de salut, correspond à cette approche heuristique. L'ecclésiologie sacramentelle ne se représente pas l'Église simplement comme une fondation formelle du Christ chargée de transmettre ses enseignements. L'application à l'Église de la notion de sacrement la représente davantage comme un ensemble de signes par lesquels Dieu continue de manifester sa présence au monde et opère la libération des communautés humaines. Plutôt que de supposer que le Jésus historique a fondé une organisation visible dotée de certaines structures essentielles, que l'Église conserve sans les modifier, la notion de sacrement permet de distinguer le signe du signifié. Le Christ trouve dans l'Église, mais il est interdit de la considérer comme si elle-même était Dieu. Le sacrement de l'Église ne repose pas sur des formes institutionelles contingentes, mais sur la constitution d'une communauté de foi qui répond aux quatre attributs d'unité, de sainteté, d'apostolicité et de catholicité. Une ecclésiologie sacramentelle risque moins de servir à abriter l'Église, telle qu'elle existe concrètement, derrière l'affirmation d'un mystère intouchable ou d'une réalité appartenant à la sphère divine inaccessible à toute observation humaine. Récemment, on a souvent fait appel à la notion de mystère pour éluder certaines discussions sur l'exercice de l'autorité ou sur le partage des pouvoirs dans l'Église. L'affirmation du mystère de l'Église ne devrait pas servir d'alibi pour refuser toute démocratisation des institutions sous le prétexte de se conformer à un modèle «divin» plutôt qu'à modèle «humain» inspiré de la société. Il est vrai que l'Église participe au mystère chrétien et contient par le fait même son mystère propre. Mais l'affirmation du mystère de l'Église renvoie à sa nature sacramentelle fondamentale qui distingue le signifiant (la communauté de foi) et le signifié (le Christ total). L'ecclésiologie ne peut alors se contenter de rappeler par des propositions théoriques ce que l'Église veut signifier. Elle doit continuellement chercher à interpréter comment le signifiant se conforme dans la pratique au signifié. Dans son étude œcuménique Die Kirche (1967), Hans Kung a distingué pour sa part dans la notion d'Église l'«essence» et le «visage», invitant du même coup à ne point les séparer. «Dans la réalité, djt-il, il n'y a et il n'y a eu nulle part une essence de l'Église en soi à l'état séparé»[7]. Pour lui, l'essence de l'Église ne peut se voir que dans son visage historique mouvant. Il n'y a aucune manifestation historico-empirique de l'Église, y comprise le visage qu'en donne le Nouveau Testament lui-même, qui reflète de manière totale et définitive l'essence de l'Église. L'ecclésiologie ne fait que prêter une expression théologique à l'Église qui se fait. Le point de départ de l'exposé ne devrait pas se situer dans une notion idéale, mais dans l'Église concrète qui fait partie de la foi chrétienne. Et puisque le visage de l'Église réelle subit des modifications continues au cours de l'histoire, le visage de l'ecclésiologie se modifie également. Cette Église réelle, participant à un mystère de visibilité et d'invisibilité, se présente comme une réalité sacramentelle, où l'essence et le visage historique sont unis. Avery Dulles estime que cette communication du mystère dans l'histoire par le moyen de la sacramentalité pose l'exigence d'une théologie pratique:

> Pour ceux qui se consacrent à comprendre la foi d'une manière sacramentelle et par voie de participation, la théologie a une dimension essentiellement pratique. Elle ne saurait être la poursuite stérile de questions purement théoriques, sans rapport avec la foi vécue de nos jours[8].

Ce qui est dit de toute la théologie systématique doit s'appliquer particulièrement à l'ecclésiologie. Son domaine est celui d'une communauté de foi qui est le sujet de pratiques pastorales. Son objet consiste non seulement à définir la nature de l'Église, mais aussi sa mission, ses pratiques, son agir et sa manière d'être au monde. Et encore là, il ne s'agit pas de définir ce qu'est la mission de l'Église, mais de chercher à saisir qui advient dans l'acte même de sa mission et dans ses agirs. L'ecclésiologie se trouve donc très proche du champ des études pratiques où se retrouvent les études pastorales.

Situation de l'ecclésiologie par rapport aux études pastorales

Avant de situer l'ecclésiologie en lien avec les études pastorales, il pourrait se révéler éclairant de souligner le rapport qu'entretient l'ecclésiologie avec le code de droit canonique. Nous cherchons simplement à établir, à partir de l'exemple du langage juridique, comment la réflexion ecclésiologique s'articule avec un discours pratique concernant l'Église, ses institutions et son champ d'action. Nous verrons, en considérant le rapport entre science canonique et ecclésiologie, s'il est possible d'établir un parallèle avec les études pastorales par rapport à l'ecclésiologie.

Un exemple: le rapport entre ecclésiologie et droit canonique

Le code de droit canonique porte, au moins en partie, sur les structures de gouvernement de l'Église ainsi que sur les droits et devoirs de ses membres. Les portions du code qui régissent la vie de l'Église révèlent souvent une option ecclésiologie de la part du législateur. Comme cela a été remarqué à l'occasion de la promulgation du code de 1983, le travail de révision du code de 1917 a voulu tirer les conséquences sur le plan juridique de l'ecclésiologie conciliaire de Vatican II. Ainsi, l'ecclésiologie se trouve bien distinguée de la réflexion juridique, mais elle comporte des conséquences juridiques. Le code de droit canonique ne prétend pas prendre la place de l'ecclésiologie, bien qu'il manifeste des options ecclésiologiques. Le droit cherche plutôt à refléter davantage ce que l'Église dit d'elle-même et à le traduire sur le plan juridique. Depuis sa naissance au douzième siècle, la science juridique a parfois fourni sa matière à l'ecclésiologie. On lui reconnaît davantage aujourd'hui «une fonction subordonnée et servante[9]». Dans son étude sur les Églises particulières, le canoniste Roch Pagé montre bien qu'il ne revient pas «au droit canonique de précéder la théologie ou de définir les réalités qu'il touche» mais selon lui,

> [Le droit canonique] reçoit l'essentiel de sa substance de la théologie, privilégiant les conclusions ayant trait aux comportements externes des fidèles ou au fonctionnement des institutions. Quant aux définitions, il empruntera le cas échéant celles qui sont déjà données par la théologie, ou encore, il exposera brièvement, le plus souvent de manière descriptive, la notion des réalités qu'il aura lui-même créées, ou qui sont propres au système ou à la science juridique. Est-il alors besoin d'ajouter que les termes appartenant habituellement au vocabulaire théologique conservent tout leur sens originel lorsqu'ils sont utilisés dans le code?[10]

La science juridique, dans le domaine des institutions ecclésiales, ne précède donc pas l'ecclésiologie. On ne s'attend pas à ce que surgisse du système juridique une manière neuve de penser ou de faire l'Église. Le code suit la définition théologique et s'efforce de s'y adapter pour traduire au plan juridique ce qui est dit ecclésiologiquement. Le système juridique et la science qui en fait l'interprétation constituent une sorte de prolongement de l'ecclésiologie. La théologie de l'Église garde toujours la priorité. Le code de droit canonique se trouve ainsi totalement au service de l'ecclésiologie, pour la portion qui traite du gouvernement et des institutions, comme il se trouve au service de la théologie morale ou sacramentaire pour la portion qui traite du comportement externe des fidèles. Par ailleurs, on sait que le code de droit canonique effectue un tri dans les notions théologiques qu'il emploie et prend certaines options ecclésiologiques. En raison de sa nature, le code emploiera telle notion théologique, par exemple celle de «ministère pastoral», dans un sens univoque dont le contenu sera précisé par lui. C'est ainsi qu'un système juridique peut imprimer une image et finir par imposer un sens précis aux notions théologiques qui recouvraient à l'origine une réalité plus large.

Mais peut-on transposer à l'égard des études pastorales le rapport qui s'établit entre droit canonique et ecclésiologie? Les études pastorales apparaissent parfois relever davantage d'un art que d'une science. On pourrait alors considérer qu'elles sont précédées par la théologie et qu'elles permettent de traduire au plan pratique les options ecclésiologiques des pasteurs. Ainsi, les études pastorales ne «produiraient» pas de théologie, mais serviraient à refléter dans les interventions pastorales les réalités définies par la théologie. Situer ainsi les études pastorales comme un art pratique, à la remorque d'une réflexion théologique plus élevée, ne semble toutefois pas satisfaisant. Tout en constituant un art, à l'instar d'autres activités humaines, la science pastorale semble bien répondre aux critères qui en font une sous-discipline théologique, au même titre que la théologie dogmatique, morale ou biblique. Les études pastorales constituent un lieu où surgit une parole neuve sur Dieu, sur le mystère chrétien, sur l'homme et sur l'Église.

L'ecclésiologie et les études pastorales

Les études pastorales, tout en étant une sous-discipline de la théologie, constituent un champ d'étude inter-disciplinaire. L'objet des études pastorales réside dans les pratiques pastorales. Définies comme des actions pertinentes et réfléchies accomplies en vue de la libération des communautés humaines[11], les pratiques pastorales se réfèrent à la mission de l'Église. L'exercice de la mission ecclésiale comprend toutes les pratiques, tous les agirs, qui sont mis en œuvre pour que la libération en Jésus Christ atteigne et transforme les communautés humaines. Or la mission pastorale de l'Église constitue sa nature même: elle est missionnaire par exigence intérieure et son existence est liée à l'annonce du salut en Jésus Christ. Sa mission fait partie de sa définition ontologique. C'est pourquoi l'objet de l'ecclésiologie, s'il consiste à préciser la nature de l'Église, ne peut faire l'économie d'envisager concrètement sa mission, c'est-à-dire ses pratiques, ses structures et moyens d'intervention pastorale.

Toute intervention pastorale révèle une option ecclésiologique. Dans ses recherches portant sur la pastorale de la prostitution, Jean-Guy Nadeau a illustré comment les pratiques pastorales du groupe ecclésial se situent en étroite interaction avec les images que ce groupe a de lui-même. Ainsi, une attitude ecclésiale de stigmatisation à l'égard de la prostitution lui a semblé liée à l'image de l'Église corps du Christ, productrice d'un discours sur la pureté individuelle, alors qu'une pastorale d'accompagnement et de libération lui a paru liée à l'image de l'Église Peuple de Dieu, productrice d'un discours sur la responsabilité sociale. «Transformant sa pratique, une communauté — comme une individu, d'ailleurs — transforme son image de soi. Transformant son image, elle transforme aussi sa pratique[12]». Ainsi, l'intervention pastorale, objet des études pastorales, n'est pas simplement à la remorque de l'ecclésiologie, cherchant à mettre en pratique ce qui est défini par la théologie systématique. La pratique pastorale pousse la communauté à modifier l'image qu'elle se fait d'elle-même et, une fois cette perception transformée, la pratique s'en trouve elle aussi changée à son tour. Il naît un nouveau discours sur l'Église à partir des pratiques pastorales, de telle sorte que l'ecclésiologie procède autant de la théologie systématique que de la théologie pratique.

Un autre exemple de cette interaction entre l'ecclésiologie et les pratiques pastorales réside dans l'organisation des rôles et la répartition des pouvoirs dans l'Église. Le problème de l'autorité, doctrinale et pastorale, constitue certainement l'une des difficultés permanentes dans l'institution ecclésiale. Le discours théologique sur l'Église, à moins de prétendre être un langage totalisant capable d'épuiser toute la réalité sur laquelle il porte, doit reconnaître les limites de son propos[13]. La théologie ne peut rendre compte à elle seule des rapports de pouvoir qui s'établissent dans l'Église réelle à un moment donné de son histoire. L'organisation des rôles et la répartition des pouvoirs ne sont pas déterminées seulement par le discours théologique, mais aussi par un ensemble de données socio-culturelles. Les pratiques pastorales sont elles-mêmes productrices d'un effet social. Une pratique libératrice mettant l'accent sur la capacité des personnes à déterminer leur propre destin modifiera certainement la manière de se représenter l'autorité dans l'Église. L'expérience latino-américaine des communautés ecclésiales de base représente un exemple d'organisation ecclésiale qui est devenue une composante ecclésiologique significative au plan théologique, pastoral et institutionnel. Une lecture ecclésiologique des communautés de base a montré combien il peut être fécond d'envisager l'Église comme événement et comme processus d'évangélisation. La lecture et l'interprétation de l'expérience ecclésiale alimente l'ecclésiologie et lui donne forme. Dans son essai d'interprétation ecclésiologique de l'expérience des communautés ecclésiales de base, Marcello Azevedo montre que l'ecclésiologie «produite» dans les pratiques pastorales prend l'aspect d'une production d'abord et avant tout contextuelle:

> Dans cette problématique qui caractérise l'ecclésiologie en Amérique latine, l'Église n'est pas considérée comme étant seulement et primordialement une entité théorique qui peut être étudiée à partir de principes. Elle possède, c'est évident, des éléments qui peuvent et doivent être conceptualisés de manière essentielle et permanente. Mais ici, l'Église est abordée d'abord en fonction de sa mission, qui se réalisera dans, avec et sur des personnes et des situations définies et concrètes. De fait, l'Église, dans l'histoire, a toujours défini sa mission à partir de la manière dont elle se perçoit et se comprend elle-même[14].

La diversité des contextes qui sont le lieu des pratiques pastorales déterminent des ecclésiologies différentes, des langages divers sur l'Église. Cette diversité du propos théologique ne signifie pas qu'il soit impossible d'établir une unité de fond entre les diverses ecclésiologies. Les données de la Révélation permettent d'articuler cette diversité dans un tout organique. Mais la nature et la mission de l'Église ne se déduisent pas d'un seul modèle ou d'une seule image ecclésiologiques. Ni l'essence de l'Église ni son visage historique ne sont épuisés par une représentation. Aucune image ne peut prétendre offrir une définition de l'Église. La Bible et la patristique nous apprennent au contraire qu'il faut multiplier les images pour parvenir à rendre compte de la réalité totale[15]. Dans l'intervention pastorale, plusieurs ecclésiologies sont impliquées. Elles peuvent apparaître concurrentes: elles doivent surtout se situer comme complémentaires. La fixation sur une seule image de l'Église, y compris celle de peuple de Dieu, ou sur une seule notion théologique, ne peut traduire la richesse d'une réalité toujours en train de se faire et qui ne peut jamais être définitivement cernée. Les images bibliques de l'Église, telles que celle de peuple, corps, bercail, vigne, troupeau, temple, cité, maison, épouse, femme étrangère ou pécheresse, traduisent toutes une facette de l'expérience historique et concrète. Aucune de ces images n'est donnée d'avance comme exprimant toute la réalité de l'Église. Tirée de l'expérience, chacune d'elles a permis à la communauté rassemblée par la foi d'exprimer une prise de conscience existentielle et de se dire à elle-même. Le peuple de l'ancienne alliance a tiré de son expérience historique les images qui cherchaient à cerner sa réalité théologique: le royaume, la cité sainte, le temple étaient ses points de référence privilégiés. De même, le nouveau peuple messianique a cherché à se dire à travers les images du corps, de la vigne et de la maison. La multiplication des images a permis à la Tradition de ne pas s'enfermer dans une définition théorique ou dans une vision tronquée de l'Église et de son être dans le monde. L'expérience chrétienne elle-même a fait surgir des images plus proches de l'existence, ainsi par exemple l'Église comme famille de Dieu, l'Église servante et pauvre, l'Église messagère de salut.

Les distorsions observables entre le discours ecclésiologique et les pratiques de l'Église se révèlent fréquentes. Le problème majeur ne réside pas dans l'écart lui-même entre la définition théologique et la pratique, mais dans l'absence d'interaction qui permettrait de tenir un discours de foi sur l'Église à partir de sa réalité historico-empirique et de la lecture de ses pratiques. Il ne s'agit pas de trouver la meilleure définition de l'Église, mais de provoquer un mouvement d'aller et de retour entre l'agir de la communauté et ce qu'elle dit au sujet d'elle-même. Le langage théologique sur l'Église s'exprime au mieux, nous l'avons reconnu précédemment, avec des images tirées de la Tradition et de la lecture de l'expérience présente. Fixer une ecclésiologie abstraite, qui prétendrait être indépendante du temps et de l'espace, contredirait l'essence même de l'Église qui se confond avec sa mission évangélisatrice de libération des communautés humaines. L'Église en acte inspire une ecclésiologie contextuelle dans le sens où les conditionnements historiques et socioculturels ne peuvent être omis dans la réflexion que les théologiens font sur l'Église. Une telle ecclésiologie ne peut pas se définir simplement comme *mystico-théologique* ni strictement comme *socio-historique*, mais comme une ecclésiologie *contextuelle*.

L'ecclésiologie entre théologie systématique et théologie pratique

Tout en constituant un authentique domaine de la théologie, l'ecclésiologie se situe à un carrefour de la théologie et des sciences de la religion. Il est vrai que le vingtième siècle a marqué un progrès pour les études sur l'Église, les faisant passer d'un état pré-théologique à un statut véritablement théologique[16]. Mais il semble aussi qu'il faille poursuivre cette évolution vers un discours ecclésiologique capable de montrer le mystère de l'Église en itinérance dans l'histoire. D'une part, en effet, la société ecclésiale est une *réalité objective* dans l'histoire. Elle précède le croyant ontologiquement et c'est en elle que la Parole divine est reçue et transmise. Ainsi que le montre Leenhardt, l'Église est dotée d'un niveau d'objectivité que tout chrétien est appelé à reconnaître «comme ensemble d'êtres humains rattachés à une même tradition, qu'à son tour il est appelé à perpétuer dans le temps et à étendre dans l'espace[17]». En ce sens, l'Église est pleinement une réalité historique soumise aux contingences de toutes sortes. D'autre part, cette objectivité de l'Église recouvre aussi une *réalité théologique*. La réalité objective de l'Église inscrit dans l'histoire un projet de Dieu concernant le destin de l'homme. Le dessein divin de salut, manifesté dans l'histoire d'Israël et dans le fait du Christ, précède l'Église et lui donne existence. L'Église est l'incarnation du dessein rédempteur dans l'histoire. D'une part, elle est historique: elle est le peuple de Dieu en marche. D'autre part, elle est aussi mystère: elle est le corps mystique du Christ en voie de construction. C'est pourquoi on peut parler, au sujet de l'Église, d'une objectivité théologique ou ontologique et d'une objectivité socio-historique ou empirique. Le principal défi consiste à maintenir une relation entre l'aspect socio-historique et l'aspect théologique de l'Église. L'émergence de l'ecclésiologie à la jonction de la théologie systématique et des études pastorales apparaît comme une réponse à cette exigence épistémologique.

Les pratiques pastorales sont productrices d'ecclésiologies. À leur tour, les représentations de l'Église influencent l'action pastorale. Mais l'ecclésiologie n'appartient pas plus aux études pastorales qu'à la théologie systématique: elle se construit à partir de plusieurs langages. La théologie de l'Église se situe ainsi à un carrefour. Parce que la réalité ecclésiale est avant tout un instrument de la volonté divine, un témoignage matériel de la Parole rédemptrice adressée aux hommes, l'ecclésiologie est aussi théologie biblique. La communauté de foi étant *l'événement du Christ prolongé*, l'ecclésiologie se trouve proche de la christologie. Parce que la conscience ecclésiale cherche continuellement à saisir l'essence de l'Église, l'ecclésiologie touche également à la dogmatique. La société ecclésiale, dans son existence objective, devient aussi objet de l'histoire et de la sociologie. S'appliquant à une société humaine originale, l'«institution christo-apostolique[18]», l'ecclésiologie comporte un aspect de droit qu'envisage la science juridique. Parce que l'Église est une réalité en acte, une communauté évangélisatrice, les études pastorales se trouvent également en relation étroite avec l'ecclésiologie. L'objet des études pastorales porte en effet sur la mission de l'Église, ses acteurs, ses moyens, ses stratégies et les effets qu'elle produit. Parce que l'Église se définit par la mission, les études pastorales s'intéressent à ce qui constitue l'être même de cette Église. Dans l'exercice de sa mission pastorale, l'Église s'exprime et se pense par rapport à la diversité des contextes, des temps et des espaces socio-culturels. Ce qui se vit et se pense dans l'accomplissement de sa mission, en continuité avec la tradition christo-apostolique, fait partie de la définition théologique de l'Église. La théologie de l'Église doit ainsi prendre en compte ce qui se découvre dans l'intervention pastorale continue.

Si l'ecclésiologie et les études pastorales n'établissaient pas entre elles un rapport étroit, on aboutirait à une scission entre le discours de foi et les pratiques concrètes. Un discours théologique relatif à l'essence de l'Église doit porter simultanément sur son existence dans le monde. Il ne s'agit nullement d'absolutiser une forme ou l'autre d'accomplissement historique du groupe ecclésial. Les extériorisations de l'Église dans l'institution et dans ses pratiques pastorales sont toujours marquées par le contexte politico-socio-culturel du temps, mais c'est en elles qu'à chaque époque la Parole divine est transmise et reçue dans la foi. L'incarnation du projet de Dieu dans l'Église, comme dans l'histoire de l'Exode et comme dans l'événement du Christ, en soumet la réalisation aux contingences socio-historiques. La révélation et la réponse de foi ne s'inscrivent pas dans une autre sphère, plus haute, mais dans les aléas de l'unique histoire. Il devrait donc être possible, non seulement de dire l'Église, mais de la penser à partir des pratiques pastorales.

Nous pouvons donner un exemple de cette manière de penser l'Église. La réflexion pastorale, dans un contexte de post-chrétienté et de modernité, met beaucoup d'insistance sur la nouvelle évangélisation. Les interventions qui en découlent produisent l'image d'une Église évangélisatrice et missionnaire. Dans les pratiques pastorales, cette Église évangélisatrice ne s'exprimera pas seulement comme une éducatrice ou une «maîtresse de vérité», mais aussi comme une servante de l'humanité, une messagère offrant la parole de salut venant d'un Autre, une société pérégrinante se mettant au service de l'être humain et se portant au secours de l'homme blessé sur le bord de la route (Lc 10, 33). À leur tour, ces manières de se représenter l'Église vont se traduire dans les pratiques pastorales. Les pratiques évangélisatrices mettront moins l'accent sur des vérités extérieures à transmettre que sur l'accompagnement des personnes et des groupes humains en situation. L'évangélisation sera aussi regardée davantage comme un processus où la parole s'accompagne d'un témoignage *matériel*, celui de la communauté de foi sujet de pratiques libératrices et créatrice de communautés humaines. Le groupe ecclésial lui-même sera vu davantage comme instrumental, et non comme la fin de l'évangélisation, étant appelé à disparaître derrière l'Esprit de Dieu qui, à travers lui, rejoint l'humanité au point le plus secret de son être. L'existence de l'Église apparaît ainsi comme un langage. Elle est Parole de Dieu dans l'histoire, mais aussi parole humaine qui s'efface derrière Celui qui se révèle dans le cœur de l'être croyant. Dans ce contexte, les images privilégiées de l'Église devraient être celles de serviteur ayant fait son devoir (Lc 17, 7-10) et du Samaritain secourable[19]. Ainsi, les images de l'Église n'expriment pas simplement une lecture spirituelle de son existence, mais elles manifestent mieux qu'une définition abstraite la réalité multiforme et paradoxale de l'institution christo-apostolique.

Conclusion

Au terme de cette réflexion sur la situation de l'ecclésiologie dans les études pastorales, nous sommes en mesure de formuler certaines conclusions provisoires. Elles militent en faveur de l'émergence d'une ecclésiologie contextuelle, qui soit en liaison avec la réalité théologique, historique, pastorale, spirituelle et juridique de l'Église.

1. Dans le développement de la réflexion doctrinale sur l'Église, il n'est pas sans importance de savoir si l'accent est mis sur le plan juridique ou sur le plan théologique, sur l'élément spirituel ou sur l'élément socio-historique. L'ecclésiologie a cessé d'insister exclusivement sur l'aspect juridique, qui en faisait naguère une sorte de droit public ecclésiastique, pour devenir un traité systématique de théologie dogmatique. La théologie dogmatique ne peut rendre compte à elle seule de la réalité intégrale du groupe ecclésial, qui comporte un aspect extérieur soumis aux contingences humaines tout autant qu'un aspect intérieur défini par le coeur du mystère chrétien. *Tout en demeurant un discours théologique, l'ecclésiologie ne peut être réduite à un traité dogmatique fournissant la légitimation doctrinale de l'institution christo-apostolique.*

2. Si le droit canonique, au sein de l'ecclésiologie, doit occuper une fonction subordonnée et servante, le statut des études pastorales par rapport à la théologie de l'Église se présente d'une manière différente. On ne peut pas parler d'une subordination des études pastorales par rapport à l'ecclésiologie ni inversement. Entre les deux, s'effectue une interaction continue. Chercher à les dissocier équivaut à poser l'essence de l'Église hors de son existence. La communauté ecclésiale se réalise et prend conscience d'elle-même dans et par la mission pastorale qui est sa raison d'être au monde. Les études pastorales constituent donc un lieu important de production ecclésiologique, dans la mesure où les pratiques pastorales «produisent» un discours sur l'Église et un vécu ecclésial qui est lui-même langage sur l'Église. La réflexion systématique doit s'unir à une approche heuristique mettant en œuvre toutes les ressources de la *praxis*, de l'expérience. *La définition christo-apostolique doit inclure ce qui se vit et se pense dans l'exercice concret de sa mission pastorale.*

3. L'ecclésiologie, comme domaine de la théologie, se trouve en liaison avec plusieurs langages et diverses approches méthodologiques: le langage et la méthode de la dogmatique, de la sociologie, de l'histoire, de la science juridique et des études pastorales. Aucun de ces langages ne peut se prétendre exclusif des autres, mais ils doivent au contraire interagir pour exprimer en profondeur la réalité totale de l'Église. *Parce qu'elles se situent au carrefour de plusieurs langages en formant un champ d'étude inter-disciplinaire, les études pastorales apportent leur contribution originale pour faire naître une ecclésiologie contextuelle.*

4. Une ecclésiologie contextuelle ne contredit pas l'autre démarche qui vise à cerner ce qui fait l'essence de l'Église. En réalité, elle unit en une seule démarche l'approche théologique et l'approche socio-historique. L'essence se découvre dans l'existence: le chemin de l'Église, dans son élément ontologique, passe par l'expérience de réel. Les pratiques pastorales nouvelles ne réinventent pas à chaque fois la communauté ecclésiale mais «valorisent des éléments essentiels de l'identité de l'Église qui, dans la marche de l'histoire, s'étaient perdus, défigurés[20]». *Les ecclésiologies différentes qui peuvent naître de contextes diversifiées trouvent leur unité dans la structure essentielle de l'Église transmise par la Tradition apostolique[21]*.

Finalement, affirmer que l'ecclésiologie doit se trouver en liaison avec différents langages et divers lieux de production de ces langages équivaut à affirmer qu'aucune discipline de la théologie n'est close sur elle-même. Il faut se rappeler que, pendant le premier millénaire du christianisme, l'ecclésiologie ne constituait pas un chapitre à part de la théologie mais était traitée à partir de la vie et de la conscience ecclésiales, toujours en rapport avec le mystère rédempteur et l'expérience chrétienne, morale et spirituelle. La théologie du vingtième siècle, tout en acceptant de réfléchir sur l'Église d'une manière systématique, doit encore le faire en reliant le mystère de la communion ecclésiale à la totalité de la révélation créatrice et rédemptrice, qui est événement dans l'histoire. Or, la révélation divine se continue aujourd'hui dans les pratiques pastorales de l'Église, chemin de la Tradition vivante, toutes les fois que ces pratiques sont créatrices de communautés humaines libres dans le Christ.

Notes

1. Y. CONGAR, *Le concile de Vatican II. Son Église, peuple de Dieu et corps du Christ* (Paris, 1984) p. 8. Au sujet du concept de «hérarchologie», voir du même auteur, «Bulletin d'Ecclésiologie (1939-1946)» dans: *Rev. Sc. phil. théol* 31 (1947) 77-96. Ce mot a été souvent repris un peu partout pour désigner la prédominance du thème de l'Église-société hiérarchisée dans l'enseignement courant.

2. Le Père Congar a présenté une «Chronique de trente ans d'études ecclésiologiques» (1932-1962) dans son ouvrage *Sainte Église. Études et approches ecclésiologiques.* (Unam Sanctam 41, Paris, 1964 445-715, suivie d'une table des matières ecclésiologiques et des auteurs cités qui s'étend sur vingt pages.

3. R. HAIGHT, «Historical Ecclesiology. An Essay on Method in the Study of the Church», *Science et Esprit* 39 (1987) , 27-46. Tout en partageant largement les prémisses et les conclusions de cet essai sur la méthode appliquée à l'ecclésiologie, nous préférons élargir cette approche méthodologique à l'ensemble des sciences humaines qui s'intéressent au phénomène social de l'Église plutôt que de la restreindre à une ecclésiologie historique.

4. J.A. KOMONCHAK, «Ecclesiology and Social Theory: A Methodological Essay», *The Thomist* 45 (1981), 262-283; «History and Social Theory in Ecclesiology» dans: F. Lawrence éd., *Lonergan Workshop II* (Chico: Scholars Press, 1981) 1-53. J.M. Gustafson, *Treasure in Earthen Vessels: The Church as a Human Community* (New York: Harper and Brothers, 1961; Chicago: University of Chicago Press, 1976). R. Haight s'appuie aussi sur la dogmatique de F. Schleiermacher qui met en œuvre selon lui une telle méthode utilisant simultanément l'approche historique et l'approche théologique.

5. A. DULLES, «L'Église, sacrement et fondement de la foi» dans: R. Latourelle et G. O'Collins éd., *Problèmes et perspectives de théologie fondamentale* (Paris-Montréal, 1982) p. 347.

6. *Ibid.*, p. 349. Les principaux textes de M. Polyani sur la méthode heuristique, sur lesquels s'appuie A. Dulles, sont: *Personal Knowledge* (New York, 1964) 126-127; «The Creative Imagination», *Chemical and Engineering News* 44 (1966) 85-92.

7. H. KUNG, *L'Église* (Bruges, 1968) 23-49.

8. A. DULLES, *op.cit.*, p. 362.

9. H. KUNG, *op.cit.*, p. 31.

10. R. PAGE, *Les Églises particulières. Leurs structures de gouvernement selon le code de droit canonique de 1983*, t. 1. (Montréal, 1985) p. 11.

11. M. VIAU, *Introduction aux études pastorales* (Montréal-Paris, 1987) 92-93.

12. J.-G. NADEAU, «L'interaction entre ecclésiologie et pastorale. Un exemple: la pastorale de la prostitution» dans: R. Chagnon et M. Viau éd., *Etudes pastorales: pratiques et communautés* (Montréal, 1986) p. 147.

13. G. DEFOIS, «L'Église, acteur social» dans: J.-L. Monneron, M. Saudreau et alii, *L'Église: institution et foi* (Bruxelles, 1979) p. 59, montre la nécessaire articulation entre le travail du sociologue, le langage du théologien et les stratégies du pasteur.

14. M. AZEVEDO, *Communautés ecclésiales de base. L'enjeu d'une nouvelle manière d'être l'Église*, Paris, 1986, p. 174.

15. L'ouvrage de H. De LUBAC, *Paradoxe et mystère de l'Église* (Paris, 1967) explique cette idée fondamentale chez les Pères selon laquelle seul le foisonnement des images pour désigner l'Église peut en exprimer la réalité totale.

16. Y. CONGAR, *Le Concile de Vatican* II, 123-126.

17. F.-J. LEENHARDT, *L'Église. Questions aux protestants et aux catholiques* (Genève, 1978) p. 163.

18. L'expression «institution christo-apostolique» est empruntée à Pierre-André Liégé dans l'article «Place à l'institution dans l'Église» dans: *L'Église: institution et foi, op.cit.*

19. Cette image fut employés par Paul VI dans son homélie du 7 décembre 1965, *De fructibus a Concilio Vaticano II adlatis et adfuturis*, AAS 58 (1966) 51-59, reprise dans la *Documentation Catholique* 63 (1966) 59-66, sous le titre *La Valeur religieuse d'un Concile qui s'est occupé principalement de l'homme.*

20. M. AZEVEDO, *Communautés ecclésiales de base*, p. 195.

21. Le cadre de cet essai ne permet pas de développer cet aspect majeur du rapport entre une ecclésiologie fondamentale et des ecclésiologies contextuelles. L'une des caractéristiques de l'œuvre théologique de Henri de Lubac, dans ses travaux sur l'Église, consiste dans la recherche d'une structure ecclésiologique essentielle, capable d'accueillir ensuite divers langages sur l'Église. À ce sujet, voir notre ouvrage sur l'ecclésiologie dans l'œuvre de Henri de Lubac, *L'Église mystère de communion* (Montréal-Paris, 1988) 363-364.

Bibliographie

AZEVEDO, M., *Communautés ecclésiales de base. L'enjeu d'une nouvelle manière d'être l'Église*, Paris, Centurion, 1986, 236 p.

CONGAR, Y., *Le Concile de Vatican II, Son Église, peuple de Dieu et corps du Christ*, Paris, Beauchesne, 1984, 180 p.

CONGAR, Y., *Sainte Église, Études et approches ecclésiologiques*, Paris, Cerf, 1964. 715 p.

DULLES, A., «L'Église, sacrement et fondement de la foi» dans R. Latourelle et G. O'Collins éd., *Problèmes et perspectives de théologie fondamentale*, Paris-Tournai-Montréal, Desclée-Bellarmin, 1982, 343-363.

HAIGHT, R., «Historical Ecclesiology. An Essay on Method in the Study of the Church» dans: *Science et Esprit* 39 (1987) 27-46.

KOMONCHACK, J.A., «Ecclesiology and Social Theory: A Methodological Essay» dans: *The Thomist* 45 (1981) 262-283.

KUNG, H., *L'Église*, Bruges, Desclée de Brouwer, 1968, 703 p.

LEENHARDT, F.-J., *L'Église. Questions aux protestants et aux catholiques*, Genève, Labor et fides, 1978, 239 p.

LUBAC, H. de, *Paradoxe et Mystère de l'Église*, Paris, Aubier, 1967, 223 p.

MONNERON, J.-L. et alii, *L'Église: Institution et foi*, Bruxelles, Facultés universitaires Saint-Louis, 1979, 220 p.

NADEAU, J.-G., «L'interaction entre ecclésiologie et pastorale. Un exemple: la pastorale de la prostitution» dans: R. Chagnon et M. Viau éd., *Études pastorales: pratiques et communautés*, Montréal, Bellarmin, 1986, 147-166.

PAGE, R., *Les Églises particulières. Leurs structures de gouvernement selon le code de droit canonique de 1983*, Montréal, Éditions Paulines, 1985, 205 p.

PELCHAT, M., *L'Église mystère de communion. L'ecclésiologie dans l'œuvre de Henri de Lubac*, Montréal-Paris, Éditions Paulines-Médiaspaul, 1988, 395 p.

VIAU, M., *Introduction aux études pastorales*. Montréal-Paris, Éditions Paulines-Médiaspaul, 1987, 231 p.

Steven Plamondon

UNE MYSTIQUE CONJUGALE:
AB-JECTION, SÉDUCTION ET PRO-DUCTION

Résumé

L'ordre et la raison théologique sont trop souvent complices de
la raison sociale et de l'ordre symbolique. Ils se fondent et
originent de la même violence, de la même souffrance et du
même crime. Tous deux altèrent et mettent à mort le «soma», le
corps. Tous deux occultent la jouissance. Dans la sphère
théologique, on aboutit alors à la surenchère des mystères
douloureux et glorieux et à une méconnaissance des mystères
joyeux.

La mystique conjugale autorisant toute notre tradition de
vie religieuse vient alors introduire la jouissance dans l'ordre
théologique et l'ordre symbolique, la soustrayant ainsi à leurs
normes. La jouissance travaille, traverse et menace ces deux
ordres. La jouissance est capable de salut et sans doute est-elle
salutaire à la construction même de l'ordre théologique et de
l'ordre symbolique.

Fondements et méthodes ne peuvent alors qu'être
ébranlés, et ce particulièrement dans le champ d'une théologie
des pratiques.

«Hoc est corpus meum»

La femme et l'homme nus au pied de l'arbre de la co-naissance est l'icône inspiratrice et animatrice de cette recherche. C'est bien la pro-duction d'un corps conjugal, le procès de con-fusion et de transformation des altérités mâle et femelle, la pro-duction d'un corps familial aussi, de même que le corps ecclésial domestique que tentera de dé-marquer notre travail chercheur. C'est la quête et la production d'un corps qui nous travaillent, comme elles ont travaillé toute la mystique.

Dans toute son histoire, lorsque la mystique est contrainte à s'autoriser et à se fonder, elle se tourne d'emblée vers le Cantique des Cantiques de même que vers tout l'érotisme disséminé tout au long de notre corps scripturaire. Elle trace en pointillé le passage de la scène religieuse en scène amoureuse, d'une foi en une érotique; elle montre comment un corps touché et marqué (écrit) par l'autre tient lieu de la parole révélatrice[1]. Ce serait déjà un pléonasme en somme que de parler de mystique conjugale puisque la mystique, à sa racine, est nuptiale. Notre corps d'Écritures s'ouvre sur l'homme et la femme unis dans une même chair et se clôt de même dans la joie des noces de l'Époux et de l'Épouse. Cette connaissance et mystique conjugale est d'ailleurs bibliquement beaucoup plus importante que le lien paternel lui-même[2]. La nuptialité est pour ainsi dire la forme et le contenant de notre tradition de vie religieuse.

Dans notre optique, donc, ce n'est pas le corps scripturaire ou le corps de paroles qui autorise et fonde le corps conjugal et la mystique conjugale, mais bien la mystique et le corps conjugal qui autorise le corps d'Écritures et de paroles, tout comme il autorise et fonde d'ailleurs le corps ecclésial. Le corps eucharistique comme ré-union dans un même lieu, à la même table, au même pain et au même corps s'autorise de cette unité à la même chair. Le corps conjugal est ce tiers «oublié», méprisé et méconnu, occulté et tapi au tréfonds de la vie ecclésiale et qui est lieu de con-jonction du corps de paroles au corps eucharistique et ecclésial. Le corps conjugal est lieu radical de production de tous les corps. Lorsque le verbe, le logos ou le discours n'est plus articulé sur un corps, lorsqu'il occulte le lieu de production, la conjugalité résiste à nouveau parce que c'est d'abord elle qui souffre et qui est affectée par la lente disparition et l'absence du corps. Dans un élan qu'on peut vraiment qualifier de mystique elle con-joint l'homme et la femme créés à l'image de Dieu, le Verbe fait chair et la ré-surgence du corps; la conjugalité est archéo-logique et eschato-logique, à la jonction du corps manquant et du corps à venir. En ce sens, elle ne fait pas du corps une effectuation de la parole (comme dans la mystique eucharistique), mais elle abîme verbe dans la chair.

Nous vivons tous en économie d'incarnation; la chair et le corps est notre territoire commun. Vouloir traiter méthodologiquement le procès de production de ce corps, c'est en appeler à une bio-logique. Notre culture religieuse comme toute culture élabore un savoir sur les modalités de sa propre continuité et de sa propre production de corps, une pensée bio-logique en somme; c'est aussi cette bio-logique qui sert de modèle à la production et à la re-production de notre corps symbolique[3]. Vouloir aller au lieu instaurant et structurant, au lieu autorisant et fondateur, c'est en quelque sorte désenchanter tout langage et tout verbe et être ainsi renvoyé à la lisibilité de notre propre incarnation, notre propre inscription dans le corps et la chair. C'est en revenir au lieu fini par excellence qu'est le corps, car c'est le question centrale que nous pose notre corps que la mystique et particulièrement la mystique conjugale infinitise[4]. Ce type d'économie où le corps re-surgit du verbal indique clairement que si le christianisme a eu quelque chance d'opérer sa révolution symbolique, c'est précisément dans la mesure où il s'est fondé sur la production d'une sorte de bio-logique éternelle et immortelle[5].

Ce qui importe d'abord dans l'histoire, c'est la pro-duction des hommes et des femmes mêmes. Le corps conjugal est ce lieu de travail spécifique de pro-duction; c'est précisément dans le procès d'échange et de con-fusion des corps mâle et femelle que s'opère un tel travail. Tous nous appartenons à cette habitation dans le corps d'un autre et d'une autre, tous nous appartenons à cette trace et de cette inscription générante, ce géno-travail, cette géno-dépense. Toute re-génération sociale ou ecclésiale se fonde sur cette inscription générante, bio-logique.

Les mystères joyeux dans une église de chair:

un ab-ject comme lieu de pro-duction

et une théologie de la sé-duction

> «Je est je parce que j'aime».
> (Julia Kristéva)

Comme nous sommes ici dans le lieu de production d'un savoir théologique, il importe alors de s'interroger sur la validité théologique de notre entreprise. Thomas d'Aquin résume dans une interrogation suave l'ambiguïté de notre projet lorsqu'il se demande comment considérer comme productive de la grâce méritée par les souffrances du Christ une réalité marquée par le plaisir de la chair? Les mentalités religieuses ont eu beau subir des mutations inimaginées depuis cette époque, il n'en reste pas moins que notre christianisme reste entaché par la surenchère des mystères douloureux et glorieux et, en retour, par une mé-connaissance des mystères joyeux. Les doctrines du mépris du corps abondent dans la littérature théologique[6]. Le corps de plaisir ne serait pas tant un ob-jet de la théologie, mais plutôt son ab-jet par excellence; il nous semble ainsi justifié de présenter notre travail comme une théologie de l'ab-jection. Encore la théologie tolère-t-elle la mystique lorsqu'elle se donne à lire comme un pâtir et un souffrir du corps absent en manquant; elle lui est intolérable cependant quand elle se donne à lire comme un jouir dans la présence et l'expérience de corps de l'autre. Il appartiendrait à la vocation prophétique de la conjugalité d'assumer cette ab-jection comme son lieu spécifique de production.

Sans doute instaurons-nous ici une nette coupure dans la longue généa-logie célibataire et patrilinéaire du langage théologique. Peut-être est-ce découper un champ et un lieu post-théologique parce que radicalement laïc, caractérisé par le procès duel des altérités sexuelles et par un type de présence particulier et singulier à la femme et à la mère. Il faut la conjonction des deux, et les pratiques masculines et les pratiques féminines, pour que s'enfante l'autre scène du langage, l'autre du langage, le langage de l'autre. Ce sont des homophilies qui ont longtemps discouru, catégorié et logifié et ainsi surdéterminé les expériences de l'amour et de la connaissance. Ce sont des symboliques théologiennes et masculines qui ont fait de la venue du logos le mode de présence par excellence. Nous indiquons donc ce passage d'une généalogie célibataire à une généalogie conjugale où la re-naissance logique ne viendra plus dévaluer les privilèges de la naissance. Ici le corps n'obéit plus au discours, au logifiable et au nommable; il est lieu d'altérité de tout verbe. Il atteste d'une présence qui se dé-marque et se dé-tache du verbe. Cette présence dissemblable, c'est le corps lui-même, échappent au discours. Consécration corporelle et charnelle de tout acte de communier et de communiquer. Ici les aspects corporels, gestuels et sensoriels, les aspects circonstanciels importent; fondement palpable et sensible de toute signifiance. Le beau s'y substitue au vrai.

Instaurer une coupure dans le nommable et l'énonçable (les énoncés), c'est suggérer un déplacement du sujet, c'est indiquer le passage de l'«Ego cogito» à l'«Ego affectus est». Non pas le «je pense», le «je sais» ou le «je connais», mais le «je suis attiré, passionné», le «je sens», le «je suis affecté», le «je suis touché». Ce passage de l'énoncé et du nommé à l'énonciation s'est longtemps traduit par le divorce entre l'amour et la connaissance. Problématique du sujet (sub-jectum) et problématique de l'objet (ob-jectum) en serait sans doute la version contemporaine. Dans notre champ la question centrale est le procès de transformation du sujet par l'expérience de l'autre. Tout comme nous montrons que l'abjet (ab-jectum) instaure une érotique dans le champ de la connaissance, réclamant un autre statut de la langue scientifique, il importe de désigner le lieu de l'«Ego affectus est» comme champ de sé-duction (se-ducere). Affecter et être affecté, séduire et être séduit; être conduit à soi par l'expérience de l'autre, originer et naître de l'autre. La différence sexuelle découvre ici à nouveau sa pertinence méthodologique, pertinence à la fois théorique et pratique. Instauration d'un nouveau que le sujet, le je en procès d'altérité et d'altération, le «je est un autre» du procès amoureux, le je dans la place et l'espace de l'autre. Théologie de l'affect, des traces et des inscriptions affectives et corporelles, pourrait désigner ce travail de trans-formation, ce procès.

Attacher un tel poids au charnel et au corporel, au palpable, au gestuel et au sensoriel de la signifiance, c'est précisément opérer un travail d'altération dans les lieux et les institutions du sens et du signe. Différence corporelle par rapport à toute loi du nommé, l'homme et la femme comme sujets sexués, comme structures et systèmes ouverts, font éclater le contrat symbolique. Sans cesse ils font re-surgir du biologique dans la programmation et l'ordre signifiant; insurrection organique contra la maîtrise du signifiant, sorte de pratique dia-bolique dans l'espace sym-bolique. Les corps de plaisir excèdent toute représentation. Lieu et champ donc d'une critique et d'une dissolution du signe et substitution d'une problématique du travail, de la dépense et de la production à celle de la signification à décrypter et de l'interprétation. Production articulée et opérée par des corps et leur dépense. Histoire d'une production de corps propre à un milieu conjugal et à sa manière, son art de faire. Toute autorité se voit alors renvoyée à l'instance productrice elle-même.

Tel est notre corpus: à savoir un champ, un lieu ou un espace défini, délimité et démarqué par un singulier, un particulier et un propre, le corps conjugal, familial et domestique et la production d'un travail, d'une dépense, soumise à la régulation de cette instance territoriale. Pratique et connaissance d'un espace particulier et singulier, différent.

Sémiotique et praxéologie

«Le plus profond, c'est la peau».
(Paul Valéry)

Selon Gilles Deleuze, il se peut que la conquête des surfaces soit le plus grand effort de la vie psychique, dans la sexualité comme dans la pensée et que, dans le sens et dans le non-sens, le plus profond, c'est peu[7]. Une telle affirmation vient donc indiquer le lieu du procès duel de l'intériorité et de l'extériorité, de la profondeur et de la surface. Si le procès des apparences est un propre de la scène religieuse, favorisant en cela une marche et un retirement dans la profondeur et l'intériorité, la scène amoureuse se joue et s'opère quant à elle dans un arpentage maniéré des continents corporels, inventoriant tous les plis et les replis de l'extériorité et de la surface.

Dans cette «ob-scène», c'est la peau et le corps marqué et gravé, écrit par la peau et le corps de l'autre qui s'offre à la lecture; inscription et lecture charnelle, production effective, matérielle et corporelle. La première sémiotique, nous dit Julia Kristéva, est une sémiotique des actes et gestes du corps[8]. Le corps se voit formé et trans-formé dans cette pratique bien avant que l'intelligence en ait connaissance. Bien avant qu'il y ait intériorisation et re-présentation, il y a ce procès des inscriptions corporelles et affectives qu'on dit sémiotiques (du grec «sémeion»: trace, marque). Bien avant et bien plus loin que toute re-présentation de mots (signifiant) ou de choses (signifié), il y a ces marques et ces inscriptions primaires d'un processus bio-logique, ces liens entre nos zones érogènes et celles de l'autre, inscriptions tactiles, visuelles, sonores, olfactives, inscriptions de chaleur et de saveur. Problématique et ratio de la production, du corps et de sa dépense.

La praxéologie, à sa racine, indique et pointe ce même lieu de la dissipation et de la dépense des ressources bio-énergétiques du sujet en acte. Elle se fonde ainsi sur la production et le travail du corps. A l'instar de la sémiotique traitant des inscriptions corporelles et affectives, elle aborde l'acte comme trace, comme modification et transformation de l'environnement. Le sujet agissant sensualise, sensorialise et érotise son environnement en y gravant son passage et sa marque. Pour la praxéologie, c'est dans la nature même de cette trace que se différencient les actes. En cela, elle est une science de la forme, une science du contenant. Elle s'attache à «qualifier» les actes et non à en donner la signification. Ratio de la production et du travail donc.

Dans son effort pour qualifier la nature de l'inscription ou de la marque opérée par le sujet agissant dans le sensualisation, le sensorialisation et l'érotisation de l'environnement, la praxéologie délimite certaines lignes d'univers du sujet en acte en terme de coquilles. La première coquille qu'elle circonscrit est celle de sa limite et de sa démarcation biologique, à savoir la peau. La deuxième coquille est celle des actes et des gestes corporels immédiats, à savoir la bulle d'environnement propre ou unité véhiculaire. La troisième coquille est l'espace proche, à savoir la maison ou l'appartement. Dans la même foulée elle finit par étendre ces coquilles à l'espace social proche et lointain. Un certain réseau d'actes et de gestes est ainsi toujours associé à une certaine découpe des sens. La nature de ces traces gravées par le passage du sujet agissant sont ainsi tactiles, olfactives, sonores, visuelles, traces de chaleur et de saveur. Tout comme la sémiotique, elle renvoie au complexe sensoriel[9].

La sémiotique et la praxéologie délimitent donc ce même lieu de travail, de dépense et de perte bio-énergétique du sujet, zone érogène par excellence. Elles nous permettent alors de topographier le procès des sujets amoureux venant se fondre et se fusionner l'un à l'autre par les inscriptions con-fusionnelles des traces sensorielles, caractéristiques de ces coquilles primaires et premières que sont la peau et les gestes immédiats du corps. Les différentes coquilles du sujet s'emboîtent et rétroagissent les unes sur les autres; inutile de vouloir qualifier le procès des sujets dans l'espace social ou ecclésial proche et lointain avant d'avoir pointé ces coquilles du sujet qu'on peut dire radicales, à sa racine. C'est-là, croyons-nous une bio-logique. Si l'on peut parler de rationalité authentique, c'est bien dans ce lieu de construction et d'interrelation de tous les sens.

La peau et le toucher ne sont pas tant un sens particulier, mais bien lieu de l'interrelation de tous les sens. Pour Marshall McLuhan, il est le système nerveux externe du sujet[10]. Les autres sens ne sont que des pores dans ce sens premier. La peau et le toucher est précisément l'espace sacral que délimite en propre le corps conjugal; le corps familial et le corps domestique (la «domus») ne sont de la sorte qu'un prolongement et une extension de cet espace sacral primaire. Dans une extension plus lointaine Roland Barthes, au sommet de son œuvre et de sa vie, n'affirmait-il pas que le langage est une peau; je frotte ma peau à la peau de l'autre, corps commun du langage. Le verbal y apparaît alors comme une simple métaphore de la peau. Nous renvoyons donc à ce lieu fondateur. Tout tissu et tout corps social ou ecclésial n'est que prolongement ou extension de cette peau, de ce tissu et texte premier; ils n'en sont qu'une métaphore.

Oui, je le veux

Oui, je la veux

«Il n'y a eu en lui que oui».
(II Cor. 1,19)

L'acte instaurateur et l'origine de la limite de l'espace sacral conjugal, c'est un vouloir. Le «oui, je le veux» et le «oui, je la veux» du con-sentir conjugal délimite par un rituel religieux un espace consacré, une retraite, une réserve dans l'ensemble du territoire. Affirmer «oui, je le veux», «oui, je la veux», c'est une décharge, une surcharge de vouloir: un vouloir absolu. Il consiste à y investir tout son désir. Des sujets affectés («Ego affectus est»), passionnés l'un pour l'autre, affirment doublement leur vouloir commun. Ils marquent un commencement, une naissance au corps conjugal. Un consentement de vouloir spécifie l'espace de la mystique conjugale; il marque la force d'engagement et d'investissement des sujets dans leur désir de l'autre, car c'est bien l'autre qu'ils veulent. Peut-être est-ce là acte de renonciation à sa volonté propre pour épouser la volonté de l'autre, ne rien vouloir d'autre que l'autre.

Dans la série des verbes modaux (savoir, pouvoir, devoir et vouloir)[11] qui sont par excellence lieu de maximalisation de l'instance du sujet, ici tout savoir, tout devoir et tout pouvoir est soumis au «je le veux» et «je la veux» instaurateur; refuge du sujet et du je dans l'autre. Si un vouloir autorise un savoir, il y a donc détachement par rapport au contenu sur lequel reposent communément les décisions épistémologiques. Tout savoir et tout acquis viennent s'évanouir dans l'isolement du vouloir. Il y a cette nécessité première d'une coupure organisant la délimitation d'un lieu pour des pratiques singulières. Construire et produire une limite, élaborer un territoire, c'est la traduction d'une intention («intentio»), d'une force. La limite démarque non seulement un territoire, mais aussi des réservoirs; un territoire est donc un ensemble de ressources à la disposition de ceux qui l'ont délimité. La limite, en somme, est une aire d'autonomie.

Si l'instauration d'un lieu est acte de traduction d'une intention (un vouloir fondateur) et régulation de réservoirs, elle est aussi différenciation et relation. La disparition des différences, c'est la violence, la crise qu'on ne surmonte qu'en instaurant de nouvelles limites; l'indifférenciation, c'est le chaos. Instaurer une limite, c'est radicalement faire œuvre de différence et, re-faire la limite, c'est re-trouver le sens de la différence. Œuvre de relation enfin, car la communauté des territoires s'agit dans les relations d'échange, de collaboration ou d'opposition[12]. Églises différentes et gestion des différences.

Dans la sphère sémiotique, nous retenons comme fondateur l'investissement des sujets conjugaux de tout leur désir dans un vouloir de l'autre. C'est l'avènement d'un vouloir qui est régulateur des autres modalités; une force naissante autorise un pouvoir et un savoir: il autorise le discours. C'est un vouloir qui est l'apriori et non l'effet du discours; il est un acte hétérogène au discours qui va par la suite le produire. Ce vouloir absolu indique et montre le transit et le passage des sujets dans le discours. Les sujets sont le référentiel de tout énoncé. Le discours se métamorphose alors en récit de sa propre naissance: il est auto-biographique. Les sujets y sont l'articulation entre expérience et science. Dans un tel champ modal, le discours se fonde sur une expérience dans la production d'un croire alors que dans les institutions du sens le discours se fonde sur une croyance pour programmer une expérience[13]. Dans la communauté et la con-fusion d'un vouloir, le sujet parle dans la place, au lieu et au nom de l'autre; le sujet n'y est pas un propre, mais se dissout pour naître de l'autre. «Je n'étais pas avant toi, car tu m'enfantes dans l'élan même qui me fait t'engendrer».

Structure dialogale de l'altération que cette hospitalité constitutive de la mystique conjugale, hospitalité qui fait toute la place à l'autre. Roland Barthes qui a longtemps été travaillé par cette science de la perte du sujet disait œuvrer à la construction d'une science de la jouissance[14].

Dans la circonscription du champ mystique, Michel de Certeau ne notait-il pas qu'elle est un effet de la différence juive dans l'exercice d'une langue catholique[15]. La production du corps conjugal, familial et domestique s'appuie sur ces dimensions conjugale et familiale de la culture religieuse juive, écho amplifié de la «shékinah» (maison de peaux) vétéro-testamentaire et du «eskénosen» (habitation dans la chair) néo-testamentaire. L'appel historique majeur que constitue l'œuvre de ré-union de l'homme et de la femme, et ce non seulement dans leur esprit, mais au plus profond et à la surface de leur peau, de leur chair demeure un lieu de révélation, de dévoilement. C'est cet appel à la réunion des différences mâle et femelle qui a servi de schéma au mystère conjugal de Yahvé et du Peuple, du Christ et de l'Église. Elle a le goût et la saveur «des commencements» et de «la fin». Toute parole de Dieu n'est alors elle aussi que métaphore de la conjugalité.

Le corps conjugal, familial et domestique:

des postures passionnées de l'ori-fice

et de l'ori-gine

«Il aura fallu mon ordonnée
sur ton abcisse».

Au départ, au commencement, avons-nous dit, il y a cette coupure, cette re-traite dans le continent corporel conjugal, familial et domestique inaugurée par l'investissement de la totalité d'un désir, un vouloir absolu de l'autre. Si la limite du corps conjugal introduit à une modalité tout à fait spécifique du discours, nous avons tenu pourtant à indiquer qu'elle privilégie le con-sentir, la relation par rapport à tout énoncé ou toute proposition. Nous sommes travaillés non pas d'abord par le mode du discours ou du langage qu'elle autorise, mais par le corps qui y parle; c'est sa modalité d'actes et de gestes qui ici importe, un faire et un agir et non un savoir. Une forme et des circonstances et non des contenus.

C'est bien par son système de gestes qu'il est possible de définir les corps mâle et femelle constitutifs du corps conjugal. Plus radicalement, il dépendrait de la limite qu'on veut bien re-connaître au corps: où commence-t-il et où s'arrête-t-il? Question tout à fait pertinente dans la construction du corps conjugal. La culture biblique, à l'instar de nombreuses autres cultures, n'affirme-t-elle pas que tous nous sommes «chair et os les uns des autres», tous nous sommes un seul corps. Comme d'autres cultures, elle affirme que la nature elle-même est en «gémissement d'enfantement»; entre corps et nature, corps et matière, il y aurait parenté. Les hommes et les femmes ne seraient donc pas séparés de la nature et de la matière. La définition du corps serait aussi relative à la manière dont on le perçoit; l'atteint-on dans sa surface ou peut-on prétendre ouvrir et toucher son intérieur? Enfin un corps pourrait être défini par un développement particulier des sens, la construction d'un complexe sensoriel. Tout corps serait un mélange de l'ensemble de ces déterminants[16].

La singularité du corps conjugal nous amène à spécifier davantage chacun de ces déterminants. Nous parlerons de postures plutôt que de gestes ou d'actes. Il nous semble que c'est là une première façon de corporaliser au maximum le réseau conceptuel par lequel nous tentons de topographier le corps conjugal; il nous permet, croyons-nous, de serrer le corps de plus près. Bien entendu, l'on parle communément de postures amoureuses; cependant, c'est dans un sens plus global que nous l'utiliserons ici. Il nous paraît aller à la racine étymologique même du conjugal. Conjugal renvoie à con-yoga, un yoga commun, des postures partagées. Postures de ré-union des altérités corporelles dans le souffle vital commun. Insufflation créatrice de vie propre à de nombreuses cultures. Le souffle, selon la tradition hébraïque, est un élément femelle; il pointe un type de présence particulier à la femme et à la mère. Dans la parole théologienne masculine le souffle constitutif de toute voix en indiquerait donc l'altérité corporelle et femelle.

La limite du corps nous apparaît alors flottant. Dans le procès de perte et de dissolution du sujet dans l'autre, il nous semble impossible de saisir le corps si l'on ne tient pas compte de l'autre comme formateur. Nous avons déjà affirmé que tous nous appartenons à cette habitation dans le corps d'un autre et d'une autre. Le procès confusionnel propre à la construction du corps conjugal, familial et domestique induit à la potentialité transgressive du corps indivisible (individuel). Dans sa conception, sa formation et sa construction, le corps est un «dividu» plutôt qu'un «individu»; il est éparpillé, fracturé et divisé dans le corps des autres. Il appartient à un con-sentir, un consentement qui sans cesse le fait naître. Dans une sorte d'alchimie, sans cesse il se perd dans le corps des autres pour être rendu à lui-même. Permanente désintégration vers une intégration.

Mais perçoit-on alors le corps dans sa surface ou nous immisçons-nous indûment dans son intérieur, et du même coup dans une conception toute intériorisée du corps? Le corps conjugal est pratique passionnée de l'ori-fice et de l'ori-gine. Qu'il s'agisse du toucher amoureux, de l'accouplement, de la conception, de la grossesse, de l'accouchement, de l'allaitement et du nourrir, du laver, du vêtir ou du con-tact avec les enfants, c'est toujours l'ori-ficiel et l'ori-ginel qui est impliqué. Le travail d'inscription du corps dans le travail de transformation de la matière que suppose toute domesticité indique aussi ce même trou; lieu de con-fection de la nourriture qui assure au corps sa présence, mais en retour dé-fection. Le corps conjugal, familial et domestique est lieu de transgression de la dualité entre extérieur et intérieur du corps; libre circulation du dehors vers le dedans et du dedans vers le dehors. «Pâque» toute physique et toute charnelle, le corps conjugal est «passage», orifice du vivant. Peau, ombilic, bouche, anus, vagin, pénis, œil, oreille, nez, toujours il y va de la même passion pour le passage et l'orifice. Tout ce qui y entre, certes, mais de même tout ce qui en sort: sueur, odeur, saveur, déchets des oreilles, du nez, des yeux, de l'anus.

Cette passion de l'orifice introduit ainsi à une conception et une construction particulière du complexe sensoriel, et d'abord à l'importance de l'interrelation des sens dans la constitution du corps conjugal, familial et domestique. Nous avons affirmé que c'est la peau qui est l'espace sacral du corps conjugal: un con-tact. La peau, la tactilité est la trame, le cannevas de tous les autres sens: elle est suture et interrelation. Ce qui la caractérise, c'est sa qualité vibrante, résonnante. Elle est lieu de porosité par excellence, lieu de la circulation du dehors vers le dedans et du dedans vers le dehors. Les autres sens n'en sont que des porosités plus béantes; la rétine, le tympan, les papilles gustatives, le complexe percepteur et émetteur des saveurs, ne sont que des fragments, des éclats de peau, de tissu particulier. Le christianisme des symboliques théologiennes, célibataires et masculines a sur-abusé des fragments de peau que sont la rétine et le tympan en hypertrophiant l'écrit et la parole; il a hypnotisé les autres sens, il a «fait la peau» au corps. Le corps conjugal vient ainsi réveiller le corps de son hypnose et de son sommeil. S'il est un lieu d'ex-tase particulier à la mystique conjugale, c'est bien celui d'entrer dans la totalité de son corps et non d'en sortir.

Le joyeux arpentage des corps caractéristique des postures du toucher et du con-tact amoureux consiste en une inscription et une lecture des lignes, formes, plis et replis du continent corporel. Il est inscription et lecture comme toute charnelle de la peau de l'un sur la peau de l'autre. Il est réseau d'interrelation de saveurs, d'odeurs, de rétine, de tympan, de toucher venant s'écrire et se lire sur le corps de l'autre: traces d'inscription tactile, olfactive, auditive, visuelle, de saveur, de chaleur, de rythme. Inscription et lecture con-fusionnel, con-tact.

Les postures du con-tact amoureux et d'accouplement où le corps est rendu à toutes ses ouvertures, cette pratique sans cesse reprise où le corps dessine toutes les limites et les replis du corps de l'autre, a précisément potentialité de produire de l'autre. Dans les mêmes corps, il y a de l'autre. Cette écriture et ce dessin du corps, cette pratique orificielle, est la seule écriture capable de concevoir un autre corps et de l'inscrire dans l'existence. En cela elle est géno-écriture, géno-inscription, géno-texte de l'inscription d'un autre corps. Elle est géno-sacrement, sacrement de l'autre.

On peut ainsi étendre et donner toute son extension et son prolongement à cette inscription orificielle aux postures d'accoucher, d'allaiter et de nourrir, de laver, de nourrir la peau des enfants grâce au toucher; le corps s'inscrit de même dans le travail de transformation de la matière propre au corps domestique. L'énorme capital de temps et de capital affectif investi dans le travail du soin des orifices du corps et qu'on dit souvent servile se rattache à cette même passion pour l'orifice, cette même passion absolue pour l'autre.

Il s'agit sans doute là d'une pratique ou d'un exercice tout à fait corporel et physique de l'absolu. Le corps conjugal, familial et domestique a le Dieu de son occupation bien avant d'avoir celui de sa pré-occupation. Ce vouloir passionné de l'autre indique, croyons-nous, une voie de traverse particulière vers le Tout-Autre... ou le Rien-d'Autre («De non Aliud») comme le dirait Nicolas de Cuses.

Peut-être nous détachons-nous ici nettement de l'hypertrophie du voir et de l'optique qui semble faire la gloire de la science moderne. En se construisant un univers optique, l'on sépare des réalités qui articulent notre identité. Peut-être n'y atteint-elle que des corps de gloire. Nous indiquons, quant à nous, le lieu d'un con-tact, des corps de chair. Science et savoir, co-naissance qui ne serait pas anti-physiologique et anti-corporelle, une science de la jouissance.

Invocation

«Je ne crois pas à une philosophie non
érotique. Je ne me fie pas à une pensée
désexualisée». (Witold Gombrowicz)

Au nom des hommes et des pères, au nom des fils et des filles, et au nom des
femmes et des mères, car nul n'a accès au Verbe s'il n'est d'abord parlé par
la bouche ventrale, s'il ne passe d'abord par l'étroit passage où tout surgit et
re-surgit. Bénis soyez-vous pour le mystère de notre propre incarnation. «Je
te louerai car je suis terriblement et merveilleusement fait». Bénis soyez-vous
tous pour le sacrement de nos corps.

Lorsque l'état de vie, lorsque votre vocation vous conduit à dessiner,
à produire et faire des corps, à les toucher, les laver, les nourrir, les vêtir, il
advient le moment où le corps n'est plus un «objet»; il y devient au contraire
le sujet par excellence; vient le moment où nous sommes faits et travaillés
par le corps. Ce qui importe, c'est une manière de toucher les corps qui leur
permettra un accès moins difficile et moins douloureux à l'appel historique
majeur de réunion des hommes et des femmes dans leur chair.

Cette pédagogie corporelle est au fondement du mystère et du
sacrement. Elle est cultivée depuis des millénaires par les cultures religieuses
et les cultures festives. Elle pointe la présence du corps et de la matière à la
racine de tout verbe dans l'inscription sacramentaire. C'est le corps qui est
surface d'écriture en culture chrétienne c'est lui qui est biblique. Cette
pédagogie corporelle indique le lieu d'un décentrement joyeux dans la
surenchère du douloureux et de glorieux. Notre geste, notre posture
théologique est soudée et fusionnée au fondement générant du pré-verbal et
du trans-verbal dans toute religion du Verbe. La tentative éperdue de tout
Verbe est de pouvoir tout dire. Nous croyons, quant à nous, que l'essentiel
du Verbe ne se dit pas: il s'agit, il se corporalise. Au début était le Verbe et
Marie est sa mère.

Notes

1. Michel de Certeau, *La Fable mystique XVIe* et XVIIe siècle, Bibliothèque des Histoires, Paris, Gallimard, 1982, p. 12-13. Toute l'introduction est riche d'éléments suggérant ce passage d'une foi en une érotique.

2. Louis-Marie Chauvet, «Le mariage, un sacrement pas comme les autres», dans *La Maison-Dieu*, n° 127, 1976, p. 65.

3. Article «Corps», dans *Encyclopaedia Universalis*, Corpus 5, Paris, France, 1984, p. 548, Col. 2 et 3.

4. Michel de Certeau, *op. cit.*, p. 405.

5. Julia Kristeva, *Histoires d'amour*, Collection Folio/Essais. N° 24, Denoël, 1983, p. 314.

6. Stéven Plamondon, *Théologie domestique ou Pour une théologie vraiment sensible à l'écriture sur la matière et sur le corps en culture chrétienne*, Mémoire de Maîtrise, École des Gradués, Université Laval, Août 1985, p. 54-112: «Le corps en négatif ou La doctrine du mépris du monde».

7. Gilles Deleuze, *Logique du sens*, Éditions de Minuit, Paris, 1969.

8. Julia Kristeva, article «Sémiologie», dans *Encyclopaedia Universalis*, Corpus 16, Paris, France, 1985, p. 704, Col. 1.

9. On verra Abraham A. Moles et Elisabeth Rohmer, *Théorie des actes, Vers une écologie des actions*, Collection «Synthèses Contemporaines», Casterman, 1977, particulièrement les pages 71-89 et 135-137.

10. Marshall McLuhan, *La Galaxie Gutenberg, La genèse de l'homme typographique*, Éditions HMH, Montréal, 1968, p. 100.

11. Sur les modalités, on verra Jean-Claude Coquet, *Le discours et son sujet 1*, Essai de grammaire modale, Collection Sémiosis, Klincksieck, Paris, 1984, p. 84-153.

12. On verra Claude Raffestin, «Eléments pour une théorie de la frontière», dans *Diogène*, N° 134, Avril-Juin 1986, p. 3-21.

13. Michel de Certeau, *op. cit.*, p. 225-256.

14. Roland Barthes, Article «Théorie du texte», dans *Encyclopaedia Universalis*, Corpus 17, Paris, France, 1985, p. 1000, Col. 2.

15. Michel de Certeau, *op. cit.*, p. 40.

16. On verra «Histoires de corps», Entretien avec Michel de Certeau, dans *Esprit*, N° 62, Février 1982, p. 179-185.

Alejandro Rada-Donath

VERS LE DÉPASSEMENT
DE LA "THÉOLOGIE PHILOSOPHIQUE"
DANS LES ÉTUDES PASTORALES

MÉTHODE ET ÉTHIQUE
DES THÉOLOGIES PRATIQUES
ET DES ÉTUDES PASTORALES

Résumé

Le problème des études pastorales réside d'abord, selon notre hypothèse, dans la mentalité théologique, encore dominante, caractérisée pour être plus philosophique que scientifique. L'incompatibilité des théologies philosophiques devient manifeste quand au niveau des études pastorales le recours aux sciences devient nécessaire. Aujourd'hui, nous sommes arrivés à un point qu'on pourrait dire que la science a créé déjà son propre espace à l'intérieur de la théologie et d'une façon irréversible. La science est constamment normée par la présence du réel ce qui lui donne plus de chances de connaître les enjeux pascals qui sont les problèmes de l'heure. Malgré ses limites, la méthode scientifique semble la plus apte pour éclairer le présent et l'avenir de l'humanité. Une dernière barrière resterait encore à la théologie pour franchir définitivement le seuil de l'«ère scientifique»: dépasser la prédominance et les privilèges qu'elle donne à l'*interprétation* philosophique aux dépens de l'interprétation et des données des sciences. Cela signifie développer une véritable science (d'un point de vue de la méthode) théologique (d'un point de vue clairement chrétien).

Les études de Théologie Pratique ou des Sciences Pastorales relèvent d'épistémologies différentes et parfois contradictoires. Elles se trouvent entre deux feux: celui de la théologie et celui des sciences. Le problème des études pastorales réside d'abord, selon notre hypothèse, dans la mentalité théologique, encore dominante, caractérisé pour être plus philosophique que scientifique. Mais cette mentalité a pris du recul énormément dans notre siècle, grâce à une nouvelle orientation théologique plus scientifique que philosophique. Nous appellerons la première orientation: «théologie philosophique» et la seconde, faute de mieux: théologie «à caractère scientifique». Aucune des deux se trouve à l'état pur et elles ne le seront jamais non plus. Mais la théologie philosophique, qui a des droits millénaires au niveau de l'interprétation, domine cette théologie naissante et l'étouffe comme nouvelle approche spécifiquement théologique. L'incompatibilité devient manifeste et l'impasse apparaît claire quand le recours aux sciences devient nécessaire. La mentalité traditionnelle de la «théologie philosophique», dont nous sommes tous redevables, empêche les chercheurs d'avoir l'autonomie nécessaire à leur discipline. Tant que les «théologies philosophiques» auront épistémologiquement la main mise sur les «sciences» pastorales, il n'y aura que deux choix possibles:

1. S'incliner vers la complexité croissante et pluriforme des systèmes philosophiques interprétatifs qui régissent la théologie. La raison est claire: le domaine de l'interprétation théologique n'appartient pas aux disciplines pastorales et pratiques. Faute de compétence dans le domaine philosophique, elles seront toujours des disciplines de seconde qualité, soumises à la «théologie philosophique». Cette soumission les oblige à une cohabitation difficile avec la science dont les critères ne sont pas de caractère spéculatif. Ces nouvelles disciplines continuent ainsi irrémédiablement à juxtaposer les études pastorales et les sciences d'une façon parallèle.

2. L'autre choix serait un développement indépendant des études pastorales ou pratiques. Mais le choix des méthodes indépendantes de la théologie oblige la pastorale à tomber dans les bras des sciences. Leur dépendance devient similaire sinon pire que la première.

En somme, dès que l'on ne remet pas en question la «théologie philosophique» les dés sont lancés. Il n'y a pas moyen de se sortir du dilemme décrit. N'en est-il pas ainsi depuis la naissance de la recherche de l'action en théologie? Nous croyons que la solution théorique et pratique s'oriente dans le développement éclairé de la théologie «a caractère scientifique». Mais la réussite dépend de la thématisation autonome d'une méthode théologique scientifique capable de prendre la relève des spéculations philosophiques encore dominantes en théologie.

Notre communication[1] se veut un plaidoyer pour cette théologie naissante «à caractère scientifique». Obligée dans un premier temps à déblayer le chemin pour pouvoir le parcourir, cette communication ne pourra pas éviter d'entrer en polémique avec la «théologie philosophique». Le sujet est extrêmement délicat et complexe. Nous avons simplifié le langage épistémologique dans notre texte dans l'intention de faire plus compréhensible sa lecture. C'est préférable de prévenir le lecteur car les équivoques sont inévitables. Nous en sommes conscient et nous nous en excusons d'avance. Ce qui nous a poussé malgré tout à courir le risque de présenter ces quelques considérations sur les résultats de nos recherches encore en cours c'est l'avenir prometteur qui semble se dégager à l'horizon de cette approche pour les études pastorales et pour les pratiques. Voici notre parcours: Il nous semble que la théologie philosophique actuelle manque définitivement d'intelligence, donc d'intelligence théologique aussi (n° 1). Cette théologie n'a pas la méthode requise pour interpréter le présent (n° 2). Ce qui est plus grave, l'objet central du christianisme lui échappe (n° 3), entre autre, parce qu'elle est incapable de définir clairement ce qu'est la vérité (n° 4). C'est pour cela que nous croyons qu'une application specifique (et non quelconque) de la méthode scientifique à la théologie (n° 5) nous permettrait de sortir du cul-de-sac dans lequel la théologie philosophique nous a entraînés épistémologiquement (n° 6). L'encadrement de la «théologie à caractère scientifique» nous donnera plus de chance d'avoir une théologie qui sera pratique et pastorale par définition sans avoir besoin de la qualifier davantage (n° 7).

Le déclin de la «théologie philosophique»

A la recherche d'une foi «intelligente»

La science est aujourd'hui, culturellement, l'expression la plus haute de l'intelligence humaine, mais la foi décrite par la «théologie philosophique» est inconciliable avec cette intelligence. C'est le déséquilibre actuel d'un ancien paramètre. En effet, la foi, au temps de Thomas d'Aquin, était une interlocutrice intelligente et valable pour la culture de l'époque. L'expression la plus haute de l'intelligence humaine était la philosophie aristotélicienne, grande découverte pour le monde intellectuel de l'époque. L'homme cultivé et intelligent considérait la théologie comme une expression de l'intelligence à la recherche de la vérité. En effet, foi et intelligence allaient de pair. On peut parler de cette foi comme d'une foi culturellement «intelligente» parce que située au niveau le plus haut de l'intelligence humaine de son époque. Ce n'est pas le cas aujourd'hui semble-t-il. Un déséquilibre s'est installé dans l'ancienne formule d'Anselme de Çanterbury «fides quaerens intellectum» et «intellectus quaerens fidem²». Il faut reconnaître aujourd'hui que l'expressions culturellement la plus haute de l'intelligence de l'homme n'est plus la foi mais la science. Une affirmation du genre heurte notre esprit. Et pourtant c'est vrai. Cette situation est tout à fait cohérente avec les normes qui régissent l'héritage actuel de notre théologie philosophique. Celle-ci confirme quand elle considère que la connaissance de la foi n'est pas du tout de type scientifique. La foi, malgré tout le respect qui peut exister pour elle à notre époque, n'est pas perçue comme l'expression la plus haute de l'intelligence humaine. Si étonnante que puisse paraître cette affirmation, c'est un fait que la foi religieuse contemporaine n'est pas rangée culturellement parmi les choses appelées «intelligentes» comme c'était le cas à l'époque d'Anselme et de Thomas d'Aquin. Il suffit de lire les caractéristiques que les théologies philosophiques attribuent à la théologie et à la science pour comprendre leur incompatibilité. Faut-il s'étonner de la consolidation d'un divorce entre science et foi depuis plusieurs siècles? S'il en est vraiment ainsi, le paradoxe qui équilibrait foi-intelligence et intelligence-foi de notre cher évêque Anselme, a perdu toute sa proportionalité[3].

Il ne manquerait pas de commentaires sur les raisons historiques, d'ailleurs assez connues, qui nous ont amenés à une telle situation culturelle. Disons seulement, en passant, que la théologie depuis le XVIième siècle n'a pas cherché son «intelligence» dans la science mais ailleurs. Elle considérait toujours être en possession d'une vérité ou d'une valeur supérieure à toute intelligence humaine y inclus celle de la philosophie et de la science. Elle croyait pouvoir l'exprimer convenablement avec le langage philosophique par des raisons religieuses et par des raisons souvent très justes qui pointent sur les déficiences d'un domaine philosophique ou scientifique parfois scientiste et réducteur. La foi dont on parle a été absente de l'évolution de l'intelligence humaine qui se produisait au niveau scientifique pendant plus de quatre siècles. Le résultat est une foi culturellement reléguée au niveau des choses sans intelligences significative pour notre époque. Ce qui est étonnant aussi, et il faut le reconnaître honnêtement, c'est qu'il semble que l'histoire du passé ne nous a pas appris suffisamment sur cette affaire. La théologie, malgré sa sympathie pour les sciences de l'homme, continue encore à s'accrocher aux anciennes méthodes philosophiques au cœur même de son appareil conceptuel. Nous sommes rendus aujourd'hui à un point tel qu'il semblerait que la seule intelligence possible de la foi soit philosophique, jamais ou très douteusement scientifique, comme si la foi pouvait être seulement «philosophiquement» intelligente mais jamais «scientifiquement» intelligente. Une telle perspective semble théologiquement impensable.

Cela nous explique semble-t-il l'une des principales raisons du déclin historique et du compte à rebours de la «théologie philosophique». En tant que théologiens, nous sommes presque habitués à vivre dans ce déséquilibre stable bien cultivé. Il n'y a pas un questionnement assez vigoureux pour tenter de renverser les positions sur cette façon de voir la relation foi-science. Ce déséquilibre accommodé à l'intérieur de la théologie semble même avoir l'air fécond dans notre littérature théologique comme s'il était déjà une partie intégrante de notre tradition. Et pourtant, ce type de théologie philosophique a perdu, une à une, les batailles contre la science à partir du XVIième siècle. Mais elle ne semble pas pour autant reconnaître sa défaite même si la guerre semble tirée à sa fin. Il ne serait pas si difficile de démontrer comment le compte à rebours de ce type de conception de la foi et de sa théologie théoriquement et culturellement n'en a pas encore pour longtemps. La pénétration toujours croissante de la science dans la théologie pendant ce siècle en est une preuve des plus convaincantes. La science fait toujours ses preuves grâce à une validation externe de ses affirmations mais la «théologie philosophique» n'a pas de validation externe possible ce qui l'amène souvent à un subjectivisme culturel détaché des problèmes universels réels les plus criants de l'humanité. Tous les chercheurs ont la possibilité de vérifier les acquis d'une science par la même méthodologie scientifique. La théologie par contre se débat avec des *interprétations* différentes sur des sujets qui, à la limite, ne semblent avoir aucune possibilité d'être validés sinon par la pensée. Les résultats des recherches spécifiquement théologiques sont hors de la portée de tout contrôle *objectif* (dans le sens de critères externes) sauf au niveau de l'histoire du passé. Mais actuellement, il n'y a pas de critères de validation qui soient externes à l'*interprétation* théologique parce que celle-ci, dans la mentalité de la «théologie philosophique», se justifie par elle-même dans l'intériorité de la foi, don divin incontestable, ou dans l'intériorité de l'Église Institution (divine). Voilà la norme suprême. Ce type de foi n'as pas besoin, semblerait-il, de chercher sa fécondité ailleurs. Elle se suffit à elle-même. Sa théologie est indépendante de toute science qui ne soit intégrée à la même cohérence de cette foi. En paraphrasant Anselme nous pourrions conclure que dans ce déséquilibre, la foi qui cherche son intelligence est devenue le juge suprême de cette même intelligence qui cherche la foi. C'est une théologie sur la foi qui est juge et partie dans sa propre cause. N'est-elle pas un cercle vicieux? Tout cela est entré de telle manière dans les mœurs théologiques au point d'en faire souvent un paradoxe comme si on pouvait affirmer qu'un cercle carré en est un aussi. Le mot: «mystère» sera ajouté pour couronner ce cul-de-sac.

Un royaume de Dieu conjugué au passé

La théologie philosophique et sa foi culturelle, étant incapables d'avoir l'intelligence nécessaire pour lire les signes des temps des événements actuels finissent par conjuguer le Royaume de Dieu au passé. Dans cette optique, le Royaume de Dieu devient flou et insaisissable malgré qu'il soit «parmi nous». Il semblerait ainsi que le passé seulement nous parle de la réalité de son existence merveilleuse. Le «Royaume de Dieu» semble-t-il devrait être l'objectif ultime de la théologie et des sciences pastorales et pratiques. Il est certainement «parmi nous⁴». Pourtant, aujourd'hui, il est le plus souvent conjugué au passé. Quand le passé devient la preuve principale du présent c'est que le discours théologique a perdu sa boussole. La religion chrétienne et ainsi identifiée généralement par son caractère historique par rapport aux autres religions révélées. Cela se traduit au niveau des argumentations de la théologie, sauf quelques exceptions remarquables, par le retour aux origines qui remontent dans un passé où seulement l'érudition peut y pénétrer sans s'y égarer. Aujourd'hui, quand le moment de la preuve théologique arrive, donner un argument signifie généralement une relecture interprétative de l'Écriture, des Pères, des Conciles, du Magistère, en somme surtout un recours à la tradition ancrée dans le passé. Si nous enlevons des écrits théologiques tout ce qui regarde le recours au passé, sa nudité est déconcertante. C'est déjà banal en théologie, et surtout en théologie herméneutique, d'affirmer que c'est le présent qui donne de la valeur au passé. On affirme que la Bible n'est qu'un amas de signes privés de sens sans un lecteur, tel qu'un corps sans vie, si l'esprit ne le réanime pas. Mais on n'a pas soutiré encore toutes les conséquences épistémologiques de cette position et nous continuerons à affirmer la primauté du présent avec le recours au passé. C'est que peut-être la vraie réalité nous échappe. Dans notre pratique épistémologique de la théologie nous sommes renfermés dans notre passé malgré nos frappantes protestations sur la valeur eschatologique du présent. Pourtant, sans perception de la dynamique actuelle de l'histoire il n'y a pas d'histoire réelle présente et moins encore d'avenir prometteur.

Cela dit, il faut faire justice pourtant à l'énorme valeur qu'a signifié pour la théologie, le «retour aux sources» pendant ce siècle, et dont les bienfaits continuent à être toujours inestimables. Ce retour au passé était la seule façon qu'avaient les esprits libres pour montrer aux traditionalistes que leur traditionalisme n'appartenait pas à la tradition tant proclamée par eux-mêmes. Une vague énorme de chercheurs sont retournés «aux sources» avec le seul espoir d'un changement intellectuel possible et réaliste. C'est très compréhensible. La théologie de notre siècle, contrôlée par une culture ecclésiale axée sur la tradition, a été obligée de gagner sa liberté avec les arguments du passé mais au prix d'une politique de recherche théologique déséquilibrée. Pendant les six premières décennies de ce siècle, le passé était la seule arme capable de contourner avec sagesse ceux qui, attachés au pouvoir de la censure doctrinale, ne voulaient pas entendre les cris du présent. Il ne faut pas s'étonner alors de l'importance donnée dans la théologie de ce siècle au retour au passé. Les ressources humaines concentrées au «retour aux sources» ont été énormes. Faite avec l'intention de changer notre présent, cette politique a signifié un long et laborieux retour en arrière. Le voyage dans le passé a marqué tellement la production théologique et a absorbé tellement d'énergies humaines pour faire fonctionner techniquement «la machine du temps» que finalement la «présence du présent» s'est épuisée faute de ressources et de méthodes.

Paradoxalement, ce retour au passé, qui nous a réjouis par l'incroyable découverte d'un monde chrétien inconnu et libérateur nous a en même temps éloignés et distraits davantage du présent historique. La théologie savante d'aujourd'hui se trouve handicapée pour la lecture des événements de ce «présent historique». Ses méthodes sont devenues inaptes pour l'analyse du présent. Experte dans la lecture de la parole écrite du passé la théologie est allée à la recherche de la prédication adéquate pour retrouver la brébis perdue en exode toujours grandissant. Si la théologie n'est plus à la hauteur de notre culture actuelle, n'est-ce pas parce qu'elle continue toujours à être puissante dans ses méthodes d'analyse du passé mais faible dans ses instruments scientifiques face à la dynamique de l'histoire contemporaine? La dynamique du présent est souvent plus loin pour notre discours théologique que les événements des trois millénaires d'histoire humaine qui nous précèdent. Du point de vue de la rigourosité scientifique nous sommes plus informés dans le milieu théologique sur les écrits qui regardent le «Père Abraham» d'il y a presque 4.000 ans que sur la signification des événements du «présent historique» de l'humanité. Les moyens méthodologiques pour l'étude du passé, à la portée du théologien chercheur du XXième siècle, sont légion. Mais les méthodes théologiques dont a besoin un théologien pour comprendre le «présent historique» n'ont même pas encore été nommées. Il y a une distance méthodologique et psychologique avec le «présent historique» dont nous, théologiens, ne soupçonnons pas la grandeur. Il ne faut pas s'étonner d'une telle situation. L'histoire de la théologie de notre siècle est là pour nous l'expliquer. La théologie européene, la nôtre à sa suite, pour conquérir son présent a été obligée de marcher de l'avant pendant trois-quart de siècle en tenant toujours sa tête tournée en arrière. Mais si notre passé explique notre nudité actuelle face au «présent historique» il ne le justifie certainement plus à la veille du troisième millénaire «chrétien». Vérité de La Palice que l'histoire du passé soit du passé.

La Pâques semble se conjuguer seulement au présent

Pourtant la vraie Pâques du Christ semble très réelle parce qu'elle se déroule aujourd'hui dans le présent. Si le Royaume de Dieu n'est pas chose du passé, il n'y a pas de Royaume de Dieu valable sans conjuguer sa Pâques au présent. Dieu lui-même semble nous répéter parfois avec force et indignation: «Ecoute le sang de ton frère crier vers moi du sol![5]». Le plus grand péché de la théologie contemporaine semble-t-il est la banalisation et sa conséquente disqualification scientifique et philosophique que la théologie savante a fait de certains événements qui caractérisent notre présent historique de vie et mort dont sont témoins des multitudes d'êtres humains et d'églises particulières. Le problème de la vie et de la mort de l'homme a toujours été le problème fondamental de tous les hommes de tous les temps. Tout en affirmant que les problèmes de la théologie sont ceux de l'humanité, certains événements de vie et de mort collective, d'une évidence aveuglante, n'ont pas la place qu'ils méritent dans le sérieux de la réflexion théologique contemporaine. Aujourd'hui, l'homme regarde avec beaucoup plus d'attention les événements qui touchent l'humanité toute entière. L'un des plus frappants — et que nous prenons ici seulement comme illustration — est le processus de dégradation de la vie de millions d'êtres humains sous-développés, affamés et colonisés encore économiquement, technologiquement, juridiquement. La fin de notre millénaire (mois de 11 ans) nous attend avec un déséquilibre d'une ampleur qui nous effraie. Il ne s'agit plus du problème d'un hémisphère en retard ou encore de la relation inégale nord-sud même si tout cela peut bien être vrai. 92% de la population du globe se trouvera dans des pays où l'accélération de cette dégradation acquiert des proportions insoupçonnées. Par contre, 8% seulement de la population» mondiale habitera les 7 pays les plus riches que l'homme n'aura jamais vus sur terre et dont personne n'aurait pu s'imaginer de semblables richesses en technologie, loisir, intelligence et pouvoir de domination sur la planète et sur l'espace sidéral qui l'entoure. Des idéologies tiermondistes remplies parfois de bonnes intentions, nous ont caché pendant longtemps qu'il ne s'agissait pas d'un problème de sous-développement ou de manque d'aide charitable. L'échec final du développement international et les données des sciences anthropologiques, économiques, sociales et politiques nous ont dévoilé une toute autre réalité. Il s'agit d'un problème qui affecte en profondeur l'histoire même de l'évolution de l'homme et de l'humanité tout entière et qui relève de la structure du comportement de l'homme dans la civilisation et la culture contemporaine.

Et pourtant cet appel reste marginal à l'objet et à la méthode de la théologie savante. Comme tant d'autres problèmes d'importance similaire pour l'humanité, ces problèmes finissent souvent par se noyer dans une pluralité verbale de commentaires avec très peu ou sans aucune incidence pour la vie réelle. «C'est l'affaire des théologiens tiermondistes», dira-t-on, «une question de charité» ou tout au plus de «pastorale». Mais les arguments pour justifier l'absence de la théologie savante dans ces questions résonnent «comme une cymbale qui retentit[6]». C'est peut-être pour cela qu'ils ne prennent jamais les devants de la scène aujourd'hui. Ces théologies résonnent à l'unisson avec ces discours où le référent réel disparaît dans l'académisme d'un métalangage de la modernité et de la soit disant postmodernité impuissante pour saisir le problème de l'heure. Faute d'intérêt, ce présent historique meurt exsangue sur la table d'opération intellectualiste. N'est-ce pas ainsi que, ignorantes de leur présent historique, les théologies byzantines et scolastiques sont mortes? Y-a-t-il un événement plus réel pour un homme, une femme, ou une population que sa vie et sa mort? Et pourtant, la vie et la mort des êtres humains dont l'évangile appelle «nos frères», ne semblent pas être habituellement au cœur de notre théologie. Leur présence apparaît souvent dans un contexte où la théologie se dégrade pour remuer les cendres qui couvrent le moralisme restant de notre conscience. Dans notre discours théologique rigoureux et sérieux — qualifié de conscient et critique! — ces frères continuent à être ce qu'ils sont dans leur réalité: des marginaux. Nos frères opprimés ou mourants par millions n'ont pas de place dans le sérieux (?) de ce discours sur l'histoire du salut. Et malgré cela cette histoire du salut a belle et bien sa place dans notre académisme pour parler des vivants et des morts bibliques d'antan. Pourtant, eux-ci, étant depuis deux mille ans et plus sous terre, n'ont plus besoin d'un bon samaritain. Mais ces hommes, ces femmes, ces enfants aujourd'hui, vivant et mourant, «nos frères et sœurs», ne sont-il pas plus interpelants pour nous que ces morts réanimés dans notre «mémoire» par la reconstruction théologique? Ne sont-ils pas aussi réels et encore davantage? Ne faut-il pas «laisser les morts ensevelir leurs morts»[7] quand il s'agit de faire vivre les vivants?

Si tout cela n'a pas de signification bouleversante pour la théologie contemporaine, il faudrait s'en inquiéter. C'est un fait que les problèmes qui préoccupent l'humanité d'aujourd'hui ne font pas le poids devant une foule de préoccupations internes de notre théologie. La théologie philosophique est impuissante pour les aborder équitablement avec ses instruments d'analyse. Ceux qui regardent dans une perspective plus évangélique cette «foule nombreuse» sont «pris aux entrailles»[8] comme Jésus. C'est la vie d'une multitude d'enfants qui ne sont pas les nombres anonymes d'une froide statistique mais qui avec leur propre nom sont arrachés des bras de leurs parents qui les aiment profondément et dont leur richesse n'est rien d'autre que leurs propres fils, frères et sœurs eux aussi guettés par la mort collective. Ce souci est-il autre chose qu'une pulsion viscérale résultat d'un contexte culturel donné, certainement digne de la plus grande compréhension, mais sans aucune pertinence dans le contexte du sérieux théologique?

Le vrai et le faux parmi les théologies

Il ne faut pas s'étonner si à nos questions sur les grands problèmes actuels de l'humanité certaines théologies nous répètent la réponse de Caïn: «je ne sais pas»[9]. Même si un théologien est pris lui aussi «aux entrailles» comme Jésus, professionnellement, le problème le dépasse largement. Il a des méthodes théologiques excellentes mais pour d'autres objectifs. En effet, les problèmes de vie et de mort de nos frères et soeurs, géographiquement situés dans l'espace et temporellement présents aujourd'hui, ne semblent pas appartenir, au moins à première vue, ni à la méthode ni à l'objet scientifique de la discipline théologique savante de notre siècle. Il est tout simplement, dira-t-on, d'une autre nature. Une telle question est «exotique» et étrangère à un appareillage méthodologique typique à cette théologie trop philosophique. Nous pourrions obtenir comme grande concession d'en faire un thème à discuter théologiquement mais difficilement une méthode à questionner évangéliquement. Le sujet en cause pourra obtenir la reconnaissance bienveillante de quelques théologiens qui font autorité par leur réputation savante. La question pourra aussi obtenir le seau d'une motivation «intime» du théologien en tant que sujet témoin de sa foi corroborée par le sentiment profond de détresse d'un Pape pour l'humanité souffrante. On arrive parfois à créer une discipline auxiliaire, et ce qui est encore plus, à la reléguer à la théologie d'un continent entier et que l'on respecte. Ainsi, tout au plus, on développera quelques théologies spécifiques en tant que «Théologie de... » comme on en a eu tellement dans ce siècle. Même les théologies soi-disant du «tiers monde», beaucoup plus centrées sur nos frères que les théologies philosophiques typiquement savantes, reconnaissent qu'elles doivent juxtaposer des méthodes théologiques, philosophiques et scientifiques souvent empruntées et inaptes pour s'approcher de leur réalité nouvelle. Mais la vie et la mort de nos frères et sœurs ne rejoignent le rôle, la fonction ou la nature philosophique, scientifique, méthodologique de la théologie comme partie essentielle d'un discours rigoureux.

Ainsi, des vérités évangéliques qui nous crèvent les yeux, ne s'encadrent pas dans ce système. Des faits brutaux, géographiquement grands comme la terre et immenses comme l'humanité, sont voilés par le «conflit des interprétations». Même si on réussit à exiger que la préoccupation de la vie et de la mort de nos frères et sœurs soit dans tout arrière plan de toute théologie, cela ne suffirait pas. La pratique de la théologie, le lieu où elle est faite, est plus déterminante parfois que les meilleures intentions intellectuelles, théologiques ou scientifiques de ses protagonistes. Et ces bonnes intentions peuvent paradoxalement cohabiter avec la mort de ses frères et sœurs. Dans l'histoire du passé, les croisades, les guerres «saintes», la «sainte» inquisition... il y a trop d'exemples à citer. Mais malheureusement, il y en a surtout aujourd'hui. Dans ces faits, il y a quelque chose de théologiquement troublant: au nom de la foi, de Dieu, et même de l'amour à la vérité et de l'amour au prochain, des interprétations différentes amènent à des positions contradictoires. Le mirage des interprétations, justifié au nom de ce que l'on pourrait appelé «le mythe du progrès de l'esprit», nous paralyse. Les «conflits d'interprétations» théologiques comportent des complicités d'oppression socio-économiques et politico-économiques et politico-culturelles à différents niveaux. Si nous voulons concrétiser avec les cas les plus visibles, il y a des cas exemplaires. Dans certains pays, des ministres de la foi chrétienne s'empressent de rassurer la foi des bourreaux en leur disant: «Il est de votre intérêt qu'un seul homme meure pour le peuple, plutôt que toute la nation périsse[10]». Et ils se sentent unis à la même église, à la même foi des autres églises chrétiennes dans le monde y inclus celle que nous reconnaissons comme la nôtre. Tout cela ne se retrouve pas seulement d'une façon si explicite comme dans le cas que nous venons de citer mais aussi dans les différentes formes de morts cachées, qui dans l'organisation de notre société, sont le fruit de l'omission: la mort de beaucoup de jeunes par l'épidémie du suicide; l'esclavage d'esprit souvent déguisé des femmes et des hommes; la fuite de multitudes dans l'alcool, la drogue, la consommation; la condamnation de nos vieillards à la nuit de la solitude et de l'oubli... toutes des situations de mort de frères et sœurs proches de nous.

Nous ne pouvons pas malheureusement attendre trop de secours de la «théologie philosophique» pour trancher les «conflits des interprétations» sur ces questions parce que cette théologie est encore aux prises avec les problèmes d'une modernité philosophique décadente où le problème de la vérité est réduit épistémologiquement au sujet philosophique et à l'axe de la foi individuelle. Ce n'est rien de moins que la simplicité de la vérité chrétienne, semble-t-il qui nous échappe. C'est que la préoccupation herméneutique de la théologie savante, cherchant à s'affranchir la culture dogmatique de la vérité, a mis ses nuances et aussi ses doutes à la racine même des conditions de possibilité de la connaissance certaine de la vérité. Elle essaie de la replacer au niveau du langage comme fondement d'une certitude originaire. Mais malgré ses efforts, cette philosophie théologique ne s'est pas encore remise de sa crise de vérité. Celle-ci se trouve questionnée herméneutiquement. Il faut dire qu'en réalité, ceux qui questionnent de cette manière la vérité, ne le font pas avec les yeux fixés sur les grands problèmes de l'humanité mais plutôt autour de l'interprétation de certains thèmes de la philosophie et de la science de la modernité, sujets tout à fait spécifiques de la théologie philosophique. Leur préoccupation principale n'est pas le présent historique mais plutôt une expérience très particulière de la pensée philosophique. Il s'agit de l'expérience herméneutique du sujet. Son origine remonte à la phénoménologie philosophique et ses conclusions amènent à des applications théologiques dans la lecture herméneutique existentielle des textes, en particulier de l'Écriture. Mais voilà que le problème de la vérité dans cette théologie reste un problème intellectuellement philosophique. À tout cela il faut ajouter que nous entendons dire souvent et avec insistance qu'il n'y a pas de théologie valable si elle est dégagée de son historicité; que la pluralité d'interprétations théologiques va de pair avec les milieux culturels respectifs; que l'universel en théologie est dépassé dans la mesure qu'il est assimilé à l'ordre de l'abstraction. La question ici n'est pas dans ce que l'on affirme en soi, mais dans ce qui est laissé de côté. Ce qui en résulte dans la pratique c'est une nouvelle absolutisation dans ce qui est dit. Les conséquences pour les problèmes intellectuels de la vérité sont d'une portée inouïe parce qu'il n'y a pas moyen de dire la vérité d'une seule manière. Cohérentes avec le contexte décrit, il y a autant de méthodes justifiées en théologie que les philosophies impliquées. Cela veut dire que même si on nie théoriquement le relativisme de la vérité, aux effets pratiques, toute interprétation plausible peut devenir valable. «Que votre oui soit oui et votre non, non»[11] de l'évangile est extrêmement difficile à repérer sinon impossible. Nous aurons des interprétations différentes sans beaucoup de chances de trouver le critère commun pour déceler, quand cela sera le cas, la vérité... s'il y en a une. Toute proportion gardée, si quelqu'un questionne certaines théologies philosophiques actuelles sur la place de la vie concrète et de la mort crucifiée de nos frères, celui-ci risque d'avoir la réponse que l'on a donnée à quelqu'un qui, à l'époque des Romains, parlait de vérité: «Pilate lui dit: «qu'est-ce que la vérité?»[12]. Le déséquilibre de l'ancien paramètre d'Anselme s'est rendu loin! Même si nous voulons puiser dans la supposée unité de la foi religieuse souvent proclamée comme bouée de sauvetage nous ne pourrons pas non plus aller trop loin. En effet, la théologie basée sur l'expérience de foi, fait corps avec l'historicité de sa culture pluraliste. La situation apparaît sans issue parce que la relation entre culture et religion est considérée comme condition de réalisme en opposition aux abstractions d'une foi religieuse — dit-on — désincarnée parce que considérée existant nulle part. C'est pour cela qu'aujourd'hui, ce n'est pas nécessaire de faire une grande recherche pour retrouver des propositions contradictoires parmi des théologiens qui vivent sous un même toît confessionnellement catholique ou protestant mais appartenant à des cultures ou à des philosophies différentes. Où est-il le critère théologique du discernement quand les interprétations semblent prendre le dessus sur la vérité? «Qui n'est pas avec moi est contre moi; qui ne rassemble pas dissipe»[13]. Où sont-ils donc les critères de discernement? Comment pouvons-nous connaître avec certitude si nous sommes «avec lui ou contre lui»?[14]. La théologie est-elle apte à nous éclairer sur la réalité de la Pâques d'aujourd'hui? La mort de nos frères les hommes: est-elle une composante réelle de la Pâques pour la théologie? Disons plutôt: pour quelle théologie?

L'essor de la théologie «à caractère scientifique»

Une théologie au sens plus strict de science

C'est avec le développement d'une méthode scientifique au sens strict du mot que nous pourrons trouver en théologie, à notre avis, des critères moins arbitraires pour juger de la réalité de certaines interprétations théologiques. Si nous ne pouvons pas nous éclairer sur la véracité ou la fausseté de certaines interprétations avancées par les théologies philosophiques nous pouvons toujours essayer de le faire à travers la création d'un moyen de vérification scientifique. Rien de nouveau. Cette démarche est déjà à l'œuvre depuis longtemps dans plusieurs disciplines théologiques de ce siècle. Cela ne veut pas dire qu'il faut exclure la dimension de sagesse traditionnellement attribuée à la pensée philosophique par la théologie. Cette sagesse, loin de disparaître, devrait en sortir fortifiée. Cela ne signifie pas assimiler la science avec la techno-science ou le scientisme. Il ne s'agit pas non plus d'accepter sans réserve les orientations de l'actuelle civilisation industrielle (et post-industrielle) mais de viser sa dimension culturelle. Il y a des cultures qui continuent à survoler l'une après l'autre plusieurs civilisations qui disparaissent. Nous constatons cela déjà clairement pour la culture scientifique. Nous ne pouvons pas en dire autant des philosophies et de leurs théologies. N'est-ce pas cela d'ailleurs qu'a fait la science en Occident à partir du XVIième siècle? La pénétration de la science dans la cosmologie biblique d'abord et dans la philosophie moderne par après est une conquête continuelle des champs de connaissance appartenant traditionnellement jusque là à la théologie et à la philosophie. La philosophie ne se réduit-elle pas aujourd'hui de plus en plus à l'opinion de penseurs individuels qui ne vont pas plus loin que la valeur d'une opinion respectable? Et on peut en dire autant des théologies philosophiques par rapport à l'approche scientifique. Les théologies philosophiques se situent dans le domaine des opinions respectables mais soumises à l'arbitraire. D'ailleurs la philosophie a déjà renoncé à rejoindre le réel et n'ose plus le nommer. Et quand on ose le nommer il n'y a pas deux philosophes qui soient d'accord. La théologie philosophique pour sa part, toujours à la suite des philosophies, a fini par confiner culturellement la théologie à l'intérieur des églises. La crédibilité de la théologie en dehors de notre milieu théologique se retrouve pratiquement sans autonomie propre et reliée étroitement à la crédibilité de l'autorité ecclésiastique. La théologie n'est appréciée que comme une opinion respectable, dans ce cas non individuelle mais institutionnelle.

C'est pour cela qu'il y a une première tâche urgente à remplir si nous croyons que la théologie a quelque chose à dire dans une culture scientifique qui semble survoler le temps: faire le tri, dans la pratique actuelle de la théologie, entre sa dimension scientifique et sa dimension philosophique. La valeur de la science du point de vue de la vérité est celle d'un contrôle objectif (dans le sens de «non arbitraire») qui dépasse l'opinion. La question se pose donc sur la possibilité d'un savoir satisfaisant sur certains aspects du réel qui sont spécifiquement impliqués dans la théologie. Mais une barrière infranchissable apparaît dans la position intransigeante des «théologies philosophiques» qui pourtant se présentent toujours sous l'étiquette de l'ouverture d'esprit et de l'amour à l'humanité. S'il y a un point sur lequel elles sont toutes d'accord, c'est de ne pas se soumettre — au nom de la supériorité de la philosophie sur la science — à aucun contrôle qui ne soit celui de leurs propres critères philosophiques sur la foi religieuse. Elles croient avoir leurs raisons valables. Mais quand nous examinons ces raisons «à leurs fruits pour les reconnaître»[15] et nous regardons sans parti-pris la situation des théologies philosophiques contemporaines, le panorama n'est guère encourageant. Il est similaire à celui d'une ancienne ville qu'on nomma «Babel, car c'est là que Yahvé confondit les langages de tous»[16]. En théologie, affirme la théologie philosophique, l'interprétation ne peut pas être vérifiée par des critères externes parce que, dira-t-on, elle est basée sur l'intériorité de la foi, don divin insaisissable scientifiquement. La foi est inaccessible par la science, affirme la théologie philosophique sans vacillation, sauf si la science en question, telle que nous l'avons déjà remarquée, est soumise d'abord à la cohérence de la foi. Ainsi cette foi devient toujours la norme préalable de l'intelligence de la foi. Le cercle est fermé. Il est infranchissable. La question semble clause, définitivement clause, évoquant parfois le nom de Dieu, de sa révélation, de l'universalité de l'Église et ainsi de suite. Pourtant cette foi, nous le savons aujourd'hui mieux que jamais, répond à un type très particulier de religion et de la foi «chrétienne» de notre époque. Il est possible de confirmer cela grâce au chemin qui mène à une recherche plus «objective», c'est-à-dire à une démarche capable de se soumettre à des critères externes. Nous n'avons rien dit de nouveau dans tout cela parce que la foi a toujours été soumise à des critères externes de validation surtout à celui de l'Église quand celle-ci répond à certaines caractéristiques. Objectivité, il va sans dire, n'est pas synonyme d'objectivisme. Nous n'ignorons pas l'objectivisme scientiste qui a coloré la science de positivisme, de rationalisme et même de dogmatisme déguisé encore aujourd'hui en idéologie progressiste qui méconnaît la participation du sujet dans la recherche et pour qui le type exemplaire de science est celui des sciences de la nature de type cosmologique. Nous comprenons très bien pourquoi le niveau de culture scientifique de la théologie philosophique reste encore au même niveau qu'à l'époque de la réaction contre l'objectivisme naturaliste grecque repris par la néoscolastique et l'empirisme scientifique. Pourtant, malgré les restrictions qui sont propres à toute connaissance scientifique, nous croyons que l'approche de la science dépasse de loin au moins les interprétations des théologies philosophiques qui se considèrent les juges suprêmes de la science et ne sont pas près à soumettre leur conception de la foi religieuse au tamis de la critique externe. Ajoutons qu'on peut très bien comprendre aussi pourquoi les religions semblent se marier plus facilement avec les philosophies qu'avec la science. Pourtant une chose semblerait historiquement acquise. Une religion peut protéger la philosophie qui fait son affaire ou l'adapter à la culture pour survivre. Mais les temps sont révolus et si une religion peut choisir sa philosophie elle ne peut plus subjuguer la science.

S'il en est ainsi, «... combien étroite est la porte... [17]» La théologie est obligée de choisir «le chemin étroit qui mène à la vie»[18] pour dépasser l'arbitraire des interprétations. En effet, si nous voulons développer une véritable «science» théologique nous ne pourrons pas nous appuyer d'abord ni sur des arguments d'autorité, ni sur la tradition, ni sur la Bible. Nous ne pourrons pas non plus chercher l'appui d'une révélation comme source acquise d'avance. Dieu ne pourra pas non plus être «postulé» par une foi qui ne soit pas soumise aux tamis de la science. La foi culturellement religieuse si souvent considérée comme l'axe central de toute théologie ne peut pas non plus constituer le pilier d'une démarche telle que véhiculée par la théologie philosophique. Il n'y a aucun doute que nous avons besoin aussi de critères suffisamment objectifs pour discerner si la théologie «à caractère scientifique» que nous voulons développer devient vraiment une démarche scientifique renouvelée ou si à toute fin pratique elle ne reste rien d'autre qu'un retour à un criticisme stérile. C'est pour cela que cette façon de faire de la théologie doit être précise dans l'objectif de son projet scientifique et avec la possibilité de vérifier ses effets. Et tout cela sans reprendre les chemins battus des sciences religieuses, ni de la phénoménologie de la religion ni de la philosophie de la modernité, mais celui de cette théologie «à caractère scientifique» qui commence à s'amorcer à partir du commencement de notre siècle. Donc, pas d'autres moyens que ceux qu'a la science avec les contraintes qui lui sont propres, mais aussi avec tous ses avantages.

Ces propos peuvent avoir l'air bizarre dans un contexte où la pratique de la théologie est au service de ceux qui professent déjà leur foi culturellement et qui travaillent dans les milieux ecclésiaux dont la théologie est le lieu de leur ressourcement («fides quaerens intellectum»). Pourtant, toute proportion gardée, nous osons affirmer que notre chemin est encore celui parcouru par Thomas d'Aquin. Pour lui, c'est la vérité qui doit normer la religion et non la religion faire sa vérité. La primauté du vrai est claire et nette. Tout l'édifice théologique de Thomas d'Aquin était bâti sur une base scientifique parce que ce n'était pas les arguments d'autorité ou de foi ou de la tradition du passé qui comptaient d'abord. Il n'avait pas d'autres preuves pour soutenir ses thèses au niveau des fondements de son discours théologique que celles de la vérité. L'autorité — y inclus celle de la Bible et des Pères — n'était que le dernier de tous les arguments et sa présence généralement ne constituait autre chose qu'une confirmation de ce qui avait été déjà prouvée par les argumentations des autorités scientifiques qui, à l'époque, étaient les philosophes. Faut-il s'étonner si sa théologie a résisté pendant des siècles?

Le cul-de-sac de la théologie philosophique

La théologie philosophique, même si elle renouvelle sa philosophie, reste philosophique et ne nous offre pas des issues aux problèmes épistémologiques posés. Sa crise et son déclin aujourd'hui semble y aller de pair. C'est la perspective d'une théologie «à caractère scientifique» qui nous permet d'affirmer que le cœur de la crise de la théologie ne se situe pas principalement dans le vieillissement du cep européen, vigne-mère de toutes les théologies chrétiennes actuelles. Les raisons, que l'on avance souvent sur le déclin de la théologie, parfois constaté avec amertume, ne nous semblent pas suffisantes pour expliquer son déclin. Le «centre du cyclone» ne se trouve pas non plus à notre avis dans l'éclatement de la théologie néoscolastique, sujet cher à la théologie progressiste, ou dans l'assimilation indue de la modernité, sujet cher à la mentalité traditionaliste. Tout cela n'est rien d'autre, selon notre point de vue, que des manifestations d'un raz-de-marée qui a son origine dans un type spécifique de «culture de l'intelligence humaine» inauguré par l'approche scientifique. La culture de «l'ère scientifique», à non confondre naïvement avec le scientisme ou la techno-science, est caractérisée par une approche nouvelle de la réalité et de la vérité. Il s'agit plutôt de l'émergence d'une nouvelle capacité de l'intelligence humaine pour comprendre et saisir la dynamique du réel avec un contrôle de «vérité» et de «fausseté» jamais vu auparavant. L'esprit de l'homme cultivé est aujourd'hui essentiellement le produit d'une culture supérieure de l'intelligence humaine. La philosophie et ses méthodes ont été dépassées qualitativement et quantitativement par un appareil conceptuel scientifique qui est applicable à toute dimension cognitive humaine. La décadence de la philosophie est une conséquence de son infériorité intellectuelle culturelle face à cette nouvelle culture scientifique de l'intelligence humaine. Notre civilisation avec ses déséquilibres incroyables passera mais l'approche scientifique ne mourra pas tant qu'il y aura des hommes et des femmes qui seront vivants sur terre ou dans l'espace sidéral. Les étroits liens culturels de la théologie avec la philosophie font plutôt d'elle une philosophie de la foi au lieu d'une science de la foi. A notre avis c'est une des raisons principales de son impuissance. La pauvreté interprétative de notre foi culturelle à l'époque de l'ascension de l'homme à l'ère de la science en est une conséquence logique.

C'est la raison profonde de la crise de la théologie. La régence de l'actuelle philosophie, à l'ouvre en théologie semble définitivement dépassée. En effet, malgré ses limites, l'approche scientifique est supérieure aux méthodes philosophiques des «théologies philosophiques». Cela ne veut pas dire, en aucun cas, que la philosophie en tant que telle n'a pas d'avenir dans la théologie. Nous avons dit la «régence» de la philosophie parce que la théologie autant que les sciences ne peut pas se passer d'une nouvelle façon de philosopher. Ici nous voulons mettre l'accent sur le statut scientifique de la théologie qui ne peut pas être élaboré sinon par les propres moyens spécifiques à la théologie en tant que discipline mais avec les méthodes universelles concrètes de la science. La vraie raison de la crise profonde de la théologie nous l'attribuons au fait que malgré l'énorme changement qu'elle a effectué, la théologie n'est pas sortie d'un milieu intellectuellement en déclin. Au lieu de passer du niveau philosophique au niveau scientifique dans la structuration de l'appareil culturel de sa compréhension de la foi, la théologie n'a pas fait autre chose que de remplacer un fondement philosophique (la philosophie aristotélico-thomiste) par un autre (la philosophique de Heidegger par exemple). L'instrument de base offert par ces théologies philosophiques pour comprendre notre époque est désuet et incapable de percevoir la dynamique de l'histoire contemporaine. Le panorama se complète si nous considérons que ce passage d'une philosophie à une autre est fait au moment où les philosophes traditionnels et la philosophie de la modernité commencent à se ranger définitivement dans l'histoire du passé. S'il en est ainsi, il n'y a pas quatre chemins pour comprendre la désagrégation actuelle de la théologie contemporaine et bien se garder de suivre des «chemins qui ne mènent nulle part».

Un nouvel encadrement scientifique

Nous croyons que la science est appelée à prendre la place de la philosophie en tant que théorie globale de la réalité. La méthode scientifique semble être la plus apte pour éclairer le présent et l'avenir de l'humanité. Une «théorie» scientifique devrait remplacer les opinions philosophiques pour situer la démarche disciplinaire à l'horizon du réel théologique. Aucune réalité n'est niée, aucune n'est affirmé arbitrairement comme postulat; mais en partant on définit ce qui peut être vérifié ou validé pour élaborer le discours théologique. Si la théologie est un acte second et la vie de foi en tant que chemin de vérité en est son acte premier il n'y a rien à craindre. La première chose à délimiter est précisément le réel même; ce qui signifie le structurer théoriquement pour pouvoir observer et vérifier nos constructions théologiques avec des critères externes. Cette théorie générale de remplacement des visions philosophiques se bâtit conformément aux règles de la méthode scientifique et aux données déjà acquises par les sciences. Et ici, nous entendons inclure toutes les sciences à partir des sciences de la nature en passant par les sciences humaines et en arrivant aux différentes épistémologies spécifiques à chaque science y inclus les sciences religieuses et les disciplines scientifiques théologiques. Une théorie générale de telle envergure est utopique et n'existe pas. Mais il est possible de faire cela quand il y a un objectif concret et précis à obtenir dans un domaine déterminé. C'est ce que nous voyons déjà dans certaines disciplines qui se regroupent en fonction d'un objectif commun — comme c'est le cas de l'écologie et de l'anthropologie — ce qui permet de saisir la complexité d'un ensemble pour diagnostiquer l'incidence de certains facteurs sur le réel visé. La théorie évolutioniste, le rêve d'une histoire globale de l'humanité au XIXième siècle, Theilhard de Chardin, la «Process Theology», la conception marxiste de l'histoire , Toynbee, etc. ont travaillé cette ligne à partir des différentes disciplines à la recherche de cette compréhension globale. Aujourd'hui, les conditions de la science sont mûres à notre avis pour élaborer une théorie globale moins philosophique que les précédentes et plus scientifique surtout d'un point de vue du projet de l'homme nouveau qui se dessine à l'horizon planétaire actuel. Plusieurs facteurs semblent converger aujourd'hui pour créer les conditions qui amènent à l'élaboration d'une telle théorie. Mais c'est surtout au nom de l'avenir de la vie de l'humanité que cette théorie devient de plus en plus un besoin ressenti par tous. Où va l'humanité? Cette question n'a pas une réponse satisfaisante au niveau philosophique. La théologie philosophique semble avoir déjà renoncé à une réponse quand elle a abandonné la recherche d'un nouvel universel concret pour se concentrer davantage sur le sujet philosophique et continuer le chemin battu par le «cogito» cartésien devenu conscience individuelle de la pensée moderne. La théologie renoncera-t-elle à participer à la recherche d'une réponse? Celle-ci est peut-être dans les mains d'une théologie «à caractère scientifique» parce qu'elle a plus de chances de nous redonner la valeur d'universalité et de clairvoyance qu'a tant besoin toute pratique pastorale. Décrivons certains aspects qui caractérisent les différences épistémologiques de ces deux types de théologie en question. Nous le ferons en considérant très succinctement trois aspects majeurs: l'axe de cohérence de leur méthode, les fondements de leur interprétation et le référent de leur discours.

D'abord l'axe de cohérence discursive des deux théologies. La théologie à caractère philosophique a son axe centré sur la cohérence de la *connaissance*. Quand il s'agit d'élaborer des programmes, elle le fera d'une façon très précise au niveau des distinctions conceptuelles et abondera en conseils relatifs à la tradition théologique la plus sûre qui les confirme. Mais son but pratique ultime ne sera jamais clairement défini. Son élaboration conceptuelle peut arriver à des modèles très détaillés mais pour s'arrêter aux portes de l'action c'est-à-dire aux conditions de possibilité d'une opération théologiquement admissible. Au moment de l'agir, ces modèles seront difficilement utilisables. Une théologie «à caractère scientifique», par contre, est centrée sur l'*observation de la dynamique des phénomènes réels* qui suscitent le désir d'une intervention pastorale. Cette théologie a une conscience très claire des buts, malgré que les détails restent toujours un peu flous, parce qu'elle conduit ses activités par objectifs et les éléments analytiques sont considérés dans la mesure qu'ils sont fonctionnels au but. Ses modèles sont souvent insuffisants pour bâtir une théorie exhaustive mais suffisants pour prendre une décision éclairée dans l'action.

Deuxièmement, il y a deux types différents d'interprétation herméneutique. D'un point de vue de l'interprétation dans le cas de la théologie philosophique, il y a un cercle interprétatif souvent identifié comme «cercle herméneutique» qui *s'ouvre entre la cohérence existentielle du sujet humain et sa pensée*. L'interprétation porte en elle-même le sens ultime de sa validation. L'interprétation est première et le savoir et l'intervention sont seconds. Dans le cas de la théologie «à caractère scientifique» le cercle interprétatif s'ouvre *entre les effets réels et la cohérence des interactions perçues* ce qui fait que l'interprétation est sans cesse réélaborée dans la dynamique qui la porte. L'interprétation devient seconde par rapport au savoir qui découle de la perception de l'agir. Le savoir n'est pas spéculatif comme dans le cas de la philosophie mais résultat d'une description qui est souvent le fruit d'une situation perçue directement. La ligne qui tranche le démarcation entre ces deux méthodes d'interprétation se trouve dans la façon de concevoir les «hypothèses de sens». Puisque la philosophie actuellement employée par la théologie philosophique n'a pas d'autres méthodes de validation que le pouvoir de la pensée, elle cherche le *sens en tant que compréhension*. Elle reste ainsi circonscrite au niveau conceptuel ou tout au plus descriptive et phénoménologique. Tandis que la science et la théologie «a caractère scientifique sont» axées sur la dynamique même des phénomènes et perçoivent le *sens en tant qu'orientation* que prend un mouvement où une action qui est déjà là pour la pousser davantage ou la rectifier. La validation amène par ses effets à la vérification claire et inéquivoque du projet conçu théoriquement. Dans la théologie philosophique la tendance est de faire coïncider l'interprétation philosophique avec la méthode théologique. Tandis que dans l'herméneutique scientifique il n'y a aucune identification avec des systèmes philosophiques, des modèles, et des théories, ou des paramètres. Dans la théologie «à caractère scientifique» l'interprétation reste toujours un acte de l'esprit qui est plus que la pensée, un acte de la conscience qui est plus que la phénoménologie philosophique, une perception intellectuelle qui est plus que l'expérience herméneutique, une connaissance symbolique qui est plus que la praxis de l'histoire. En somme, la théologie «à caractère scientifique» est constamment normée par la présence du réel ce qui lui donne plus de chances de connaître la vérité.

En troisième lieu, le référent ultime de deux discours. La théologie philosophique peut trouver l'axe de sa cohérence ultime dans le discours d'interprétation qu'elle fait sur le réel. Par contre, la théologie «à caractère scientifique» trouve sa cohérence dans *les effets* toujours repérables et clairement distincts de la construction mentale théorique qui l'enveloppe. Elle est aussi sans aucun doute un discours mais la dynamique du référent réel toujours directement présente l'emporte sur toute spéculation. L'arbitraire recule plus facilement dans les interprétations contradictoires de la foi et des pratiques. Bien que tout soit en évolution, on sait clairement où on s'en va et théologiquement le sens de la vie et de l'action est clair pour tous. Le pourquoi ultime opératif de la recherche de ce savoir explicite ou caché est toujours là à commander la recherche. La vérité est toujours en train de se bâtir parce qu'elle n'existe pas dans les airs mais dépend des buts précis qui déterminent clairement ce que l'on veut savoir avec précision. Elle porte sur des choses concrètes sans équivoque pour tous. Sa vérité est universelle et concrète en même temps.

En guise de conclusion

Quand «le Royaume de Dieu et sa justice» priment comme objectif, la méthode arrive «par surcroît»[19]. L'intelligence nouvelle du réel véhiculé par l'approche scientifique, personne n'en doute, est un acquis définitif pour l'humanité. Comme dans toutes les réalités du Royaume «le blé et l'ivraie sont mêlés»[20]. S'il en est ainsi théologiquement «l'ère de la science» est une nouvelle manifestation de l'«Intelligence» Créatrice et il ne nous reste qu'en faire état avec joie et émerveillement. Cette connaissance du réel est un nouveau couronnement de l'ascension évolutive de l'intelligence humaine où la co-création peut devenir signe pour ceux qu'y croient. C'est un domaine habité par la foi «du centurion de Capharnaum». Y a-t-il une foi plus grande aujourd'hui chez «les fils d'Israël»?[21].

Quand l'humanité avance, les régressions collectives dans les groupes humains en sont une composante inévitable. Aucun théologien est exclus du nombre par une simple «grâce d'état». Toutes considérations sur la théologie et ses engagements restent vaines si nous n'avons pas choisi comme option ultime être là où les vrais enjeux pascals sont les problèmes de l'heure. Une théologie sans souci humain planétaire est une théologie sans éthique donc indigne de s'appeler théologie. S'accrocher encore à la conception de la religion et de la foi telle que proposée par la «théologie philosophique» c'est peut-être lutter naïvement contre le pouvoir de l'Intelligence Créatrice toujours à l'œuvre et toujours imprévisible. La théologie philosophique ne semble pas avoir dépassé une époque désormais révolue: celle d'il y a déjà cinq siècles où le sommet de l'évolution intellectuelle chez l'être humain était la culture philosophique.

Aujourd'hui, nous sommes arrivés à un point tel qu'on pourrait dire que la science, en tant que l'intelligence humaine la plus haute de notre époque, a créé déjà son propre espace à l'intérieur de la théologie d'une façon irréversible. Une dernière barrière resterait encore à la théologie pour franchir définitivement le seuil de l'«ère scientifique»: dépasser la prédominance et les privilèges qu'elle donne à l'interprétation philosophique aux dépens de la science. Cela signifie développer une véritable science (d'un point de vue de la méthode) théologique (d'un point de vue clairement chrétien). C'est ce qui semblera toujours incompatible à un certain nombre de théologiens un peu incrédules. Pour ceux-ci, et il y en a toujours un caché en nous-même, on pourrait citer T.H. Huxley pour leur rappeler ce qu'il avait déjà dit en 1860:

Dans le berceau de toute science gisent d'exangues théologiens tels que les serpents étranglés près du berceau d'Hercule.

Notes

1. Nous avons fait un premier exposé de notre recherche encore en cours dans l'article *L'hypothèse d'une interprétation scientifique en théologie présenté au Groupe de Recherche en Études Pastorales*, Montréal Juin 1987, actuellement sous presse. En cette occasion nous avons indiqué comment l'analyse de l'articulation structurelle du discours théologique de notre siècle nous a révélé deux sources dont se nourrit l'épistémologie théologique de notre siècle: la première est d'origine philosophique et la seconde d'origine scientifique. De ces deux sources jaillissent trois courants théologiques majeurs qui correspondent à trois types de cohérence cognitive: 1. Une «Théologie philosophique de la rationalité» basée sur la connaissance abstraite ou intellectuelle; 2. Une «Théologie philosophique de l'existence», basée sur la connaissance perceptive ou phénoménologique. 3. Une «Théologie historico-sociale» basée sur la connaissance pratique ou historique. Dans cette communication nous parlerons de ces deux sources que produisent ces trois courants épistémologiques.

2. La «foi qui cherche à comprendre» et «l'intelligence qui cherche la foi».

3. «Je n'essaie pas, Seigneur, de pénétrer dans ta profondeur, parce que mon intelligence ne pourrait en aucune manière l'épuiser; mais je désire comprendre dans une certaine mesure ta vérité, que mon cœur croit et aime. Je ne cherche pas à comprendre pour croire, mais je crois pour comprendre. Car je suis sûr que, si je ne croyais pas, je ne comprendrais pas». (Fin du premier chapitre de son *Proslogion*).

4. Lc 17,21

5. Gn 4,10

6. 1 Co 13,1

7. Mt 8,22

8. Mc 6,34

9. Gen 4,9

10. Jn 12,50

11. Mt 5-37, Jc 5,12

12. Jn 18,38

13. Lc 11,23

14. Lc 9,50

15. Mt 7,20

16. Gn 11,9

17. Mt 7,13

18. *l.c.*

19. Mt 6,33

20. Mt 13,24-30

21. Mt 8-13

Gary L. Redcliffe

POST-LIBERAL FOUNDATIONS
FOR PASTORAL CARE?

Abstract

Pastoral care in recent decades has been accommodating to
culture because of its dependence upon Protestant liberal
theology. It has also espoused the immanence of God, which
resulted in romantic personalism. But Marcia's story prompts us
to question the easy liaison between religion and culture. Marcia
has been outraged by pornographic viewing by husband and
friends. Pastoral care for her includes involvement in community
groups, taking part in a self-help group, and individual care. This
story raises the question, "Can pastoral care be offered only to
individuals on the presumption that the cultural context is
benign?"

In recent decades pastoral care in the mainline Protestant churches has been thoroughly informed by the psychological sciences, the foundation of which has been the liberal conviction that theology is continuous with and accommodating of its surrounding culture. It will be necessary in this paper to set forth some important aspects of this foundation. The liberal confidence in the positive relationship between theology and culture has been operative in Supervised (and Clinical) Pastoral Education, and from there exercised a profound influence upon the pastoral practices of liberal Protestant churches and their ministers. The story of Marcia, which forms the centre of this essay, provides grounds for asking whether the cultural context has changed enough to doubt whether culture and theology ought to be continuous, and if not, then to ask what form of pastoral care would be more appropriate.

Liberalism as Foundation for Pastoral Care, 1900-1950

In Western societies, during the period 1900-1950, there was a general trend toward liberalization, the effects of which can still be seen today. "Liberal thought" has been described by many writers. Daniel Day Williams, for instance, wrote in 1945 that he wanted to let the term "liberal"

> stand for that movement in modern theology which sought to bring Christian doctrine into organic relationship with the scientific knowledge, the evolutionary world view, and the movement for ethical and social reconstruction of the nineteenth century.[1]

Paul Tillich, one of the original members of the New York Psychology Group, which played an important role in establishing the modern pastoral care movement,[2] made it one of his life ambitions to correlate "questions from existence with answers from revelation,"[3] and in the process made famous the liberal's agenda item of bringing into harmony questions about Christian faith with questions about the context (cultural) for existence. Kenneth Cauthen wrote one of the definitive works on liberalism. He identifies the underlying principles of liberalism as continuity, the autonomy of human reason, and a stress on dynamism.[4] Donald Miller, almost twenty years later, attempted to establish the liberal agenda as accommodating culture, morality supporting, and as embracing human reason over against traditional authorities. William Hutchison claimed three principles for liberalism as well: a belief in the immanent rather than the transcendent nature of God, a focus on the inevitability of human progress, and the potential to build the Kingdom of God on earth.[5]

Allison Stokes has recently said that Protestant Liberal historians have many disagreements, but on some things they have agreed. There are three fundamental liberal notions which can be delineated during the period of history covering the late 1800s to mid-1900s: the accommodation of modern culture to religious ideas, God is immanent in human cultural development and revealed through it, and human society is moving toward realization of the Kingdom of God.[6]

My own understanding of liberalism draws on common threads in this scholarship. The theme of accommodating culture is central to the liberal agenda, and it includes under its umbrella the notion of continuity. A second liberal theme is the immanence of God, and it subsumes the ideas contained in personalism. These two streams operate in all Protestant liberal thought, and have been major building blocks in the foundation for pastoral care in this century.

One small example of the way Protestant liberal thought adapted to its surrounding culture is provided by a quick look at the relation between theology and scientific materialism. The harmony between culture and religion had as its foundation the idea that separate and discrete parts of the empirical world had an underlying but invisible unity. It was typical of the liberal thinker, for example, to conceive of God as a part of a creation rather than separate from it; God is immanent in all natural and historical processes. Thus was reduced the distance between animal life and human life, between God and human life, between God and nature, between reason and revelation, between Christ and humanity, between nature and grace, the saved and the lost, justification and sanctification, Christianity and culture, the church and the world, the sacred and the secular, the natural and the supernatural, and the list could continue. "Liberalism was dominated by a world view . . . where there is continuity between the world and God and between nature and man."[7] Some of the resulting emphases arising from the continuity motif were: (1) miracles came to be thought of as having some rational explanation; (2) revelation was now conceived of as related to nature and history; (3) the essential goodness of the human being gained importance as a theological idea; (4) Jesus came to be understood as moral exemplar rather than possessor of divine/human nature, which was translated to mean that the perfection of humanity is the fullest expression of God. In God, in Jesus, in humanity, and in history there is an underlying unity of meaning. Peter Berger spoke of something similar when he wrote about the development of a cultural atmosphere in which "sectors of society and culture are removed from the domination of religious institutions and symbols."[8] What Berger speaks of is the result of mainline Christianity's accommodation of cultural values. Far from being a passive receptor of cultural or scientific world views, mainline Protestant Christianity actively promoted a harmonized view of the relationship between science and religion and between religion and culture. This serves as an example of how liberalism actively promotes the positive value of the culture, and indeed understands Christian theology and faith as drawing life from it.

The liberal idea of accommodation of culture raised a particular problem, however. The culture was more and more supporting a dominant view of the world which functioned according to unchanging natural laws. But if God is not participating in the physical universe, where in the world are people to experience God? Gradually there arose a new understanding of

God and the empirical world. God does not act in the physical universe and moreover cannot act. The notion of the expanding universe helped emphasize the idea that God had been outdone. Now the universe is God's boundary rather than the other way round. The proportions of the cosmos are infinite, the dimensions of human existence are sub-microscopic. Liberal thinkers began to propose the immanence of God in human and biological spheres as the new way to understand God.

The new liberal way of accommodating culture to religion was made easy by the liberal tendency to think of God as immanent. God was thought of increasingly as immanent, though, specifically in the realm of life (self-determining organisms). God was limited, according to such thought, by the laws of science, i.e., God did not intervene in a process of creation which God had created in the first place. And since God could not readily be perceived as active in the material world if God has a continuing creative function it must be in the human and personal sphere. Alfred N. Whitehead notes that this created a dilemma for liberal thinkers: scientific materialism which denied human potential was put together with "an unwavering belief in the world of men and higher animals as being composed of self-determining organisms."[9]

Perhaps because of the deep contradiction Whitehead noted in 1925 religious liberals pushed further toward personalism where, it was believed, the best of God was in process of being created. One side of the liberal agenda thus held that real meaning could only be found in the universe of personal relations. The material realm of cause and effect allows only for a first cause and a final cause; in the interim all that can be salvaged for humanity is to create the best possible world in terms of human endeavours.

The kind of personalism known in the early 1900s came from such late 19th century writers as Borden P. Bowne. For him, and he was typical of many of his time, the world of people was the locus of ultimate reality. He reacted to Darwin in particular with the proposition that "instead of being a child of the Highest he [man] is merely the highest of the animals, having essentially the same history and destiny as they—birth, hunger, weariness and death."[10] The connection between the life of humans and the life of God is principally an invisible unity. The seat of this unity is not in the empirical world of material reality; it is in the unconscious. The life of humanity, in the view of personalism, is not an "impotent annex to a self-sufficient mechanical system [scientific materialism], but is rather a very significant factor in cosmic ongoings. . . ."[11] Thus, driven by the liberal acceptance of scientific world views, people of the Western religious mainstream at the turn of the century were already looking to the realm of the personal as the place where God could be seen at work.

Protestant liberalism thus is seen to have had a drive to accommodate the dominant culture in a positive way, and at the same time developed an understanding of God as immanent in personal relationships. These two features of Protestant liberal theology have provided a foundation for the pastoral care which has been popularized in recent times through Supervised and Clinical Pastoral Education programmes. The question that continues to form for this writer is whether pastoral care givers can any longer assume that those who receive our pastoral care are served well by ignoring the cultural context in which they live.

Pastoral care under this model intended to help people cope with life, and what was one of the dominant problems to cope with? The problem of blending a world view of scientific determinism with growth in the belief in personal freedom. If true, this has meant that pastoral care models of recent times have unwittingly been asking people to accept what they cannot change, i.e., change their personal life for that is the only malleable material at hand.

The story of Marcia which follows is a clear indication that the dominant model for pastoral care is sometimes not adequate. What is important to watch for in the story is Marcia's refusal to accept a deep alienation between her personal world and the material world beyond herself, realities which have frequently been said to be unchangeable and inevitable.

Marcia's story took place in a farming community a short distance outside a city of medium size, by Canadian standards. In the city there was a Protestant congregation in the poorest part of town whose membership includes small business owners, older widowed persons, and many blue collar workers along with representatives of several ethnic minorities. The congregation had about 150 in attendance at Sunday worship on a typical day. They had a Council of approximately 65 dedicated Christian people working on several committees. There were also special-interest/special-needs groups of people, some of which gained a permanent place in the decision-making structures of the church while others branched out into the wider community.

The congregation's Church and Society Committee grew out of an amalgamation of these special-interest groups and Marcia had been an active member for three years by the time the events of this story occurred. One of the programmes sponsored by the Church and Society Committee originated from a sermon the pastor delivered, entitled "Cain and Abel: Violence in the Family." There was an outburst of quiet but intense emotional pain immediately after the worship service and in the days that followed. The pastor began to ask the people who had spoken about their pain if they would be able to relate their experiences to others if strict confidentiality was a primary rule. Several agreed, and a group was established whose mission it became to support families in trouble but who wanted to stay together, often because they were too poor to afford the alternative. Three further rules developed to regulate external relations: (1) it was strictly a self-help group, i.e., no one who did not fit the criteria could enter; (2) word of mouth or recommendation by community workers would be the only way for people to come to the group, i.e., no advertising; and (3) no funds would be raised, no bureaucracy encouraged. Rules for internal relations were kept to a minimum: (1) no one had to speak until willing to do so; (2) honesty was expected and encouraged; (3) members were encouraged to speak about themselves, their experience, their actions/reactions, their feelings, their understandings of self, etc.; (4) advice was not given until sought, and then only that kind of advice which was immediately practical; (5) everyone in the group was to have a partner as a primary support at meetings and during the time between meetings.

This group began inside the church community but continued to develop in the wider community. It became an important feature of Marcia's life when she had family trouble.

Marcia's Story

Marcia was married to Joe, they had a daughter and a son, aged 5 and 7 years at the time of this story. The marriage started with a pre-marital pregnancy, which was not unusual in the traditional community where they lived. (They were connected to the city church first through Joe's parents and then later through the Sunday School.) After four years of marriage Marcia began to feel restless and imprisoned on the farm. She moved away from Joe into the city, took an apartment and worked as a caretaker for a large city church. She was not interested in relationships with other men; she just wanted an opportunity to explore avenues and education that she felt she was missing. Joe was completely mystified by Marcia's behaviour. The pastor met with them as individuals and together over several years, as a pastor/counsellor. Marcia moved back to the farm after two years in the city but the pastoral support from the pastor continued sporadically.

The relationship between Joe and Marcia began to have frequent emotional scenes, and more highs and lows than ever before. Joe began to go out for hockey in the winter and golf in the summer. He seemed to be ignoring the work of the farm, depending more heavily on Marcia to carry the burden. There were financial troubles which they solved by selling some of their land, but this was only a temporary solution. There were drinking parties at their home, which Marcia did not enjoy a great deal but agreed to in the hope that she and Joe would have more in common. All these details were revealed by Marcia in conversation with the pastor of her church, sometimes in passing and other times in specially scheduled sessions in the church office. But Joe would not come any more, either to Sunday worship or to any conversations about their marriage. Things seemed to Marcia to get worse every week.

A telephone call from Marcia early one morning caused some alarm in the pastor, and he agreed to see her later in the day. Marcia was not easily given to tears or emotional outbursts, but on this particular day she was crying freely and trembling with emotion as she spoke. "Pornography," she declared, "has overtaken the community, like a dark plague. It has infected the family of friends and it is ruining my life!" Marcia told of satellite dishes and video cassette recorders in the homes of the six to eight couples their age (28-32) who met regularly, turn about, in their homes to view what Marcia called pornographic material, accompanied by a good deal of alcohol consumption. She became increasingly upset by this trend, and finally spoke to some of the other women in the community hoping that together they could try to stop it. The women, however, told Marcia to mind her own business. Even when reminded that the children of couples viewing the pornography (some children were in the room with their parents viewing the material), might one day date each other, the women were not convinced. Marcia was deeply wounded by the consequent exile she experienced from the other couples who accused her of being a trouble-maker. She was further hurt when Joe joined in their derision of her for what she thought would be a simple request. The final blow, the one which brought on sleepless nights and constant crying, was an incident involving another couple, close friends of her and Joe.

It began with Joe and Peter working in the fields when some machinery broke. Patty, Peter's wife, was asked to go to the city for the parts necessary to do the repairs. After some time she returned to the field, where Marcia was waiting with the two men. Peter took the machine parts from Patty, inspected them, and asked, "Patty, did you bring a chain?" "No, I didn't," Patty replied, "but I can go back to get one if you want." "Never mind," said Peter, "I only wanted it to put around your neck and drag you around the field behind the truck, because you brought the wrong parts!" This episode caused something to snap in the depths of Marcia's soul. She knew she could no longer ignore what was happening in her home and to her friends. She could not imagine how to deal with the rage that was welling up within her, as she told her pastor two days later.

The pastor's method for dealing with Marcia was to ask if it would be possible for him to visit with Joe on the farm. Marcia requested that he not do that, because Joe must not know she was there talking to the pastor: she was now afraid, for the first time, of Joe's response to her. There was, in her understanding, a growing violence in that quiet farm village. So the best the pastor could do was spend time with Marcia herself, which he did that day and for every day for almost two weeks. During that time she was encouraged to express her deep anger toward her husband, the oppressive community, and those who profit from pornography. Her self-esteem had been in steep decline for some months, and a steady depressive state followed. She began during the intensive two weeks to feel better about herself, but that did not solve her problems.

In many circumstances before, according to the pastor telling this story, he had not expected the "case" to continue much beyond this point. The marriage would either survive or fail, and if it failed he would have helped Marcia to cope if she felt she needed his support. But this was a story with a clear difference, and pastoral care seemed needed beyond the clinical confines of his office.

He therefore asked Marcia if she could speak to the Church and Society Committee which was the group in the congregation to which she related most closely. She agreed, and when she did was astounded at the immediate and practical response: "If you need a place to live, you can have our basement apartment," said one of the members. "If you need support in dealing with the children at any time, call on me," added another. "If there is anything we can do, let us know," was the chorus from the remainder.

Marcia was deeply moved and greatly encouraged. After more discussion, it was agreed that they would try to view the film "Not A Love Story," a film about pornography and its terrible influence. They decided to have an evening showing of it for the church and community. Marcia would try to get Joe to come.

There was a large attendance, but Joe and others of Joe and Marcia's circle stayed away. Further discussion led to contact with other community groups, mainly women's groups, who had a concern about pornography. This led to further meetings, and more work, this time researching in schools and community groups about the prevalence of pornography. When it was discovered that the problem was pervasive in most communities and across socio-economic lines it was decided to go further afield. Similar groups were discovered across Canada and the USA and each determined to stem the flow of pornography which was poisoning community life and contributing to growing trends of violence against women and children.

The Church and Society Committee, in cooperation with many other community groups, decided to go public. Their contact with the media resulted in even greater numbers of supporters. Public meetings followed to which city, provincial and federal politicians were invited. Not all attended that first meeting but after they read about the support for the anti-porn movement they knew they could not afford to miss the next. Ultimately the federal Minister of Justice became involved and anti-porn legislation was drafted, but that is another story.

Through the several weeks of this turmoil, Marcia later reported, she felt more serene than at any other time in her life. She was leading in taking a direct action against something that was hurting her and hurting her family as well as many communities similar to her own. But this was not the only venue for her story.

She also became a part of the self-help group for troubled families. There she became a loved and respected member who spoke with emotion of her own pain and encouraged others to do the same. In this setting she gained in confidence and self-esteem to the point where she offered to try to establish a similar self-help group in her own farm community. Details of Marcia's time in the self-help group over several months to the point of this story are sketchy because, according to the pastor offering this story, membership in the group and personal narratives from it are strictly confidential. From the observation of the pastor, however, it seems obvious that Marcia was greatly helped and strengthened for life at home and in the community during those turbulent days of her life. Without it, she is reported as saying, she "might not have made it."

Reflections and Questions

As Daniel Yankelovich notes, the search for personal fulfillment is not simple in a world of reversed values.[12] Marcia's world was one where the search for self-fulfillment placed an early strain on her marriage relationship, as evidenced by her move to the city. It seems an irony that later she could not approve of the search for self-fulfillment that other people were undertaking. Or was there a difference? Was her guiding principle in seeking meaning for her life a more enlightened principle than that followed by Joe and the other couples in her community? Was she looking for self-fulfillment while they were merely looking for means of pleasure? These seemed to be the questions surrounding Marcia's dilemma in connection with the pornography. Her own quest for self-fulfillment had certain consequences. Moreover, she might have argued, her actions were caused in the first place by reasons more profound than mere pleasure-seeking. The use of porn movies in homes with children present seemed to Marcia to create an evil environment which could only bring further evil on the families and on the community. Later on, after the show of public support for her condemnation of pornography, she was confirmed in believing that her husband and neighbours had crossed some moral boundary.

We live in a world where a vast majority of the population believes that it is possible to have self-designed morality. Personal happiness tends to be equated with personal well-being. Since personal well-being contributes to the common good, there is little place for thinking about moral limits. Clinical pastoral education has, as Browning has observed,[13] contributed to the notion that feelings of sinfulness about morally wrong behaviour are really neuroses. My question here is: Does the story of Marcia not suggest that the pleasure/self-realization philosophy of life has reached some kind of natural limit? Are there reasons to believe that the law of utilitarianism has reached a point beyond which it does not and cannot apply, a place where personal pleasure or personal self-fulfillment does not contribute to the common good, and in fact adds to the public immorality by doing identifiable negative harm? If the answer to this is affirmative then we have to ask whether pastoral care models do not need to take more account of this fact and whether there is not a fatal flaw in the psychologically based forms of pastoral care we have known in liberal Protestant churches. If the dominant culture which surrounds both pastoral care givers and pastoral care receivers is causing personal harm to people does not a pastoral care model need to address the context for individual life as well as the individual?

One of the insights provided by the masters of suspicion, Nietzsche, Marx and Freud, is that overt human action is not simply a product of a rational process. A corollary is that consequences of human actions are not part of a rational process, and therefore cannot be contained. In other words, personal behaviour always has consequences for others beyond the self. In recent times liberationists have demonstrated the truth of this insight in economic, social and political terms. The personal realm is therefore now to be seen in a much broader way than in a previous era. This creates a problem for a form of pastoral care which has so emphasized the importance of self-realization in the context of a world of increasing depersonalization of human relationships and institutions. The liberal tendency toward personalism may have put us in a position of serious moral deficit. The question becomes, can pastoral care and counselling change its model significantly in order to meet this challenge? I suggest that Marcia's story provides some clues.

Marcia's story is an example of a reaction to the sense of an external world that is both immovable and profoundly hostile. The view that humans cannot significantly affect the material world for lack of a privileged position in the world seems to have shifted in Marcia's case. While there is no evidence to suggest that a whole new view of the cosmic importance of human life has emerged there is nevertheless an unwillingness on the part of Marcia, the pastor, the Church and Society Committee, several community groups (in their city and across two countries) to accept as inevitable, unchangeable or as natural the persistent presence of pornography. "All the universe may not be affected by pornography, but I am," Marcia was saying in effect. Many others agreed. The world of the personal was blended, without hard boundaries, with the external world.

If this is true in Marcia's story, may it not also be true in other instances where pastoral care is sought or offered? The pastor's use of congregation and community resources as a means of caring for Marcia was a clear way of caring for the world which Marcia occupies. Does this not suggest a possible way of emphasizing a wider base for pastoral care than the client-centered, trained professional, clinical setting for pastoral care? Did not the self-help group especially, the Church and Society Committee, and the community groups give some care both to Marcia and to the cultural context in which they all live? They did, and they did so because all of them took hold of the conviction that they were not simply victims of a natural process which could not be altered. In order for Marcia to make any progress in her own journey the pastoral care giver needed to recognize, and did, that he could not deal simply with Marcia's interior life, and not even only with her family life. Here was asituation that called for the pastoral care giver to connect Marcia with the wider context of her life, taking a pro-active approach to changing the context for living as well as dealing with issues of self-esteem.

This paper offers analysis, a pastoral story and some questions in the hope of making a contribution to the current dialogue about future directions for practical theology. Supervised and Clinical Pastoral Education evolved into a specific model of pastoral care. This form of pastoral care was heavily influenced by liberal thought, which provided a climate in which thee dominant cultural milieu was acceptable because it was thought to be a positive value. Ought we now to be asking whether the cultural context has shifted enough to warrant a new and more intentional paradigm for pastoral care which would address both individuals and their cultural context? I am suggesting that we must, but to begin is beyond the scope of this paper.

Notes

1. Daniel Day WILLIAMS, "The Perplexity and the Opportunity of the Liberal Theology." *American Protestant Thought: The Liberal Era.* Ed. William R. Hutchison (New York, 1968), p. 216.

2. See Allison STOKES, *Ministry After Freud* (New York), pp. 109-141.

3. Don S. BROWNING, *Religious Ethics and Pastoral Care* (Philadelphia, 1983), p. 50.

4. Kenneth CAUTHEN, *The Impact of American Religious Liberalism* (New York, 1962), pp. 3-25.

5. William R. HUTCHISON, *The Modernist Impulse in American Protestantism* (Cambridge, 1976), p. 3.

6. Allison STOKES, *op.cit.*, p. 9.

7. Kenneth CAUTHEN, *The Impact of American Religious Liberalism* (New York, 1962), p. 209.

8. Peter BERGER, *The Sacred Canopy* (Garden City, N.Y., 1969), p. 107.

9. Alfred North WHITEHEAD, *Science and the Modern World* (New York, 1925), p. 106.

10. Borden P. BOWNE, "Personalism." *American Protestant Thought: The Liberal Era.* Ed. William R. Hutchison (New York, 1968), p. 82.

11. *Ibid.*, p. 86.

12. Daniel YANKELOVICH, *New Rules: Searching for Self-Fulfillment in a World Turned Upside Down* (New York, 1981).

13. Don BROWNING, *Religious Ethics and Pastoral Care* (Philadelphia, 1983), pp. 18-30.

Paul-André Turcotte

RECHERCHE-ACTION
ET
SOCIOLOGIE HISTORIQUE.

QUESTIONS DE MÉTHODE

Résumé

La méthode pratiquée peut se ramener à ces trois composantes:
l'exploration configurative, le questionnement pour la formation
d'hypothèses, la vigilance dans la scrutation analytique. La
méthode en question, exemples à l'appui, convient aussi bien à
la recherche-action qu'à la sociologie historique. L'une et l'autre
ne se confondent pas pour autant, comme elles offrent un rapport
distinct à l'action pastorale, aux côtés de la théologie. Le jeu des
interactions possibles conduit à des réflexions sur la
connaissance de modernité en regard des praxis dans le champ
des pratiques catholiques.

Nous proposons une esquisse des rapports possibles entre la production d'une connaissance réflexive distanciée et l'architecturation du sens — définition, aménagement et gestion — dans le cadre de la comunauté de foi qu'est l'Église. Ces rapports de l'analyse des sciences sociales à la praxis pastorale pourraient faire l'objet d'une revue de littérature ou d'une méditation épistémologique au second degré. Telle n'est pas notre intention. Plutôt, nous recourrons à notre propre expérience d'intervenant, d'observateur-participant et d'analyste socio-historique. Le point de vue adopté est celui du chercheur dans sa démarche de compréhension méthodique, notamment en ce qui concerne la relation entre deux sujets. Dans la description de cas comme dans la réflexion complémentaire, l'insistence va porter sur les balises méthodologiques.

Premier cas:

une enquête dans une congrégation féminine

en instance d'autoredéfinition

À l'été de 1979, le chapitre général des religieuses de Notre-Dame du Saint-Rosaire recommanda une enquête sur les orientations et les lieux de l'action de la congrégation. Depuis la fin des années soixante, les religieuses avaient procédé à des rencontres périodiques, à des sondages internes et à des rédactions textuelles sur leur mission. Sous la direction du conseil général, des lignes directrices avaient été formulées, des engagements remodelés. En même temps, des points de dissension s'étaient révélés récurrents, tel le port de l'anneau ou du voile. Les prises de position sur les signes de distinction sociale se distribuaient selon les générations et les lieux d'activité. À cette question se greffaient celles de l'insertion sociale, des liens entre action et vie communautaire. L'engagement hors de l'espace traditionnel préoccupait aussi une congrégation fondée au siècle dernier pour répondre aux besoins éducatifs de la péninsule gaspésienne, et depuis lors émigrée sur la Côte Nord du Saint-Laurent, à Terre-Neuve, dans le Maine et au Honduras.

Une longue rencontre avec le conseil général au début de décembre 1979 servit à étendre la vision initiale de la situation, explosive à plus d'un égard. Les points de litige entre les religieuses prirent des dimensions plus larges, plus objectives et plus interreliées. Des déplacements avaient remué la congrégation avec l'achèvement de la réforme scolaire à la fin des années soixante. Dans le travail postérieur de redéfinition, l'expression plurielle de la subjectivité avait côtoyé les nombreuses recensions informatives du personnel, des œuvres ou des pratiques congrégationnelles. Dans la foulée d'une décennie mouvementée, un objectif ralliait le conseil général et, semble-t-il, un bon nombre de sœurs: consolider le consensus sur les expressions actuelles de l'inspiration originelle.

Le moyen choisi, en concordance avec les décisions capitulaires, fut de mener une enquête quantitative auprès de l'ensemble de la congrégation. Un questionnaire de soixante-dix questions fut construit, qui abordait successivement, après les coordonnées de la répondante, l'accomplissement du projet commun (17 questions), l'appartenance et la vie communautaire (19 questions), les vœux de religion et la prière (14 questions), les rapports avec le monde, ou le clergé, et les vocations (10 questions). La lettre de présentation requérait une participation de franchise sous le couvert de l'anonymat; elle souhaitait, en complément aux questions chiffrées, l'expression écrite d'opinions et la consultation orale, individuelle ou en petits groupes. La presque totalité des 674 sœurs remirent leur copie, souvent annotée, avant la mi-janvier. Un rapport (Turcotte, 1980), questionnaire non compris, fut porté au conseil général à la fin de mai 1980, et sitôt distribué à l'ensemble de la congrégation. L'apport d'un vis-à-vis français dans la fabrication des questions, l'empressement généralisé des répondantes et l'aide technique constante avaient permis de réaliser en peu de temps la part quantitative de l'entreprise.

L'enquête fut jalonnée de lettres et de rencontres, tant avec les directions de tout niveau qu'avec les retraitées, les enseignements, les préposées à la pastorale ou à l'intendance. Les échanges furent l'occasion de faire part de la démarche suivie, de cueillir des données supplémentaires propres à chaque sous-groupe, de fournir des éléments de théorie sur l'ordre religieux, la sécularisation et le pluralisme. Il fallait surtout éviter de limiter les échanges aux seules administrations, de déposer à la fin un rapport qui tombât à la manière d'un couperet. Une information continue sur le cours de l'enquête prépara à la réception d'une lecture externe de la situation.

La première semaine de juillet, l'enquêteur rapporta à la congrégation, réunie sous un même toit, chacun des chapitres, discutés ensuite en équipe et en plénière. Les transactions entre les positions conflictuelles allèrent jusqu'à la reconnaissance mutuelle des distinctions, sinon de la convergence, notamment en raison de référents extérieurs aux subjectivités. Les tensions n'étaient pas évacuées pour autant. Néanmoins, la voie à une reformulation de l'entente associative était ouverte. Le chapitre général s'y attela dans les jours qui suivirent la rencontre communautaire. Le contrat de l'enquêteur avec le conseil général avait pris fin. La continuation revenait aux actrices impliquées, émotivement pour une part, dans l'engagement pour une cause aux pourtours encore mal définis.

Dans l'enquête auprès des sœurs du Saint-Rosaire, nous nous sommes efforcé d'agrandir l'aire d'exploration, d'affiner le questionnement et d'expliciter les corrélations en jeu. Nous avons également tenu à fournir au groupement entier, et non uniquement aux administrations, les instruments, conceptuels notamment, dont il avait lui-même contribué à la fabrication. En outre, le quantitatif s'est avéré une source d'indications précieuses pour l'interprétation qualitative. Il s'aggissait de faire émerger l'inavoué ou le caché, de pouvoir nommer les choses, et ainsi de se donner la maîtrise du mouvement. Autant de conditions d'une praxis optativement force historique et expression de la liberté consentie.

Deuxième cas:

l'inclusion dans un réseau d'échanges

sur la justice sociale

Les religieuses du Saint-Rosaire, peu importent les générations et les prises de position sur les mises à jour de leur état de vie, ont exprimé de sérieuses réserves à l'endroit du clergé diocésain local. La critique pivote autour de deux constats: la non-correspondance de l'agir avec la parole chez les sacerdotes et leur ignorance de la psychologie féminine. Cette ignorance légitime, par ailleurs, le retrait des religieuses devant les impositions doctrinales ou disciplinaires des officiels ecclésiastiques (Turcotte, 1980). L'histoire de la congrégation, des origines à nos jours, est traversée par une protestation faite de détours forçant la domination cléricale à des compromis, voire à des redditions. Dans nombre de congrégations féminines, la revendication d'autonomie se traduit par l'appel à des compétences extérieures, dont l'appropriation du savoir vise une autogestion plus étendue. Plus largement, l'insertion sociale et ecclésiale de ces congrégations est caractérisée par l'exploitation des failles du système, de ce qui est impérativement coordonné, et par la revendication d'une extra-territorialité interne à l'espace institutionnel (Desroche, 1968). C'est la protestation indirecte ou sans dissidence. Elle induit une tension continue entre la radicalité chrétienne d'un groupement fortement unitaire et son intégration à une Église axée sur la gestion territoriale du sacré, moyennant des compromis avec la culture ambiante.

La protestation indirecte a été l'apanage des agents de la pastorale sociale qui a gravité autour du Mouvement des travailleurs chrétiens, des Chrétiens pour le socialisme et des rassemblements pour une Église populaire. Dans ce segment pastoral d'après les années soixante prend place l'accompagnement d'une réseau d'échanges sur les rapports entre la foi et la justice sociale. Le réseau renvoyait à des pratiques segmentées bien plus que chez les Sœurs du Saint-Rosaire. À la différence aussi que l'intervention, au lieu d'être ponctuelle, s'étendit sur une longue période et que le contexte socio-religieux était beaucoup plus pris en compte par des militants de formation universitaire en théologie, en lettres ou en sciences sociales.

Les lieux représentés comprenaient la région montréalaise, l'Outaouais, le Bas Saint-Laurent et le Lac Saint-Jean. L'activité englobait l'enseignement, le ministère paroissial, l'animation missionnaire, l'accueil des démunis et la direction d'un mouvement de conscientisation sociale de jeunes à caractère chrétien. Les enseignants ou les animateurs s'adonnaient à la formation cognitive, ou sur le terrain, d'intervenants sociaux et chrétiens.

Les préposés auprès des milieux périphériques et défavorisés alimentaient la réflexion sur leur travail par des lectures et des sessions thématiques. La pluralité des fonctions s'alliait à la préoccupation commune d'une dimension sociale de la foi.

De 1980 à 1986, en ce qui nous concerne, une semaine et trois week-ends annuels réunirent une vingtaine de religieux, la moitié également prêtres, et un laïc ou l'autre, tous liés à des communautés de clercs de Saint-Viateur (CSV). Après les salutations d'usage, le groupement, grandement informel, se reconstituait chaque fois par un récit événementiel initial. L'emmêlé du quotidien partagé, l'information était élargie, précisée. Ensuite, le matériau était décortiqué, des constantes et des interrelations dégagées. La connaissance obtenue, objectivation de l'expérience, gardait un caractère de mouvance; elle servait à tracer des lignes d'intervention, à prendre des décisions ponctuelles. Dans le déroulement, tantôt se distinguaient, tantôt se combinaient, la signification cognitive tirée de l'analyse et le sens dans la sphère de la conviction et du transcendant. Un procès-verbal venait consigner la démarche et le contenu de chaque rencontre.

Malgré la périodicité espacée des rassemblements, le réseau maintint une forte cohésion tant que persista la référance congrégationnelle. Celle-ci n'était pas sans différenciation selon l'insertion institutionnelle des membres. Les non-prêtres et les enseignants s'inscrivaient dans une tradition éducative assumée directement et grandement intériorisée. La plupart d'entre eux soutenaient la plausibilité d'une vie religieuse accordée à leurs aspirations, tout en manifestant beaucoup d'indépendance à l'égard de l'Église officielle. Celle-ci était violemment prise à partie par les prêtres voués à des tâches ministérielles en paroisse. Leurs réclamations de changements à l'endroit de la congrégation prenaient un ton également virulent. Aux uns et aux autres l'appui de la haute direction congrégationnelle, à la suite d'un congrès en 1981, se révéla finalement déterminé par la recrédibilisation des supérieurs eux-mêmes auprès des subordonnés. L'administration viatorienne s'était accaparé une prise de parole forgée dans le feu de l'action et l'avait convertie en discours de gestion interne. Le détournement justifia le retrait congrégationnel de certains membres du réseau, en particulier des prêtres, qui abandonnèrent par la même occasion les fonctions ministérielles. Dès lors, la transaction fit place à la catégorisation des positions, pendant que l'introduction de la psychologie nord-américaine, centrée sur l'épanouissement psycho-somatique, contribua à court-circuiter les analyses. Les clivages cognitifs eurent finalement raison du réseau déjà lézardé; sa dislocation correspondit à l'effritement de la militance sociale dans les milieux catholiques québécois.

En arrière-plan se dévoilait une Église officielle dont la prétention de monopoliser les voies de salut affrontait la concurrence d'autres définisseurs de sens, la fragmentation et à la mobilité des comportements et des croyances. Sur la toile du foisonnement religieux se détachaient questions et hypothèses, relatives à la différenciation de la protestation, à la dynamique et au fonctionnement des groupements religieux. La participation au réseau fut un stimulant pour l'étude de dossiers parallèles, comme l'abstentionnisme religieux ou la pluralisation congréganiste en regard des mises à jour. En retour, ces études aidèrent à scruter des actions circonstanciées par l'élargissement de la perspective théorique. Bref, un va-et-vient des plus fécond, tissé dans des échanges périodiques.

Troisième cas:

l'étude socio-historique de l'action de frères éducateurs

dans l'enseignement secondaire public québécois

Un trait continu marquait l'enquête auprès des religieuses du Saint-Rosaire et le réseau de justice sociale: la fonctionnalité à l'institution en tension avec sa contestation jusqu'à affirmer, implicitement au moins, une praxis chrétienne autre. Le tandem fonction-protestation avait été au cœur du secondaire public des frères éducateurs québécois, de 1920 à 1970. Les archives de cet enseignement révélaient, à première lecture, la possibilité d'une exploration, dans le temps et l'espace, de questions à incidences actuelles. L'exploration d'un dossier au passé allait donc prendre l'allure d'une observation participante. Dans les relectures du volumineux matériau archivistique, corrections réflexives et découvertes factuelles se croisaient au carrefour des constantes structurelles et du mouvement social, de la vision du chercheur et de l'interprétation des auteurs.

Bien plus que de procéder au cumul de faits datés, il s'agissait de reconstituer l'intention des frères éducateurs, affrontée à d'autres intentions, et son cheminement à travers diverses déterminations. Plus explicitement, en quoi et comment le rêve congréganiste avait réussi à prendre place dans la structure socio-religieuse existante et à y apporter quelque changement jusque dans la fonctionnalité sans se confondre pour autant avec cette dernière? Sous quelles formes et en vertu de quels facteurs le projet original avait ressurgi après les interdictions officielles? Qu'est-ce qui avait entraîné son intégration finale tronquée? Dès lors, que restait-il du projet original? Donner suite à ce questionnement revenait à dessiner une configuration de la praxis congréganiste, qui en peignît l'horizon, l'extension et de détail. À l'intérieur de cet objectif, le point de convergence n'allait être nul autre que les frères éducateurs eux-mêmes. Porteurs d'une cosmovision particularisée et en position de subordination institutionnelle, ils avaient constitué une force de novation, relative mais non moins réelle (Séguy, 1984), dans la socialisation scolaire.

L'intention congréganiste avait pris la forme d'un projet éducatif appelant une organisation scolaire, une société et une *ecclesia* à sa mesure. De la fin de la pemière guerre mondiale à la création du Ministère de l'Éducation en 1964, les congrégations masculines à l'œuvre dans le secteur public y pratiquent un enseignement secondaire gratuit. L'objectif est d'accroître la mobilité sociale par l'accès au degré supérieur des enfants qui ne peuvent, pour des raisons financières, suivre le cours privé des humanités classiques, les seules habilitées à conduire à la totalité des études supérieures. Les congrégations impliquées procèdent, de 1921 à 1923, au repérage des besoins éducatifs dans le but d'y répondre adéquatement. Mais la symbolique du secondaire public ne s'enferme pas dans la fonctionnalité; plutôt, celle-ci sert de tremplin à un engagement, et des stratégies, visant à restructurer la socialité civile et religieuse. Dans l'attestation d'une réalité globalement autre, les frères éducateurs affichent une mise en cause le plus souvent implicite et non à découvert.

L'utopie ainsi circonscrite connaît, de 1921 à 1964, reculs et avancées, détours et relocalisations, connivences et conflits virulents, rêves de compensation des contradictions sur le terrain et reformulations, écrites ou pratiquées, en regard de la modernisation du Québec. Voire, la novation congréganiste est refusée par les officiels de l'éducation, étatiques ou ecclésiastiques. Nous sommes en 1929. Les officiels ne parviennent pas à l'irradier. Grâce aux appuis locaux fermes, elle s'étend au point de concurrencer les humanités classiques sur leur propre terrain après la seconde guerre mondiale. Les tentatives d'enrayer la concurrence poussent les frères à inscrire leurs efforts dans une réforme scolaire menée conjointement par le Ministère de la Jeunesse créé en 1958. Les frères s'allient aux forces sociales montantes contre les traditionnelles. Ils sont absorbés par la réforme bureaucratique au lendemain du réaménagement étatique de la haute direction éducative, soit en 1964. L'utopie, dans un mouvement alterné de délocalisation et de relocalisation, s'est manifestée sur une ligne en pointillés.

L'analyse socio-historique, aux frontières de l'officiel et du non-officiel, du dit et du non-dit, ne correspond pas au discours construit sur les seuls documents explicites. Dans les termes de Michel de Certeau, la prise en considération ne se porte pas sur le texte d'abord mais sur la marge, qui, elle, donne signification au texte, à ceci près que le texte et la marge occupent la même page (de Certeau, 1975). Voire, la réalité est dans la marge du texte. Ainsi, le projet des frères éducateurs, dans ses composantes non officialisées, s'avère à la jonction d'enjeux complexes, dévoile les aspects gommés du système. Les apparences sont démasquées, les intérêts réels mis à nus, les symboliques et les acteurs différenciés, en même temps qu'éclatent l'univocité et l'unidimensionnalité, communément reçus, de la relation, au double sens de récit et d'interaction sociale.

Plus largement, la modernité sociale et religieuse dépasse la rationalité technico-scientifique, l'urbanisation et la consommation marchande: elle est également réhiérarchisation cognitive et sociale, catégorisation des positions, centralisation bureaucratique, ecclésiastique aussi bien qu'étatique, désintégration de la plausibilité des contenus religieux institutionnels dans une société en procès de désenchantement. Dans le passage de la tradition à la modernité, la société québécoise est traversée par des conflits qui sont facteurs d'une certaine pluralisation. D'un côté, la grâce institutionnelle se combine à la compensation idéologique de la marginalisation ethnique dans un nationalisme de survivance profitant aux professions libérales, clergé compris; de l'autre, la grâce «charismatique» informe un projet de redéfinition des rapports entre nationalisme et modernité, en faveur d'une mobilité sociale accrue dont bénéficieraient les frères éducateurs et les couches inférieures, tous deux structurellement subordonnés.

L'analyse nous a mené à une relecture de la sécularisation et de la pluralisation en référence à la modernisation de la société globale et des corps religieux. La religion apparaît aussi bien une force d'intégration à l'ordre établi, de stagnation, qu'un lieu de protestation institutionnelle, de novation. En regard de la praxis croyante ou directement pastorale, des thèmes sont esquissés, des questions soulevées. Mentionnons la formulation, et la prégnance, du discours chrétien dans un monde sécularisé, le lien de ce discours à une tradition particulière et à l'expérience en société, le réaménagement des pouvoirs dans l'Église, bref le «prix de la grâce» (Bonhoeffer, 1985). En comparaison avec les cas précédents, les dimensions s'élargissent, s'approfondissent, de par l'étendue et la richesse du dossier au passé; à quoi s'ajoute, rappelons-le, le vis-à-vis stimulant des interventions au présent.

Réflexions méthodologiques:

connaissance de modernité et praxis pastorale

La formalisation des cas pivote autour des termes que sont le chercheur intervenant, l'acteur participant et l'activité objet de scrutation. Le contexte est marqué par le désenchantement de la société, la pluralisation socio-religieuse et la rationalisation techno-bureaucratique conséquente à la décléricalisation. Dans les praxis, des perceptions, des valeurs et des objectifs informent l'imaginaire et l'activité d'acteurs qui, subordonnés et autonomes tout à la fois, avancent une protestation de la définition institutionnelle de la croyance. Nous n'allons pas développer le contenu du mouvement brièvement rappelé. Là-dessus, nous renvoyons aux analyses (Turcotte, 1980, 1985, 1988). Bien plutôt, nous allons nous en tenir à des indications méthodologiques. Ce centrage prend un relief particulier du fait que les études pastorales vont dans toutes directions, que les instances ecclésiastiques supérieures entendent enserrer la connaissance et la pratique de foi dans la sphère du sacré institutionnalisé.

Nous n'allons pas nous étendre sur la question de l'objectivité du chercheur. Les discussions à ce propos ne manquent pas dans la littérature des sciences sociales. Par ailleurs, le problème nous paraît piégé, s'il est posé dans les termes d'un expert capable de disséquer un objet figé dans le temps. N'avons-nous pas affaire à des agents de part et d'autre, à des sujets porteurs d'une vision particularisée du monde et insérés dans une société avec la totalité de leur être? En outre, n'est-ce pas accorder à la science une puissance magique que de la considérer, un dernier recours, comme un moyen de surpassement des conditionnement quotidiens? Ainsi, on s'en remet à un agent extérieur après avoir épuisé ses propres ressources, et la suite va du désappointement à la référence inconditionnelle devant le rapport de l'enquêteur, surtout s'il est chiffré.

Or, qu'en est-il du rapport entre le quantitatif et le qualitatif en regard de l'objectivité, notamment dans les sciences pastorales? Nous soutenons que l'objectivité avancée par les fonctionnalistes faisant appel à des méthodes quantitatives n'est pas moins relative que celle des méthodes qualitatives. La relativité du quantitatif fonctionnaliste est tout simplement gommée la sophistication d'outils disponibles à leurs seuls fabricants corporativement reconnus. L'effect de cryptation est renforcé, entre autres choses, par le cumul statistique qui ne saurait souffrir quelque écart. La détermination devient déterminisme, faute de pouvoir complexifier les relations cognitives, de compter avec les données négatives, bref de prendre en compte l'inattendu qui pousse à reformuler les hypothèses. Que la religion, au sens d'un fait social total, soit objet d'enquête, le quantifié, d'après nous, ne saurait être qu'un indicatif, significatif certes s'il est construit en accord avec la démarche scientifique (Merton, 1968).

Dans la même ligne, nous nous étonnons de l'attrait des méthodes strictement quantitatives et considérées pour elle-mêmes dans le champ des sciences pastorales au Canada. Des lunes ont passé depuis la physique sociale d'Auguste Comte. L'épistémologie des sciences sociales a depuis lors emprunté d'autres voies que celle du calque des sciences exactes ou appliquées. Ceci dit, les secondes servent encore grandement à mesurer la prégnance cognitive et l'utilité sociale des premières, en particulier de la part des directions industrielles ou bureaucratiques gouvernementales. Les critères fonctionnalistes ont cours aussi bien auprès des instances religieuses, de sucroît jalouses de leur pouvoir exclusif d'interprétation et de définition de la réalité.

Néanmoins, l'instruction constitue un référent obligé. N'est-elle pas en mesure d'offrir le cadre de soutien, outre matériel, symbolique et normatif de l'existence, individuelle et collective? Que l'instance régulatrice soit méconnue ou ignorée par les sujets concernés dans l'analyse, la lecture de situation risque d'être tronquée, de même que le discernement tourné vers l'action. Celle-ci, d'après nous, ne saurait pour autant être régie par le calcul rigoureusement fonctionnel à l'institution (éthique de responsabilité), ni par la défense d'une cause peu soucieuse de ses conséquences (éthique de conviction) (Weber, 1974). S'il nous faut plaider, c'est en faveur d'une voie médiane où l'arbitraire de la conviction se frotte à la critique analytique, où cette dernière accepte de reconnaître des composantes non strictement rationnelles de l'activité humaine.

Qu'en est-il de cette question sur le terrain? Dans les dossiers présentés ci-dessus, la composition des deux éthiques varie selon les groupements et les temps de leur évolution. Ainsi, l'action de conviction est plus accentuée chez les militants viatoriens, épris de changements radicaux du Saint-Rosaire affairées à faire le point. Le croisement de la stratégie fonctionnelle et de l'engagement pour une fin utopique est singulièrement visible auprès des frères éducateurs. Ceux-ci conjuguent un idéal religieusement surdéterminé et une rationalité ramifiée dans le quotidien éducatif, notamment au moment des passages conflictuels à un niveau supérieur d'accomplissement de leur projet.

Les déplacements diachroniques sont tout autant significatifs. En effet, la modernisation du Québec au début de ce siècle et surtout pendant l'entre-deux-guerres, la socialisation congréganiste à un aménagement méthodique de l'activité de production, sinon de toute l'existence, en conjonction aux vertus chrétiennes, s'est ravivée dans un secondaire public renouvelé. Dans les années cinquante, la modernisation s'est accompagnée progressivement de la dissociation d'éléments jusque-là conjugués: d'un côté, la connaissance scientifique et le savoir-faire technique, tous deux vecteurs d'une efficacité mesurable; de l'autre, la culture imprégnée de religion catholique. La scission a généré progressivement la disjonction de la vocation à l'éducation de la tâche de l'instruction. L'engagement pour la cause éducative est devenue une affaire personnelle ou réduite à des enclaves dans le système d'enseignement. Dans le prolongement de cette fission, les religieuses de Rimouski, comme d'autres congrégations, ont emprunté la voie d'une réactivation de la finalité en valeur, conjointement à un projet raisonné. L'intention du même ordre ne va pas sans problème auprès des Viateurs militants qui sont préoccupés de gestion financière et d'insertion institutionnelle après avoir abandonné le cadre congrégationnel, soutien matériel et lieu de rappels répétés à des objectifs non directement fonctionnels.

Le mixte des éthiques n'infirme pas la prédominance des traits de l'une sur ceux de l'autre, ni l'importance des déplacements diachroniques. Pas plus d'ailleurs que la composition exprimée découle nécessairement d'une intention réfléchie. La composition se présente même comme largement subie. Il en est ainsi quand elle est la résultante d'accommodements de la résultante d'accommodements de la conviction à des nécessités imprévues, quand le calcul est serré à un point qu'il ne peut admettre une dynamique autre. Le chercheur se trouve éventuellement devant une plus grande complexité que celle évoquée. N'a-t-il pas pour tâche d'en démêler l'écheveau factuel et d'en cerner les facteurs, d'en dessiner une interprétation? En ordonnant des connaissances, n'invite-t-il pas à une action où la valeur reconnaît le calcul, et vice-versa? Cette production n'est-elle pas reliée finalement à la vision du chercheur aussi bien qu'aux méthodes utilisées?

La vision du chercheur intervient le long du processus heuristique. Elle joue pour une part dans le choix des thèmes de recherche, du cadre de référence, comme pour les insistances analytiques. Plus précisément, les questionnements des agents étudiés croisent ceux de l'enquêteur. En final, celui-ci est apte à rendre compte de son objet pour autant qu'il est en mesure de se dire clairement ce qu'il en est d'un point de vue sociologique. La compréhension objectivée obtenue a supposé bien plus que l'utilisation d'une méthode; elle a requis la maîtrise de ses démons intérieurs, — encore faut-il les avoir identifiées? —, l'éveil constant à l'inconnu et la conscience d'une dialectique avec l'objet, une dialectique pétrie de sympathie et de vigilance, envers soi-même d'abord.

Nous sommes loin des prétentions quantitatives ou fonctionnalistes évoquées plus haut. Nous ne récusons pas pour autant le savoir-faire des méthodes. Leur utilisation concourt conviction à des nécessités imprévues, quand le calcul est serré à un point qu'il ne peut admettre une dynamique autre. Le chercheur se trouve éventuellement devant une plus grande complexité que celle évoquée. N'a-t-il pas pour tâche d'en démêler l'écheveau factuel et d'en cerner les facteurs, d'en dessiner une interprétation? En ordonnant des connaissances, n'invite-t-il pas à une action où la valeur reconnaît le calcul, et vice-versa? Cette production n'est-elle pas reliée finalement à la vision du chercheur aussi bien qu'aux méthodes utilisées?

La vision du chercheur intervient le long du processus heuristique. Elle joue pour une part dans le choix des thèmes de recherche, du cadre de référence, comme pour les insistances analytiques. Plus précisément, les questionnements des agents étudiés croisent ceux de l'enquêteur. En final, celui-ci est apte à rendre compte de son objet pour autant qu'il est en mesure de se dire clairement ce qu'il en est d'un point de vue sociologique. La compréhension objectivée obtenue a supposé bien plus que l'utilisation d'une méthode; elle a requis la maîtrise de ses démons intérieurs, — encore faut-il les avoir identifiés? —, l'éveil constant à l'inconnu et la conscience d'une dialectique avec l'objet, une dialectique pétrie de sympathie et de vigilance, envers soi-même d'abord.

Nous sommes loin des prétentions quantitatives ou fonctionnalistes évoquées plus haut. Nous ne récusons pas pour autant le savoir-faire des méthodes. Leur utilisation concourt manifestement à la distance critique. Dans le rapport des interventions, nous avons situé une succession méthodologique commune: l'exploration configurative, le questionnement pour la formation des hypothèses et la cohérence théorique, la scrutation de vigilance en référence aux deux points précédents (Bourdieu, Chamboredon, Passeron, 1973). Les trois temps, tout en se distinguant, s'enchaînent en interaction. Ils n'ont donc rien d'étapes tranchées. Ainsi le questionnement théorique se façonne dans l'exploration, comme les données inattendues forcent à élargir la configuration et à revoir les hypothèses initiales. La chance d'une interrelation plus fluide nous apparaît élevée quand l'objet est un agent saisi en direct et non figé dans les archives. Ici, comme nous l'avons déjà souligné, l'observation peut devenir participante jusqu'à un certain degré. De la sorte, le dossier est réactivé: il trouve une actualité, subjective en son principe, il donne une épaisseur à la connaissance empirique, et surtout il stimule le questionnement théorique par la complexification des rapports dialectiques, tout en remontant à la genèse de questions au présent.

La démarche socio-historique est difficilement conciliable avec l'arrêté d'une distance minimale de vingt-cinq ans pour assurer l'objectivité de l'auteur. En outre, le récit ne saurait se limiter à des faits datés, parsemés de citations. La reconstitution factuelle importe au premier chef, à la mention près que la corrélation ne tient pas au cumul événementiel ou à l'invocation de l'évidence, mais plutôt au cadre de référence (Ricœur et de Certeau, 1984). Rappelons que celui-ci est construit par une personne du présent et non du passé lointain, avec ce que cela implique d'étrangeté de part et d'autre. Par voie de conséquence, il s'établit entre l'historien des sciences sociales et son matériau une relation de familiarisation apparentée à celle de l'enquêteur avec des acteurs ici et maintenant. Ceux-ci sont en mesure de répondre directement aux questions suscitées par l'enquête, tandis que les traces archivistiques sont susceptibles de données ou d'hypothèses insoupçonnées dans les conditions actuelles. L'information recueillie sur le passé, comme son interprétation, peuvent être d'importance pour l'action pastorale au présent, à la façon de vis-à-vis bien davantage que de modèles à reproduire.

Le récit interprétatif, l'enquête localisée et l'observation participante ont en commun de fournir une lecture où la compréhension l'emporte sur l'explication. De plus, il s'est établi une interaction cognitive entre les analyses socio-historiques et les interventions auprès de groupements d'action. Ces groupements ont bénéficié d'outils conceptuels et méthodologiques, ont pu même se les approprier, en vue de prises de décision circonstanciées par suite d'un discernement incluant une interprétation objectivée de la situation. Il y a eu apprentissage à une façon de lire la réalité, et l'épreuve opératoire d'outils conceptuels et méthodologiques est passible d'efficacité consécutive.

La restitution instrumentale suscite des refus de la part des instances de régulation interne. Ainsi, en marge des descriptions antérieures, nous est-il arrivé de rencontrer un conseil de congrégation qui, après avoir fait état de problèmes courants, s'est enquis de méthodes et de théories résolutoires. Sitôt fait, le conseil a manifesté l'intention de diriger lui-même l'enquête avec un bagage rudimentaire, justement afin de remodeler, de son point de vue, la cohésion du groupement. Ce n'est qu'un exemple, parmi d'autres, où la direction administrative, congréganiste ou ecclésiastique, coupe court à l'exploration, avec l'objectif de recanaliser les énergies, d'accroître le contrôle des comportements. Le resserrement souhaité se produit-il? Dans la dizaine de cas de détournements dont nous avons été témoins, la désagrégation globale s'accroît là où elle était déjà avancée, pendant que le contrôle devient plus serré sur la part des sujets mal équipés pour offrir quelque résistance à la direction. Cette dernière enrichit la culpabilisation des consciences de la sanction scientifique, pour soumettre des individus et des groupements, déjà subordonnés financièrement ou psychiquement, à des ordres encore plus impératifs qu'auparavant. La façon de faire signalée mériterait d'être scrutée, fût-ce à partir d'une documentation réduite.

Dans le cadre de notre propos, l'autorégulation au sein de l'Église catholique des derniéres années apparaît liée à la tendance à ne prendre en considération que les aspects strictement théologiques institutionnels et utilitaires immédiats de la fonction pastorale. Il découle de cette orientation que la formation de base des pasteurs se limite aisément à un survol de la connaissance théologique au goût du jour; le survol est complété par l'acquisition de techniques de communication sous forme de capsules recevables au seul critère de l'efficacité mesurable. Puise-t-on au réservoir des sciences sociales, c'est comme ajout informatif, confirmation idéologique ou fondement scientifique à l'art d'intervention. De part et d'autre, la référence exclut la critique de la fabrication, ou de la portée des instruments conceptuels, et encore plus la confrontation de l'action à des perspectives théoriques. Comment peut-il en être autrement quand est évacuée quelque connaissance épistémologique, quand les formateurs ignorent tout de l'approche des sciences sociales, même qu'ils se font les véhicules autorisés des raccourcis à leur endroit? La porte est ouverte à un savoir marqué par la subjectivité de la conviction personnelle, la considération du discours conciliaire comme la réponse dernière à quelque problème, l'exclusivité de possession du corpus à une minorité fondant sa domination par la transmission fragmentée ou approximative.

Ces traits sont opposés diamétralement à ceux de la perspective exposée jusqu'à maintenant. En particulier, ils mettent en sourdine la dimension sociale de la pastorale. Or, son agent ne procède-t-il pas à une lecture de l'environnement, et cette lecture n'informe-t-elle pas, pour une part tout au moins, l'action? Là entre en jeu la méthode des sciences sociales. De fait toutefois, la pratique quotidienne des pasteurs ne renvoie-t-elle pas à un bagage d'impressions confortées par les courts récits des sessions, des conférences-synthèses, des débats sur des points chauds? La réflexion critique conjuguée à une pratique située nous apparaît le lot plutôt de croyants, souvent des non-clercs, qui ne sont pas confinés au religieux institutionnel en raison même de leur insertion sociale, qu'elle ait ou non une finalité explicitement pastorale. En arrière-plan, et notamment au Canada français, se joue ces années-ci la redéfinition des rapports entre religion et culture après les ruptures de la modernité, elles-mêmes revisités dans les tensions entre clercs et laïques, entre symboliques religieuses, institutions catholiques et formations sociales différenciées. Le rapport de la foi à l'histoire recoupe celui du savoir au pouvoir.

En corrélation, l'action pastorale intéresse les sciences sociales, qui la concernent aux côtés de la théologie et des techniques du savoir-faire (Lemieux, 1987). Comme nous l'avons déjà suggéré, les relations entre les trois référents, distincts par leur nature et leur fonction, se nouent dans des tensions révélatrices des enjeux de définition et de régulation de la praxis pastorale. La question de l'autorité en la matière renvoie finalement à un rapport de la connaissance à l'action. Ainsi, l'approche déductive se fonde sur un préfabriqué, en l'occurrence un donné textuel dont découle la praxis croyante, grandement définie a priori. La déduction peut se mâtiner d'induction circonstanciée. Ici, la production s'apparente au rafistolage, technique ou conceptuel, préoccupé de réponse rapide à des besoins ponctuels. Dans la praxis ainsi façonnée, le modèle du travailleur social a remplacé celui du «notable de la place», image sociale séduisant encore les milieux ecclésiastiques. D'où notre hypothèse que la distorsion entre les conditions de la pratique quotidienne et la revendication, rarement avouée explicitement, d'un prestige social élevé aurait pour effet exprimé, parmi les possibles, la conjonction du perfectionnement professionnel à court terme, utilitariste et subjectivement sélectif, au refus de réaménager un savoir et un faire assimilés à un état de vie.

Pour ce qui est de la démarche des sciences sociales, elle implique une articulation de l'idéation à la pratique qui soit construction d'analyse et non composition fixée d'avance ou intemporellement. Il s'agit là d'un trait majeur de la connaissance de modernité, qui met au ban de la tradition passéiste, voire aliénante, la conformité inconditionnelle au corpus d'une institution légitimée de s'imposer par la référence à un sacré prédéterminant, à un «c'est comme ça» *ab initio, in illo tempore*. L'être humain n'est-il pas l'agent de sa destinée, renvoyé de la sorte à sa responsabilité et à sa liberté? De même, ne procède-t-il pas à une réflexion situationnelle incluant une vision de son existence dans le temps et l'espace? La vision particularisée entre dans les processus cognitifs tant que praxéologiques. En ce qui regarde le chercheur, sa croyance est engagée, outre les signalements précédents, au point de pousser éventuellement au maximum les possibilités heuristiques du cadre théorique, justement en introduisant le doute sur ses capacités d'une compréhension entière. À titre d'exemple, Ernst Troeltsch a raffiné la dialectique à un point inégalé entre les conditions matérielles et l'idéation, en raison de sa préoccupation d'une ouverture au transcendant, là même où les déterminations historiques le conviaient à son évacuation hors du cours historique (Troeltsch, 1976; Séguy, 1980).

Sur un volet adjacent, le risque de confusion n'est évidemment pas absent entre les secteurs ou paliers de la connaissance, comme de la praxis. Le lien nécessaire appelle la séparation aussi bien que la reconnaissance des compétences situées, en particulier dans une entreprise globale qualifiée de pluridisciplinaire. Quant à la sphère du sens, les sciences sociales produisent de la signification dans l'ordre des réalités avant-dernières et non des réalités dernières, selon l'expression de Dietrich Bonhoeffer (Bonhoeffer, 1965). Elles sont donc incompétentes sur la signification ultime de l'existence; mais elles sont en mesure de la questionner, d'en aiguillonner la quête, comme par suite de la relativisation des virtualités, ou des effets, de la modernité. Bref, les sciences sociales saisissent l'architecture du sens et sa gestion socio-historique comme expressions d'une expérience qui, elle, nous échappe comme tension vers le réel.

Conclusion

Notre propos, après avoir été rapide sur plus d'un point, se termine par des volets suggestifs. En fin de parcours, un mot clé nous paraît avoir servi de fil conducteur, c'est celui d'écart entre des termes par ailleurs interreliés. Le psychologue parlerait d'intégration sans fusion, le philosophe ou le théologien, d'union dans la différence. La distinction, cette relation d'altérité, n'est-elle pas inscrite dans l'histoire de la tradition abrahamique? Sa structuration événementielle, nous la rendons par cette assertion d'allégeance pluridisciplinaire: La grâce se fraie un chemin au travers de déterminants, y compris la liberté et par delà les apparences ou les illusions. Dans le cheminement historique de la grâce, les sciences sociales sont en mesure d'apporter et une perspective et un mode spécifique d'insertion.

References

BONHOEFFER, Dietrich

1965 *Éthique*. Genève, Labor et Fides, 320 p.

1985 *Le prix de la grâce*, Paris, Cerf, 251 p.

BOURDIEU, Pierre, CHAMBOREDON, Jean-Claude, PASSERON, Jean-Claude

1973 *Le métier de sociologue. Préalables épistémologique s*. Paris/ La Haye, Mouton, 357 p.

DE CERTEAU, Michel

1975 *L'écriture de l'histoire*. Paris, Gallimard, 358 p.

DESROCHE, Henri

1968 *Sociologies religieuses*. Paris, Presses Universitaires de France, 220 p.

HILL, Michael

1976 *A Sociology of Religion*. Londres, Heinemann, 285 p.

LEMIEUX, Raymond

1984 «La morgue scientifique: les mouvements religieux et le sociologue chercheur» dans Jean-Paul Rouleau et Jacques Zylberberg (dir.), *Les Mouvements religieux aujourd'hui. Théories et pratiques*. Montréal, Bellarmin, p. 151-172.

1987 «Théologie, science et action: les enjeux du discours pastoral» *Laval théologique et philosophique* 43-3, p. 321-338.

MERTON, Robert K.

1968 *Social Theory and Social Structure*. New York & Londres, The Free Press, 702 p.

RICŒUR, Paul, GREISCH, Jean, DE CERTEAU, Michel, LABARRIÕRE, Pierre-Jean

1984 *Débat autour du livre de Paul Ricœur «Temps et récit»*. Paris, Cahiers Recherches-Débats, 31 p.

SÉGUY, Jean

1980 *Christianisme et société. Introduction à la sociologie de Ernst Troeltsch*. Paris, Cerf, 334 p.

1984 «Pour une sociologie de l'ordre religieux». *Archives de Sciences Sociales des Religions* 57-1, p. 55-69.

TROELTSCH, Ernst

1961 *Die Soziallehren der christlichen Kirchen und Gruppen*. Aalen, Scientia, XVI + 994 p.

TURCOTTE, Paul-André

1980 *Des religieuses à la croisée des chemins. Rapport de l'enquête socioloqique menée dans la Congrégation des Sœurs de Notre-Dame du Saint-Rosaire (décembre 1979 - mai 1980)*. Rimouski, Les Sœurs du Saint-Rosaire, (polytypé) 175 p.

1985 *Les chemins de la différence. Pluralisme et aggiornamento dans l'après-concile*. Montréal, Bellarmin, 198 p.

1988 *Utopie et modernité: L'enseignement secondaire public des frères éducateurs (1920-1970)*. Montréal, Bellarmin, 1988, 220 p.

VIAU, Marcel et Brodeur, Raymond (dir.)

1987 *Les études pastorales: une discipline scientifique?* Québec, Groupe de recherches en sciences de la religion, 398 p.

WEBER, Max

1974 *Le savant et le politique*. Paris, Plon (coll. 10/18), 185 p.

Johannes A. van der Ven

PRACTICAL THEOLOGY
AS
CRITICAL-EMPIRICAL THEOLOGY

Abstract

In this paper the thesis is defended that practical theology may be interpreted in terms of critical-empirical theology. In the first part the approach, in which practical theology internationally is seen as action theory, critical-empirical theology is deepened from an empirical perspective. In the second part this empirical orientation is developed from a critical-theological point of view, which may be found in liberation theology. In the third part the procedures of an empirical theology, establishing itself from a critical-normative frame of reference, are clarified with the help of an illustrative example, namely an empirical research project on critical prayer education.

An important question, which determines the contemporary development of the logic and methodology of practical theology, refers to the relation between practical theology and the social sciences. In my opening article in the Journal of Empirical Theology, I have distinguished three positions which can be found in international practical theological literature (van der Ven 1988). Some authors interpret practical theology exactly as one of the social-scientific disciplines (Herms 1978). Other authors see practical theology both as a theological and as a social scientific discipline (Nipkow 1971). Most authors understand practical theology exactly as a theological discipline. They only take the social sciences into account in order to develop and to treat theological problems. They use the social sciences for theological aims (Klostermann/Zerfass 1974).

Within this last position, the ways in which the social sciences can play their role in the practical theological argument can vary. Two ways can be distinguished. The first one can be called the reflective model, the second the empirical-analytical model. Within the reflective model, practical theologians do not conduct empirical work themselves; they receive the research reports of their social-scientific colleagues and discuss them from a practical-theological point of view. One may also call this the two phase model: first the reception of social-scientific research results, and then the critical interpretation of them within a practical-theological frame of reference. The most illustrative examples from the European continent are the practical-theological analysis of Rahner and Greinacher (1964) and Haarsma (1970). Sometimes a third phase is added in which the confrontation between the social-scientific results and the theological insights merge into practical-theological action models. Greinacher (1988) expresses himself in this way, although refusing the term phases by assuming a dialectical relationship between the three components: actual analysis, theological confrontation and *"pragmatic techne"* (or, what he calls *"experience empirique"*). The empirical-analytical model, on the other hand, is characterised by the use of empirical methods and techniques of conceptualization, operationalization and statistical analysis by theologians themselves in order to explore and to treat specific practical-theological problems. Here, I take this empirical-analytical model as my starting point.

Within the frame of reference of this model, one of the fundamental problems is the relationship between the empirical-analytical approach and the normative approach, both of which are constitutive components of practical theology. With the object of empirical-theological analysis being understood as religious praxis as it factually is, the question is whether the normative approach, which refers to what religious praxis ought to be, becomes obscured or perhaps even ignored. This would imply the danger that practical theology, conceived as empirical-analytical theology, reinforces the status quo of church and society, including the processes and structures of oppression and alienation which are present in them. This would fundamentally contrast with the evangelical message of liberation. In this case, practical theology would hinder the progress or *"Wirkungsgeschichte"* of the prophetic tradition in the Bible, culminating in the man Jesus of Nazareth, the unique image of God. In other words, the question is whether and how empirical-theological analysis can be critical of factual religious praxis, as conditioned by church and society.

As may be evident from the title of this paper, I like to stress the possibility as well as the necessity of a critical-normative approach within the empirical-analytical model. The title contains the word "critical," since it is closely connected with "empirical theology." It is possible to explain the validity of this connection from the general insight that absolutely value-free empirical research can never take place because of the value-bound choice of the research question at the beginning and of the evaluation of the research results at the end of the investigation (cf. Weber 1968). I would like to treat the problem of "critical-empirical theology" in a more specific way. I take as my starting-point the paradigm which determines the contemporary development of practical theology, namely: action theory (cf. Mette 1978). From the perspective of religious praxis and respectively religious action, which is the object of practical theology, the term "critical-empirical theology" may be clarified and legitimized.

The sequence of the topics in this paper is as follows. First, I would like to elaborate on the action concept which is the basis of the modern logic of practical theology. I will distinguish between the structural and the functional aspects of action. Within this distinction, the component of the aims of action plays a key role. Empirical theology may take this key function as the starting-point of its critical-normative approach (1). After that, I will question which normative paradigms, methods and criteria are to be used in order to select and justify theses aims in an adequate way (2). Finally, I will discuss the procedures by which the critical-normative approach can be built into the phases of empirical theology (3).

Religious and pastoral action

In what kinds of human actions has practical theology an interest? The answer reads: religious and respectively pastoral actions within their ecclesial and societal context(s). Dahlfert (1981) has categorized religious actions along three dimensions: reception, response and reaction in relation to God's revelation. The first refers to the receptive action of religious experience, the second to the responsive action of prayer, and the third to the reactive norms of confession and "kerygma." One may broaden the responsive action with sacramental-liturgical actions (Grabner-Haider 1975), and add "martyria" to the reaction actions (Arens 1982). In this "martyria," narrative-prophetic aspects are implied, which are based on the critical memory of the suffering and resurrection of Jesus. In connection with this, ethical action or "diakonia" may be mentioned (Vergote 1984). In summary, without being exhaustive, we may say that the object of practical theology is religious action within its ecclesial and societal context(s), like religious experience, liturgy and prayer, confession, "kerygma," "martyria" and "daikonia," as well as the advance of these religious actions by pastoral action (van der Ven 1988).

Within the empirical-analytical model, mentioned above, we have to analyze the concept of action into a number of aspects, This is necessary because, otherwise, actions as religious experience, liturgy, "martyria," "diakonia" etc. can not be researched. It is impossible to make scientific judgements about the spiritual renewal in religious experiences or the transformation in liturgy services without clearly defining the aspects which are under investigation. Whatever scientific judgements may be, a minimum criterion may be found in the requirement that they are to be visibly controllable in terms of validity and reliability. Without an aspect-oriented approach, practical theology remains caught within holistic terms which hinder the satisfaction of this requirement.

What is human action? Defining action is a difficult task. But, at least we can indicate the terms by which action may be described. My proposal is to understand human action in terms of changing man's interaction with his environment. From this conception of action, two kinds of aspects can be distinguished, namely, structural and functional ones. The first has to do with aspects which refer to the structure of action, which is studied by action logic. The second relates to the psychic and social functions, which are implied in action, and which are the subject of the psychological and sociological theory of action.

Within the logical analysis of the structural aspects, action is understood in terms of change. Change can be interpreted as the transition from the one state of affairs to the other. This transition may occur transitively and intransitively. Intransitive transitions take place without human interventions: the new state of affairs comes into being in a "natural" way. Human actions belong to the category of transitive transactions. They are characterized by a free, intentional change from situation A to situation B. At least, this freedom and intentionality can be reconstructed afterwards. If they are not, the transitive transactions, being at stake, are not to be interpreted as human actions ("actus humanus"), but as behaviour ("actus hominis"). Put otherwise, human actions can be understood as free, intentional behaviour. By the way, this distinction implies the relevance of defining practical theology as action theory, and not as a behavioural science. From the perspective of action logic, productive and preventive human actions have to be distinguished. Actions may, according to their aims, cause or hinder change. The possibly preventive character has to do with the difference between transitivity and intransitivity of change. If an intransitive change takes place, which one tries to hinder because one does not want the "new natural state of affairs," we may speak of preventive action (Von Wright 1980). Also, the distinction between active and passive actions may be relevant. Whereas active actions intend to produce a new state of affairs, passive actions may accept the "new natural state" by free and intentional tolerance or by free and intentional omission of specific active action. This tolerance and omission are human actions (Brennenstuhl 1980).

Now, we are able to sum up the three most important structural aspects of human actions: the state of affairs at the beginning of the action, which we may call the conditions of action; the intended state of affairs at the end of it, which may be called the aims of action; the action itself, consisting of methods and means, which cause the transition from the conditions to the aims.

Among these three aspects, the aims are to be understood as the key term. Note that the conditions are relevant only in reference to the aims. Practitioners and researchers take only those states of affairs into account which are important from the perspective of the aims. The general state of affairs can be innumerably manifold, whereas conditions are only those that are the relevant state of affairs at the beginning of the action. Also, the choice of the methods and means depends on the aims under investigation. In correspondence with this the criterion of evaluation of the methods and means is implied in the aims. On the other hand, the conditions influence the aims, although in a less strong measure. Also, the methods and means may affect the aims in their turn, although, again, in a less powerful way. The aims play a key role, forward and backward.

Let me explore the relevance of this structural analysis of human actions for practical theology by giving some examples in relation to the three aspects. To begin with the first aspect, the condition of action, it is evident that knowledge about the state of affairs from which any religious or pastoral action starts is necessary for understanding that action. For example, if the hospital chaplain wants to correlate, as Tillich argues, his personal belief in the salvational power of God to the suffering and the existential needs of the patients, including their implicit theodicy-images, a diagnostic instrument concerning theodicy has to be developed. Or, to give another example, if the pastor of a parish wishes to stimulate his parishioners in the direction of society-critical involvement in the realm of war and peace, he has to know their political orientation in order to take this into account. Generally speaking, the vast majority of church members, at least in the European countries, remain in the middle of the political arena, especially at the centre-right (Stoetzel 1983). If one does not acknowledge this fact, the danger of disintegration and an open, unmanageable conflict in the parish is at stake. The second aspect relates to the aims of religious and pastoral action. From the analysis formulated above, these aims may be productive or preventive, active or passive. A productive aim of religious action is, for example, to realise a creative liturgy in which the dialectical tension between individual support and societal challenge is dramatically expressed. A preventive aim of pastoral action is, for instance, to hinder the religious stigmatization between orthodox and liberal groups in the parish. Examples of active and passive aims are: 1. to advance the development of critical-religious knowledge and participation of the parishioners in the pastoral administration of the parish; 2. to accept the authentic criticism of frustrated ex-church members by tolerating it and omitting specific actions. The third aspect, the methods and means, implied in religious and pastoral actions, may be illustrated by, for instance: liturgical verbal and non-verbal symbols and rites, outreach instruments, pastoral counseling strategies, catechetical curricula, and pastoral groupwork procedures. Here, important practical-theological questions are: what is the effectiveness and the efficiency of these methods and means? Do they really achieve what they promise? For example, is the kerygmatic approach in pastoral casework better or worse for the cognitive and emotional understanding of the gospel than the pastoral counseling approach; or, is the structure of the discipline based curriculum in catechesis better or worse than the experience based curriculum; or, is biblio-drama in pastoral groupwork better or worse than introductory exegetical exercises?

After the structural aspects of human actions have been analysed, the functional aspects have to be treated. The psychic-functional aspects have to do with the psychic functions which are implied in human actions, in so far as they refer to an individual human actor or groups of human actors. The social-functional aspects relate to the social functions in the inter-actions between human actors or groups of human actors.

Within psychology, human action, which is understood in terms of change in the interaction of man with his environment, can be studied in terms of perceptual, cognitive, affective, attitudinal, motivational and psychomotor aspects.

The perceptual aspects relate to the function of the senses as the interface between man and environment. The operation of the senses—tasting, smelling, touching, seeing and hearing—leads to perceptions or perceptual information about the physical, social and individual world in which the actor exists. This information can be seen as the result of two intimately connected processes: sensorimotor based, data driven processed and cognitively driven processes. Perceptions consist of cognitive feature analysis, pattern recognition and selective attention in relation to the mass of stimuli which are provided by the senses (Neisser 1976; Lindsay/Norman 1977). Also, socio-cognitive operations are active within perceptions like touching, seeing and hearing. The core of these operations consists of decentering from the perspective of ego to that of other on the basis of the coordination of these two perspectives (cf. Piaget/Inhelder 1966). Schachtel (1959) has argued for the distinction between autocentric and allocentric perception. Fitzgerald (1966) has operationalized the difference between them. Van de Lans (1978) has explored its relevance for religious perception. Important practical-theological issues arise such as: what is the relevance of the cognitive processes like attention, memory and expectancy to religious perception? Or, on a more complex level, what is the legitimacy of the confessional debate concerning the priority of the (multidimensional perceptual) sacramental act in relation to the (almost single dimension auditive perceptual) preaching act or the reverse? Which kinds of perceptions are mediated by liturgy and under which conditions do they factually lead to allocentric religious perception?

Although the cognitive aspects are very closely connected to and implied in the perceptual aspects, they can also be studied more or less separately. Because they are manifold, let me restrict myself to three of them: the memory, expectations and attributions (cf. Bandura 1986). The memory has to do with knowing and comprehending facts and relations of facts. This knowing and comprehending can be understood as the provisional results of the perceptual processes. Also expectations can be seen as the cognitive products of these processes, but they are future-orientated. Based upon perceptual information from the past, they anticipate the future, which is supposed to be formed along identical chains and patterns. These expectations can stimulate, but also hinder human actions. Attributions, too, can be interpreted as cognitive effects. They especially relate to the consciousness of causation of human actions. The cognitive question is whether internal or external causes are at stake. Or to put it in the terms of action logic; are they transitions from A to B, according to the attributive memory, transitive or intransitive in nature from the actor's perspective? Attributive processes can also orientate or prevent human actions. These three kinds of cognitive aspects apply also to religious and pastoral actions. So, we may ask the following practical-theological questions. Which quantity and which quality or religious memory are to be stated as a necessary (not sufficient) condition for religious actions like religious perceptions (van der Ven 1985)? Which positive and negative expectations concerning the effect of well determined pastoral actions advance or hinder these actions? Which kinds of attributions stimulate or inhibit the enactment of "kerygma" and "martyria" by pastors and active church members?

Also, the affective aspects are important. These refer to the feelings and emotions with which perceptions and cognition are connected. In literature, three positions in relation to the nature of this connection are argued: affections are the origin of perceptions and cognition; affections are the result of them; affections only accompany them (Izard 1984). However it may be, affections are positive (trust) or negative (sorrow), self-directed (assertiveness) or other-directed (empathy), extensive (gladness) or intensive (joy), superficial (irritation) or existential (fury) (Hermans 1974; 1981). They may stimulate and orientate human actions as well as interrupt and end them (cf. Frijda 1986). From this perspective, interesting practical-theological questions may be formulated such as: which kinds of emotions are mediated by a homily, which are community oriented, and to which pastoral actions do they lead, or which do they only reinforce? What is the influence of pastoral encounter groupwork upon the religious-emotional condition of parishioners in comparison to the so-called thematic interaction method?

The attitudinal aspects can be understood as the combination of cognitive and affective aspects. Attitudes can be seen as the product of beliefs in things (that they exist) and affective evaluations about things (that they possess a specific positively or negatively felt quality) (cf. Fishbein 1967). Actions can be reconstructed in terms of these beliefs and evaluations, although there is not a one-way relationship between attitudes and actions, because of other factors which also influence these actions, like motivations, as we will see in the next paragraph. Therefore, one speaks of action-tendencies in attitudes. In this realm, relevant practical-theological questions are, for example, which attitudes are the basis for participating in weekly liturgy services? Can attitudes be developed by pastoral groupwork and catechesis into a specific desirable direction and how? What kind of development is achievable: conversion from an existing attitude to another one in the opposite direction, or only the formation of a desirable, already existing attitude (cf. Feldman/Newman 1969)?

The motivational aspects too, determine human actions. They can be understood as the combination of attitudes, expectations and attributions (Heckhausen 1980). Attitudes refer to things valued as important, expectations refer to the measure in which the values, implied in the attitudes, can be realized and attributions refer to the measure in which one assumes the existence of internal control over the achievability of the values under consideration. For instance, one may strongly desire that congregations of Christians function as a forceful power in the liberation of the oppressed and alienated man within modern societies, but at the same time one must observe that their influence is rather small or even non-existent because they do not undertake systematic action on a large scale. The practical-theological question is why not? Here, the motivation concept may be helpful, because it may clarify that the members of these congregations highly value their liberation task, but that they do not expect that they can realize it themselves. Without motivation, human actions are not executed. Another question is, whether and by what means ethical motivation can be heightened and intensified by pastoral action programs, accompanied by catechical programs, especially by taking small steps in the direction of small objectives.

Lastly, the psycho-motor aspects are important, because human actions mediate themselves by, for instance, facial, gestural, postural motions and by touching behaviour, and also by paralanguage symbols relating to the use of voice, like rhythm, intensity, pauses and vocalizations such as laughing and crying (cf. Izard 1984). These psycho-motor movements can be seen as having an intrinsic value in themselves because they are, for instance, the direct symbolizations and expressions of emotions. They can also be interpreted as having only an extrinsic significance, because they are instrumentally directed to other aims. So, one may ask the practical-theological question: which use of space (keeping public, social, personal or intimate distance) is adequate in which kinds of pastoral contacts in the perspective of which pastoral aims? Or, in the use of voice, which intensity and pauses are relevant to which kinds of homily in which kinds of liturgy?

After the psychic-functional aspects of human actions have been treated, the social-functional ones have to be considered. They have to do with the social inter-action between individual actors and groups of actors. This social interaction may be perceived as two aspects, namely strategic and communicative aspects. Strategic actions are technical, responsible instrumental actions, which are teleological in nature, but in the sense that one takes into account the possible, expected reactions of the other party or parties. They consist of overt and hidden strategic actions. The last ones imply consciously or unconsciously misleading the other party or parties. In the case of consciously misleading, manipulation is at stake, whereas unconsciously misleading indicates psychologically inhibited, respectively neurotic interaction. Communicative actions refer to the dialogue between the parties. This speech can vary along three dimensions: the constative, regulative and expressive dimensions. The first dimension relates to the speech acts characterized by the claim of truth, the second to the speech acts, determined by the claim of legitimacy, the third to the speech acts marked by the claim of authenticity. These three kinds of speech acts with their three kinds of claims are the object of communicative actions but also the criteria of truth, legitimacy and authenticity themselves (cf. Habermas 1982). Let me illustrate the relevance of these distinctions to practical-theological research by some examples. Everybody acknowledges the relevance of overt strategic action in church and religion, good or bad. But, the danger of religious manipulation in homilies, catechetical sessions and parish meetings is not always recognized. This also applies to the danger of neurotically determined misleading in pastoral groupwork, pastoral interaction, and pastoral counseling. From the perspective of the ideal of liberative interaction, inspired by the gospel, the detection of these two kinds of deception is extremely relevant. It is the necessary condition for diminishing, respectively removing them. Also, the distinction into the three kinds of communicative actions is worthwhile to practical-theological research. Many religious and pastoral communications are hindered in the event that the sender and the receiver differ in perceiving and appraising the kind of communication involved. So, the preacher thinks that he expresses his personal faith in God in an authentic way, whereas he feels himself very tired after his homily, because, in fact, he has tried to regulate himself and his audience by using too high and too idealistic "Superego"-like imperatives. Or, the catechetical teacher expresses his or her own belief and feelings about religiously inspired movements of liberation, whereas the pupils hear this in terms of information consisting of facts and data, and vice-versa (cf. Kappenberg 1981).

Within a matrix the structural and functional aspects can be combined. The horizontal side refers, let us say, to the structural aspects, including the conditions, the aims and the methods and means. Then the vertical side relates to the functions aspects which are perceptions, cognition, affections, attitudes, motivations and psycho-motor movements, and the group of strategies and communications.

The scientific relevance of this matrix can be explained from two sides. First, the basis upon which the matrix is founded consists of the conceptual combination of the two main streams within contemporary practical theology: the paradigm of action theory and empirical investigation. In other words, the matrix shows the possibility of an empirical-practical theological action theory.

Second, the matrix may clarify the critical orientation of this empirical-practical theological action theory. Or, in other words, the matrix implies the legitimacy of the term "critical-empirical theology," which is used in the title of this paper. The key position in this approach is realized by the aims of human actions, respectively religious and pastoral actions. These aims function as criteria for the conditions as well as for the methods and means. Because of this key function, empirical theology, which takes action theory as its starting-point, implies principally a normative approach. This is caused by the norm-bound choice of the aims and the normative legitimization of these aims. Aims can be seen as the conscious or unconscious embodiment of normative obligations and values. In the aims, these obligations and values are present, implicitly or explicitly. In them, they are active whether intended or unintended. From this normative frame of reference of the aims of human actions, empirical theology realizes a critical-normative approach in so far as it orientates the aims of religious and pastoral actions in the direction of the prophetic tradition of liberation. The criteria for it can be found in the prophetic message of the Bible, especially in relation to Jesus who referred, in the perspective of the kingdom of God, to the liberation of man and society from suppressing and alienating structures and processes. Further, in this paper, I will elaborate on this topic in detail. In summary, the conceptual analysis, implied in the matrix, contributes to the development of a critical-empirical action theory, which can be seen as a foundation of practical theology.

Paradigms, methods and criteria of

critical-normative reflection within empirical theology

The reader may ask whether the essence of critical-normative theological thinking within critical-empirical theology can be specified. I have pointed to the key position of the aims of religious and pastoral actions from an action theory point of view. In these aims, I have said normative obligations and values are implied; aims are the embodiment of these normative obligations and values. In the case of religious and pastoral actions, they are religious and pastoral obligations and values. An example of an aim of a religious action is that Christians should develop solidarity with the poor (obligation); or that Christians are attracted by the Utopian view of the kingdom of God, in which poverty is eliminated (value).

I like to stress three problems in this area. They refer respectively to the paradigms, the methods and the criteria of critical-normative thinking by which the obligations and values, being implied in the aims of actions, have to be selected and justified.

The first one, the paradigm-problem, has to be treated from the point of view of what obligations and values really are. What is the nature of obligations and values? From the answer to this question the paradigm problem can be solved, at least in principle because the selection of paradigms depends on the nature of the object of investigation. Within meta-ethics, a number of different definitions of the nature of obligations and values can be found. In this area, a fundamental distinction can be made between emotivism, intuitionism, naturalism and cognitivism (cf. Frankena 1973; Hare 1967; 1973; Schuller 1980). Emotivism implies that obligations and values are only the expressions of feelings and affections and that these expressions, if they are factually made, have as their only goal the persuasion of other people. Intuitionism can be seen as a reaction against emotivism, because it points explicitly at the cognitive nature of obligations and values. This cognitive character is implied in the intellectual, although pre-rational, intuition by which the obligatory or value-bound load of actions to be realized, can be perceived. Naturalism evaluates this approach of the cognitive character as being too meagre, if not false. From its perspective, intuitionism is too soft; it depends too much on uncontrollable, subjective experience processes. Naturalism posits that the claims of obligations and values can be justified by hard empirical procedures. What is obligatory and valuable, what is worthy and desirable, is to be determined by systematic observation. What "good" is, is empirically testable, because "good" is "utile" (utilism) or "hedonic" (hedonism). The weakness of naturalism is called naturalistic fallacy, which implies the drawing of an inference from "is" to "ought." Finally, cognitivism argues for the cognitive nature of obligations and values by paying central attention to the rational argumentation which can be developed in order to justify them. One may call it argumentative-communicative cognitivism (cf. Habermas 1982).

In my opinion, practical theology has to make a choice in this area, if it considers the critical-normative approach to be of high value for its own development. I think that practical theology contents itself too easily with positing that critical-normative thinking is necessary, without clarifying which of the meta-ethical paradigms has to be selected or at least preferred. Sometimes, I suppose, practical theology uses one or more of these paradigms in an unintended, unconscious and confused way. I also suppose that it uses many emotivism-based justifications of obligations and values. It is not always easy to discern the practical-theological emotivism, because it is accompanied by citations from and references to "holy" texts, to be found in the Bible, the books of the church fathers and the ecumenical councils. By this holiness, emotivism gets some inviolability (cf. Weber 1980). This is evident, for instance, from statements like: Amos, the prophet, has revolted against the rich, and therefore, we Christians feel in the same way that we have to create rebellion. I am not against the content of this statement, only against the normative emotivism implied in it. From my point of reference, practical theology has to orientate itself in the direction of argumentative-communicative cognitivism. The general objections against emotivism, intuitionism and naturalism are so strong, that the "via reductiva" leaves only this form of cognitivism untouched. The positive feature is to be found in the critical approach which is implied in this kind of cognivitism, and by which every obligatory or value-bound claim can be questioned and becomes an object of free, democratic discussion and discourse. This is perhaps the only adequate answer to the problem of the fundamental historical and cultural plurality of obligation and value-claims all over the world, and especially among and within the Christian churches. This plurality can only be treated by open, unbiased communication (cf. van der Ven 1985). Nevertheless, this choice is not without difficulties. The most important problem refers to the legitimization of the last and utmost obligation and value, being argumentative communication itself. This means that the principle of argumentative communication can be the object of argumentative communication, but not defended from another, deeper or more fundamental principle (cf. Habermas 1983). Perhaps the choice itself of this argumentative-communicative cognitivism is not without any intuitionistic cognitivism.

The second problem relates to ways of reasoning in relation to obligations and values within the cognitive paradigm, especially the argumentative-communicative cognitivism. Meta-ethnically speaking, obligations can be justified in two ways, teleological and deontological, whereas values can be legitimized in the context of the so called ethics of values and the ethics of virtues. Teleology and deontology differ in the way in which obligations are justified. Teleology argues for the "telos," from which perspective an action can be obliged, because it has some utility to it. Hence, there is a close relationship between teleology and utilism. The "telos" may be either egoistic or universal hedonism, or, either egoistic or universal eudemonism. For instance, agapism, which is characteristic of the Judaeo-Christian tradition, may be understood as a form of teleology because it implies beneficence, being directed toward universal eudemonism (cf. Frankena 1973). Deontology does not take any utility into account, since it does not consider the quality of any action because of the instrumental value of this action to any "telos." Deontology posits that a number of rules and principles exist which are to be followed and realized irrespective of the situation in which one finds oneself. Examples are: not murdering, not stealing, not lying (cf. Musschenga 1984). Next to teleology and deontology, the ethics of values and of virtues may be discerned. This ethics strives to justify the desirability of values and virtues. Their criterion is not implied in actions to be performed, like with teleology and deontology. They refer to situations which are said to be good and desirable (ethics of values) and to persons who are said to be of a high human quality since they have altruistic motivations, empathic attitudes, and sympathetic habits (ethics of virtues).

Practical theology has to decide whether it chooses a teleological, a deontological—accompanied or not by value—or a virtue-oriented way of reasoning. This problem of choice does not sufficiently catch the attention of practical theology, although it is not without relevance, if one argues for the development of its discipline in a critical-liberative direction. Again, I suspect that practical theology frequently chooses one or more of these approaches, unintentionally and unconsciously.

Let me indicate some practical-theological problems within this area. In relation to teleology, one may have the right impression, at least in my mind, that this kind of normative reasoning corresponds to a critical-liberative perspective because it implies the possibility of an empirical analysis of reality from which the utility of a specific action can be estimated in the perspective of a "telos," like freedom and solidarity (cf. Hermans 1986). Although this kind of dynamic practical syllogism can be adequate, the problem is the determination of the "telos." What do liberation and solidarity more specifically mean? There is the danger that an ethical principle is chosen which is used by many utilitarian authors: the greatest possible happiness for the greatest possible number (cf. Bentham). This may lead to strengthening the demarcation line between the rich and the poor because, paradoxically speaking, the vast majority of the poor is the greatest possible threat to this happiness. Rawls' formulation may be seen as the consequent elaboration of this idea. He says: "all social values are to be distributed equally, unless an unequal distribution of any, or all, of these values is to everybody's advantage" (Rawls 1971, 62). This neo-liberal statement may lead to broadening the gap between the oppressors and the oppressed. So, teleology is an adequate choice, if and only if the "telos" is specifically determined from a critical-liberative central aim. Teleology can be accepted only as critical teleology. Perhaps, this critical character is not without any deontology. Further, from the perspective of practical theology, deontological reasoning itself may have something attractive to it. I believe it occurs frequently in practical-theological publications. The form in which one may come across it is like the following example: the Sermon on the Mount teaches us a hermeneutical preference for the have-not's (God himself is directly present in them) which obliges us to practise non-violent resistance against unjust societal structures. The difficulty, implied in these kinds of statements, refers to the impossibility of questioning these statements themselves. They are said to be the result of divine revelation. They are inviolable. They have this difficulty in common with deontological reasoning within some forms of intuitism. One "sees" what some other people can not see. This "seeing" itself, revealed or not, is not controllable at all. This applies, for instance, to what in Germany is called "Glaubensethik" (ethics of faith), which contrasts with the so called "Autonome Moral" (autonomous ethics) in which argumentative-communicative reasoning is estimated as the only adequate ethical basis (cf. Auer 19701). Lastly, the ethics of values and of virtues may also be preferred by practical theologians. Attention to the imitation of Jesus, which is considered to be the basis of ecclesial and pastoral action, may give rise to thinking in terms of the divine model or the unique example of Jesus. In this kind of reflection, the ethics of virtues is implied. Such thinking, as such, is not under discussion here, but rather the ways in which it is sometimes realised, and this may cause objections. It implies the danger of moral idealism including its stress upon individual right motivations, attitudes and habits, by which one may close one's eyes to the hard structures of property, power and prestige. The accent upon right intentions may function as legitimation of unjust actions. It sometimes prevents people from seeing the societal positions and oppositions of man (cf. Beemer 1979). In that sense, it would sharply contrast with the perspective of critical-liberative theology.

The third problem refers to the criteria for selecting and legitimizing the obligations and values which are implied in the aims of religious and pastoral actions. From the intention of this article, the criteria for this selection have to be found in critical-liberation ethics and theology. In this context, liberation can be defined as the intended and conscious process of diminishing and eventually ending all kinds of oppression of man in society, under the inspiration of God's universal love for man, revealed in Jesus of Nazareth in the perspective of the kingdom of God. The term "all kinds of oppression" can be related to the levels of society, that is, the economic, political, social and cultural levels. Economic oppression expresses itself in structural poverty, political oppression takes place in the form of powerlessness, social oppression appears in alienation and estrangement, and cultural oppression shows itself in meaninglessness. In correspondence with these levels of oppression, liberation can be determined in terms of the process of liberation toward economic justice, political freedom, social solidarity, and ultimate meaning and concern. In these terms of liberation, the criteria for selecting and legitimizing the aims of religious and pastoral actions can be found. These are, as I have said, the embodiment of normative obligations and values (van der Ven 1988).

In this liberation process, the function of religions, especially liberation theology, is three-dimensional. It consists of inspiration, correction and integration (cf. Auer 1971; 1977). The inspiration function refers to the impulsive power which is inherent in the message of the gospel and by which man is stimulated to contribute to the process of liberation. The function of correction relates to the cry for permanent conversion, which is a characteristic of the life and deeds of the prophets. This conversion is necessary because of the ambivalence of all human work by which all liberative activity always results in new, although unintended and unexpected situations of oppression. The integration function concerns the orientation of single liberative actions to an all-enclosing and all-transcending aim, through which these actions can play their own proper role. It prevents Christian faith from judging specific earthly aims of liberation to be the overall aim which all men of all times would contain; it hinders the Christian faith from idolatry (cf. Tillich 1966). This three-dimensional function is implied in faith in the revelation of God in His all-embracing love for man, created as His own image. In Him, all men are gathered and connected with each other, as sisters and brothers. In Him, discrimination because of sex, colour and race is ended; the opposition between master and slave abolished; the separation between friends and enemies transcended. This revelation has manifested itself uniquely in the life, deeds and words of Jesus. Following in the footsteps of the prophets, Jesus has stressed conversion to the justice of the kingdom of God, which transcends commutative justice and goes in the direction of universal social justice based on love and grace. In this kingdom, the place of the poor and the oppressed is a special one. God Himself is present in them. What one does to them, one does to God. Because of this revolutionary message, which was expressed by Jesus in his actions and talks, he was delivered to the death of the cross. There, God saved him. By this He saved the orthopraxis, which was uniquely realized by the man of Nazareth, the only one who called Him by name: Abba. With that, God and orthopraxis are fully connected with each other. God is the personal ground and origin, the future and hope of this orthopraxis of justice, love and grace. In our "memoria passionis et resurrectionis Jesu Christi," we gratuitously receive the inspiration, the correction and the integration of all our activities for continuing this orthopraxis in the society of our day (cf. Metz 1977; Schillebeeckx 1977).

Procedures of critical-normative reflection

within empirical theology

Let us suppose that there is consensus concerning the principal possibility of a critical-empirical theology insofar as it is based upon the normative key function of the aims of religious and pastoral action. Let us also suppose that there is clarity concerning the normative paradigm(s), the critical-normative methods and the criteria for selecting and legitimizing the obligations and values which are implied in these aims of actions. The question then, is this. In which way, or, with the use of which procedures, do the empirical and the critical-normative approaches relate to each other within empirical-empirical theology? Let me try to answer this question by using the five-phase model of the so-called empirical circle or spiral. This model was designed by the Dutch psychologist De Groot in his "Methodology" (1964), which has acquired international repute. I will try to clarify whether and how the empirical and the critical-normative approaches may interact in the five phases of this cyclic model by directly applying them to critical-empirical theology. I will add an illustrative example to each of the five phases which I borrow from the research project of Siemerink (1987) concerning prayer education.

The first phase is called observation. It refers to finding, exploring, designing and formulating the research-problems. If one looks at the sources, which function as the origin of such research-problems, the possibility and legitimacy of a critical-normative approach catch the eye. Gadourek (1976) mentions four sources, namely, practice, experience, imagination and study, which can be directly applied to practical-theological research. First, the ecclesial and pastoral practice, including its objectively and subjectively perceived problems, function as a main source. These problems can be formulated in relation to the four levels of oppression which are mentioned above, namely, poverty, powerlessness, alienation and meaninglessness. The second source is the personal introspection and the appeal to religious-biographical and pastoral-professional experiences of the practitioners, the developers and the theological researchers who are involved in the research process (van der Ven 1988). They may give some more detailed information about the problems under consideration, such as data about specific structures and processes of oppression, specific situations, specific factors. Thirdly, the intuitive imagination and the creative and divergent thinking of the practitioners, developers and researchers engaged in the project may give some indication of ways of coping with the forms of oppression under investigation, ways of diminishing the pressure of it, ways of finding methods and means of liberation from it. Fourth, the theoretical study of social scientific and critical-theological literature may give a more precise analysis of the structural basis of the forms of oppression, a better founded evaluation of the instruments of liberation which have been proposed, and a critical insight in the desirability and achievability of the aims of liberation in correspondence with the methods and the means.

In the research project concerning prayer education, the problem felt by critical pastors and parishioners was how to pray without forgetting and legitimizing the structural suffering of deprived people. The objection against the traditional school of prayer in the Roman Catholic church was that in this kind of individual-oriented prayer, deprived people had been driven to the background. The question, which was in the center of this project, was whether so-called political evening prayer, practiced in several Dutch cities, could contribute to a critical theology of prayer and prayer education.

The second phase is called induction. It refers to the conceptualization of the terms which are implied in the problem as stated in the first phase. The second phase is called induction because the finding and formulation of the problem, as having taken place in the first phase, function as the inductive basis upon which the conceptualization is built. The theoretical-theological work in this second phase has the objective and subjective problems of the first phase as its inductive underground. It is characterized by a bottom-up approach. Conceptualization consists of two sub-phases: the definition of the terms, each separately, and the definition of the relations between the terms. This leads to the formulation of a conceptual network or conceptual model, including the smallest possible number of terms and the greatest possible number of relations between these terms. This corresponds to the criterion of conceptual economy (cf. Popper 1986). This also applies to empirical theology (van der Ven 1987). This phase leads to the formulation of so-called research hypotheses and null-hypotheses. The first are the conclusions of the conceptual model, the second are the negation of them. The latter become the object of investigation. They have to be disproven. Also, this phase implies the possibility of appeal to critical-theological literature. The research hypotheses can be derived from it, whereas the null-hypotheses can be formulated as their opposite.

In the prayer education project, much critical-theological attention was given to the subject and the addressee of prayer. The subject of prayer addresses him or herself to God from several attitudes: praise, gratitude, sorrow, complaint and protest. Within a critical theology, the prayers of complaint and protest are especially important. But also, the prayer of petitions is relevant. This is more frequent in the prayer life of Christian believers. In order to put, for example, this last form of prayer in a liberation perspective, the deprived people have been placed in the centre of the conceptual model. It is for them that Christians have to pray. In connection with this, the education program has been based on the concept of so-called perspective-coordination. In this coordination, the ego perspective of the subject of the prayer of petition has to be connected with the "alter" perspective, in this case that of deprived people. So prayer of petition for deprived people had to be learned from the perspective of deprived people. This corresponds with the hermeneutical preference of the poor within liberation theory. Next, consider the addressee of prayer. Five images of God, which were borrowed from general critical-theological insights, functioned as the symbolization of the addressee of prayer in the perspective of the kingdom of God. Two images refer to the dimension of time, which is implied in the next future of that kingdom: the near God and the God, who is coming. Two images relate to the divine transformation in power in the kingdom of God: the partial and the helpless God. The last image concerns the specific way of love, which applies to the situation of struggle in the perspective of the kingdom of God: the reconciling God. The research hypotheses which guided the project was described as follows: the prayer education program helps the participants to develop their knowing, thinking and feeling in relation to the kinds of prayer, in the direction of the "alter" perspective of deprived people, and in relation to the five images of God as the addressee. The null-hypotheses reads: this program does not help at all. This null-hypotheses had to be disproven.

The third phase is described as deduction, which is especially characterized by the empirical-theological operationalization of the concepts which are defined in the second phase. Whereas the second phase realized a bottom-up movement, the third phase develops a top-down approach. Two sup-phases can be distinguished. The first refers to the formulation of empirical-theological indicators. This implies the specification of the theological concepts of the second phase into the action. Indicators have the function of building a bridge between the concepts under investigation and the empirical reality. They do this by applying these concepts to only one or a small number of dimensions and aspects or by applying them to only one or a very small number of very specific fields in empirical reality. Here, too, critical-normative theology has the capacity to intervene in the research process. The choice of indicators and the legitimization of this choice can be made from the perspective of a critical theology. The second sub-phase is called instrumentation. This relates to the development and construction of empirical-theological instruments which can be used directly in the empirical fields under investigation. The core of this construction process is the formulation of the variables. Variables point at the two or more values which an indicator can have; for instance: present and absent (two values), or, weak, half-weak/half-strong, and strong (three values). Important empirical-theological instruments are, for example, cognitive tests, affective scales, attitudinal techniques, systematic and participative observation methods, biographical and depth interviews. Their function is to be of help in collecting the empirical-theological data which one wants to acquire. Also in this development process, critical-theological work is at stake. The construction and selection of the variables and their legitimization demand critical-theological thinking and evaluation.

In the prayer education research, the selection of the indicators, which is the first sub-phase, was done by applying two concepts, which play an important role in the conceptual model of the second phase, namely "deprived people" and "perspective coordination." The project researcher confined himself to specific categories of apparently permanently marginalized people, but he did not include the unemployed. He also restricted himself to the institutional conditions of the perspective coordination. By that he accentuated the economic and political dimensions of the "alter" perspective of marginalized people and left out the social and cultural ones. So, the prayer of complaint and protest and also the prayer of petition have been oriented to specific categories of marginalized people seen from their own perspective of institutional poverty and powerlessness. The second sub-phase, that of instrumentation, was directed to the assessment of the development of perceptual, cognitive and affective abilities. In this perspective, selective attention, feature analysis and pattern recognition of, for example, marginalization-oriented prayer of petition, played an important role in the construction of the research instruments such as multiple choice questions and attitude scales. Also, the creative composition of such new prayers was a central topic in the so-called open questions.

The fourth phase, called statistical testing, seems to be the only technical one which has no reference to critical-normative theological work. So, in theological circles, one may hear the suggestive statement: statisticians count, theologians think. To formulate this exclamation a little more strongly: has statistical computer-slavery anything to do with liberation-oriented theology? I think it is wiser to keep a cool head and to free oneself from possible bias. What is the case? Evidently, statistical testing implies using a great number of technical methods and means with the help of the computer. But, the definition of the tasks which one gives the computer to do is far from being only technical. This has to do with the conceptual model of the second phase by which the theological terms of the research problem and the relations between these terms, which are operationalized in the third phase, are defined. The selection of the methods and means of the data construction and the data analysis, which are executed by the computer in this fourth phase, depend totally on this conceptual model. Without an insight into the ins and outs of the theological content of this model, one is unable to instruct the computer as to what factors or clusters to search for, which correlations to explore, which causal relations to determine, which predictions to test.

Again, the choices and decisions which are involved here ask for a critical-theological perspective. So, the testing of the null-hypotheses under investigation is a critical-theological task.

I may illustrate this by two examples from the prayer education research project. First, the project researcher was very interested in the possible influence of background variables such as the Christian faith versus the deistic faith of the participants, and also of their political orientation. By so-called co-variance analysis, the influence of these three variables upon the results of the educational treatment, which had the images of God and the "alter" perspective of poor people as its basis, did not appear to be significant at all. In this way, one of the sub-hypotheses ("not the education program, but the background variables influence the result of the test") was disproven. The factual application of this co-variance analysis—this is the relevant point here—was guided and directed by a critical theological interest. Second, the educational program resulted in a clear cognitive growth in relation to the critical images of God. So, another sub-hypothesis ("the program does not contribute to the cognitive growth of the participants") was disproven. Table 2 shows the figures. The operationalizations of the terms, taken up in this table, namely comprehension and application, have been borrowed from the so-called taxonomy of educational objectives (Bloom e.a. 1956). The average progression in the area of comprehension is 34%, whereas that in the area of application is only 19%. The growth of the capacity for combined application, in which the images of God are combined with critical kinds of prayer is, as Table 2 shows, much less still at 9%. One of the items even resulted in a negative figure: the combination of praise and the near God in the curriculum led to a decrease of 9%. Why this difference between the three means of 34, 19 and 9 percent? It is because of the lesser complexity of learning comprehension and the greater complexity of learning application and the still greater complexity of learning combined application. Here, the lesson which can be learned is that the implementation of critical theology within pastoral programs presupposes taking the empirical conditions of participating in these kinds of programs into account.

Table 1 Comprehension and Application

	comprehension	application
near God	.23	.28
God who comes	.31	.03
partial God	.54	.20
powerless God	.37	.14
reconciliating God	.27	.30
Mean	.34	.19

Table 2 Combined Application

complaint plus partial God who comes	.18
complaint and protest plus God who comes	.05
praise plus near God who comes	.11
protest and petition prayer and reconciling God	.07
praise plus near God	-.09
thanksgiving and partial God	.23
Average	.09

Finally, we have the fifth phase, which is called evaluation. Here, the test results of the fourth phase are connected with the formulated research problem of the first phase and the conceptual model of the second. By this, the linear movement of the first four phases is turned back into a cyclic (or spiral) one. By this feed-back, a new research process can be initialized by which the results may function as a kind of feed-forward for this new process. Evidently, this evaluative phase has many critical-theological implications. First, the relevance of the test results is assessed from the perspective of the definition of the research problem which has been originated from four sources, namely, practice, experience, imagination and study, and which has been formulated by three categories, namely, pastoral practitioners, developers and researchers. The question is: what meaning do the results have when looked at from these four sources and these three categories? Secondly, the results are estimated to their value in relation to the conceptual model. Here, the question is: which theological terms and which relations between these terms are corroborated by the research? And, which of them are disproven? Within this frame of reference, the empirical-theological operationalization of the terms, which has taken place in the third phase, may be questioned. Important questions are: what was the quality of this operationalization in terms of reliability and validity? Thirdly, from all of these data, the general critical-theological question can be formulated. This question is whether the theological load of the total research design may be evaluated positively and what changes, possibly, have to be undertaken in the future?

Again, this may be illustrated from the prayer education project. The pastoral practitioners and developers appeared to be very happy with the educational program and its critical orientation. The theologians were content with this new theology of prayer which is based on a combination of the classical components of prayer (subject, addressee and forms of prayer) with political and liberation theology. Furthermore, an interesting question is related to the images of the partial and powerless God. On the basis of the results of the affective assessment instruments, one can perceive a relatively positive growth in affective acceptance of the image of the powerless God. But, the image of the partial God led to a more complicated picture. One group of participants showed a negative growth and the other group a positive one. How do we evaluate these data? The image of the partial God is more controversial than that of the powerless God. Perhaps, we may say that one group of participants—all of them appeared to be core members of the church—feels trouble when being confronted with religious-cultural movements in which the status quo of church and state is relativized or even criticized. But, the other group does not feel so. Are the core members of the church divided among two groups, a more traditional and a more progressive one? How do we cope with this ecclesial pluralism? One can specify this question in a negative direction. How do we treat possible conflicts between them; and, does one prefer either the unity of the church or its prophetic function and task at the risk of disintegration and separation? The positive formulation of the question reads: how do we facilitate the development of the traditional core members in a more critical direction, especially with the help of the more progressive members? From here, a proposal for further empirical-theological research can be formulated. Its problem can be posed in the following way. Because the church is the "ecclesia semper reformanda," it is the "ecclesia semper disputanda." Therefore, pluralism and conflict belong to the nature of the church, especially in favour of its dynamic growth in the perspective of its eschatological future. It would be very important to gain more empirical-theological knowledge and insight into the dialectical tension between two characteristic signs of the church ("notae ecclesiae"), namely, its unity and its sanctity. This sanctity can be understood in terms of permanent conversion and prophetism. How can the abilities of pastors and parishioners be developed in favour of the practical treatment of this tension between unity and sanctity (cf. van der Ven 1988)?

Conclusion

At the end of this paper, the insights which we have acquired can be described in the following way. The first paragraph showed that the critical-normative approach within practical theology does not relate itself externally to the empirical approach. It has action theory as its starting point. From the key function of the aims in human actions, it is possible to develop a critical-empirical action theory as a fundamental basis for practical theology. So, the critical-normative approach and the empirical approach are internally connected with each other. In the second paragraph, it became evident that the paradigm, methods and contents of this kind of critical-normative reflection can be found in argumentative cognitive, critical teleology, as well as in liberation ethics and theology. The last paragraph made it clear that the procedures of tuning the critical-normative and the empirical approach to each other are given with the five-phase model of the empirical cycle or spiral.

In other words, a number of objections against empirical theology do not hold. First, empirical theology is not equal to a kind of empiricism. The reason for this is implied in the five-phase model, in which conceptualization (phase 2) precedes instrumentation (phase 3), and instrumentation precedes empirical assessment (phase 4). There is no empirical-theological research without theory formation and conceptualization. Secondly, empirical theology does not identify itself with positivism. The reason for this concerns the key-function of human action, on the basis of which empirical theology is built, or, at least, has to be built. This key-function can not be realized without normative reflection, especially critical-normative reflection in the perspective of liberation theology, as it has been explained above. Thirdly, empirical theology can not be understood in terms of a strive for pan-rationalism. The reason for this is that the fundamentals of the five-phase model are not characterized by the production of verification-evidence for dogmas, but by the falsification of null-hypotheses. The starting-point is not rational knowledge, but doubtful conjecture. Instead of pan-rationalism, pan-critical rationalism is at stake. It prevents theology from flying into the engagement of faith, when critical questions and objections are to be answered in an argumentative way, i.e., by giving good reasons. It hinders theology from conscious or unconscious, intended or unintended immunization strategies. It gives the tools for a dialogue with non-Christian, secularized fellow-man (cf. Pannenberg 1973).

Bibliography

Arens, E. *Kommunikative Handlungen*. Düsseldorf, 1982.

Auer, A. "Autonome Moral und christlichen bei der Normfingdung," in Sauer, J. (ed.), *Normen im Konflict*. Freiburg, 1977, 29-55.

Bandura, A. *Social Foundations of Thought and Action*. Englewood Cliffs, 1986.

Beemer, T. "Christelijke elementen voor ee niet-burgerlijke opvoeding," in *Concilium* 15 (1979) 5, 103-109.

Bloom, B.S. et. al. *Taxonomy of Educational Objectives*. New York, 1956.

Brennenstuhl, W. "Ziele der Handlungslogik," in Lenk, H. (ed.), *Handlungstheorien*. Band 1. München, 1980, 25-66.

Danlfert, I.U. *Religiose Reden von Gott*. München, 1981.

Feldman, K.C., Newcomb, T.M. *The Impact of College on Students I-II*. San Francisco, 1969.

Fishbein, M. (ed.). *Readings in Attitude Theory and Measurement*. New York, 1967.

Fitzgerald, E. *The Measurement of Openness to Experience*. Doctoral Dissertation, University of California, Berkeley, 1966.

Frankene, W.K. *Ethics*. Englewood Cliffs, 1973.

Fridja, N. *The Emotions*. Cambridge, 1983.

Grabner-Haider, A. *Glaubenssprache*. Freiburg, 1975.

Greinacher, N. "La théologie pratique en tant que théorie critique de la pratique ecclésiale dans la société." Conférence présentée lors du 'Colloque international en études pastorales' à l'Université Saint-Paul à Ottawa, 20-23 juin 1988.

de Groot, A.D. *Methodologie*. Den Haag, 1964.

Habermas, J. *Theorie des kommunikativen Handelns*. Frankfurt, 1982.

Habermas, J. *Moralbewusstsein und kommunikatives handeln*. Frankfurt, 1983.

Hare, R.M. *The Language of Morals*. Oxford, 1967.

Hare, R.M. *Freedom and Reason*. Oxford, 1973.

Heckhauser, H. *Motivation und Handeln*. Berlin, 1980.

Hermans, C. *Morels vorming*. Kampen, 1986.

Hermans, H.J.M. *Waardegebieden en nun ontwikkeling*. Amsterdam, 1974.

Hermans, H.J.M. *Persoonlijkheid en waardering*. Band 1-3. Lisse, 1981.

Herms, E. *Theologie, eine Erfahrungswissenschaft*. München, 1978.

Izard, C.E., e.a. (eds.). *Emotions, Cognition and Behavior*. Cambridge, 1984.

Klostermann, F., Zerfass, R. (eds.) *Praktische Theologie heute*. München, 1974.

van der Lans, J. *Religieuze ervaring en meditatie*. Diss. Nijmegen, 1978.

Lindsay, P.H., Norman, D.A. *Human Information Processing.* New York, 1977.

Mette, N. *Theorie der Praxis.* Düsseldorf, 1978.

Metz, J.B. *Glaube in Geschichte und Fesellschaft.* Manz, 1977.

Musschenga, A.W. "Relativisme, pluralisme en het gevaar van indoctrinatie," in *Onderwijs in de natuurwetenschappen en morele vorming.* Baarn, 1984, 165-205.

Neisser, U. *Cognition and Reality.* San Francisco, 1976.

Nipkow, K.E. *Schule und Religionsunterricht im Wandel.* Düsseldorf, 1971.

Pannenberg, W. *Wissenschaftstheorie und Theologie.* Franfurt, 1973.

Piaget, J., Inhelder, B. *De psychologie van het kind.* Deventer, 1978.

Popper, K. *The Logic of Scientific Discovery.* London, 1986.

Rahner, K., Greinacher, N. "Die Gegenwart der Kirche," in *Handbuch der Pastoraltheologie.* Band II.1. Freiburg, 1966, 178-276.

Rawls, J. *A Theory of Justice.* Cambridge, 1971.

Schachtel, E. *Metamorfose.* Rotterdam, 1973.

Schillebeeckx, E. *Gerechtigheid en liefde.* Bloemendaal, 1977.

Schuller, B. *Der menschliche Mensch.* Düsseldorf, 1982.

Siemerink, J. *Het gebed in de religieuze vorming.* Kampen, 1987.

Stoetzel, J. *Les valeurs du temps présent. Une enquête européenne.* Paris, 1983.

Tillich, P. *Systematic Theology.* Chicago, 1966.

van der Ven, J.A. *Vorming in waarden en normen.* Kampen, 1985.

van der Ven, J.A. "Aspecten van de religieuze ervaring in het perspectief van het cognitief interactionisme," in Bulckens, J. (ed.), *Ein stap is mij genoeg.* Leuven/Amersfoort, 1985, 197-214.

van der Ven, J.A. "Erfahrung und Empirie en der Theologie," in *Religionspadagogische Beitrage* 19 (1987), 132-151.

van der Ven, J.A. "Practical Theology: From Applied to Empirical Theology," in *Journal of Empirical Theology* 1 (1988) 1, 7-28.

van der Ven, J.A. "Towards and Empirical Theodicy," in *Teodicea oggi, Archivio di filosofia* 56 (1988) 1-3, 359-380.

Vergote, A. *Religie, geloof en ongeloof.* Antwerpen, 1984.

Weber, M. *Gesammelte Aufsatze zur Wissenschaftslehre.* Tubingen, 1968.

Weber, M. *Wirtschaft und gesellschaft.* Tubingen, 1980.

von Wright, G.H. "Das menschliche Handeln im Lichte seiner Ursachen und Grunde," in Lenk, H. (ed.), *Handlungstheorien.* Band 2.2. München, 1979, 417-430.

Marcel Viau

LE STATUT EPISTÉMOLOGIQUE DES ÉTUDES PASTORALES.

BILAN D'UN PROGRAMME DE RECHERCHE ET PROSPECTIVES

Résumé

Depuis quelques années déjà, une équipe de recherche de la faculté de théologie de l'université Laval[1] opère un programme de recherche qui porte sur le statut épistémologique des études pastorales. Ce programme est issu d'un questionnement à propos de la faiblesse des postulats régissant le travail de recherche en pastorale. C'est pourquoi une recherche de type fondamental a été entreprise pour clarifier ces postulats, ce qui nous a amenés à réfléchir sur le statut actuel des études pastorales et sur ce qu'il devrait être à notre point de vue.

Introduction

Que signifie faire de la recherche fondamentale en études pastorales?

Il n'est pas courant de faire de la recherche fondamentale en études pastorales. La pastorale ayant été souvent considérée comme le complément pratique de la théologie, on s'attend à voir se confiner les recherches à des aspects spécialisés ou très localisés. De sorte que le panorama de la recherche en études pastorales est partiel: certains secteurs sont très fouillés, alors que d'autres sont complètement ignorés.

La recherche en études pastorales est inextricablement liée aux pratiques pastorales concrètes. Ces dernières sont la base sur laquelle la réflexion théorique s'appuie. Il est certain que la majorité de la recherche universitaire doit continuer de porter sur ce type d'études. Cependant, un espace doit être réservé à la recherche de type fondamental, c'est-à-dire celle qui vise à discuter des principes théoriques et méthodologiques en jeu dans les études pastorales.

Par contre, faire de la recherche fondamentale en études pastorales n'a pas la même signification que faire de la théologie fondamentale, même si les deux types d'étude se rapprochent parfois jusqu'à se toucher. Claude Geffré parle de la théologie fondamentale de la façon suivante:

> Les définitions les plus courantes de la théologie fondamentale trahissent bien l'incertitude épistémologique d'une discipline qui veut à la fois assumer la tâche de l'ancienne apologétique, c'est-à-dire établir la justification rationnelle de la foi chrétienne, et exercer la fonction critique inhérente à toute science, c'est-à-dire élucider les fondements de la méthode de cette science particulière qu'est la théologie[2].

On peut sans difficulté affirmer que la recherche fondamentale en études pastorales s'attache exclusivement à la deuxième tâche énoncée par Geffré, i.e. la fonction critique inhérente, cette fois, à la pastorale. La fonction «apologétique» n'est pas discutée ici, ni débattue. Elle n'est tout simplement pas objet d'étude pour notre recherche. Mails il faudra bien évidemment en tenir compte d'une façon ou d'une autre.

Un risque demeure lorsqu'il s'agit d'aborder de façon fondamentale la recherche en études pastorales: se couper tellement radicalement des pratiques concrètes que l'entreprise en devienne vide de signification réelle. Un tel risque peut être atténué par le souci constant de l'équipe de recherche de rattacher ses travaux aux problèmes pastoraux contemporains. D'ailleurs, le programme de recherche fera appel dorénavant à des travaux sur le terrain afin d'enrichir sa problématique (cf. prospectives).

Pourquoi faire de la recherche fondamentale en études pastorales?

La recherche fondamentale en études pastorales est nécessaire dans la conjoncture actuelle, et ce pour deux raisons.

(1) Les études pastorales n'ont pas encore de statut propre. Se développant depuis toujours dans le giron de la théologie classique, elles n'ont acquis que tout récemment une certaine autonomie de recherche. Le statut épistémologique des études pastorales peut s'apparenter à celui des sciences administratives (par exemple le marketing ou la gestion de projet), ou encore du travail social. Les questions posées sont du même ordre et la place que ces champs d'études occupent à l'université oblige au même genre de réflexion. De ce fait, il s'avère essentiel de porter une attention particulière à l'appareil conceptuel nécessaire pour accomplir une réflexion rigoureuse dans ce domaine.

(2) Les études pastorales utilisent des outils de recherche conçus par les sciences humaines. D'une utilisation accessoire au début, elles tendent de plus en plus à les adapter et à les modifier en vue de mieux les intégrer. Cette situation a un effet rétroactif sur la conception même de notre champ d'études. Elle oblige à une réflexion poussée sur le rapport interdisciplinaire en jeu ainsi que sur la nature des fondements scientifiques des études pastorales. C'est la recherche fondamentale qui permettra ce genre de réflexion.

Que cherche-t-on à faire par une recherche épistémologique?

L'épistémologie est la discipline sans doute la plus difficile à aborder de nos jours. Elle est parfois le prétexte ou la justification à l'absence de réflexion véritable; elle est aussi continuellement menacée d'inaptitude, d'incompétence ou, pire encore, d'invraisemblance. Elle reste cependant une des seules disciplines-frontières qui favorise l'émergence de ce que la science et la philosophie produisent de mieux. Sa position lui permet de mettre ses découvertes au service des disciplines nouvelles.

Nous avons tenté de donner une définition de l'épistémologie. Il s'agit de *l'étude critique des conditionnements de production des connaissances d'une science, d'une discipline ou d'un champ d'études.* Il est évident que les études pastorales produisent un certain type de connaissances dont il serait possible de rendre compte. Par ailleurs, les études pastorales étant un nouveau champ d'études, elles n'en sont pas encore à faire un travail épistémologique important. Elles produisent beaucoup par rapport à un objet complexe et polyvalent; c'est pourquoi elles sont éclatées et fractionnées. Mais elles ne se sont pas encore donné des règles de conduite claires quant aux moyens à prendre pour «resaisir» leur pratique. C'est précisément la recherche de ces règles qui fait l'objet de notre programme de recherche actuel. Plus spécifiquement, il s'agit de doter les études pastorales d'un *appareil conceptuel* suffisamment rigoureux pour faire la *théorie des pratiques pastorales.*

À première vue, la façon idéale de procéder est de faire un inventaire de certaines pratiques pastorales et de tenter d'y découvrir ces règles, d'en faire la théorie. Mais voilà! quels outils théoriques et méthodologiques permettraient de faire un travail si précis et délicat? Il est possible alors de regarder du côté des sciences humaines et de leur emprunter les outils nécessaires à cette entreprise. Mais il y a danger qu'un emprunt aussi systématique des instruments d'une autre discipline se fasse au détriment de la spécificité même de notre champ d'études. De toute façon, un tel travail interdisciplinaire pose toujours des problèmes énormes; pour résoudre ces problèmes, il faudrait investir beaucoup de temps sans que cela ne fasse avancer plus rapidement notre propos.

Par conséquent, il a été décidé de s'attaquer directement à la construction d'un appareil conceptuel propre aux études pastorales, quitte à le mettre en application sur des pratiques pastorales lorsque le travail serait suffisamment avancé. C'est le pari que nous essayons de tenir depuis trois ans.

Quelle est l'hypothèse de recherche?

La construction d'un appareil conceptuel en études pastorales ne peut se faire qu'en tirant partie de l'expertise de disciplines plus anciennces qui ont parcouru le même cheminement que celui que l'on fait présentement. Le choix que nous avons fait est d'observer la façon dont certaines sciences procèdent pour rendre compte de leur pratique.

(1) Il semble que les scientifiques ont mis au point un appareil qui leur permette, sinon de clarifier complètement le statut de la théorie et de la pratique, du moins de les mettre en relation efficacement.

(2) Lorsque les scientifiques font de l'épistémologie, ils cherchent, entre autres, à déterminer l'ensemble des axiomes, des propositions et des règles qui sont à l'œuvre dans leur discipline, i.e. ce qui fait que leur science aborde efficacement et avec constance l'objet qui lui est propre.

(3) Il y a grandes chances pour que ces axiomes, ces propositions et ces règles, quoique énoncées de façon fort variée, soient jusqu'à un certain point «universels», c'est-à-dire se retrouvent comme postulats de la plupart des disciplines.

(4) Un des moyens de vérifier ce caractère «universel» des axiomes, des propositions et des règles est de s'attaquer de front aux problèmes épistémologiques qui posent question tant aux sciences actuelles qu'aux études pastorales.

(5) Une fois certains de ces axiomes, de ces propositions et de ces règles évalués et adaptés, ils pourraient devenir des balises nécessaires pour entreprendre le travail de construction d'un appareil conceptuel spécifiquement dédié à notre objet.

Bilan provisoire

Le terrain sur lequel nous nous sommes engagés est, il ne faut pas se le cacher, ardu. Il est fait de tâtonnements et il nous a semblé que la méthode qui fonctionnait le mieux pour le moment était celle de l'essai-et-erreur. Malgré tout, certains progrès ont été accomplis qui ne sont encore qu'à l'état embryonnaire cependant. C'est ce bilan provisoire que nous présentons maintenant. Conscients du caractère inachevé de nos questions, nous avons quand même voulu les présenter en sauvegardant les pointes de nouveauté qu'une architecture trop rigide aurait cachées[3].

La question que nous avons dû très tôt nous poser fut celle-ci: Quelles sont les conditions pour faire l'épistémologie des études pastorales? Il a fallu d'abord définir rigoureusement leur objet: l'objet des études pastorales est constitué par *les pratiques pastorales, abordées tant d'un point de vue confessionnel qu'interdisciplinaire de façon critique.* Les pratiques pastorales sont alors entendues comme *un ensemble d'actions réfléchies et pertinentes accomplies en Église en vue de la Libération des communautés humaines*[4].

Nous nous sommes entendus pour dire que le travail épistémologique devrait porter non pas sur *l'objet* des études pastorales en lui-même, mais sur le *fonctionnement* des études pastorales en tant qu'elles tentent de saisir et de rendre compte de cet objet.

Après avoir pris position sur l'orientation que devait prendre notre recherche, nous avons dégagé quatre problèmes épistémologiques qui ne sont pas nécessairement les plus urgents ou les plus importants, mais qui nous ont permis de mettre au clair certaines constantes:

- Premier problème: les relations entre la pratique et la théorie.
- Deuxième problème: la nature du langage utilisé en études pastorales.
- Troisième problème: le rapport entre le discours institutionnel et le discours expérientiel.
- Quatrième problème: les critères de validation du discours en études pastorales.

Premier problème: les relations entre la pratique et la théorie

Un premier problème épistémologique est apparu très rapidement au début de notre recherche, à savoir celui des relations entre d'une part la pratique/l'expérience/le contexte et d'autre part le corpus doctrinal/l'institution/le texte.

Dans un premier temps, nous avons fait une affirmation qui a dû être réajustée par la suite. Il nous semblait spontanément que c'est l'expérience qui est le véritable instituant alors que l'institution ne fait que reconnaître le sujet, tel qu'institué par l'expérience. Par exemple, ce sont toujours les pratiques qui ont forcé l'Église à faire et refaire la théologie. Mais une telle affirmation est-elle si exacte? Il semble en effet très périlleux, à la limite de la caricature, de penser que le sujet-instituant serait positionné complètement à l'extérieur de l'institution, n'ayant que très peu à voir avec cette dernière. L'instituant serait le «bon sauvage» rousseauiste aux prises avec l'institution, qui le contraint mais aussi qui est nourrie par lui.

Nous avons pensé qu'il valait mieux reprendre sur d'autres bases notre analyse, quitte à revenir plus tard sur cette question instituant/institué. Pour poser le problème autrement, nous avons avancé la série d'affirmations suivantes:

(1) Toute intervention pastorale recèle déjà en elle-même une forme logique qu'il convient d'élucider.

(2) Dans la théorie-théologie elle-même, il y a aussi une forme logique, préexistante.

(3) Il y a toujours à la foi rupture et continuité entre ces deux formes: continuité, en ce sens qu'il est virtuellement impossible de concevoir toute intervention pastorale sans théorie-théologie; rupture, puisque la théorie-théologie ne peut prétendre rendre compte de la totalité du fait pastoral (malgré la vieille prétention à cet effet).

Les questions qui se posent alors sont les suivantes: ces formes logiques sont-elles dichotomiques ou peut-on y déceler des analogies? Jusqu'à quel point sommes-nous capables de découvrir les continuités et les ruptures? Si oui, par quel moyens y arriverons-nous?

Du point de vue du travail épistémologique, cela signifie que notre recherche doit prendre en considération tous les outils susceptibles de mener à terme cette entreprise: théologie bien sûr, mais aussi sociologie, psychologie et éventuellement peut-être sciences exactes et sciences formelles. Dès lors, le principal écueil à éviter sera celui de la déformation que l'on rencontre parfois en épistémologie des sciences, à savoir le scientisme. À ce scientisme, correspond dans notre domaine, le «scientisme théologico-pastoral», c'est-à-dire celui qui cherche à réduire la réflexion chrétienne à du «déjà dit».

À partir du moment où nous nous sommes attachés à vouloir cerner ce qui permet de comprendre ces continuités et ces ruptures, nous avons dû porter une longue réflexion sur la nature même du langage, ce qui nous a amenés à notre deuxième problème.

Deuxième problème: la nature du langage utilisé en études pastorales?

Le langage peut se définir comme l'ensemble de l'univers gestuel et verbal de l'être humain. En ce sens, tout langage est donc fondamentalement une pratique. Mais parce que justement le langage est une pratique, le problème principal qui apparaît n'est pas celui du rapport entre le geste et la parole (puisque geste et parole sont de même nature en regard du langage), mais plutôt celui du rapport entre le langage et le «code», i.e. cet ensemble de signes permettant de donner un sens dans une culture donnée.

Cela signifie donc deux choses:

(1) Tout langage, y compris le langage théologique et pastoral, possède des limites intrinsèques, par exemple son incapacité de dire l'ensemble du réel (i.e. du code) ou encore son caractère d'historicité, i.e. son ancrage dans un univers culturel particulier.

(2) Tout langage, en tant qu'outil d'organisation des rapports entre le sujet et le monde, comporte une normativité implicite. Ainsi le langage des sciences possède sa propre forme de contrôle, son autonomie, qui ne peut être la même que celle de la théologie ou de la pastorale. Cette normativité favorise la cohésion du groupe, mais aussi le fait se démarquer d'autres groupes.

La question qui se pose alors est la suivante:

Le langage gestuel et verbal porte-t-il son propre code ou faut-il chercher en dehors de lui une sorte de méta-code? Ou, pour le dire autrement, le vrai «texte» est-il le géno-texte (le mode de production) ou le phéno-texte (son produit lui-même)?

Pour les études pastorales, cette question qui peut paraître très abstraite est d'une grande acuité: lorsqu'il est question de re-saisir les pratiques pastorales dans un langage théologico-pastoral, doit-on partir d'un code, qu'il soit déjà existant ou à inventer, comme point d'ancrage pour l'interprétation des pratiques ou bien doit-on partir des pratiques elles-mêmes considérées comme «porteuses» de leur propre code.

Que l'on choisisse l'une ou l'autre option, il restera la question du pouvoir de détermination du code: qui détermine le code? Qui fait le choix entre une approche ou une autre? Ce choix doit-il être le fruit d'un consensus? Si oui, lequel, celui du magistère, des théologiens, du monde ordinaire? Questions redoutables et un peu effrayantes.

Une des solutions qui fut envisagée dans le séminaire pourrait s'énoncer comme suit: ce qui peut être saisi dans l'acte pastoral, c'est le fonctionnement du langage utilisé qui, lui, est porteur d'un contenu. Il faut distinguer clairement entre le contenu et le fonctionnement: ce n'est pas parce que le fonctionnement est déficient que le contenu perd de sa valeur. C'est dire que l'enjeu de la nature du langage en études pastorales serait davantage pédagogique que théologique.

Une telle solution fut cependant rapidement critiquée car, s'il est vrai que le contenu nous parvient nécessairement dans sa dimension d'historicité, alors comment éviter le fait que le fonctionnement est lui-même «contenu» et le contenu lui-même «fonctionnement»? En d'autres mots, comment peut-il exister un contenu insensible aux contingences du fonctionnement?

Après nous être intéressés au langage en général et, par incidence, à la différence entre les langages, il était inévitable que nous soyons amenés à traiter des différences à l'intérieur même de chaque langage, aux divers niveaux de langage que nous rencontrons dans notre champ d'études. C'est pourquoi nous avons traité d'un troisième problème.

*Troisième problème: le rapport entre
le discours institutionnel et le discours expérientiel*

L'Église semble avoir essentiellement deux niveaux de langage, deux sortes de discours: le discours institutionnel et le discours expérientiel. En d'autres termes, le discours dans l'Église, ou bien émerge de l'institution, ou bien s'enracine dans l'expérience. C'est du moins de cette façon qu'on semble le percevoir souvent.

Entre ces deux discours, il existe une nécessaire tension qui en fait la vie, la richesse, la créativité. À la fine pointe de cette tension se trouve le théoricien-théologien dont la tâche sera précisément de saisir et de rendre compte de cette tension-vie. C'est là que réside la fonction analytique. On peut illustrer cela par le schéma suivant:

Par contre, lorsque la tension n'est plus maintenue, ces deux discours risquent de devenir idéologiques, c'est-à-dire totalisants et totalitaires. En cherchant à s'auto-justifier et voulant répondre à toutes les questions, le

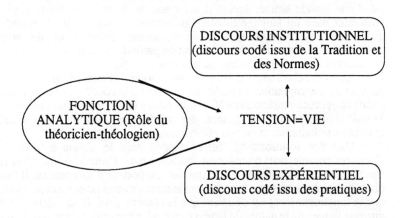

discours ecclésial (institutionnel et expérientiel) est fortement idéologique. Ainsi la tentation (ou la perversion) idéologique du discours institutionnel s'appelle le «traditionalisme» et peut se définir comme l'occultation de réel de l'expérience. Par contre, la tentation (ou la perversion) idéologique du discours expérientiel pourrait s'appeler le «spontanéisme» et se définir comme l'occultation du réel de la Tradition.

Dans cette perspective, la tâche des études pastorales devrait consister à s'outiller pour saisir et rendre compte du réel occulté à la fois par le discours institutionnel et le discours expérientiel. Toutefois, une question fondamentale demeure, et qui ressemble sous une autre forme à celle que nous avions à propos du langage: peut-on prétendre ne pas céder à la tentation idéologique lorsqu'on se pose comme analyste des discours dans l'Église?

Il est donc nécessaire de se donner des moyens pour valider notre travail. Et cela nous amène à notre quatrième problème.

Quatrième problème: les critères de validation
du discours en études pastorales

Pour éviter la perversion idéologique, il doit toujours y avoir un rapport de correspondance entre le «terrain» de l'expérience et le discours qui en émerge. Quels sont donc les critères de validation qui permettront de mesurer la véritable correspondance entre l'expérience et le discours?

Toute science se bâtit autour d'un consensus sur ces critères de validation. Or, l'école néo-positiviste a justement achoppé sur ce problème de la détermination de critères absolus (ou «énoncés protocolaires»). De plus, certains contestent même la pertinence de ce problème aujourd'hui[5]. Alors, est-ce vraiment réaliste de penser trouver de tels critères de correspondance entre le contexte et le texte?

À première vue, la réponse serait: non. Du fait que tout discours comporte (ou importe) un code, que ce code est situé historiquement et qu'il a pour effet inéluctable de restreindre le champ du réel, il ne peut y avoir de critères de validation absolus pour garantir la justesse de la lecture de l'expérience.

Faut-il alors renoncer à toute scientificité? Nous ne le pensons pas.

D'une part, nous croyons, avec d'autres[6], que les critères de validation sont toujours plus ou moins le produit d'une convention généralement acceptée par un groupe social donné; la communauté scientifique en est un bon exemple. Ce qui, à l'intérieur de l'Église, signifierait que ces critères de validation tiendraient leur valeur de consensus ecclésial dont ils feraient l'objet. Lequel consensus devrait se construire non seulement sur la base de l'expérience de l'Église contemporaine, mais aussi sur la base d'une expérience suffisamment universelle dans l'espace et dans le temps (i.e. la Tradition).

Pour les études pastorales, ces critères de validation seront évidemment toujours le fruit d'une rencontre entre la foi et la culture. Ce qui traditionnellement se traduisait par la rencontre de la théologie (parole de et sur la foi) et de la philosophie (parole de et sur la culture). Ce qui ici devra se traduire par la rencontre de la théologie pratique (paroles issues de pratiques chrétiennes) et des sciences contemporaines (paroles issues de pratiques culturelles).

Ainsi se trouve posé le problème d'une éthique du rapport entre la théologie et les sciences contemporaines.

Prospectives

La visée première de notre programme de recherche consiste toujours à construire un appareil conceptuel propre à rendre compte des pratiques pastorales de façon scientifique. Pour ce faire, nous nous donnons un modèle d'analyse qui aura pour fonction de découvrir et de discuter des axiomes, des propositions et des règles inhérents au champ des études pastorales. Ce modèle permettra de mener une réflexion critique sur ces axiomes, ces propositions et ces règles, d'en évaluer la portée et la pertinence ainsi que de les intégrer dans un ensemble plus large.

Pour construire notre appareil conceptuel, il faut œuvrer à trois niveaux:

(1) Au niveau épistémologique: il s'agit de clarifier les postulats scientifiques sur lesquels toute étude menée à l'aide de l'appareil conceptuel s'effectuera; c'est à ce niveau que l'on retrouve les axiomes.

(2) Au niveau théorique: il s'agit de constituer un corpus de lois et de concepts opératoires dont les relations sont régies par des procédés logiques; ce sont les propositions qui sont en jeu à ce niveau.

(3) Au niveau méthodologique: il s'agit de dégager les opérations de base nécessaires à l'acquisition scientifique de la connaissance et à la rationalisation scientifique de l'action; il sera question ici des règles.

Chacun de ces niveaux, tout en restant autonome dans sa sphère, est en interaction étroite avec les autres. Cependant, par rapport au concret (i.e. les pratiques pastorales), ils se caractérisent par leur dimension abstraite et, dès lors, critique. Le degré d'abstraction de chacun des niveaux n'est pas le même. Le niveau théorique est inférieur au niveau épistémologie et le niveau méthodologique est inférieur au niveau théorique.

Comme le montre le schéma ci-dessous, il est possible avec ce modèle d'analyse de faire acheminer de façon ascendante les problèmes mis au jour par les pratiques pastorales. Ces problèmes passeront alors à un premier niveau critique, le niveau méthodologique, pour ensuite s'élever au niveau théorique et enfin arriver au niveau épistémologique. Ces problèmes auront commet effet de questionner les règles, les propositions et les axiomes de l'appareil conceptuel à chacun des niveaux par un effet de réaction en chaîne: les questions posées au niveau méthodologique se répercuteront au niveau théorique et, par la suite, au niveau épistémologique. Le nouvel arrangement de l'appareil conceptuel sera de nouveau confronté aux pratiques pastorales.

Comme l'a démontré le bilan provisoire, nous avions surtout jusqu'à maintenant travaillé au niveau épistémologique. À partir de problèmes particuliers à notre champ d'études, nous avons pu esquisser certains axiomes. Par ailleurs, ces axiomes n'ont pu être vérifiés, ni évalués; ils n'ont pu également avoir une interaction avec les niveau inférieurs (i.e. théorique et méthodologique). Enfin, ils n'ont pas fait l'objet de confrontation avec les pratiques pastorales. C'est pourquoi le programme de recherche s'articule maintenant autour de deux volets: le volet critique et le volet empirique.

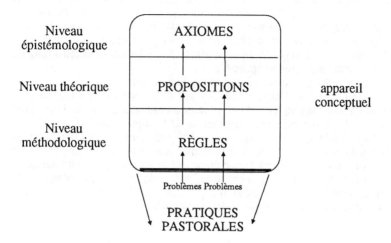

Le volet critique consiste à discuter des problèmes issus des pratiques pastorales de façon systématique à l'aide de la procédure dont il a été question plus haut. Pour que ces problèmes soient discutés, il faudra d'abord élaborer un premier canevas de travail, c'est-à-dire poser quelques axiomes, propositions et règles susceptibles de servir de point de départ. Quelques éléments de ce canevas existent déjà. Pour compléter le travail, nous allons utiliser les principales composantes épistémologiques de quatre disciplines: la théologie, la psychologie, la sociologie et la physique. C'est à l'aide de la philosophie, pour l'aspect formel, et de l'histoire des sciences, pour l'aspect matériel, que cet exercice pourra s'effectuer. Le volet empirique vise à mettre en œuvre des projets liés à certaines pratiques pastorales sur le terrain. Ces projets permettront d'accumuler des données afin de bien poser des problèmes de l'ordre de ceux que l'on a déjà mentionnées.

C'est par l'utilisation d'une méthode relative à la recherche-action que s'effectuera le travail. La recherche-action est une approche qui cherche à réduire le fossé entre la théorie et la pratique tout en maintenant une certaine tension entre les deux. Cette tension se manifeste surtout dans le fait de garder unies la recherche et l'action dans toute action pastorale. La recherche-action doit s'effectuer dans le monde réel, dans l'histoire concrète, sur un terrain précis, et non seulement dans le monde de la pensée. La recherche-action vise un changement effectif dans la réalité sociale.

Un fait particulièrement important en recherche-action est que le procédé de recherche doit être réalisé par toutes les personnes impliquées dans le processus. Une communication réelle entre le chercheur-praticien et les acteurs doit donc s'établir. La recherche-action ne peut s'engager que sur une échelle restreinte, comme un petit groupe ou, à la limite, une communauté ou une institution. Cela reste cependant une approche davantage sociologique que psycho-sociologique puisque le groupe travaille toujours en fonction de la grande communauté ou de l'institution concernée. Enfin, la recherche-action cherche à développer une réflexion critique suffisante pour sauvegarder la scientificité de sa démarche et ainsi faire du résultat final un produit «exportable».

La méthode de travail comporte trois moments:

(1) Lecture de l'expérience: il s'agit de connaître le milieu dans ses aménagements physiques et dans ses ressources humaines; mail il faut aussi appréhender le potentiel et les aspirations de la population.

(2) Réflexion sur l'expérience: les praticiens et les chercheurs se laissent interroger soit dans leur pratique, soit dans leurs théories, par les problèmes du milieu. C'est à cette étape que le volet critique entre en jeu.

(3) Retour à l'expérience: les résultats de la réflexion sont mis en opération par l'intermédiaire de l'appareil conceptuel ajusté, afin de favoriser la construction d'activités pastorales pertinentes.

Notes

1. Cette équipe est composée de trois professeurs de l'Université Laval: Marcel Viau et Raymond Lemieux, de la faculté de théologie et Jean-Paul Montminy, de la faculté de sociologie. D'autres professeurs et des étudiants de deuxième et troisième cycles gravitent autour de l'équipe.

2. GEFFRÉ, Claude, *Un nouvel âge de la théologie*, Paris, Cerf, 1972, p. 17.

3. Ces résultats sont le fruit de travaux d'un séminaire de recherche qui existe depuis deux ans à la faculté de théologie de l'Université Laval. Nous tenons à remercier particulièrement Christian Grondin qui a fait un énorme travail de synthèse. C'est surtout grâce à lui que nous avons pu garder mémoire de nos discussions lors de la dernière année d'opération.

4. Pour plus de détails, voir Marcel VIAU, *Introduction aux études pastorales*, Montréal, Éditions Paulines, 1987: le chapitre 4.

5. «Une distinction qui peut avoir eu un sens jadis, mais qui l'a définitivement perdue, c'est celle entre termes d'«observation» et termes «théoriques». Il est généralement admis aujourd'hui que cette distinction n'est pas aussi tranchée qu'on le pensait il y a seulement quelques dizaines s'années. Il est aussi admis, et ceci en accord avec les conceptions originales de Neurath, que théories et observations peuvent être abandonnées toutes les deux à la fois: les théories en raison d'observations conflictuelles, les observations pour des raisons théoriques. Finalement nous avons découvert qu'apprendre n'est pas aller de l'observation à la théorie, mais comporte toujours les deux éléments. L'expérience surgit en même temps que les suppositions théoriques, et non avant elles; et une expérience sans théorie est tout aussi incompréhensible qu'une théorie sans expérience... » (Paul FEYERABEND *Contre la méthode. Esquisse d'une théorie anarchiste de la connaissance*, Paris, Seuil, 1979, pp. 183-184.

6. Thomas KUHN, *La Structure des révolutions scientifiques*, Paris, Flammarion, 1983 (c. 1962), 284 p. (coll. Champs, n° 115); Mario BUNGE, *Épistémologie*, Paris, Maloine, 1983.

II

**Études pastorales et milieux /
Pastoral Studies and its Contexts**

Norbert Greinacher

LA THÉOLOGIE PRATIQUE
EN TANT QUE THÉORIE CRITIQUE
DE LA PRATIQUE ECCLÉSIALE
DANS LA SOCIÉTÉ

Résumé

À l'intérieur des disciplines scientifiques et théologiques, comme à l'intérieur de l'Église, la théologie pratique a bien de la peine à se situer.

Dans l'exposé qui suit, je tenterai de «situer» la théologie pratique dans le paysage théologique, de déterminer le fameux «Sitzim Leben» de la théologie pratique.

1. La théologie chrétienne en tant que science pratique

La théologie chrétienne a pour objet de réfléchir et de penser au «Ta tou Theou» (Marc *8*, 33; *12*, 17). Mais ce Dieu chrétien est un «Dieu dans le monde», un Dieu qui se révèle dans l'histoire et dans la société. Si la théologie chrétienne venait à oublier sa relation au monde, alors Dieu serait étranger au monde; et de ce fait la foi et la théologie chrétienne n'aurait plus de rapport avec Dieu. La théologie chrétienne se préoccupe «du Dieu d'Abraham, d'Isaac et de Jacob, non pas du Dieu des philosophes et des savants... [1]». La théologie chrétienne se préoccupe du Dieu qui s'est surtout révélé dans l'histoire d'Israël et d'une façon définitive en Jésus de Nazareth.

Et parce qu'il en est ainsi, toute théologie chrétienne en tant que théorie théologique, est liée fondamentalement à la praxis. Elle s'enracine dans l'histoire de la révélation faite au peuple juif et dans l'événement de Jésus de Nazareth; et elle se développe à partir de ses révélations. Dans sa démarche d'analyse et de réflexion, la théologie chrétienne peut s'appuyer sur la vie concrète deux fois millénaire des chrétiens, de groupes chrétiens et d'églises qui ont essayé de réaliser et de pratiquer la foi chrétienne. Cette réflexion implique, bien entendu, la vie concrète des chrétiens et des églises dans le monde d'aujourd'hui. Au-delà de cet aspect, la théologie chrétienne doit être habitée par un dynamisme qui la pousse sans cesse à détecter une pratique nouvelle concrète de la vie des chrétiens et de leurs églises.

La Théologie chrétienne ne porte pas sur un individu unique enfermé dans un ghetto de type monade. La théologie chrétienne prend son point de départ dans l'agir relationnel des hommes et dans l'interprétation de cet agir par le peuple d'Israël et le peuple de Dieu de Nouveau Testament. Dans sa théorie théologique, la réflexion sur la praxis que nous venons de décrire, tendra à son tour à susciter et à réaliser un nouvel agir relationnel. Helmut Peukert exprime cette problématique de la manière suivante: «La théologie fondamentale, c'est la théorie d'un agir relationnel et d'une réalité révélée à l'intérieur même de cet agir[2]».

Dans la théologie médiévale — qui s'appuyait sur une distinction aristotélicienne — la question a été traitée d'une façon diamétralement opposée. On se demandait si la théologie était une science spéculative et, par conséquent, un savoir théorique, ayant sa raison d'être en lui-même, ou si, à l'instar de la philosophie pratique, elle était une science pratique fixant elle-même ses buts et se questionnant sur les moyens de réaliser ces buts[3].

En vue de susciter la crainte et l'amour à l'égard de Dieu en tant que Bien suprême, des théologiens du début du 13ième siècle, comme Guillaume d'Auxerre (†1231 ou 1237), Alexandre de Hales (1185-1245) ou Bonaventure (1217/18-1274), soulignaient très fortement l'orientation pratique de la théologie. Ces théologiens percevaient dans l'antique définition de la théologie comme sagesse, un mariage d'éléments théoriques et pratiques[4]. Thomas d'Aquin (1225-1274) écrit qu'il faut caractériser la théologie comme science spéculative: «magis tamen est speculativa quam pratica[5]». Quant à Richard de Mediavilla (1249-1302/08) il décrit la théologie, non comme pure connaissance mais comme science pratique, parce qu'elle traite de Dieu, le Bien suprême, et de l'aspiration vers cet amour. Se référant à la philosophie aristotélicienne, Duns Scott (1265-1308) considérait lui aussi la théologie comme science pratique. Martin Luther (1483-1546) se situe lui aussi dans cette tradition: il écrit notamment: «vera theologia est practica, speculativa igitur theologia, elle a sa place en enfer chez le diable[6]».

Dans la tradition catholique, la notion de théologie pastorale apparaît la première fois comme titre d'un ouvrage, chez Pierre Binsfelt (env. 1546-1598)[7]. Côté protestant, on considère André Hyperius (1511-1564) comme le fondateur de la théologie pratique en tant que discipline scientifique. Plus tard le synode de Dordrecht (1618/19) imposera des cours de théologie pratique aux étudiants des dernier semestres. Et de ce fait, David Hollaz (1648-1713), un dogmaticien de la stricte obédience luthérienne, pouvait écrire: la théologie est «sapientia eminens practica[8]».

Au 19e siècle, côté protestant, c'est à Frédéric Daniel Ernest Schleiermacher (1768-1834) que revient le mérite d'avoir posé les fondements scientifiques et théoriques de la théologie pratique[9]. Selon lui, la théologie pratique n'est autre que «l'art de maintenir et de perfectionner la vie de l'Église[10]».

Côté catholique, la théologie pastorale — en tant que discipline théologique spécifique — avait conquis entre temps droit de cité. Dans le cadre de la réforme des études supérieures entreprises par l'impératrice Marie Thérèse, on érigea en 1774 à l'Université de Vienne, une chaire de théologie pastorale. Mais en Autriche la Théologie pastorale fut récupérée et devint en toute soumission le valet du Joséphinisme. À la même époque environ, Antoine Graf (1811-1867), professeur de théologie à la Faculté de Tubingen, tentait, en s'appuyant sur les réflexions de Schleiermacher, d'établir la théologie pratique sur de nouveaux fondements théologiques. Dépassant Schleiermacher, Graf définit la théologie pratique comme la maintenance, la structuration permanents, l'accomplissement et la réalisation de l'Église dans l'avenir[11].

Récapitulations: Considérée dans son ensemble, la théologie chrétienne a fondamentalement une dimension pratique. Mais, dans la théologie pratique, cette relation à la réalité concrète s'exprime d'une façon plus particulière.

2. La théologie pratique en tant que

lieu de vérification («Ernstfall») de la théologie

Dans l'ensemble des sciences théologiques, la situation particulière de la théologie pratique a toujours fait l'objet de nombreux débats. Jusqu'à ce jour, de nombreux théologiens considèrent la théologie pratique comme un mal nécessaire ou comme une discipline théologique périphérique de qualité secondaire (moindre ou inférieure). D'après eux, la théologie pratique concerne principalement ceux qui, dans l'Église, portent une charge pastorale. Elle aurait pour mission de réaliser les données de la théologie, principalement les données de la théologie systématique sur le terrain et de transmettre ces données de façon didactique.

Face à ce camp, d'autres théologiens confèrent à la théologie pratique une priorité sur les autres disciplines théologiques. En 1811, F. Schleiermacher parle de la théologie pratique comme «couronne de l'étude théologique[12]». Et G. Santer[13] parle «de la position clef» de la théologie pratique. E. Jungel se situe vraiment dans cette tradition quand il écrit: «La théologie prise dans son ensemble est une science pratique. La théologie pratique n'est autre que la théorie scientifiques d'une praxis ecclésiale sans cesse à expérimenter sur le terrain, la théologie pratique en tant que théorie scientifique n'est certes pas la somme de la théologie, mais elle en est à la fine pointe. Une théologie scientifique sans théologie pratique, c'est une blague émoussée[14]».

Je pense qu'il est stérile de vouloir organiser «un challenge» des différentes disciplines théologiques. Mais je suis profondément convaincu que la théologie pratique reste le lieu de vérification de toute théologie chrétienne. (Autrement dit, la théologie scientifique doit se vérifier dans la pratique et c'est l'épreuve du feu). La théologie a fondamentalement une orientation pratique. Elle se préoccupe du comportement concret des hommes, des chrétiennes et des chrétiens, et de la vie des églises chrétiennes. Si tel est le cas, la théologie pratique doit être capable d'analyser la situation actuelle de l'Église, de développer des modèles et des méthodes, de montrer comment on peut gérer et transformer la praxis, principalement la praxis de l'Église dans le monde d'aujourd'hui et de demain.

Dans ce qui va suive, nous allons découvrir comment la théologie pratique peut être comprise en tant que lieu de vérification de la théologie.

3. La théologie pratique en tant que théologie prophétique

La philosophie hellénistique connaissait déjà la subdivision de la théologie en théologie mythique (fabularis), en théologie physique (naturalis) et en théologie politique (civilis). Cette «théologie civilis» avait pour but de légitimer le droit divin de l'État et servait de ce fait de fondement à la religion publique de l'État romain. Dans sa logique, cette théologique politique qui conférait à l'état sa légitimité, considérait comme ennemi publique et comme athée quiconque ne se sentait pas concerné par cette religion. Il était donc d'intérêt publique d'extirper ceux qui n'admettaient pas cette religion. La persécution des chrétiens par l'empire romain n'était qu'une conséquence logique de cette théologie politique.

Mais la situation allait changer fondamentalement. En 312 le christianisme reçut le statut de «religio licita» et quelques années plus tard, elle fut déclarée dans les états de l'Empire romain «religico publica». Et dès lors on assistera dans les communautés et dans la théologie à des courants puissants qui tenteront de justifier le *statu quo* juridique, politique et economique acquis par l'Église; même si ce *statu quo* injuste et inhumain était en contradiction flagrante avec les données fondamentales du message chrétien[15]. Étant donné que la théologie pastorale est née dans la tradition catholique comme discipline universitaire spécifique dans le cadre du Joséphinisme, il y avait eu le grand danger qu'une théologie pratique ainsi comprise est prête à se «prostituer». Elle se comporte en valet pour légitimer par des arguments religieux des situations d'injustice sociale, économique et politique et cela jusqu'à ce jour.

Mais une telle théologie politique qui légitime l'organisation et les structures politiques et qui va jusqu'à légitimer l'exploration économique et la répression sociale est en contradiction flagrante avec les traditions fondamentales de l'Ancien et du Nouveau Testament. Ce sont principalement les traditions prophétiques de la Bible qui en appelaient à la justice de Dieu pour mettre en question des situations économiques et politiques d'exploitation et de répression.

Bien sûr, dans ce contexte, il serait erroné de comprendre le prophète comme quelqu'un qui prédit l'avenir. Le prophète, au sens biblique du terme, c'est un homme qui refuse de percevoir dans les moyens une fin en soi. Il est celui qui remet radicalement en cause les moyens, les medias, le monde du catégoriel, les institutions pour dévoiler l'essentiel et manifester la finalité de toute chose. Le prophète ne se contente jamais de ce qui est acquis, mais il se demande comment le présent peut servir de tremplin au futur.

Parce que le prophète remet radicalement en cause le *statu quo*, il n'est ni respecté ni estimé dans son propre pays. Animé par l'impatience, il interpelle ses contemporains pour qu'ils accueillent ce qui peut leur paraître neuf et étrange; car ce sont justement les éléments neufs et étranges qui sont vecteurs du futur. Certes, ce futur est encore imprécis; mais au nom de ce futur, le prophète insécurise le présent. Il met en cause la situation présente avec tout son cortège d'institutions. Forcément la parole prophétique sera provoquante, elle causera le scandale! Le prophète insécurise ceux qui se sont installés dans leurs cocons politiques ou leurs structures figées, protégées et sanctionnées par la religion et le sacré. La parole prophétique ouvre par contre l'avenir et dévoile de nouveaux rivages.

Les grandes figures prophétiques de l'Ancien Testament sont des témoignages éloquents de cette tradition. Qu'il suffise de rappeler comment Isaïe, Jérémie, Osée ou Amos se permettaient de critiquer la situation sociale et politique de leur temps. Certains devaient même payer ces critiques de leur vie. Rappelons ici à titre d'exemple, le songe du Fils de l'Homme au chapître 7 du livre de Daniel[16].

Jésus s'inscrit dans cette grande tradition prophétique et reprend à son compte le songe du Fils de l'Homme du prophète Daniel. Ainsi pouvons-nous lire dans Mc *10*, 42-45: «Les ayant appelés près de lui, Jésus leur dit: «Vous savez que ceux qu'on regarde comme les chefs de nations leur commandent en maîtres et que les grands leur font sentir leur pouvoir. Il ne doit pas en être ainsi parmi vous: au contraire celui qui voudra devenir grand parmis vous, se fera votre serviteur, et celui qui voudra être le premier parmi vous, se fera s'esclave de tous. Aussi bien, le Fils de l'homme lui-même n'est pas venu pour être servi, mais pour servir et donner sa vie en rançon pour une multitude.»

Il n'est absolument pas étonnant que ceux qui détenaient le pouvoir, se sentaient agressés par de tels propos. Ils vont tout essayer pour éliminer ce Jésus par un procès politique, suivi par une condamnation au supplice de la croix, supplice à portée politique. Cette mort sur la croix n'était que la conséquence logique — selon le songe du Fils de l'homme — de ce renversement des rapports de force. Mais de ce fait, Jésus a donné aux hommes la possibilité de se redresser et de marcher debout («aufrechter Gang»).

L'Église du N.T. était bien consciente de la nécessité impérative des prophètes. En effet, il est dit dans Eph. *2*, 19 ss «Ainsi vous n'êtes plus des étrangers ni des émigrés; vous êtes des concitoyens des saints, vous êtes de la famille de Dieu. Vous avez été intégrés dans la construction qui a pour fondation les apôtres et les prophètes, et Jésus-Christ lui-même comme pierre maîtresse». L'Église doit par conséquent être construite sur deux fondements d'égale valeur. D'un côté, pour pouvoir durer dans le temps, elle a besoin du ministère (succession apostolique), mais d'autre part, elle ne peut se dispenser des prophètes pour accomplir aujourd'hui sa mission. Il en faut aussi, une succession prophétique[17]. En 1 Th. *5*, 19, il est dit: «N'éteignez pas l'Esprit, ne méprisez pas les dons de prophétie».

De nos jours, c'est principalement la théologie de la Libération qui se rattache à cette tradition prophétique. Les théologiens de la libération en appellent aux traditions bibliques pour accuser l'ordre économique de notre monde qu'ils taxent de péché institutionnel. Karl Lehmann a bien raison quand il écrit: «Le vrai cœur de la théologie de la Libération, c'est cette clameur du christianisme latino-américain face à la grande pauvreté et à l'immense détresse[18]». M. Hofman s'exprime dans le même sens: «Les théologiens de la libération comprennent la foi comme telle, non pas d'abord orthodoxie mais comme orthopraxis — provenant de la praxis et y conduisant. De ce fait, ils considèrent l'élément prophétique comme une catégorie universelle de la Bible. Pour eux, prophétie sera synonyme de libération[19]». Dans le «document Kairos» de l'Afrique du Sud on en appelle également d'une façon explicite aux traditions prophétiques[20].

Et effectivement si nous prenons au sérieux les contenus des traditions de l'Ancien et du Nouveau Testament, la théologie chrétienne ne sera jamais une théologie politique légitimant les régimes en place ou confirmant le «law and order»; elle ne sera pas non plus bénédiction ecclésiale d'un *statu quo* politique ou économique injuste. Si la théologie chrétienne tente à partir du fondement biblique, de réfléchir de nos jours à la réalité de Dieu, au monde et aux hommes, elle impliquera nécessairement une critique impitoyable de la situation politique et économique actuelle. Elle sera forcément une théologie politique prophétique.

Il en découle des conséquences pour la théologie pratique. Jean-Baptiste Hirscher (1788-1865), premier professeur à occuper la chaire de théologie pastorale à la Faculté catholique de Tubingen et en ce sens, l'un de mes prédécesseurs, voyait très nettement la différence entre le «Kirchenthum» (appareil Église) et le «Christenthum» (le christianisme): Nous dirions aujourd'hui entre l'Église et le Royaume de Dieu[21]. Se basant sur cette distinction, J.B. Hirscher a critiqué ouvertement et d'une façon explicite des abus dans l'Église de son époque.

La théologie pratique se situe dans cette tradition. Voilà pourquoi elle a pour mission de déceler et d'interpréter les «signes des temps». Car dans la foi chrétienne, il n'est pas seulement question de réalités passées. Nous ne regardons pas seulement en arrière. Bien sûr il s'agit de se souvenir de la vie, de la mort et de la résurrection de Jésus-Christ. Mais il s'agit aussi pour nous de réalités futures devant encore s'accomplir et vers lesquelles nous sommes en route. Il s'agit pour nous de transformer la situation sociale et ecclésiale présente, afin de pouvoir frayer un passage à l'avènement du Royaume de Dieu. Vu le fossé qui existe entre ce qui doit s'accomplir, ce royaume de Dieu réalisé et la situation présente dans l'Église et la société, la référence active au royaume de Dieu exige une transformation profonde de la situation actuelle et des hommes qui y vivent. Nous ne prenons Dieu et son royaume au sérieux que si nous acceptons de transformer la situation présente. De ce fait, la théologie pratique détient la fonction remarquable de critiquer tant l'Église que la société.

4. La théologie pratique comme théorie critique

Si l'on comprend la théologie pratique comme théorie critique, elle se situe donc *d'une part*, consciemment dans les traditions prophétiques de l'Ancien et du Nouveau Testament et dans la tradition d'une pratique chrétienne prophétique deux fois millénaire. Mais *d'autre part*, la théologie pratique essaie aussi de puiser des éléments dans la «théorie critique» contemporaine de «l'école de Francfort», principalement chez Theodor W. Adorno (1903-1969), chez Max Horkheimer (1895-1973) et chez Jurgen Habermas (né en 1929)[22]. Il va sans dire que cela ne s'opère pas dans le sens d'une simple adaptation non-critique, mais dans le sens d'une réception critique des éléments pouvant revêtir quelque importance pour la théologie pratique.

La base de la pensée scientifique et par conséquent de la théologie pratique, c'est l'attitude critique par rapport à l'Église et par rapport à la société. Ce que Horkheimer prétendait à propos de la situation de la société, revêt également son importance pour la théologie pratique: «Ensuite il peut paraître totalement erroné d'accepter tout simplement l'importance...: la reconnaissance critique des catégories qui dominent dans la société implique également leur condamnation[23]«. Cela signifie pour la théologie pratique que la situation présente de l'Église dans la société ne tombe pas sous la rubrique du «statu possionis». Ce *statu quo* de l'Église doit se légitimer en face de l'exigence du message de Jésus, de l'histoire des libérations des temps modernes, ainsi que des besoins fondamentaux des hommes de notre temps.

Parce que Jésus-Christ est «descendu du ciel pour nous les hommes et pour notre salut», l'Église ne sera jamais un but en soi! l'Église n'existe que pour le salut de l'homme. «Salus animarum suprema lex»! C'est là une ancienne formule théologique qui a d'ailleurs retrouvé sa place dans le nouveau «Codex juris canonici[24]».

Voilà pourquoi la théologie pratique ne se préoccupe pas seulement de l'Église et de sa pratique, mais du salut, du bonheur et de la liberté des hommes. Bien entendu, le salut est à comprendre d'une façon globale! Ce salut concerne tout l'homme. Il s'agit de supprimer l'aliénation des hommes et de leur faire découvrir leur identité. Pour nous exprimer avec Paul, il s'agit de libérer les hommes des principautés et des puissances. Une théorie critique de la pratique ecclésiale tend par conséquent à aplanir les difficultés qui empêchent la communication entre les hommes! Elle veut éliminer la domination de l'homme par l'homme pour que, dans leur expression comme dans leur comportement, ceux-ci deviennent des partenaires égaux, c'est-à-dire simplement des hommes. En ce sens la théologie pratique se sait tributaire du siècle des lumières (de l'Aufklärung). Mais elle se sait également tributaire de la «dialectique de l'Aufklärung[25]» qui a remis en question l'Aufklärung.

Si la théologie pratique se comprend comme théorie critique, il lui incombe, face à la praxis de l'Église, une fonction éminemment critique. Sans cesse elle doit se demander si la pratique de l'Église se situe dans la fidélité à la cause de Jésus et si cet agir concorde également avec les prises de conscience de l'histoire récente des libertés. Il lui incombera, à la théologie pratique, de se demander si l'Église annonce réellement le message de Jésus-Christ, si la pratique ecclésiale est fidèle à cet esprit vivifiant que Jésus a promis à son Église ou si, par contre, l'Église reste prisonnière de la lettre qui tue (cf. 2 Co *3*, 6).

Il existe non seulement une foi chrétienne factice et un salut chrétien qui se réalisent en dehors de l'Église institutionnelle, mais il existe également l'Église concrète sans foi. Certes, cette Église a la promesse que l'Esprit-Saint la conduit et que Jésus l'assiste tous les jours jusqu'à la parousie (cf. Mt *28*, 20). Ceci n'exclut pas que l'incroyance existe non seulement hors de l'Église, mais au sein même de l'Église; celle-ci peut se réaliser concrètement sans foi. La question que le Grand Inquisiteur adresse au Christ de la parousie: «Pourquoi viens-tu nous déranger maintenant?» n'est pas seulement une vision terrifiante du poète Dostoiewski[26]. Il suffit de jeter un regard sur la pratique passée et présente de l'Église pour se rendre compte qu'il peut exister une église dans laquelle la foi fait cruellement défaut. Nous devons prendre en compte ceci: quand le salut se réalise, se développeront parallèlement des inhumanités et des carences de sincérité et de justice. L'Église a certes les promesses que les portes de l'enfer ne prévaudront pas contre elle (cf. Mt *16,* 28). Mais il faut envisager la possibilité que les puissances du mal ne se rencontrent non seulement hors de l'Église, mais en son sein même. Dans l'Église il n'existe pas seulement des hérésies dogmatiques et éthiques, mais également des hérésies structurelles; précisons que dans l'Église des éléments institutionnels contredisent foncièrement les données centrales de la tradition biblique.

C'est pourquoi la théologie pratique a pour mission d'interroger continuellement l'Église sur ses origines et de la confronter sans cesse avec la pratique de la vie moderne. S'appuyant sur le sens critique, la théologie pratique a pour fonction de vérifier la pratique actuelle de l'Église dans la société et d'étudier si cette pratique d'agir répond d'une part à sa propre logique chrétienne et d'autre part à la situation historique et sociale du moment.

C'est avec raison que Jean-Baptiste Metz observe que la théologie est une instance d'une liberté critique dans l'Église et que de ce fait elle est appelée à devenir un lien d'initiative pour le changement, un lien d'émancipation de certaines pratiques et structures ecclésiales[27]. Ceci s'applique surtout à la théologie pratique. Metz observe avec raison que la crise actuelle de l'Église n'est pas due à l'abondance de la critique mais à une carence catastrophique au niveau de l'expérience d'une critique libre et systématique. On n'aide pas l'Église dans le monde actuel si on se sert du potentiel critique et biblique inhérent à l'Église. Ce potential corrigera les attentes grégaires des fidèles face à l'autorité et à l'institution de l'Église.

L'Église peut uniquement exister si elle se conçoit comme processus dynamique, si elle se considère comme une réalité historique, ou pour le dire en langage théologique, comme le peuple de Dieu en marche. La continuité de la cause de Jésus dans l'histoire ne peut être maintenue que d'une façon discontinue dans l'Église. En exagérant on pourrait dire: ce qui demeure dans l'Église, c'est le changement! Des institutions qui ne changent pas n'ont aucune chance d'avenir. L'Église est elle aussi continuellement exposée au danger de la sclérose, de la fossilisation et de la bureaucratie. Les institutions qui basent leurs structures historiques et sociales sur un immobilisme fondamentaliste, prennent leurs distances par rapport aux mutations de la société et sont de ce fait extrêmement menacées.

Une disponibilité et une ouverture aux réformes assurera à l'Église la meilleure des stabilités! Dans son élasticité, cette stabilité lui sera bien plus profitable que sa raideur fragile et dangereuse. L'adage impératif «ecclesia semper reformanda» formulé par Calvin, fut déjà évoqué par l'évêque Guillaume Durand de Mende en France en l'année 1308[28]. Cet adage devait aboutir dans les années avant la Réforme à l'exigence d'une «Reformatio ecclesiae in Capite et in membris».

Une telle réforme de l'Église est également nécessaire aujourd'hui. Et il incombe à la théologie pratique d'être le moteur de cette réforme permanente dans l'Église. C'est à elle de soulever les questions douteuses du *statu quo* et d'analyser les causes d'évolutions malencontreuses. C'est à elle de donner les impulsions nécessaires à la formation et à réalisation de nouvelles structures, de nouveaux modèles et de nouvelles exigences.

5. La théologie pratique et la pratique ecclésiale

Schleiermacher avait déjà souligné que la théologie pratique ne doit pas être identifiée à l'agir ecclésial, mais qu'elle est avant tout «Théorie de la praxis»[29]. Mais de ce fait se pose immédiatement la question comment il faut comprendre la relation de la théorie et de la praxis.

Il ne faut pas comprendre théorie et praxis comme deux entités totalement étrangères l'une à l'autre, ni comme des entités qui se recouvriraient. Théorie et praxis s'alimentent mutuellement dans un jeu relationnel bipolaire. Il ne s'agit pas d'une subordination de la théorie à la praxis, ni d'une dépendance de la praxis par rapport à la théorie. La théorie n'est pas simplement une copie ou un reflet de la praxis! La théorie est une synthèse de créativité dont l'expérience, l'analyse et la raison sont les composantes.

Il serait erroné de concevoir la théorie comme une simple acceptation de ce qui se fait ou comme une adaptation amorphe au statu quo. La théorie doit faire preuve d'ouverture pour intégrer de nouvelles expériences. Elle doit interroger les faits contemporains, les situations figées pour tenter d'y déceler des possibilités cachées, et ce faisant, elle est appelée à se lancer dans de nouvelles expériences. La théorie ne peut pas se contenter de construire la société selon le mode de l'imitation. Theodor W. Adorno écrit à juste droit: «Si théorie et praxis ne sont ni totalement un, ni totalement différents, leur relation est de l'ordre de la discontinuité. Il n'y a pas de chemin continuel qui conduise de la praxis à la théorie. Pourtant la praxis ne se déroule pas indépendamment de la théorie, ni celle-ci indépendamment de celle-là. La relation entre la théorie et la praxis, ce n'est ni une relation de subordination, ni une relation de domination; elle est de l'ordre d'une rencontre qualitative. Théorie et praxis sont orientées l'une vers l'autre dans un polarité réciproque»[30]. S'il s'agit dans cet essai de concevoir la théologie pratique comme théorie critique d'une *pratique ecclésiale*, cela ne concerne pas seulement, évidemment, l'action de l'Église ès-fonction et ès-représentants ecclésiastiques mais le «vécu de l'Église» («Lebenswelt») au sens large du terme. Elle englobe toutes ses activités en y incluant tous ses membres. C'est à partir de la théologie pratique qu'il faut considérer les points de vue, les modes d'action, les comportements que chrétiens et chrétiennes ou groupes chrétiens vont adopter soit à l'intérieur de l'Église elle-même, soit au nom de l'Église ou tout simplement en tant qu'Église prise dans son ensemble. Dans un premier temps, il importe peu de reconnaître à tel ou tel l'appartenance à l'Église ou de la lui dénier. C'est la réflexion sur la théologie pratique qui devra faire la preuve de la présence ou de l'absence de cette appartenance, alors qu'il revient à l'éthique théologique de mettre en évidence l'activité relative à la vie sociale et individuelle sous l'angle des exigences chrétiennes. La pratique ecclésiale vise l'agir de l'Église dans tous les domaines, dans toutes ses dimensions, dans tous ses membres.

Si l'on parle ici de la théologie pratique comme d'une théorie critique de l'action ecclésiale à l'intérieur de la société, c'est parce que cette action — il faut le souligner — s'inscrit dans le contexte situationnel de la société elle-même et qu'elle a, en contre-partie, des répercussions sur la société. Il n'existe pas d'église ou de pratique ecclésiale qui ne soit pas au préalable conditionnée et marquée par la société. Une pareille «praxis» ecclésiale a nécessairement des répercussions sur les structures de la société et les institutions, elle exerce son influence sur l'ensemble de la vie publique qui, à son tour, va réagir sur l'Église et son activité. Lorsqu'on déclare que la théologie pratique est la théorie critique de pratique ecclésiale dans la société, il s'agit de mettre en évidence le fait, pour l'Église, d'être intimement imbriquée dans le réseau des liens sociaux et de souligner l'interdépendance permanente entre l'Église et la société.

Le *modèle* sert d'intermédiaire entre la théorie et la pratique. Il représente un moyen important pour arriver à une possibilité d'abstraction suffisante entre la théorie, le principe et la loi d'une part, la nécessité d'agir et le mode d'utilisation, d'autre part. Sans pouvoir fournir une indication explicite, le modèle — engagement et exemple à la fois — montre comment l'on peut transposer une théorie dans la pratique. Adorno écrit: «Le modèle a trait à ce qui est spécifique et va souvent au-delà du spécifique, sans le diluer pour autant dans le concept général[31]». Le modèle n'est pas synonyme de théorie, mais chaque modèle exprime une théorie. Il exemplifie concrètement une théorie sans que — pour autant — cette théorie reste articulée en tant que telle. Mais le modèle n'est pas simplement l'expression d'une pratique. Il a besoin d'être réalisé et reste, à cet effet, «ouvert» pour l'action. Joseph Blank a attiré l'attention sur le fait que le N.T. et le Jésus historique utilisent largement des modèles éthiques. Jésus ne développe pas de système dogmatique ou moral. Il est vrai qu'il dispose de concepts théoriques, mais il les présente sous la forme de modèle par exemple dans le sermon sur la montagne[32].

L'expérience joue une fonction d'intermédiaire entre la théorie et la pratique, spécialement l'expérience par contraste. Elle conduit d'un premier palier d'abstraction à la théorie. L'expérience consciente et réfléchie surtout reflète la praxis portée à son plus haut degré[33]. Elle constitue une première mise à distance critique par rapport à la pratique. Cela se passe au niveau de ce que Schillebeecks appelle l'expérience par contraste:

> Dans notre société les impératifs moraux et les décisions historiques mûrissent surtout à l'expérience des maux qui l'affligent... Les normes générales, par contre, sont la représentation cartographique d'une longue histoire forgée par l'expérience (pleine d'expériences

par contraste) où l'homme est toujours en quête de plus de dignité humaine, notion puisée au creuset d'expériences négatives[34].

Mais il est vrai aussi qu'une expérience positive peut servir d'intermédiaire entre la théorie et la pratique auquel cas il est parfaitement possible de voir une expérience, par contraste, de la part du praticien devenir une expérience positive pour le théoricien et vice-versa.

6. Analyse de la situation contemporaine

Si la théologie pratique veut être réellement une théorie critique de pratique ecclésiale et si elle prend au sérieux son ancrage dans la trame historique et son rapport à cette même société, il lui faudra faire elle-même l'analyse «hic et nunc» de la situation grâce aux méthodes scientifiques et empiriques. Elle ne peut pas se baser sur les expériences élémentaires des membres de l'Église ou de ses représentants, il lui faut se faire une image la plus approchante possible de la situation actuelle et, ce, grâce surtout aux sciences humaines (par exemple, la sociologie, la psychologie). Ceci dit, cette analyse de la situation contemporaine n'est pas seulement un prolégomène de la théorie pratique, mais elle est un élément constitutif du travail théologique à proprement parler[35].

Cependant, il n'est pas question de présenter cette analyse de la situation actuelle sans connotations de valeurs, de la décrire en quelque sorte *sine ira et studio*. Quand le théologien s'attache à cette tâche, il le fait d'emblée avec une idée bien précise derrière la tête. Sa motivation: comment réaliser l'Église d'aujourd'hui et de demain afin qu'elle puisse servir à la fois la cause de Jésus et répondre aux exigences de la situation actuelle de la société.

Si donc cette analyse revêt une telle importance aux yeux de la théologie pratique et qu'il lui faille également avoir recours aux méthodes empiriques, surtout à celles utilisées en sciences anthropologiques, il est cependant faux de réduire la théologie pratique à cette dimension empirique ou de vouloir la qualifier purement et simplement de théologie empirique[36]. Car, en complément de l'approche empirique, la théologie pratique a besoin d'une orientation qui soit fondamentalement normative. Pour pouvoir exercer sa critique, il lui faut des critères en vue d'une analyse plus ample et de nouveaux schémas d'action à développer.

7. La cause de Jésus

Si on veut réunir dans un seul concept l'histoire de Révélation de ce Dieu attesté par Jésus et les effets de cette histoire jusqu'à nos jours, on peut parler à la suite de Paul (cf. 1 Co 7, 32-34; Phil 2, 21) de «ta Jaesou Christou» ou de la cause de Jésus.

Dans le droit fil des traditions prophétiques critiques de l'Ancien et du Nouveau Testament, la théologie pratique doit continuellement remettre en cause l'action ecclésiale contemporaine. Elle le fait en maintenant vivace le souvenir de la cause de Jésus, en pensant et en agissant dans l'orientation qu'il a donnée, partant — ce faisant — de critères et d'incitations en vue de l'élaboration d'une pratique ecclésiale la plus conforme possible à cette cause. Elle le fait tout en sachant qu'il s'agit d'un mouvement asymptotique dont nous pouvons espérer qu'il se rapproche petit à petit du projet de Jésus sans jamais pour autant le réaliser complètement.

L'Église, d'après J.-B. Metz, doit se concevoir comme le témoin public et le vecteur du souyenir — ô combien dangereux — de la liberté chrétienne dans notre société[37]. Si telle est sa vocation, alors il appartient à la théologie pratique d'analyser si la pratique ecclésiale contemporaine va bien dans ce sens. Il lui faut savoir si elle représente vraiment un potentiel critique de libération dans l'unidimensionalité de la conscience contemporaine, si elle est capable de démythifier les réalités aveuglantes et les structures d'évidence pour l'amour d'un futur plus vaste, d'un futur pour lequel Jésus s'est engagé. Enfin et surtout il lui faut savoir si elle est capable de réaliser dans un mouvement asymptotique la cause de Jésus et ce dans son propre domaine institutionnel.

8. «Pragmatique»: l'Église des communautés chrétiennes

Si je parle ici de pragmatique, c'est dans le sens de la «pragmatikä technä»: c'est-à-dire de l'art d'agir «en conformité avec». Il s'agit, ce faisant, d'insister sur le fait que la tâche de l'Église hic et nunc et dans l'avenir n'est pas uniquement l'application de principes et de normes générales. En d'autres termes: on ne peut déduire la pragmatique de la cause de Jésus. Il est vrai que la décision concrète concernant la tâche à accomplir, tout en visant le cas général, dépasse toujours celui-ci. La pragmatique part toujours d'un élément qui est le résultat d'une décision autonome, s'inscrivant dans l'histoire, mais cette décision n'est pas une décision arbitraire, elle est le fruit d'une argumentation rationnelle. Néanmoins, cette décision à prendre entre plusieurs autres — des possibles sans délimitation d'un point de vue normatif —, cette décision ne peut découler d'une simple déduction.

Si donc la pratique de l'Église doit s'inscrire dans l'histoire et dans la société, il faut que l'Église prenne des décisions concrètes au plan de l'Église universelle et au plan des communautés ecclésiales. Condition préalable: se savoir en charge de la cause de Jésus. Il est également indispensable qu'elle ait analysé la situation qui est la sienne. En troisième lieu, il est nécessaire qu'elle apprenne l'art d'agir justement. Dans ce contexte le mot «art» conjugue des éléments déterminants comme la créativité, la vision du possible, la faculté de décider en tout état de cause et en toute liberté, le charisme.

La pragmatique vise à enseigner ce qu'il faut faire ou de ne pas faire, aujourd'hui et demain[38].

Parce que la théologie pratique a partie liée avec l'action de l'Église, quelques théologiens décrètent ni plus ni moins que la théologie pratique est une science de l'agir («Handlungswissenschaft»). Norbert Mette formule la chose ainsi: «Il faut comprendre la théologie pratique comme étant la science théologique de l'agir à l'intérieur d'une théologie conçue comme une science pratique[39]».

Le concept d'une science de l'agir est imputable à H. Schelsky[40]. Il constate qu'à côté des sciences humaines et des sciences de la nature, il s'est constitué une troisième: justement, celle de l'agir. «Ce qui les caractérise c'est que, participant à la fois de la science et de la théorie, elles ouvrent des perspectives immédiates sur l'action sociale et les applications politiques qui doivent en découler[41]».

Bien que la théologie pratique ait indubitablement trait à l'agir de l'Église, la théologie pratique ne se réduit pas à une théorie de l'agir. Elle a également affaire à la pratique historique du christianisme, aux valeurs transmises par la tradition, aux motivations et conceptions contemporaines. Rossler écrit à bon droit: «De la même façon que la pratique du christianisme ne se résume pas au seul agir mais englobe à la fois la réalité historique et la subjectivité religieuse, de la même façon, la théologie pratique ne peut se résumer en une théorie d'actions individuelles[42]».

La pragmatique de la pratique ecclésiale doit distinguer entre un concept d'action à court, moyen et long terme. C'est le concept d'action à long terme qui est la condition préalable de toute action concrète. C'est cette voie seule qui m'ouvre les perspectives utiles pour mon action d'aujourd'hui. J'appelle ce concept d'action à long terme «la Realutopie» (l'utopie réaliste) de l'Église de demain. Cette conception si délibérément futuriste, si audacieuse, si téméraire fera que nous pouvons parler d'une utopie, tout en sachant qu'en réalité nous ne l'atteindrons jamais complètement. De pareilles utopies sont indispensables. Elles sont là pour nous faire comprendre que le *statu quo* ne représente pas la seule possibilité (d'action). La force de l'utopie est de transcender les conditions existantes. Sans utopie le monde serait plus pauvre; l'homme limiterait lui-même l'espace de ses possibilités. C'est dans ce sens que Karl Rahner a déjà déclaré en 1962: «Nous vivons à une époque où il est indispensable, lorsque le courage nous entraîne vers de nouvelles voies ou des expériences à tenter, d'aller jusqu'aux limites extrêmes, jusqu'au point où, pour l'enseignement de l'Église et la conscience chrétienne, il n'est plus possible d'aller au-delà, c'est-à-dire où la limite du possible à franchir n'est plus visible. La seule voie autorisée dans la vie pratique de l'Église est celle du tutiorisme, le tutiorisme de l'entreprise hasardeuse... Nous devons nous demander: jusqu'où est-il licite d'aller en utilisant toutes les possibilités théologiques et pastorales car le dessein du royaume de Dieu exige de nous aventurer jusqu'à l'extrême limite afin de pouvoir nous justifier à ses yeux comme il le souhaite[43]».

D'autre part, dans le cadre de cette pragmatique empirique, il s'agirait — en ce qui concerne «la Realutopie» — d'une utopie offrant des perspectives réalisables par étapes, c'est-à-dire à l'intérieur d'un processus, à partir de possibilités d'amorces. Il est évident qu'il faille compter avec des revirements, des résistances, des impasses. Et cependant, cette Realutopie est la condition sine qua non de la mise en route d'une réforme.

La Realutopie, objectif que l'Église dans sa situation actuelle — c'est ma thèse — doit atteindre, va se réaliser comme une Église des communautés chrétiennes.

Je pars du fait que l'Église, au cours de son histoire, s'est déjà coulée dans différents moules sociaux. Alors que du temps de Jésus, sa communauté de disciples est apparue d'un point de vue de sociologie religieuse comme une secte, elle a bientôt pris les traits d'une Église communauté à caractère fraternel pour devenir plus tard une Église institutionnelle («Anstaltskirche»). Au plus tard à l'époque du «revirement de Constantin» (die konstantinische Wende), elle est devenue une «Volkskirche», c'est-à-dire qu'il y avait une situation dans laquelle l'Église et le peuple ou la nation ont été identiques. Mais le temps où l'Église revêtait ce caractère social d'une église identique au peuple est à présent révolu.

En ce qui me concerne, je pense que l'on peut mettre sous le terme «d'Église des communautés chrétiennes» un ensemble de caractéristiques qui découlent, d'une part, de l'analyse de la situation contemporaine et des tendances qui se dessinent pour la société et de la cause de Jésus et de son histoire rapportée par la tradition, d'autre part. La caractéristique la plus évidente de «l'Église des communautés chrétiennes» consiste dans le fait que le centre de gravité de la vie religieuse réside non dans l'autorité religieuse universelle de l'Église mais dans les communautés chrétiennes et leur activité religieuse. «L'Église des communautés chrétiennes» est, il est vrai, également une église institutionnelle à grande échelle, mais c'est au sein de chaque communauté que se réalise sa vie religieuse concrète. D'un point de vue théologique, l'Église se construit fondamentalement dans les communautés prises individuellement une par une, à travers un groupe social d'hommes pour qui Jésus est le point central de leur existence, qui se rencontrent régulièrement dans des réunions communautaires, se souviennent de Sa cause, célèbrent la Sainte Cène et s'engagent à sa suite.

9. Méthodes de la théologie pratique

La théologie pratique en tant que théorie de la pratique ecclésiale dans la société se compose des trois éléments constitutifs de la théologie pratique, à savoir: de l'analyse de la situation contemporaine, de la cause de Jésus et de la pragmatique. Il ne s'agit cependant pas ici de la juxtaposition de ces trois éléments dans le temps, ni d'une déduction logique mais d'une transmission dialectique de ces trois éléments. On ne va donc pas, dans un premier temps, analyser la situation actuelle, puis confronter les résultats de cette analyse avec la cause de Jésus et en déduire la pragmatique. Il y a interaction: ces trois éléments font, en permanence, partie intégrante de ce processus.

La cause de Jésus remet en question d'une façon continue la situation contemporaine et vice-versa. La pragmatique n'est pas la résultante de la dialectique, mais ce sont les exigences de la situation actuelle et la cause de Jésus qui la remettent toujours à nouveau en question. Les réflexions sur cette pragmatique débouchent sur de nouvelles questions formulées à l'endroit de Jésus et de l'analyse contemporaine.

C'est la raison pour laquelle les méthodes d'une théologie pratique conçue comme telle ne peuvent être purement déductives comme s'il suffisait simplement de réduire les normes pour la vie de l'Église dans ce monde à un système de vérité proposé par le magistère de l'Église ou relevant du droit canon ou encore découlant de la tradition biblique. Mais d'autre part les méthodes de la théologie pratique ne peuvent pas être purement inductives; si bien qu'à partir d'une situation perçue et résolue de façon empirique, on voudrait y trouver une réponse aux problèmes de l'Église d'aujourd'hui. La théologie pratique ne doit pas seulement répondre aux questions que se posent les hommes d'aujourd'hui, mais elle adresse elle-même des questions aux hommes de notre société. La théologie pratique a pour mission d'interroger de façon critique les réalités et les structures de pensée qui ont cours dans le système de valeurs de la société contemporaine. Ainsi la théologie pratique procède tout à la fois d'une manière méthodique, empirique *et* normative.

En vue d'une herméneutique historico-critique qui intègre la cause de Jésus dans la vie concrète, il faut une herméneutique practico-théologique qui relie la vie concrète à la cause de Jésus et à l'histoire de sa transmission. Ces deux aspects de l'herméneutique sont importants en théologie. En ce qui concerne l'herméneutique pratique, la théologie pratique revêt dans l'ensemble de la théologie une signification particulière. Dans la démarche herméneutique qui lui est inhérente, la théologie pratique doit avoir le souci de poser les vraies questions. Mais elle doit également veiller à ce que les réponses apportées aux questions de l'Église et de la société soient considérées comme s'inscrivant dans l'histoire du salut et soient considérées comme des «lieux théologiques» intégrés dans la démarche herméneutique. Dans la confrontation de la cause de Jésus et de la situation présente, la théologie pratique doit jouer son rôle d'interprète.

Conclusion

En tant que théorie critique de la pratique ecclésiale dans la société, la théologie pratique ne doit pas se limiter à la cause de Jésus et à l'histoire de sa transmission, elle ne doit pas non plus être reliée uniquement à la situation présente d'une façon normative, mais il lui incombe de pressentir et de préparer l'avenir de l'Église en transcendant le *statu quo* actuel. La théologie pratique se réfère au passé parce qu'elle est une théologie chrétienne et qu'elle se sait concernée par la personne de Jésus de Nazareth et par ce qui découle de cet événement Jésus, et parce que, en outre, elle se sait reliée à l'histoire de la transmission et de la répercussion de la cause de Jésus. Parce qu'elle se considère comme une science de la pratique, la théologie pratique se sait concernée en outre fondamentalement par la pratique ecclésiale actuelle. Mais elle est aussi orientée vers l'avenir parce qu'elle ne peut pas se contenter de refléter et de reproduire le *statu quo*. Elle doit envisager de nouvelles possibilités, prévoir et anticiper l'avenir. En disant cela, nous voulons souligner une fois de plus la fonction critique de la théologie pratique. La dimension utopique doit être impérativement inhérente à la théologie pratique. Mais, on analysant la situation actuelle, il faut éviter de tomber dans une extrapolation de technocrates, c'est-à-dire qu'il faut éviter de planifier le futur en fonction des conditions de la situation présente. Le potential critique et la fantaisie de créativité doivent trouver leur place dans une utopie, mais sans que pour autant la réalité présente et future soit sacrifiée à cette utopie.

Notes

1. B. PASCAL, *Le Memorial*.

2. H. PEUKERT, *Wissenschaftstheorie - Handlungstheorie - Fundamentale Theologie*. Analysen zu Ansataz und Status theologischer Theorieibuildung. Düsseldorf 1976, 316.

3. Cf. D. ROSSLER, *Grundiss de Praktischen Theologie*. Berlin 1986, 23.

4. Cf. W. PANNENBERG, *Wissenschaftstheorie und Theologie*, Frankfurt 1973, 230-240.

5. *Summa theologica* I, 1, 4.

6. WA TR 1, Nr. 153.

7. *Enchiridion theologiae pastoralis*. Trier 1591.

8. *Examen Theologicum acroamaticum*. 1701.

9. F. SCHLEIERMACHER, *Die Praktische Theologie nach den Grundsätzen der evangelischen Kirchen*. Berlin 1850, 25.

10. F. Schleiermacher, *Kurze Darstellung des theologischen Studiums zum Behuf einleitender Vorlesungen*. Berlin 1811, 31 (H. Scholz, Ed. Leipzig 1910; Nachdr. Darmstadt 1969, 10).

11. Cf. A. GRAF, *Kritische Darstellung des gegenwärtigen Zustandes der Praktischen Theologie*. Tübingen 1841.

12. Voir Note 10.

13. G. SAUTER, «Beobachtungen und Vorschläge zum gegenseitigen Verständnis von Praktischer Theologie und systemarischer Theologie»; *Theologica practica*, 9 (1974) 19-26, hier 19; G. EBELING, *Studium der Theologie*. Eine enzyklopädische Orientierung, Tübingen 1975, 117.

14. E. JÜNGEL u.a., *Die Praktische Theologie zwischen Wissenschaft und Praxis*. Munchen 1968, 40.

15. Cf. C. BOFF - N. GREINACHER, *Umkehr*. Statt Legitimierung der Ausbeutung Entscheidung für die Ausgebeuteten. Freiburg/Schw. 1986.

16. Cf. W. KELLNER, *Der Traum vom Menschensohn*. München 1985.

17. Cf. A. DULLES, Die Su zession der Propheten in der Kirche: *Concilium* 4 (1968) 259-263.

18. K. LEHMANN, *Theologie der Befreiung*. Einsiedeln 1977, 28.

19. M. HOFMANN, *Identifikation mit den anderen*.Göttingen 1978, 150.

20. Das *«Kairos-Dokument»*. Eine Herausforderung an die Kirche. Ein theologischer Kommentar zur politischen Krise in Südafrika: Weltkirche 5(1985) 227-244.

21. J.B. HIRSCHER, «Über einige Störungen in dem richtigen Verhältnisse des Kirchenthums zu dem Zwecke des Christenthums» *Theologische Quartalschrift Tübingen* 5 (1823) 193-262, 371-420.

22. Cf. M. JAY, *Dialektische Phantasie*. Die Geschichte der Frankfurter Schule und des Instituts für Sozialforschung 1923-1950. Frankfurt 1985; R. WIGGERSHAUS, *Die Frankfurter Schule*. Geschichte, theoretische Entwicklung, politische Bedeutung. München 1986.

23. M. HORKHEIMER, *Traditionelle und kritische Theorie*: M. Horkheimer, Kritische Theorie II, Frankfurt 1968, 137-191, hier 157.

24. Kanon 1752.

25. M. HORKHEIMER - Th. W. ADORNO, *Dialektik der Aufklärung*, Frankfurt 1969.

26. F. DOSTOJEWSKI, *Die Brüder Caramosoff*, 2. Teil, München o.J., 319.

27. J.B. METZ, *Reform und Gegenreformation heute*. Mainz 1969.

28. W. DURANDUS, Tractatus de modo concilii generalis celebrandi et corruptelis in Ecclesia reformandis. 1308. Zit. nach K.J. Hefele, *Conzilien geschichte* 61 Freiburg 1830, 437.

29. F. SCHLEIMERACHER, *Die Praktische Theologie nach den Grundsätzen der evangelischen Kirchen*, Berlin 1850, 12.

30. Th. W. ADORNO, *Stichworte*. Kritische Modelle 2. Frankfurt 1969, 189 f.

31. Th. W. ADORNO, *Negative Dialektik*, Frankfurt 1970, 37.

32. J. BLANK, *Schriftauslegung in Theorie und Praxis*.München 1969,129-143.

33. Cf. D. MIETH, *Die Spannungseinheit von Theorie und Praxis*. Frankfurt/Schw. 1986, vor allem 7-21.

34. E. SCHILLEBEECKX, «Um die theologische Legitimation lehramtlicher Verlautbarungen über gesellschaftliche Fragen»: *Concilium 4 (1968) 411-421, hier 416 f.*

35. Cf. K. RAHNER - N. GREINACHER, Die Gegenwart der Kirche. Theologische Analyse der Gegenwart als Situation des Selbstvollzuges der Kirche: *Handbuch der Pastoraltheologie* II, 1, Freiburg 1971, 178-276.

36. Y. SPIEGEL, «Praktische Theologie als empirische Theologie»: F. Klostermann - R. Zerfass (Hg.), *Praktische Theologie heute*. Munchen 1974, 225-243; J.A. VAN DER VEN, Unterwegs zu einer empirischen Theologie: O. Fuchs (Hg.), *Beiträge zur Fundierung der Praktischen Theologie als Handlungstheorie*. Düsseldorf 1988, 102-128.

37. J.B. METZ, *Glaube in Geschichte und Gesellschaft*. Mainz 1977, 77-86.

38. Cf. G. SAUTER, *Wissenschaftstheoretische Kritik der Theologie*. München 1973, 152. 251. 276-279. 320.

39. N. METTE, *Theorie der Praxis*. Wissenschaftsgeschichtliche und methodologische Untersuchungen zur Theorie-Praxis-Problematik innerhalb der Praktischen Theologie. Düsseldorf 1978, 342. Cf. K.-F. DAIBER, *Grundriss der Praktischen Theologie als Handlungswissenschaft*. München 1977; R. ZERFASS, *Praktische Theologie als Handlungswissenschaft*: F. Klostermann - R. Zerfass, *Praktische Theologie heute*, München 1974, 164-177; G. LÄMMERMANN, *Praktische Theologie als kritische oder als empirisch-funktionale Handlungstheorie?* München 1981.

40. H. SCHELSKY, *Einsamkeit und Freiheit*. Ideen und Gestalt der deutschen Universität und ihrer Reformen. Reinbek 1963, 278-291.

41. *Ibidem* 283.

42. D. RÖSSLER, *Grundriss der Praktischen Theologie*. Berlin 1986, 8.

43. K. RAHNER, «Löschet den Geist nicht aus»: *Schriften zur Theologie VII*, Einsiedeln 1966, 77-91, hier 85.

André Beauregard

L'EXPÉRIENCE DES INTERVENANTS
COMME
SAVOIR UTILE

Résumé

Plusieurs intervenant(e)s pastoraux sont confrontés constamment à des savoirs qui leur proviennent de plusieurs lieux: savoir du spécialiste, savoir de l'institution, savoir déjà acquis par la pratique des prédécesseurs... Or, le problème qui se pose à chacun(e) est de se faire un propre savoir qui leur servira à agir immédiatement. La réflexion veut contribuer à comprendre ce constat en montrant comment l'expérience des intervenants peut devenir un élément majeur du savoir utile. Après avoir défini quelques termes, l'auteur s'intéressera au processus d'appropriation des sens par les intervenants eux-mêmes. Comment se fait le processus de synthèse? De quelle synthèse s'agit-il? Qu'est-ce qu'un savoir utile? Voilà autant de questions qui guident la réflexion de l'auteur.

> La dimension propre de l'analyse,
> c'est la réintégration par le sujet de
> son histoire jusqu'à ses dernières
> limites sensibles, c'est-à-dire jusqu'à
> une dimension qui dépasse de
> beaucoup les limites individuelles.
>
> Jacques Lacan[1]

L'interprétation pastorale amène les acteurs à comprendre différemment les enjeux de leur pratique, et conséquemment, à «se comprendre» différemment. Il n'est certes pas facile de saisir toutes les implications d'un tel énoncé. Cependant il nous semble opportun d'y attacher une attention particulière puisqu'une telle réflexion nous amène à nous poser des questions non seulement au sujet de nature de la connaissance mais aussi de ses visées.

Nous faisons un premier pari. L'expériences des intervenants pastoraux offre un défi particulier à l'acte même de comprendre. En fait, leur premier contact avec le champ des significations se fait d'abord par un retour «conscient» sur leur pratique. Voilà un fait qui aidera à préciser certains paramètres de notre réflexion. Le point de départ de la démarche se veut une praxis qui cherche à nommer son orthopraxis, très souvent dans le cadre d'une orthodoxie...

Conséquemment, nous posons un second pari: l'expérience des intervenants devient un savoir utile qui provoque les «savoirs traditionnels et institutionnels» à s'ajuster, à se modifier ou même à se taire pour laisser place à d'autres savoirs plus pertinents à la réalité pastorale d'aujourd'hui. Plusieurs de ces «savoirs traditionnels» ont été conçus hors du champ expérientiel. Ils apparaissent comme le résultat d'une juxtaposition d'idées et de concepts qui s'articulent en une logique intelligente mais peu «pratique»...

Parler d'expérience exige la précision de certaines coordonnées. Michel Philibert, dans un article publié dans la collection *Initiation à la pratique de la théologie*, suggère une anthropologie de l'expérience. Il développe sa pensée en montrant que l'idée d'expérience renvoie à une «différence entre l'avant et l'après: elle renvoie à celle de changement. L'être qui fait une expérience ou qui a une expérience, a changé; il n'est plus ce qu'il était, ou ne sera plus ce qu'il est, avant de l'avoir acquise, ou de la traverser»[2].

Le changement trouve parfois des obstacles à s'affirmer dans un monde où les acquis déterminent les règles de conduite. Le monde pastoral est fragile aux saines tensions, suscitant de nouvelles praxis chrétiennes malgré qu'il soit un monde de changements, d'adaptations continuelles. Il incombe donc aux intervenants, comme tâche primordiale, de mieux élucider ces changements: leur provenance, leur nature, leurs répercussions, leurs conséquences...

Pour accomplir cette tâche, nous retiendrons quelques éléments. D'abord il est important de situer la dimension méthodologique de notre réflexion. Puis nous tenterons de montrer la place particulière du «sujet» dans cette approche herméneutique de l'expérience. Se poseront, par la suite, les questions d'émergence de sens, d'élaboration d'une synthèse, de la visée de cette dernière... Nous présenterons ce qui nous apparaît être les caractéristiques d'un savoir utile. Enfin nous situerons notre démarche en rapport au champ praxéologique.

Une méthodologie à double face

Le défi de notre approche est de montrer, d'une part, comment se réalise l'appropriation de l'expérience du sujet dans ses dimensions à la fois historique et pastorale et, d'autre part, de dégager les traces que laisse le changement du sujet lui-même s'appropriant cette nouvelle expérience. Et une telle perspective, spécifiquement pour l'intervenant pastoral, situe la foi comme l'une des dimensions de cette expérience appelée à s'affirmer. Edward Schillebeeckx la situe comme un projet de recherche.

> La foi chrétienne ne totalise pas l'ensemble des expériences humaines. Quelque soit la force de sa conviction, le chrétien demeure pour cette raison quelqu'un d'ouvert. En d'autres termes: au regard des expériences qui se présentent, la ferme conviction à laquelle on a accédé redevient sans cesse «projet de recherche», qui sera sans cesse remis à l'épreuve dans le cadre et l'occasion de nouvelles expériences[3].

C'est ainsi que le discours de foi suppose un discours de l'histoire qui englobe la foi. On parlera davantage d'une expérience de foi que d'une connaissance de foi, les deux ne s'excluant pas mais suggérant des pôles d'attraction différents.

Le mot lui-même d'*expérience* fait problème. Jean-Pierre Jossua précise les contours de ce mot:

> Le champ sémantique du mot *expérience* est étendu et difficile à clarifier. On lui reconnaît en général un pôle scientifique, l'expérimentation, et un pôle herméneutique: l'expérience humaine avec sa dimension d'interprétation. La seconde, dont il est question ici, tend toujours à apparaître comme globale, tant parce qu'elle mobilise l'homme entier que parce qu'elle en vient à recouvrir tout un secteur de la vie (expérience de l'art, de l'amour). D'autre part, étant inséparable de l'interprétation que le sujet s'en donne, elle comporte une dérive vers l'«après coup», contrastant avec une autre de ses caractéristiques majeures qui est une certaine immédiateté[4].

Il y a problème lorsque les deux dimensions (expérimentale et herméneutique) se confondent. On le voit, le savoir utile aux intervenants émerge d'une synthèse entre l'«expérience de foi» telle qu'elle se dit, se nomme, se définit et l'«expérience de foi» telle qu'elle se vit, s'articule avec l'ensemble du vécu, bref avec l'expérience de foi qui devient «je». C'est ce qui fera dire à Schillebeeckx que «la foi est un croire qui découle d'un écouter et d'un voir; elle naît de l'écoute et de la considération de la praxis ecclésiale chrétienne»[5].

Or, pour faire cette synthèse entre le dire et le vécu de l'expérience de foi, il faut d'abord en assumer la rupture. C'est peut-être cette dernière qui rend si fragile le changement suscité chez les intervenants. On ne peut résister au fait que les acquis cognitifs de la foi (mémoire que l'on a du petit catéchisme, par exemple) sont profondément enracinés dans des parcours affectifs. L'un et l'autre se renvoient constamment des champs de significations qui tantôt s'accordent, tantôt divergent.

Nous avons donc établi quelques balises qui encadreront notre réflexion. Il y a le savoir comme tel, fruit d'une appropriation d'expériences et de connaissances révélées au sujet de ces dernières, et le sujet-qui-apprend-tout-en-agissant. Il faudra aussi nous rappeler que les corrélations à établir tiendront compte du sujet lui-même, des ses connaissances, de son expérience[6].

La provenance du sens

Le désir de connaître est une fonction de la vie qui porte comme visée une intégration. «Connaître» suppose que l'on met des liens, que l'on enrichit le passé et le présent, que l'on jongle avec une conjoncture qui devient lieu privilégié de la question et donc de la récherche de réponse. Le savoir qui en découle est donc tributaire de ce contexte. Avant de parler d'une connaissance dans la foi, connaissance que l'on associe spontanément à un intervenant pastoral, il faut donc s'interroger au sujet d'une connaissance de la vie.

Josef Trütsch s'est penché sur cette question. Il dira: «Connaître n'est pas connaître si ce n'est une fonction de la vie totale, si on ne le comprend comme fonction d'une vie personnelle. Aucune connaissance, telle qu'on peut, par exemple, en formuler dans une proposition, n'est connaissance isolée: elle fait partie d'un contexte[7]». Comment associer un pôle herméneutique avec l'expérimentation et faire en sorte que ces deux lieux s'accordent et se traduisent en un savoir pertinent, à la fois efficace et efficient?

L'appropriation des dimensions pastorale et historique des intervenants se fait d'une certaine façon moins par un acte de raison mais par un acte de cœur. C'est très souvent la conviction profonde des acteurs qui pousse à une recherche d'harmonie entre ces deux pôles. L'expérience personnelle de découverte de foi devance celle de l'engagement au nom de cette même foi. Il y a recherche presqu'intuitive d'associer les découvertes de l'expérience de foi personnelle au travail pastoral, c'est-à-dire de faire en sorte que la clientèle visée puisse à son tour découvrir les richesses et le dynamisme des découvertes personnelles de l'intervenant.

À ce point, il est intéressant de noter que, dans les milieux pastoraux, lorsque les politiques d'action semblant s'éloigner de l'expérience faite par les intervenants eux-mêmes, elles trouvent une application mitigée. Si l'on force trop dans le sens d'une application sans condition, les intervenants se désintéressent voire démissionnent. Il y a là, nous semble-t-il, la nécessité de porter une attention particulière en vue de tenir compte de la motivation réelle des intervenants.

En même temps, cette appropriation «intuitive» de l'action pastorale à partir de l'expérience personnelle cause une transformation chez le sujet lui-même. Le questionnement de la clientèle amène très souvent l'intervenant à réviser ses propres valeurs, attitudes, comportements, convictions. Nous avons souvent remarqué que des intervenants soucieux de bien «écouter» les doléances de leur clientèle comprennent et même modifient en partie leur agir. Sans l'avoir voulu, la clientèle a forcé l'intervenant à «être différent». Ce changement prendra plusieurs formes allant d'une saine remise en question à une aggressivité voire une démission totale face à l'institution ecclésiale. Par conséquent, en rapport à l'émergence du sens, la confrontation entre l'histoire personnel des intervenants et celle de leur clientèle suppose un type d'appropriation particulière et surtout une redéfinition du «sujet-actant» lui-même.

Nous voilà donc confronter à un premier défi: l'objet même du savoir. Même si l'expérience est au cœur de ce savoir, plusieurs acquis d'ordre cognitif joue aussi dans ce processus d'appropriation. Chaque acteur porte une tradition, une histoire personnel qui détermine, consciemment ou non, ses forces d'action. En fait, il s'agit de voir à quelles conditions peut s'élaborer une orthopraxie qui puisse maintenir un rapport «herméneutique» entre une pratique réfléchie et des savoirs multiples, le savoir n'étant pas confiné uniquement dans un corpus de concepts ou d'idées, un peu en retrait de la pratique...

Puis se pose le problème de la provenance de ce savoir. Laissons Michel Simon nous le présenter:

> Le problème du sens n'offre pas en définitive un nombre infini de solutions. Ou le sens est dans le monde comme un donné à déchiffrer: il y a un *Logos* du monde (créateur ou immanent) que la parole humaine cherche à déchiffrer et à proférer. Ou le sens est donné tout entier par une conscience constituante que l'on définit par son intentionalité signifiante (c'est la position de fond de la phénoménologie). Ou le sens se trouve entre les choses et le sujet parlant et c'est la position difficile explorée par Merleau-Ponty. Ou, enfin le sens est le produit de systèmes signifiants impersonnels qui tracent à l'avance la carte de tous les énoncés sensés possibles. [...] Le sujet parlant est alors dépossédé du privilège de la parole signifiante, il est détrôné de sa souveraineté constituante; le singulier et le subjectif se dissolvent dans des codes universels et dans des systèmes anonymes de signification[8].

Il ne serait certes pas faux d'affirmer qu'à l'une ou l'autre des époques de l'Église, on a retrouvé ces profils. C'est peut-être en jouant entre l'un ou l'autre de ces solutions que peu à peu l'on est venu à concilier l'expérience du sujet croyant à celle de la grande tradition. Il nous semble que l'intervention pastorale, si elle est bien saisie dans toutes ses dimensions, fait en sorte que le «singulier et le subjectif» jouent un rôle actif dans la provenance même du savoir. Les codes, quels qu'ils soient, doivent pouvoir être lus afin de se traduire dans une application adéquate. Et la démarche pastorale assure un questionnement qui rappelle constamment ce dernier point.

Ce sens n'apparaît pas seul, comme pousse un champignon! Il suppose qu'un projet le circonscrit, l'encadre pour lui donner toute sa plénitude. En fait opposer sens et expérimentation, c'est jouer le jeu de la dichotomie sans permettre une respiration qui oxygène les deux pôles. Or, il nous semble que le projet du sujet, s'il s'inscrit dans le projet ecclésial de la pratique, propose un lieu de synthèse inédit (une expérience!) qui porte la prétention d'ouvrir à des horizons inédits plutôt que rétrécir les dynamismes qui ne demandent qu'à s'émanciper. C'est dans et par le sujet que se fait la synthèse entre l'expérience qui se déploie dans l'action et les multiples sens qui surgissent...

Un savoir utile qui découle d'une synthèse

On le voit, notre réflexion nous amène à insister sur le caractère particulier de la place du sujet comme singularité et individualité. Sans vouloir tomber dans un pur subjectivisme, il nous apparaît opportun de situer ce sujet comme agent de synthèse de sa propre expérience en rapport à celle d'autres et aussi en rapport à une tradition qui questionne ses acquis.

«Parler d'expérience, c'est presque toujours ajouter au vécu l'idée d'une saisie réfléchie: «on prend conscience de...»». C'est cette «saisie réfléchie» qui suppose la synthèse. Mais synthèse de quoi? Plusieurs éléments la constituent. D'abord il y a la synthèse de ses propres connaissances en rapport avec l'expérience vécue. De la parole aux actes, il y a souvent un fossé énorme à combler. Puis il y a le rapport à établir entre le culturel, le social, le politique, l'économique et le religieux. Là aussi, les dernières décennies ont montré que l'osmose de jadis a littéralement éclaté. Puis, du point du vue spécifiquement pastoral, il y a le rapport entre l'expérience personnelle de foi, l'expérience ecclésiale de foi et la foi elle-même, ce dernier pôle étant davantage perçu comme un centre d'attraction autour duquel les autres gravitent...

L'acte de synthèse devient donc à la fois complexe et créateur. Une première démarche consiste à intégrer l'expérience historique. L'expérience de foi est d'abord expérience de la rencontre d'une histoire humaine avec celle du salut. Nier l'un au détriment de l'autre c'est amputer l'expérience de foi de ce qui la constitue. Karl Rahner se préoccupait d'assurer un dialogue dans la société pluraliste. C'est en ce sens qu'il écrivait:

dans le dialogue il est possible de s'approprier lentement [...] l'expérience historique, individuelle et collective, qui est absolument légitime, et à partir de laquelle l'autre est parvenu à sa «conception», même si, d'après le jugement de son interlocuteur, il l'a interprétée inexactement ou insuffisamment dans l'élaboration réflexe de sa conception du monde[10].

On le voit, ce processus de synthèse est en même temps un processus d'identification de soi. «L'acteur pastoral» n'est pas qu'exécutant. Il porte une identité spécifique qu'il ne veut pas confondre avec celle de l'institution qui le supporte. Il y a donc mouvement d'aller-retour qui contribue à mieux définir ce profil.

Identifier peut signifier reconnaître l'objet (y compris soi-même) selon ces caractéristiques (au sens de la carte d'identité) mais aussi (et surtout si l'on ajoute le pronom s'identifier) représenter le processus psychologique par lequel, selon Laplanche et Pontalis (*op. cit.*) «un sujet assimile un aspect, une propriété, un attribut de l'autre et se transforme, totalement ou partiellement, sur le modèle de celui-ci. La personnalité se constitue et se différencie par une série d'identifications». L'identification est faite de sympathie, d'imitation plus ou moins consciente, d'empathie, de contagion mentale, de projection leurrante[11].

Ce processus d'identification nous apparaît fort important. Il est à la base de la nature même de l'agent pastoral. En effet, ce dernier intervenant pastoral en développant certaines habilités, en intégrant certaines connaissances, en s'inscrivant dans une tradition lourde d'acquis historiques. Trop souvent, il emprunte à l'institution qui l'encadre «sa» forme de pensée, «sa» ligne de conduite qui guide son action. Au lieu d'acquérir une identité propre, il perd la sienne pour épouser celle que l'on veut bien lui imposer. C'est là que ce processus d'identification de soi entre en action. Il suppose une intégration, une adaptation, une acceptation des expériences vécues en vue de dégager un «Je» original qui se singularise par rapport à un «nous» social (ecclésial) et qui contribue ainsi à modifier, parfois à transformer, les relations aux autres et à l'institution. Ce dernier point crée souvent des tensions voire même des conflits qui provoquent ou des démissions ou des changements radicaux de la part des acteurs impliqués. L'autonomie responsable de ces derniers, qui prennent au sérieux les visées de leur action, contrarie les autorités en place.

C'est pourquoi que l'on parlera d'une identité chrétienne de l'agent de pastorale, identité soumise aux paris sociaux, politiques, culturels de la société et aux propositions de l'institution ecclésiale. Très souvent, on cherchera à nommer cela en parlant d'une spiritualité de l'intervenant, celle-ci faisant référence à un processus d'intégration des éléments en rapport à un pari de foi chrétienne.

De quelle synthèse s'agit-il?

Notre propos touche le «savoir utile». Nous nous situons alors dans une recherche de sens, un processus herméneutique qui tente de «qualifier» la pratique. Nous l'avons vu, la provenance du sens a de multiples origines. Conséquemment, le savoir utile, retenu par le sujet, tiendra compte des nombreux sens qui en découlent.

Ces derniers orientent la synthèse. Elle pose le problème de l'intervenant pastoral comme agent de sa propre signification. Comment des références «objectives» de l'identité chrétienne s'intègrent-elles su sujet lui-même (vu comme subjectivité)? La globalisation que l'on cherche à faire, suite à cette quête d'identité du sujet, fait que des éléments de son expérience se transforment en savoir utile qui modifie à son tour l'expérience-qui-se-fait. «C'est l'individu qui, en tant que personne responsable, répond de sa vérité et identité. C'est lui qui est interpellé, appelé à la tâche de l'appropriation[12]».

Pour les intervenants pastoraux, la clarification des références objectives qui donnent sens à leur pratique les aide à mieux se comprendre. La tradition ecclésiale ainsi que les acquis historiques forcent parfois les acteurs à mettre de côté leur désir de créativité et d'innovation pour faire place à une forme d'agir dicté par la volonté exprimée par les politiques pastorales. Ajoutons que la tendance des dernières années à une certaine centralisation «romaine» rend encore plus difficile une possible appropriation. Quant «les références objectives d'identification devient le principe déterminant, l'identité tend se figer, en se cristallisant sur des traits estimés représentatifs de ce que devrait être l'identité de tout un chacun[13]».

La synthèse dont il s'agit ici elle celle qui permet à l'intervenant de mieux circonscrire son identité, à la fois humaine et chrétienne, et d'établir un rapport autonome et responsable au groupe d'appartenance auquel il appartient. De plus, elle implique un projet d'ensemble qui oriente spécifiquement son intervention particulière tout en situant cette dernière en rapport à d'autres actions menées. La synthèse invite à une prise de conscience intelligente d'une pratique. Elle porte le souffle prospectif qui lui permet de dépasser les contraires immédiates, sans pour autant les éviter.

Mais qu'est-ce qu'un savoir utile?

Il nous semble opportun de présenter ce qui pourrait être les caractéristiques d'un savoir utile. Certes, l'expression porte plusieurs dimensions: utile à faire, utile à comprendre, utile à comprendre pour faire... Nous nous situons toujours dans l'ordre de l'expérientiel. Pourtant c'est ce savoir qui anime l'action de plusieurs intervenants pastoraux.

Une première caractéristique serait la place privilégiée laissée au sujet lui-même. Ne nous leurrons pas. La communauté est souvent absente. Elle se restreint parfois à une addition d'individus appartenant à un territoire particulier et partageant, à l'occasion, des temps de célébration. Nulle part ailleurs, cette «communauté» entre en action ou confronte les acteurs du milieu. Au contraire, on a l'impression parfois qu'elle paralyse plus qu'autre chose. Et très souvent, on y a recours lorsque l'individualité est menacée ou lésée dans ses droits.

On doit donc s'en remettre à soi-même. En pastorale, l'isolement des intervenants est un élément majeur de plusieurs démissions ou découragements. On se sent supporté dans le «comment faire» mais très peu dans l'être que le fait dégage... Ainsi c'est le sujet lui-même qui devient à la fois source des valeurs à véhiculer, critique des sens qui interfèrent dans sa pratique. Il y a donc volonté d'affirmation de l'intervenant dans son identité et son individualité qui oblige une forme de responsabilité face à soi et à autrui. Et la mise en branle de cela conduit à une plus grande liberté... celle qui rend libre.

Une seconde caractéristique de ce savoir utile est d'être un savoir de synthèse. C'est dans et par le sujet lui-même que se coordonnent et prennent forme tous les éléments. Il ne s'agit pas d'une synthèse de connaissances bien classées selon une logique inhérente à la pensée. Nous voulons plutôt parler d'une synthèse où les connaissances nomment les pratiques et permettent au sujet à mieux se situer, à mieux préciser les visées de ses interventions, à mieux agir...

C'est donc une synthèse qui se confronte au test de l'agir. Voilà la troisième caractéristique. Autant la foi que les paris sociaux, politiques, culturels, économiques... se voient confronter à l'action à mener. Pourrait-on dire que la synthèse est l'équilibre que l'on réussit à atteindre entre toutes les dimensions de la pratique, équilibre qui se traduit par une intervention concertée, réfléchie, à la fois efficace et efficiente? On le voit, la visée de la synthèse n'est pas qu'un ajout au cognitif. Elle a le souci d'un agir mieux situé et situant.

Ce savoir utile suppose un projet d'ensemble. C'est un point qui semble le moins préoccuper les divers acteurs. On prend comme acquis que le projet d'ensemble est déjà clairement identifié et ce, le plus souvent, par l'institution qui commande les interventions. Or, un regard approfondi de ces réalités montre qu'il est tout autre chose. En effet, le projet de chacun des acteurs ainsi que celui de la clientèle demeurent flous. On ne se reconnaît pas toujours dans la proposition faite par l'institution. Si le projet de chacun est mal défini, on risque de s'éparpiller dans une foule de valeurs et notions sans vraiment situer celles qui répondent aux attentes propres de chaque sujet.

Il est important de noter, comme autre caractéristique, que ce projet d'ensemble est politiquement situé. Il oblige à des stratégies d'action, des planifications, des évaluations qui fait que le savoir utile s'enrichit des expériences du passé. On oublie trop souvent que le lieu d'investissement majeur des énergies se situe à cette étape. La supposée neutralité des milieux ecclésiaux fausse souvent les règles du jeu. Là comme ailleurs, l'économie de temps, de personnel, d'argent prend le pas sur l'application de beaux discours ou de politiques clairement définies mais qui n'ont pas le soutien matériel nécessaire.

Plus précisément, et ce sera notre dernière caractéristiques, ce savoir utile veut répondre à des finalités historiques qui transcendent d'une certaine façon l'immédiateté de l'intervention pour l'ouvrir à une dimension plus universelle. Cette dimension nous semble importante. On agit trop souvent à courte vue. On laisse peu la prospective colorée l'action. On évalue peu les finalités des interventions, analyse qui permettrait de mieux à la fois situer et dépasser l'action immédiate. Et pourtant, s'accrocher à nos rêves ne serait certes pas un accroc à l'action ici et maintenant...

Un mot sur la démarche praxéologique

Notre réflexion veut tenir compte de l'intervenant-en-action. Parler d'un savoir utile, c'est accepter que chacune des grandes étapes de la démarche dite praxéologique (observation, interprétation, intervention et prospective) puisse être lieu d'élaboration de ce savoir utile. En fait, le savoir utile n'est pas que le résultat d'une démarche herméneutique. Il est aussi le processus lui-même qui conduit à préciser les paramètres de ce savoir. Il tient compte de chacun des moments de la démarche comme acquisition d'habilités, de connaissances, d'expérience.

Notons que le danger de cela est de multiplier des savoirs sans les mettre en rapport les uns avec les autres. Ils deviennent alors inutiles... C'est là qu'il nous semble indispensable de situer tout ce processus en rapport à un tiers qui serait le projet de l'intervenant lui-même confronté au projet d'Église que sous-tend son intervention. Cette toile de fond évite l'éparpillement des énergies et la multiplicité des savoirs et la stérilité de certaines interventions.

La démarche praxéologique rappelle que la recherche de synthèse a besoin de préciser ses finalités, ses visées, ses paris de sens... On ne peut réfléchir qu'en vue de modifier, transformer l'acteur-qui-agit. Sinon les sens deviennent des contre-sens...

Conclusion

Nous n'avons certes pas épuisé toute la réflexion autour de ce sujet. Nous avons cependant voulu contribué en apportant quelques éléments qui peuvent aider à situer certaines questions majeures. La préoccupation des intervenants d'agir en toute lucidité et intelligence est certes à promouvoir. Encore faut-il préciser les visées d'un telle démarche. C'est ce que nous avons tenté de mieux cerner au cours de cette réflexion.

Notes

1. La citation est prise à l'article de Joel Clerget, «L'individu et le sujet», dans *Lumière et Vie* 184 (novembre 1987) p. 25.

2. «Les âges de l'expériences humaine», dans *Initiation à la pratique de la théologie, t.5: Pratique*, Paris: Cerf, 1983, p. 19.

3. *Expérience humaine et foi en Jésus Christ*, Paris: Cerf, 1981, pp. 39-40.

4. «Note sur l'expérience chrétienne», dans *Initiation à la pratique de la théologie, t.5: Pratique*, Paris: Cerf, 1983, p. 41.

5. *Op. cit.*, p. 40.

6. Ronald D. Laing, dans une étude intitulée *La voix de l'expérience*, Paris: Seuil, 1986, dira ceci: «Les corrélations objectives et les corrélations expérientielles ne coïncident qu'occasionnellement: elles sont d'un type différent. Et les corrélations *entre* ces deux ordres sont à leur tour d'un ordre différent» (p. 13).

7. «La foi et la connaissance», dans *Questions théologiques aujourd'hui, tome 1: Problèmes fondamentaux*, Paris: Desclée de Brouwer, 1964, p. 86.

8. Tiré de «L'individualisme au miroir de la philosophie contemporaine en France», dans *Lumière et Vie* 184 (novembre 1987), p. 16.

9. Jean-Pierre Jossua, *op. cit.*, p. 42.

10. «Sur le dialogue dans la société pluraliste», dans *Écrits théologiques 7*, s.l.: Desclée de Brouwer, 1967, p. 32.

11. Thierry de Saussure, «Le processus de l'identification de soi», dans *Concilium* 216 (1988) p. 12.

12. Pierre Buhler. «L'identité chrétienne entre l'objectivité et la subjectivité», dans *Concilium* 216 (1988) p. 31. Nous voulons ajouter que parler d'individu, ce n'est pas dans une perspective individualiste. Au contraire, nous le voyons en relation et en interaction. Ce sont ces rapports aux autres qui forcent à une certaine synthèse...

13. *Ibid.*, p. 34.

Raymond Brodeur

LA DYNAMIQUE
DE
LA PRODUCTION CATÉCHÉTIQUE

Résumé

Les recherches actuelles en études pastorales provoquent à identifier, de façon méthodologique, ce qui est en jeu dans des interventions de type pastoral. La relecture proposée ici tente de rendre compte de la notion de «dynamique symbolique» qui circule dans certains milieux catéchétiques, notion qui permet à plusieurs praticiens de se reconnaître, mais qui semble souvent «indigène» aux théoriciens.

> Au lieu où nous nous situons, se
> cantonner en stricte logique
> scientifique à l'une des disciplines du
> savoir ou de la recherche et mener le
> déchiffrement de l'acte catéchétique
> selon la pertinence ainsi retenue se
> révèle être une approche simplifiante,
> même si elle est fort utile.
> (Adler et Vogeleisen, 1981:13)

Comment approche-t-on ce lieu où l'acte catéchétique est pris en compte? Dans un petit ouvrage publié en 1959, le frère Louis-Raoul, un pionnier dans le renouveau catéchétique au Québec, évoquait les premiers débuts de ce mouvement contemporain qui devait marquer l'Occident:

> Un groupe de pasteurs catholiques réfléchissent, en Allemagne, au milieu du siècle dernier, sur les insuffisances de leur enseignement de la religion et sur les conséquences néfastes que cet état de chose entraîne. Ils décident d'étudier à fond la situation spirituelle de leur groupement religieux, ils cherchent les causes profondes de leur malaises.

Et il poursuivait en racontant comment, à partir d'une situation, d'une expérience concrète qui faisait problème, ces recherches ont put «amené» leurs auteurs aux sources chrétiennes les plus anciennes:

> Ils redécouvrent la Bible et son message, ils retrouvent la Liturgie avec ses richesses doctrinales et pédagogiques extraordinaires. Un retour aux Pères de l'Église leur apprend que la Bible a toujours été, dans les siècles privilégiés de l'histoire ecclésiastique, la source de l'enseignement religieux, et que la liturgie en a toujours été à la fois le procédé pédagogique fondamental et l'aliment spirituel principal (Frère Louis-Raoul, 1959:12-13).

Ce texte renvoie à la diversité des éléments en jeux dans la recherche sur la catéchétique. Il rappelle également ce constat classique que l'évolution de la recherche, ici comme dans d'autres secteurs de la théologie, ou encore en sciences humaines et en sciences pures, procède toujours à partir de la prise en compte d'une situation problématique ou, du moins, de la perception d'un problème. De ce point de départ, des hypothèses de recherche peuvent être esquissées et des protocoles de travail pertinents élaborés. Les résultats obtenus au terme de ce processus fournissent une nouvelle intelligence de la réalité analysée en infirmant ou confirmant les hypothèses de départ. Enfin, ils incitent, par une opération critique, à interroger et à affiner les protocoles de travail utilisés.

La question qui se pose alors est de savoir s'il existe des situations problématiques, ou du moins des problèmes particuliers, qui proviendraient d'expériences de la vie de foi ou de pratiques pastorales et qui échapperaient aux saisies des disciplines traditionnelles de la théologie et à celles des sciences humaines? Un certain nombre de théologiens ont commencé à débattre de cette question en réfléchissant sur le statut épistémologique des études pastorales et catéchétiques (Viau, 1987; Audinet, 1983; Collectif, 1987; Greinacher, 1988), mais la route s'annonce longue, quoique pleine de promesses. «La complexité de l'acte catéchétique surgit aux premiers regards et constitue sans doute du point de vue méthodologique l'aspect le plus spécifique de sa spécificité» (Adler et Vogeleisen, 1981:13).

Les multiples recherches et interventions réalisées depuis les années 1960 dans les domaines de la catéchèse aux inadaptés ou de l'éveil spirituel des tout-petits, offrent des exemples de cette complexité spécifique. D'emblée, il faut se méfier de prendre prétexte qu'il s'agit d'inadaptés et de tout-petits pour réduire ces pratiques à une intervention spécialisée, destinée à résoudre un problème particulier. Au contraire, ce sont d'abord et toujours des communautés humaines, avec leurs différents membres, où les relations circulent dans tous les sens. En épigraphe à une publication sur la catéchèse des inadaptés, l'Office catéchistique provincial du Québec (1970) avait retenu citation empruntée à Paulhus et Mesny: «Les inadaptés sont comme un phare sur notre route. Ils nous révèlent, comme à la loupe, les dimensions profondes de la personne humaine et sa complexité».

Les interventions pastorale et catéchétique qui se jouent là, comme ailleurs, sont des agirs qui interpellent l'humanité dans ses fondements, ses brèches, ses béances, ainsi que dans ses soifs de justice, soifs de libération, soifs de tout ce que proposent les béatitudes et les paraboles. Mais cette dimension réelle, concrète, cette dynamique symbolique[1] en effervescence dans la praxis, dans ces agirs pastoral et catéchétique, est peu étudiée et mal connue. Pour être articulée, elle interpelle, en même temps qu'elle le fonde, le regard exercé, compétent, rigoureux du chercheur en études pastorales et catéchétiques.

Pour aider à comprendre ce dont il est question, on peut procéder par la négative. Souvent, cela aide à mieux percevoir le problème visé. Chaque fois qu'un tout-petit n'est pas accompagné dans sa quête de sens, chaque fois qu'un inadapté est pris en pitié parce que réduit et confiné par le regard de celui qui ne voit en lui que sa finitude amplifiée par son handicap, ne s'inscrit-il pas là une blessure d'humanité, un glissement de sens, une trahison de «l'Esprit qui se joint à notre esprit pour attester que nous sommes enfants de Dieu» (Rom 8, 16)? À ce niveau, on ne peut s'égarer de la vérité de l'humanité sans se détourner de la révélation du Christ. On ne peut durcir son cœur et son intelligence aux balbutiements, aux «cris» de l'homme, sans opter pour une humanité en dérive. On ne peut cesser d'interroger ces pratiques et ce qu'elles génèrent, sans passer à côté d'une responsabilité universitaire.

Pour vivre «avec» le tout-petit ou l'inadapté, chacun a à redécouvrir la disponibilité, à se déposséder de ses certitudes, de ses savoirs rigides ou de ses préjugés. Cela devient nécessaire pour engager le pas, dans l'expérience de l'éveil spirituel, avec celui qui est en train de découvrir, pour la première fois dans l'histoire de son humanité, la signification d'une expérience, le nom d'une réalité. Sans une observation affinée, il est difficile d'appréhender l'expérience religieuse pendant laquelle chacun, petit ou grand, à son rythme et en son temps, pressent la présence aimante et merveilleuse, ou bien, inquiétante et mystérieuse, d'un «quelqu'un» qui pourrait bien porter un regard intéressé sur lui. Enfin, sans analyse rigoureuse, il est malaisé de parfaire la connaissance sur les conditions et les réalités qui concourent à nommer de mieux en mieux, dans une expérience de foi soucieuse de la double fidélité en Dieu-personne qui interpelle et en la personne humaine en croissance, celui qui révèle comme partenaire des hommes dans leur histoire. À chacune de ces occasions, au cœur et au-delà de relations et d'interventions de qualité, se passe dans l'humanité et pour l'humanité, la découverte d'un souffle de vie, en jettant les fondements d'un éveil spirituel, d'une expérience religieuse et d'une éducation de la foi, assure un regain de vie. Par voie de conséquence, l'appréhension de telles expériences rend possible, en retour, un renouvellement non seulement de la pédagogie, mais en même temps de la théologie et des sciences humaines.

Je me souviens de ce prêtre de la région de l'Abitibi, professeur de philosophie et de sciences religieuses dans un collège d'enseignement supérieur, invité à agir comme aumônier dans une centre de jeunes enfants déficients mentaux moyens et profonds. Au cours d'une session, il racontait, le plus simplement du monde, comment ces jeunes lui avaient fait refaire toute sa théologie de fond en comble. Et ce qu'il disait n'avait rien à voir avec du roman. L'expérience dont il parlait ne venait pas tant du fait que ces jeunes étaient des inadaptés, mais plutôt du fait qu'ils n'avaient aucun moyen, aucun filtre pour dissimuler la vérité de leur personne. C'est cette vérité à nue qui l'a conduit progressivement à se détacher de ses certitudes pour faire de plus en plus place à d'incessantes constructions de sens, tant chez lui que chez ces jeunes. Tout contribuait à la réussite des relations: les gestes, les paroles, bref, les expériences vécues.

On retrouve le même genre de récit dans le livre de Madeleine Gauchy, *Un cri d'homme. La sœur d'un mongolien témoigne* (1985). Gaston Pietri, dans la préface, fait remarquer que l'ouvrage évite l'écueil du «redoutable idéalisme qui fait dire naïvement que les handicapés sont heureux et bénis de Dieu». C'est parce que l'auteure a su s'imposer de noter avec rigueur ce que lui disait son frère, ses expressions mêmes, que transparaissent petit à petit le respect et la dignité de la personne de ce frère trisomique. N'est-ce pas également ce genre d'expérience qu'évoque Jacques Grand'Maison dans sa trilogie sur *Les Tiers* (1986)? Trilogie qui nous renvoie, à travers ces tiers avec qui il a vécu de très près, une image de nous-mêmes qui est parfois difficile à supporter, mais qui peut tellement nous secouer de nos léthargies et de nos certitudes.

Ce n'est pas un filtre artificiel, préfabriqué, serait-ce aux couleurs et formes des plus belles théories et des plus beaux systèmes quels qu'ils soient, qui peuvent suppléer au regard franc sur soi et sur l'autre et aux prises de paroles qui surgissent en raison de la dynamique symbolique en jeu. Ces filtres et ces grilles sont néanmoins nécessaires, en alternance avec les pratiques, pour critiquer sans cesse la franchise de ce regard et la justesse des constructions de sens en train de s'articuler. C'est à ce niveau qu'une théologie pratique resurgit constamment au long de l'histoire de l'humanité et du peuple de Dieu. Les expériences vécues, correspondant à ce que l'auteur de la genèse décrit comme le mandat de «donner nom à tout ce qui existe» (Gen 2,19), enracinent une dynamique de production de sens, à partir de situations précises, qui déborde constamment du vécu, en générant de nouvelles biographies. Les prophètes sont à ce titre des exemples frappants, de même que Job, ou encore, les différentes personnes du Nouveau-Testament[2]. Si on remonte au long de la vie de l'Église et de l'humanité, jusqu'à aujourd'hui, on retrouve sans cesse les manifestations de cette dynamique de vie, de cette dynamique symbolique qui semble bien être le lieu par excellence de l'action de l'Esprit-Saint au cœur des vivants. Toujours, on retrouve une mise en situation qui, d'une façon ou d'une autre, provoque chez les acteurs une déstabilisation, une désorganisation par rapport à un état préalable. Ce ne sera qu'au terme d'une expérience, plus ou moins hardue, que les personnes démissionnent ou parviennent à une restructuration, à une nouvelle compréhension qui infléchira de façon imprévue le cours de leur existence, tant dans leur intelligence de la réalité que dans leurs comportements moraux.

Paul Tillich, en inaugurant la «théologie de la corrélation», a inspiré de nombreux travaux catéchétiques de langue allemande. Selon certains commentateurs, parler de mise en corrélation, c'est «affirmer qu'il ne faut pas couper la transmission du message évangélique de sa signification pour l'homme et la société, mais qu'il convient au contraire d'éclairer leur connexion réciproque» (CNER, 1986: 45). La méthode de corrélation ne juxtapose pas les réalités de la vie humaine et celles de la vie de foi, mais tente plutôt de rendre compte de la dynamique symbolique qui se joue dans la rencontre des réalités. Dans l'*Introduction au Plan-Cadre pour les diocèses de Suisse romande*, la Commission romande de catéchèse (1982) justifie le choix de la méthode de corrélation empruntée aux allemands en insistant sur le fait que «la foi se révèle dans la vie et la vie s'accomplit dans la rencontre de Dieu . . . La vie a déterminé dans une certaine mesure la compréhension de la foi; la foi a contribué parfois de façon décisive à des projets de vie et de société» (p. 9). Le problème qui ressurgit alors est de mieux comprendre ce va-et-vient d'où jaillit, d'où advient[3] de nouvelles identités de personnes qui n'ont de cesse à se situer face aux réalités actuelles concrètes qui ont trait aux questions sociales, économiques, de morale sexuelle, de la souffrance, de la paix, de Dieu.

À partir de ces quelques considérations, on ne peut guère éviter de reconnaître la dynamique symbolique de la personne humaine comme un élément important du fief qui relève de la théologie pastorale. Il incombe à la théorie pratique d'analyser, non pas tant la façon d'activer cette dynamique symbolique au cœur de l'existence, mais bien plutôt comment ne pas la bloquer, comment ne pas l'obstruer. Pour atteindre un tel objectif, il importe de se méfier des systématisations intransigeantes et des généralisations hâtives. Pour ce faire, il faut, un peu comme le fit Madeleine Gauchy avec son frère mongolien, se rendre rigoureusement disponible aux pratiques que nous observons.

Malgré l'évidence d'une telle affirmation, son application exige beaucoup de discipline. Cela est d'autant plus hardu que, souvent, les pratiques relatives à la pastorale semblent tellement familières. Il est toujours tentant d'y reconnaître ce qu'on a appris par ailleurs, plutôt que de se mettre dans un état de «naïveté seconde, celle qui permet de savoir que la connaissance acquise n'est rien en comparaison de ce qui reste à connaître» (Pelletier, 1981: 144).

Une recherche entreprise depuis quelques années à la Faculté de théologie de l'Université Laval, à propos de la production des catéchismes en Amérique française[4], illustre, à sa façon, la «rentabilité» d'une telle prise de distance. Il a fallu relativement peu de temps pour constater que ce «catéchisme», qu'on croyait connaître par cœur, n'avait en réalité que bien peu de chose à voir avec ce qu'on devait découvrir. Au départ, les diverses disciplines de la théologie et des sciences humaines ont grandement contribué à faire éclater une série de préjugés à propos du contenu, de l'objet matériel, de sa production, de sa diffusion par éditeurs, mais aussi par enseignements. Pour ce qui regarde sa réception, des travaux sont en cours.

Mais déjà, les chercheurs ont identifié diverses typologies de personnages et de pratiques qui ont bien peu à voir avec les images mentales qu'évoquaient le concept catéchisme. Arrive maintenant un point de non retour où il faut articuler comment, dans ce complexe réseau d'intervenants interreliés, les pratiques plurielles rendent possible et opérationnel le combat pour l'affirmation de l'identité personnelle au cœur d'une histoire de salut, tout en respectant les intérêts et le fonctionnement particulier de chacun. Cela, la théologie pastorale peut le faire en tenant compte, par une méthode de corrélation, de la dynamique symbolique des divers producteurs, diffuseurs, enseignants et catéchisés, parties distinctes, mais inséparables, d'une Institution elle-même implantée dans une socioculture et une histoire de salut. Ce travail de théologie pratique ne pourra toutefois pas se faire sans maintenir des liens étroits avec les autres disciplines concernées par le projet. D'un autre côté, cet apport d'une théologie pratique ne pourra pas être ignoré des autres disciplines dans leur approche de la réalité. À ce jeu de la multidisciplinarité, nul ne peut être perdant, à la condition toutefois que chacune des disciplines définissent clairement ses paramètres.

De ce défi qu'ont décidé de relever les universitaires impliqués dans l'étude de la théologie pratique, on peut attendre de nouvelles mises en lumière des divers enjeux que sous-tendent les interventions pastorales ou catéchétiques, ainsi que des dépistages contrôlés de ce qui peut aliéner ou bloquer la dynamique symbolique des personnes dans leurs expériences d'éveil spirituel, de contact avec le sacré et d'apprentissage de la foi.

Notes

1. J'utilise cette expression au sens où l'emploi Jean Mesny, entre autre dans ses notes inédites produites lors de sessions de recherche ainsi que dans des ouvrages sur la catéchèse aux inadaptés (1968; 1972). Il s'agit de cette façon d'exister au monde qui fait qu'à travers tout ce que vit la personne, il y a toujours deux dimensions: ce qui se passe et ce que chacun «advient» à travers ce qui se passe. Sur le concept «advient», voir la note 4.

2. En présentant les paraboles, Raymond Truchon parle d'«une histoire, tirée de la vie courante, comprenant deux ou trois personnages, ayant des comportements plus ou moins contraires ou contradictoires, en vue de faire saisir une vérité vécue, ou mal vécue ou contredite» (Truchon, 1980: X).

3. Le terme «advenir» demeure un concept clé dans la pensée de Louis-Marie Chauvet (1979; 1987).

4. Recherche menée par le Groupe de recherche sur la production des catéchismes, sous la direction de Raymond Brodeur. Un premier ouvrage est paru en 1984 (Brodeur et Rouleau).

Références bibliographiques

Jacques AUDINET. 1983. «Quelles «pratiques» pour la théologie» dans *Initiation à la pratique de la théologie*, Tome V: *Pratique*, Paris, Cerf, p. 9-18.

Gilbert ADLER et Gérard VOGELEISEN. 1981. *Un siècle de catéchèse en France, 1893-1980. Histoire, déplacements-Enjeux*, (Théologie historique, n° 60) Paris, Beauchesne, 601 p.

Raymond BRODEUR et Jean-Paul ROULEAU. 1984. *Une inconnue de l'histoire de la culture: la production des catéchismes en Amérique française*, Québec, Éditions Anne Sigier, 480 p.

Louis-Marie CHAUVET. 1979. *Du symbolique au symbole: essai sur les sacrements*, Paris, Cerf, 306 p.

_____. 1987. *Symbole et sacrements*, Paris, Cerf.

CNER (Centre National de l'Enseignement Religieux). 1986. *Formation chrétienne des adultes. Un guide théorique et pratique pour la catéchèse*, Paris, Desclée de Brower, 312 p.

COMMISSION ROMANDE DE CATÉCHÈSE. 1982. *Pour une catéchèse de l'enfance. Introduction au plan-cadre pour les diocèses de Suisse romande*, Neuchâtel, Commission romande de catéchèse, 80 p.

Madeleine GAUCHY. 1985. *Un cri d'homme. La sœur d'un mongolien témoigne*, Mulhouse, Édition Salvator, 159 p.

Jacques GRAND'MAISON. 1986. *Les tiers*, 3 tomes. t.l: *Analyse de situation*; t.2: *Le manichéisme et son dépassement*; t.3: *Pratiques sociales*, Montréal, Fides, 240 p./ 248 p./ 242 p.

Norbert GREINACHER. 1988. «La théologie pratique en tant que théorie critique», communication présentée dans le cadre du colloque «LES ÉTUDES PASTORALES À L'UNIVERSITÉ: PERSPECTIVES, MÉTHODES ET PRAXIS», Ottawa, 20 pages, (textes à paraître).

Frère LOUIS-RAOUL, s.c. 1959. *Le Catéchiste dans l'Église*, Arthabaska. Qué. Les Éditions Sainte-Cécile, Les Frères du Sacré-Cœur, 190 p.

Jean MESNY et Euchariste PAULHUS. 1968. *L'engagement chrétien du jeune inadapté*, Paris, Fleurus, 253 p.

Jean MESNY et al. 1972. *Vivante lumière. Programme de catéchisme pour enfants déficients profonds*, Pont de Beauvoisin, Éditions Solaro.

MINISTÔRE DE L'ÉDUCATION. 1976. *Vers l'éveil spirituel et l'éducation de la foi des tout-petits (4-5 ans)*, Ministère de l'Éducation du Québec, Direction des programmes, 84 p.

Jean-Guy NADEAU (éd). 1987. *La praxéologie pastorale. Orientations et parcours*, (Cahiers d'études pastorales, n° 4 & 5), 2 tomes, Montréal, Fides, 260 p./ 312 p.

OFFICE CATÉCHISTIQUE PROVINCIAL DU QUÉBEC. 1970. *Quelques réflexions sur la catéchèse des inadaptés*, Montréal, Office catéchistique provincial du Québec, 31 p.

Denis PELLETIER. 1981. *L'arc-en-soi. Essai sur les sentiments de privation et de plénitude.* Paris/Montréal, Éditions Robert Laffont/Éditions Stanké, 179 p.

Raymond TRUCHON. 1980. *Aujourd'hui les paraboles*, Québec, Éditions Anne Sigier, 263 p.

Marcel VIAU. 1987. *Introduction aux études pastorales*, Montréal, Les Éditions Paulines, 229 p.

Jean Joncheray

CHAMP SOCIAL DE LA FORMATION, CHAMP DE LA FORMATION RELIGIEUSE ET THÉOLOGIE PRATIQUE

Résumé

Dans le champ social de la formation en France, se croisent les attentes et les intérêts de différents acteurs: instances universitaires, employeurs, personnes en formation, instances politiques régulatrices...

Dans le champ de la formation religieuse, compte tenu de sa spécificité, on trouve aussi une grande diversité d'acteurs: théologiens et pasteurs, universitaires et praticiens de la pastorale... Leur mise en champ permet, là aussi, de comprendre la diversité des propositions de formation et de voir comment les stratégies des différentes instances en présence donnent naissance à des négociations.

L'approche sociologique, à laquelle on se tient ici, suggère que la «théologie pratique» qu'on mettra en œuvre sera marquée par la situation des ses acteurs dans le champ de la formation.

Une observation du champ social de la formation en France (I) nous amènera à tenter une comparaison avec le champ de la formation religieuse dans ce même pays (II). Il nous faudra alors réfléchir sur la pertinence de cette comparaison (III), avant de mettre en mouvement ce champ, en y repérant quelques stratégies particulières (IV).

On pourra ainsi situer dans ce contexte la place de l'Université dans la pastorale catéchétique en France (V) et c'est l'ensemble du parcours qui aura ainsi fait percevoir ce que l'auteur entend par l'expression «théologie pratique».

I Observation du champ social de la formation

La page introductive des articles concernant l'éducation, dans l'Encyclopaedia Universalis, dessine à grands traits ce que j'appelerais volontiers le «champ social» de la formation:

> Les étudiants et les maîtres, en fonction de ce préjugé que tout homme doit pouvoir étudier dans la ligne de ses goûts et de ses aspirations propres, font évidemment abstraction des perspectives d'emploi; les économistes et les employeurs, sous couvert même de générosité, risque de prendre surtout pour mobile les impératifs du marché de la main d'œuvre. Les parents, dans leur ensemble, sont davantage sensibles aux perspectives d'«élévation» sociale de leurs enfants, c'est-à-dire aux diplômes et aux titres, qu'à la qualité de leur préparation à la vie active.
>
> Chacun de ces mobiles — épanouissement personnel, besoins de l'économie, réussite sociale — est, après tout parfaitement valable. Car il est clair par exemple que les tâches ou emplois ne sauraient être prévus indépendamment des individus et de leur valeur d'homme. Mais la compatibilité de ces visées ne peut être effectivement assurée que dans la mesure où l'État parvient à définir les objectifs du système éducatif et à mettre en œuvre une politique à long terme, clairvoyante et désintéressée. (Encyclopaedia Universalis, 1968, article *Education*, Introduction signée E.U.)

L'intérêt de ce texte, me semble-t-il, est de présenter l'éducation au carrefour des intérêts divers, voire concurrents d'un certain nombre d'acteurs sociaux concernés par la pratique de l'éducation.

Le texte désigne ainsi trois groupes d'acteurs, étudiants et maîtres, économistes et employeurs, parents, auxquels il ajoute ensuite l'État. Chacun de ces groupes est désigné avec l'intérêt qu'il est censé porter, ou le rôle qu'il devrait tenir dans le système éducatif: aux étudiants et maîtres l'épanouissement personnel, aux économistes et employeurs les besoins de l'économie, aux parents la réussite sociale, enfin à l'État le rôle d'assurer la compatibilité des éléments du système.

Le champ des rapports qui vont s'instaurer est bien dessiné. Les traits sont évidemment un peu grossis et simplifiés: les étudiants et les maîtres n'ont pas que des intérêts communs, et parmi les maîtres on pourrait distinguer des sous-ensembles. Cependant, élargissant le propos, du champ restreint de l'*éducation* — où l'on pense d'abord à des jeunes scolarisés, l'importance donnée aux parents en est ici la preuve — au champ plus vaste de la *formation* en général, je garderais volontiers l'idée que quatre principaux groupes d'acteurs sont en présence, en les plaçant un peu différemment: les enseignants, les employeurs, les personnes en formation (et leurs parents s'il s'agit de jeunes), les politiques.

À chaque groupe correspondent des instances ou des pôles: les instances éducatives, par exemple l'université, les organisations professionnelles, organisations patronales ou syndicales, chambres de commerce, etc.; le pôle «public» représenté par les associations de parents d'élèves, mais habituellement peu organisé au niveau des adultes en formation, et enfin l'État.

Chacun revendique à juste titre un droit de regard sur la formation sur ses contenus comme sur la façon dont elle s'organise. La prise en compte des intérêts des autres groupes est évidemment hautement affirmée par tous, dans la mesure où chacun a besoin des autres pour exister. Cependant il n'est pas possible de repérer des dominantes dans les positions des différents acteurs.

Les «*Enseignants*», professionnels de la formation insisteront plus facilement sur l'importance de la formation en elle-même et donc sur sa gratuité. Dans la plupart des cas, après leur propre période de formation, ils sont devenus eux-mêmes formateurs. La recherche et l'enseignement sont ainsi le résumé de leur propre cas et un exemple que l'on peut en vivre, dans tous les sens du mot. La nécessité de se spécialiser leur fait percevoir l'importance de la recherche pure et plaider pour faire partager l'idée qu'il n'est pas de savoir inutile. (cf. Milner, 1984)

Bien entendu, selon les matières enseignées, plus théoriques ou plus pratiques, cet appel à la gratuité de la culture pourra se moduler différemment.

Les «*employeurs*» ont des attentes très précises par rapport à la formation, puisque c'est eux qui recevront la majorité des personnes ayant suivi une formation, mis à part celles qui resteront dans le système éducatif comme enseignants. Ils ont donc tendance à souhaiter que la formation soit une préparation plus directe aux besoins des entreprises ou services dont ils ont la charge. À la gratuité s'oppose l'efficacité. Pour eux les différentes filières de formation proposées devraient pouvoir correspondre aux différents postes nécessaires à tous les échelons de l'organisation du travail.

Là encore, bien entendu, suivant les aléas de la conjecture économique, les responsables d'entreprises peuvent insister, en période difficile, sur l'efficacité et la rentabilité directe à court terme, ou au contraire, quand l'avenir est plus serein, être intéressés par la présence de personnes capables de recherches apparemment plus gratuites, mais dont l'efficacité peut apparaître plus grande à long terme.

Les «*Politiques*» ne peuvent non plus se tenir à l'écart de ce qui se joue dans les pratiques de formation. En plus du rôle d'harmonisation des différents intérêts qui leur est fréquemment attribué, ils savent aussi l'importance que peut avoir la formation initiale ou continue pour la création de relations sociales, pour le remodelage de groupes, ordres ou classes qui composent une société, pour la diffusion d'idées, de représentations de la société, de ce qui est et de ce qui devrait être. C'est toute la place de l'école dans «l'institution du social», qui est ici en jeu. Comme le disait Durkheim: «Bien que l'éducation ait pour objet unique ou principal l'individu et ses intérêts, elle est avant tout le moyen par lequel la société renouvelle perpétuellement les conditions de sa propre existence.» (Durkheim, 1973: 101)

Le contrôle des instances de formation devient alors un objectif important. Mais il peut se faire de façon directe ou indirecte, autoritaire ou par le biais des modes de financement, le soutien à des groupes, etc...

Les *personnes en formation* — ou leurs parents, s'il s'agit de jeunes — ne sont pas seulement sensibles à la réussite sociale que peut leur procurer la formation, sauf si l'on fait porter à ce terme l'ensemble des harmoniques qui permettent à un individu de se situer au mieux comme personne au milieu de ses semblables[1].

Mais il faudra alors constater que le public d'une formation peut être composé de personnes qui accorderont plus ou moins de place à la reconnaissance sociale que peut permettre l'obtention d'un diplôme, aux possibilités d'emploi que la formation peut ouvrir, à l'épanouissement personnel que peut apporter une plus grande culture, etc... Ainsi des alliances sont possibles avec les autres partenaires de la formation. Et il est à prévoir que les valeurs de gratuité seront d'autant plus prisées que les questions d'emploi seront plus ou moins déjà assurées ou résolues par ailleurs.

Si tel est bien le champ social de la formation, on peut alors repérer comment une proposition précise de formation est le fruit de négociations entre ces différents partenaires. En France, une des possibilités de vérification en est par exemple ce qui s'est mis en place dans la formation permanente, suite aux lois de juillet 1971 qui l'organisaient. Si les universités ont fait des propositions, nombreuses ont été aussi les instances qui se sont mises en place à cette occasion, plus proches des entreprises de production ou de services, et répondant à des objectifs de qualification professionnelle plus qu'à des objectifs de culture générale[2].

Plus largement, ce type d'approche du champ de la formation permet de mieux comprendre la diversité des filières proposées en France pour la formation, concernant un même secteur professionnel.

La formation, dans le domaine économique et commercial, par exemple, est assurée par les deux grandes filières que propose le système éducatif français: les Universités et les Écoles.

Dans les Universités d'État, des facultés de Sciences Économiques dispensent un enseignement théorique, qui inclut explicitement la dimension recherche.

Les Écoles de Commerce, grandes ou moins grandes, où l'initiative privée est importante, préparent plus directement au travail en entreprise. Et souvent, les directions d'entreprises sont présentes dans les Conseils même de ces écoles.

Mais d'autres types de négociations existent institutionnellement. Par exemple, les Instituts Universitaires de Technologie (I.U.T.), dont certains ont des branches préparant à la gestion, se rattachent à l'Université, mais leurs enseignants sont pour une part des professionnels issus des secteurs de la production ou des services. Ou encore: Des Universités ont mis en place des filières intermédiaires comme «Administration Économique et Sociale» (A.É.S.), qui se présentent comme préparant plus directement à la vie professionnelle.

On peut certes tenter d'expliquer que chaque filière prépare à des postes différents et donc qu'elles ne se concurrencent pas directement. Ce n'est vrai qu'en partie. Les négociations parfois difficiles entre les différents partenaires du champ de la formation, tels que nous les avons situés, permet mieux, me semble-t-il, de rendre compte de la situation de fait, que l'on pourrait schématiser ainsi, d'une façon générale:

- Tensions entre le pôle du contrôle (des connaissances ou de l'entrée en formation), de l'organisation, de la prévision, et le pôle du choix personnel, de l'itinéraire libre,

- Tensions entre le pôle de la gratuité, de la critique, de la recherche, et celui de l'efficacité, de la professionalisation.

En se rappelant que les «pôles» sont toujours à mettre en rapport avec des types d'acteurs sans pour autant se confondre avec eux, on pourrait tenter la schématisation suivante du champ. La localisation de quelques instances de formation dans le champ n'est là qu'à titre d'exemples et peut donner lieu à débat.

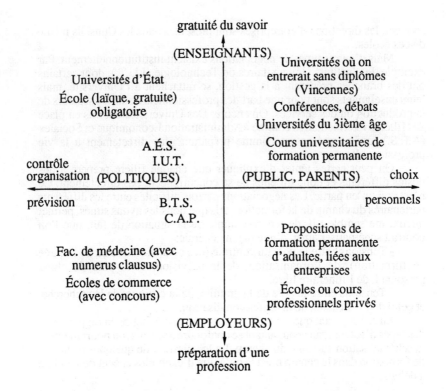

II Comparaison avec le champ de la formation religieuse

Serait-il possible de transposer dans le champ de la formation religieuse les remarques que nous venons de faire précédemment? Il faut bien sûr s'attendre à quelques différences, mais un premier repérage de différentes instances de formation ecclésiales en France nous permet de penser que les comparaisons ne sont pas impossibles. Nous pourrions ainsi proposer le schéma suivant:

gratuité
↑

du savoir ou	de l'accueil de la foi
(ENSEIGNANTS)	(ÉVANGELISATEURS, CATÉCHISTES)
Facultés canoniques	Formation permanente du
Catéchèse organisée des enfants	peuple chrétien
	Cycles de conférences, parcours
Instituts I.P.É.R.	Éducation de la foi
contrôle (RESPONSABLES	(catéchèse d'adultes)
organisation PASTORAUX)	(PUBLIC) choix

prévision ——— C.I.P.A.C. ——————————————— personnels

Séminaires	Formations spécialisées
Écoles de ministères (avec appels d'une autorité diocésaine)	(de catéchistes, d'animateurs d'aumônerie, de liturgie... auxquelles on s'inscrit par choix personnel)

(RESPONSABLES PASTORAUX)
↓
préparation d'un service
d'Église (responsabilités, ministères)

Tout classement comporte une part d'interprétation de la part de celui qui le propose. Il est donc possible que certaines instances trouvent qu'elles ne sont pas exactement à l'endroit qu'elles pensent occuper. Mais il semble que le schéma, moyennant quelques modifications par rapport au schéma de la page précédente, soit assez pertinent pour comprendre le fonctionnement du champ de la formation religieuse.

Deux principales modifications peuvent être constatés sur ce second schéma, par rapport au précédent.

Tout d'abord, c'est le même groupe d'agents, appelé ici «responsables pastoraux», qui se trouve occuper le pôle «contrôle, organisation, prévision», et le pôle «préparation d'un service d'Église». Les responsables pastoraux sont en effet dans le champ ecclésial à la fois ceux qui orientent l'ensemble de la formation, responsabilité de l'ordre de la politique d'ensemble, et ceux qui ordonnent, instituent ou reconnaissent les responsables dont l'Église a besoin pour sa mission (ce que le mot «employeurs» du schéma précédent ne recoupe que d'une façon très inadéquate!).

Quant au pôle «gratuité», il m'a semblé intéressant de le dédoubler, car, si le mot «savoir», au sens large, peut renvoyer sans trop de problèmes à l'acquisition de connaissances à un niveau primaire ou universitaire, la gratuité peut aussi être invoquée à juste titre, et de façon tout-à-fait traditionnelle pour qualifier à la fois la proposition du message (gratuité-grâce) et la liberté de l'acte d'engagement personnel qu'implique la réponse à cette proposition, et qui est beaucoup plus qu'une simple acquisition de connaissances.

Ainsi la partie supérieure du schéma pourrait se partager en deux sous-ensembles, tous deux contre-distingués de la préparation aux responsabilités d'Église. Le premier, se référant au savoir pourrait s'intituler «intelligence de la foi», le second évoquant la démarche de réponse à une proposition de foi pourrait être appelé «éducation de la foi[3]».

On notera que dans ce schéma, comme dans le précédent, le pôle gratuité ainsi que le pôle liberté sont amenés à entrer en négociation avec le pôle contrôle et organisation.

Nous n'insisterons pas non plus sur la présentation de ce champ, puisque les pages suivantes vont nous permettre d'en évaluer la pertinence. Je signale seulement ici qu'un travail de dépouillement de monographies concernant une quarantaine d'instances de formation ecclésiales de laïcs en France (services diocésains de formation permanente, de catéchèse d'adultes, centres théologiques, instituts pastoraux, écoles de ministères, etc.) m'avait permis de faire apparaître que les autorités auxquelles se référaient ces instances étaient, dans l'ordre: l'autorité pastorale, l'autorité universitaire, l'instance de formation elle-même et enfin les participants.

Si l'autorité pastorale est la plus souvent invoquée, c'est qu'en effet, elle est à la fois perçue comme celle qui commandite la formation et en nomme les responsables: il s'agissait pour la plupart d'instances diocésaines; mais aussi comme l'autorité qui envoie ou qui sélectionne le public, surtout lorsqu'il s'agit de formation à des responsabilités ecclésiales. L'autorité pastorale est alors d'une part celle de l'évêque et d'autre part celle de la communauté locale d'où vient et dans laquelle va retourner la personne en formation.

Ainsi l'ensemble des autorités invoquées vérifie bien le fait que pour placer sa propre légitimité, toute instance de formation ecclésiale est obligée en fait de se situer par rapport aux quatre pôles que propose notre schéma: deux pôles sont tenus par l'autorité pastorale, les deux autres sont le pôle «public» et le pôle «enseignant», dont l'autorité invoquée est l'autorité universitaire.

III Validité de ces comparaisons

Il est bien entendu que les comparaisons instaurées ici prétendent seulement aider à la compréhension de ce qui se passe dans la pratique et non pas dévoiler des normes qu'il faudrait suivre.

Ceci étant dit, essayons de préciser s'il s'agit simplement de ressemblances superficielles ou d'une analogie plus profonde.

Examinons d'abord les ressemblances: Il a été possible de situer dans un champ du même type que le champ social les principales instances de formation ecclésiale, sans qu'il soit nécessaire d'opérer des regroupements artificiels. Au contraire, cela mettra en lumière certaines alliances, certaines tensions entre ces instances. On peut donc en induire qu'il s'agit d'autre chose que d'un rapprochement fortuit.

Il y a sans doute une homologie entre la structure du champ religieux et celle du champ social dans lequel il est situé. On pourra sans peine y reconnaître les deux volets de ce qu'on a appelé l'inculturation.

D'une part, en effet, le champ social français, évoqué ici, est marqué par la culture chrétienne dont il est l'héritier. Son Université, par exemple, est une lointaine descendante de l'Université médiévale dont l'Église était fondatrice, et dans laquelle elle avait, on le sait, un rôle prédominant. Il n'est pas rare que le mot «clerc» soit encore utilisé en référence à la situation ancienne pour désigner les détenteurs d'un savoir, quel qu'il soit. (C.S.P., 1985)

D'autre part, se développant dans un contexte social donné, l'Église en emprunte la langue, la culture, les modes de fonctionnement, ne serait-ce que pour se faire entendre et pour exister socialement. Deux exemples suffiront à l'illustrer: La loi d'orientation de l'Université française de 1968 favorisait l'ouverture des facultés à l'interdisciplinarité et au décloisonnement, en demandant la création d'«Unités d'Enseignement et de Recherche». C'est en référence à ce mouvement qu'en 1973 fut crée à l'Institut Catholique de Paris une «Unité d'Enseignement et de Recherche de Théologie et de Sciences Religieuses» qui se présente comme «héritière des droits et devoirs de la faculté de théologie». Un autre exemple est celui du développement de la formation des adultes. Certes l'Église a toujours été soucieuse de formation des adultes, ne serait-ce que par le prône ou l'homélie, mais le foisonnement des instances multiformes de formation d'adultes dans les dernières décennies est évidemment à mettre en rapport avec le foisonnement qui existe aussi au même moment en matière profane, même s'il ne s'y réduit pas.

Il nous faut aussi évaluer les différences. L'originalité du fonctionnement ecclésial est de se référer à une triple fonction ou charge: munus sanctificandi, docendi, regendi, qu'on met en rapport avec le triple titre du Christ, prêtre, prophète et roi.

Il serait tentant, mais artificiel, d'identifier chacun des éléments de cette triple charge à chacun des pôles que nous avons mis en relief dans le champ social — le pôle «public» étant mis à part.

Le munus sanctificandi, en effet, n'est pas réductible à une fonction de choix et de mise en place de ministres, ordonnés où non, même s'il l'inclut. Il n'y a pas d'équivalent de cette fonction dans la société civile. Et l'on comprend que les évêques ne souhaitent pas se considérer comme de simples employeurs, même s'il leur est nécessaire d'envisager aussi cet aspect de leur charge.

Il est plus pertinent, me semble-t-il, de remarquer que les tria munera ne laissent rien en dehors de la charge pastorale, ni la fonction de gouvernement, ni la fonction d'enseignement n'en sont séparables. Le fonctionnement ecclésial, dans le domaine de la formation en sera forcément marqué.

Mais il faut alors noter que c'est l'ensemble des baptisés qui est configuré au Christ prêtre, prophète et roi. La charge pastorale ne consiste pas à exclure une partie des baptisés de telle ou telle fonction, bien au contraire. (Cf. Lumen Gentium n° 34, 35, 36, Presbyterorum Ordinis n° 2, Apostolicam Actuositatem n° 2...)

Il s'agira donc d'observer comment l'autorité pastorale exercera sa charge, en particulier, à quelles instances elle fera appel ou quelles instances elle mettra en place, avec quel rôle, quels pouvoirs, quelle autonomie.

IV Quelques stratégies particulières

Il est à souligner que les exemples choisis pour l'illustration du champ sont des exemples issus du contexte français. C'est qu'en effet la situation ecclésiale n'est pas identique d'un pays à l'autre et le même champ religieux s'organisera autrement dans un autre contexte. Quelques exemples de stratégies ou de négociations vont maintenant nous aider à mettre en mouvement le cadre ici proposé.

1. Les universités

On pourra être surpris du peu de place que semblent tenir, dans le champ, les Universités, avec leur filière de formation canonique. Par comparaison, la lecture du document du comité des ministères de l'Assemblée des évêques du Québec: «La formation des agents de pastorale, un point chaud pour l'Église», (A.É.Q., 1986) nous montre que les Universités sont bien présentes dans les trois grands axes de la formation envisagés par ce document: la formation théologique, la formation pastorale et la formation spirituelle; même si, bien sûr, les initiatives des Églises diocésaines se multiplient elles aussi.

Deux points d'histoire peuvent peut-être aider à comprendre la différence de poids des Universités d'un pays à l'autre: Au Québec, la majorité des futurs prêtres suivent leurs études à l'Université, même en tenant compte de changements récents en ce domaine. En France, la majorité des futurs prêtres se forment dans des séminaires diocésains ou inter-diocésains, non universitaires. Au Québec, les Universités catholiques délivrent des diplômes reconnus par l'État, ce n'est pas le cas en France.

2. Les possibilités d'emploi

La question des possibilités d'emploi comme agents de la pastorale est liée à la précédente. Dans de nombreux pays existe la fonction de professeur d'enseignement religieux dans les écoles. Cette fonction est alors reconnue à la fois par l'État et par l'autorité religieuse. Elle est, bien entendu, rétribuée. Mais elle requiert une compétence certifiée par un diplôme. Or cette fonction n'existe pas en France (sauf en Alsace-Lorraine). C'est donc toute une filière de formation et d'emploi possible qui se trouve presque inexistante.

De cette «séparation de l'Église et de l'État» découle par là même l'absence d'un public pour les enseignants théologiens, et d'un statut officiel pour ces mêmes théologiens.

Bien entendu, en France aussi les catéchistes sont formés! Mais l'absence de filière officielle obligatoire et de diplômes strictement exigés donne lieu à une beaucoup plus grande variété des instances de formation, sur laquelle nous allons revenir.

3. Stratégies diocésaines

Au moment où les séminaires, dont la plupart étaient diocésains, se sont regroupés en séminaires inter-diocésains et ont vu leur nombre d'étudiants se réduire, se sont mis en place dans plusieurs diocèses des instances de formation pour laïcs, dont les plus anciennes ont parfois pris le nom d'«Écoles de Ministères» (Langres 1979). Ces initiatives s'inscrivent dans un objectif plus vaste des autorités diocésaines: conduire, grâce à des formations appropriées, les changements qui affectent la pastorale.

Plusieurs éléments peuvent ainsi être pris en considération:

- La constitution d'un corps de responsables diocésains susceptibles de partager avec l'évêque et son presbyterium l'animation des communautés, services, mouvements constituant le diocèse,

- La revendication de la spécificité pastorale dans la formation: Responsables, sur le terrain, des pratiques pastorales, les autorités diocésains estiment qu'une formation théorique ne correspond pas aux besoins concrets. Notons que dans le document de l'A.É.Q. déjà cité, les évêques du Québec revendiquent aussi la prise en compte, dans la formation, des besoins concrets de la pastorale, mais cela apparaît davantage comme la demande d'un droit de regard sur les formations données dans les Universités, sans remettre en cause le bien-fondé des formations données par ces dernières, bien que des formations diocésains, là aussi soient mises en place.

- Le souhait de retrouver une identité diocésaine: Dans certains diocèses, particulièrement ceux où l'urbanisation s'est récemment développé, en modifiant les équilibres traditionnels, les nouveaux arrivants n'ont pas conscience d'appartenir à un diocèse. Participer ensemble, sur place, à une formation peut alors contribuer à donner une conscience commune.

- Enfin, on a pu noter un tel investissement de certains diocèses dans la formation, qu'elle finit parfois par être présentée comme le seul espoir d'un renouvellement: «Il semble relever de l'évidence que la formation des laïcs apportera une nouvelle jeunesse aux communautés locales dont ils sont issus, ainsi qu'à l'ensemble de l'Église diocésaine.» (Tassel, 1986: 21)

4. Formations spécialisées

Si les formations diocésaines revendiquent un lien privilégié avec la pastorale, cette revendication d'une compétence pratique reste parfois elle-même toute théorique, dans la mesure où «la pastorale» est multiforme. Et il devient difficile de préciser quelle serait *la* compétence pratique d'un agent pastoral polyvalent, car on n'attend pas la même compétence de la part de quelqu'un qui rencontre des enfants pour la catéchèse, qui anime un groupe de jeunes, qui accompagne des malades, qui s'occupe de la liturgie, qui dialogue avec des scientifiques, des économistes ou des syndicalistes, qui collabore avec des techniciens des media, etc.

Il arrive donc que la référence à la pratique soit quasiment nulle dans des formations qui la revendiquent pourtant au départ.

Le flambeau de la compétence pratique est alors repris par des formations très spécialisées, organisées par les services, mouvements ou groupes qui prennent les moyens de leur survie en formant eux-mêmes, au plan local, régional ou national, les responsables dont ils ont besoin: formation des catéchistes, assurée par les équipes diocésaines de catéchèse, formation d'animateurs d'aumôneries, de responsables de pastorale scolaire de l'enseignement catholique, de pastorale de la santé, chacune assurée par le service correspondant.

De même, les mouvements d'Action Catholique, surtout spécialisés, font des propositions pour leurs membres et leurs responsables.

Enfin les groupes de prière ou de spiritualité: renouveau charismatique, communautés nouvelles se présentent aussi comme des groupes assurant la formation de leurs membres.

Riche foisonnement qui ne va pas sans poser problème parfois à l'autorité car, si les services officiels relèvent de la mission publique d'enseignement dont l'autorité doit assurer le contrôle, les groupes privés, eux, se contentent d'annoncer leurs activités comme des initiatives non concurrentielles, mais qui atteignent parfois en fait un public beaucoup plus large que les membres des groupes et sont alors de véritables alternatives aux services officiels. (Valdrini, 1987)

5. Problèmes de mobilité

Le développement de la mobilité des personnes vient perturber les deux stratégies précédentes:

Mobilité géographique: On passe de plus en plus souvent d'un diocèse à l'autre à la suite de déménagements. Que devient alors la stratégie diocésaine de formation de cadres locaux si la formation et les personnes qui la suivent ne sont reconnus que par les autorités locales... et quittent le diocèse une fois formés, sans pouvoir faire valoir ailleurs leur disponibilité et leurs compétences?

Mobilité sociale et trajectoires personnelles: Si quelqu'un fait une formation longue, mais pointue, se spécialisant dans une compétence très précise, sans ouverture sur d'autres services, il risque d'être gêné pour pouvoir monnayer à long terme sa compétence: Est-ce possible d'être limité pendant des années au service exclusif d'un âge très précis, ou à la préparation d'un sacrement?

6. Stratègies des agents pastoraux locaux

Plusieurs types de réactions sont possibles de la part des agents pastoraux locaux, face à la multiplication des propositions de formation.

Certains se font volontiers les relais des propositions, faisant le pari que leur communauté locale ne pourra que bénéficier du recul critique et des compétences de ceux qui auront pris le temps de se former ailleurs.

D'autres, par contre, manifestent une certaine réticence: Certains prêtres, en effet, estiment qu'il est leur rôle d'être formateurs des laïcs dont ils ont la charge pastorale, ce qu'on ne peut leur dénier, même si leur fonction ne se définit sans doute pas d'abord de cette façon. Dès lors, les propositions de formations extérieures leur apparaissent d'emblée comme concurrents de ce qu'ils pensent avoir eux-mêmes à réaliser... à plus forte raison si une personne formée théologiquement, arrivant sur leur territoire, prétend assurer à leur place une part de la formation! Les relations alors ne sont pas toujours simples.

Une enquête sur un secteur pastoral avait posé la question: Selon vous, quelle serait la bonne formation dont ont besoin ici les catéchistes? La réponse la plus fréquente chez les prêtres pouvait se résumer ainsi: c'est celle que j'assure moi-même. Les autres formations, diocésaines ou extradiocésaines avaient le défaut de prendre trop de temps, d'être trop théoriques, de ne pas correspondre à la réalité locale... (Dubrulle, 1984)

7. Stratègies des personnes en formation

Si l'on pose la question: Qui se forme, et en vue de quoi? on est obligé de constater que les personnes en formation ne rentrent pas toujours purement et simplement dans les projets de formation prévus à leur intention.

Certes, il est relativement facile de repérer des demandes s'inscrivant bien dans le tableau que nous avons proposé: Des personnes cherchent un approfondissement personnel de leur foi ou un enseignement théologique et s'adressent à des formations qui correspondent à ce qu'elles souhaitent.

Des personnes se préparent à des responsabilités parce qu'elles pensent avoir la possibilité de les exercer, ou parce qu'on leur a demandé de s'y préparer et trouvent l'organisme de formation qui assure correctement une telle préparation.

C'est, pourrait-on dire, la situation la plus courante. Mais il y a aussi des croisements parfois non prévus:

Des personnes font une démarche individuelle et en attendent des effets ecclésiaux: par exemple des laïcs ayant suivi à titre personnel des études de théologie sont surpris que leur disponibilité pour des tâches pastorales ne soit pas accueillie avec reconnaissance, alors qu'on se plaint du manque de ministres dans l'Église. Cela ne va pas sans une certaine déception parfois: Ainsi s'exprime par exemple un laïc qui avait préparé en sept ans sa licence en théologie: «Alors toutes ces années n'ont donc servi à rien? À rien, s'il agissait de me donner une place mesurée par l'institution. À quelque chose, à une libération personnelle... qui m'a donné le goût de ne plus condamner le monde mais de m'ouvrir à lui pour y vivre une foi nouvelle et enrichie de tout ce qu'il contient.» (Grégoire d'Aubervilliers, 1981)

Il y a aussi des personnes qui se préparent à un service d'Église et qui en cours de route se rendent comptent que ce qui est en jeu, c'est beaucoup plus qu'une acquisition de compétences, c'est une véritable transformation personnelle, de leur identité et de leur foi. (Salzmann, 1985) C'est aussi leur vocation chrétienne qui est en jeu, quel que soit le ministère ou le service auquel ils seront ou non appelés. C'est ce qu'écrivent par exemple des jeunes en formation à l'Institut Pastoral d'Études Religieuses à Lyon en 1985: «Si pour plus de clarté nous séparons appel intérieur et appel de l'Église, il n'en est pas toujours ainsi dans la réalité quotidienne. C'est justement de la rencontre de ces deux appels que naît la vocation au ministère. L'appel au ministère naît dans une expérience spirituelle personnelle.» (Groupe de jeunes en formation à l'I.P.É.R., 1985)

Ces deux exemples renforcent donc notre conviction que les propositions de formation théologique ou pastorale sont toujours en position de négociation par rapport aux différents groupes qui en sont les partenaires: les personnes en formation, les enseignants, les autorités pastorales, les groupes chrétiens qui accueilleront les personnes formées.

V La pastorale catéchétique et l'universite en France:

quelques exemples

Nous l'avons vu, étant donné la structure du champ de la formation religieuse en France, l'Université n'y a qu'une part somme toute assez modeste par rapport à celle qui peut lui étre reconnue dans d'autres pays, proches ou éloignés. Elle est cependant non négligeable.

On ne sera pas surpris de voir, par exemple, la formation des catéchistes assurée d'abord «à la base», «sur le terrain» par les agents pastoraux locaux, eux-mêmes catéchistes, qui accompagnent au jour le jour le travail de ceux qui se sont engagés dans la catéchèse. C'est un travail énorme et qu'on aurait tort de mépriser parce qu'on ne peut pas le mesurer.

Ces dernières années, on a vue naître également des formations destinées à ces «animateurs-relais» qui sont déjà eux-mêmes formateurs. (Commission Nationale de l'Enseignement religieux, 1986)

À ce niveau l'Université est présente au moins à titre de conseil pour l'élaboration du document-guide (parmi les auteurs de ce document on trouve deux enseignements de l'Institut de Pédagogie Religieuse de Strasbourg). Mais la mise en œuvre se fait la plupart du temps sous la responsabilité des équipes pastorales diocésaines ou régionales de catéchèse. Ce document, héritier des acquis du mouvement catéchétique français précise «ce à quoi on tient». Il est particulièrement significatif par exemple de noter que chacun des deux niveaux de formation proposés comporte toujours les objectifs suivants:

1. connaître le terrain
2. travailler avec d'autres
3. approfondir la foi
4. pratiquer la catéchèse.

Ceci induit évidemment que l'objectif «d'approfondissement de la foi» soit situé à la fois par rapport à des instruments d'analyse et des modes d'appréhension du réel, indiqués sous la rubrique «connaître le terrain», et par rapport à une pratique individuelle et collective: «travailler avec d'autres», «pratiquer la catéchèse». C'est l'ensemble qui est présenté comme une démarche théologique, pastorale, catéchétique.

Si telle elle est la situation, quel est donc l'apport original de l'Université dans la Pastorale Catéchétique? Je me contenterai ici de signaler à grands traits deux réalités, celles des I.P.É.R.[4] et celle de l'I.S.P.C. dans laquelle je suis particulièrement impliqué.

Ces instituts ont comme points communs de garder une triple référence: au mouvement catéchétique dont ils sont issus, au terrain pastoral pour lequel ils préparent des agents, et à l'Université.

Suivant les villes et leur histoire, et suivant le niveau de formation qu'ils visent, les équilibres entre ces trois références sont différents.

Ainsi à Lyon l'I.P.É.R. est un institut universitaire, faisant partie des Facultés Catholiques de Lyon, et il travaille en collaboration régulière avec le C.L.É.R.P. (Centre Lyonnais d'Études Religieuses et Pastorales) qui, lui, fait partie du Service Diocésain de Catéchèse. C'est ainsi que l'ensemble formé par ces deux instituts articule la formation théologique, pédagogique, catéchétique et les stages pratiques. À Lille, par contre, l'I.P.É.R., institut universitaire, et le C.I.P.A.C. (Centre Interdiocésain de formation pastorale et catéchétique) sont deux organisations différentes mais non concurrentielles, etc.

L'Institut Supérieur de Pastorale Catéchétique (I.S.P.C.) de Paris présente dans cet ensemble une double originalité: D'une part il se situe comme formateur des «cadres» de la catéchèse (responsables ou membres des équipes diocésaines par exemple), d'autre part il relève à la fois de la faculté de théologie, — appelée à Paris «Unité d'Enseignement et de Recherche de Théologie et de Sciences Religieuses» — dont il est un des organismes de second cycle, préparant la Maîtrise (licence canonique), et il relève aussi de la Commission Épiscopale de l'Enseignement Religieux, puisque ce sont les évêques français qui ont voulu sa fondation (en 1950) pour la formation des cadres de la catéchèse.

Cette situation hybride présente en fait l'avantage de pouvoir interroger la théologie universitaire au nom de la dimension pastorale... et la pastorale au nom de la théologie universitaire.

Cette double interrogation n'est possible que grâce à l'introduction de deux axes de travail qui viennent s'ajouter à un premier pour former l'ensemble de la proposition de formation de l'I.S.P.C.

- axe de réflexion et de théorisation, biblique et dogmatique,
- axe d'analyse où sont mis en jeu les sciences de l'homme,
- axe de pratique, lieu d'expérimentation d'une action pastorale critiquée.

De l'articulation des trois peut naître un projet de «théologie pratique».

Conclusion: qui est théologien?

Si l'approche, de type sociologique, que nous avons tentée ici est pertinente, il est à prévoir que la réponse donnée à cette question sera fonction de la position de l'acteur dans le champ de la formation religieuse.

C'est sans doute en prenant en compte les forces en présence et les stratégies possibles qu'on se ralliera à des termes comme «théologie pastorale», «théologie pratique», ou «praxéologie pastorale»[3] qui définissent moins, à mon sens, des contenus ou des méthodes différentes d'une appellation à l'autre que l'état d'une négociation dans un contexte précis.

On ne s'étonnera donc pas qu'étant donné la situation que j'ai décrite ici, et dans laquelle je suis situé, j'énonce maintenant comme nécessairement partie prenante d'une authentique théologie pratique les trois éléments suivants:

-un travail d'approfondissement des sources et des développements historiques de la foi chrétienne, effectué avec la rigueur, le sérieux et le recul critique que peut permettre une instance universitaire,

-la pratique d'une science de l'homme, qui donne à la fois une possibilité d'analyse des différents contextes, anciens et actuels dans lesquels se dit la Parole de Dieu, et aussi un langage pour lui donner voix et corps — y compris institutionnellement — aujourd'hui,

-une action pastorale responsable (réfléchie et critique), située dans un ensemble ecclésial, c'est-à-dire en articulation, en communion avec d'autres actions.

Loin de réserver le terme de théologie à l'un de ces trois éléments c'est de leur articulation que j'attendrai le fruit qui pourrait prendre le nom de théologie pratique.

D'autres acteurs, situés différemment, auraient selon toute vraisemblance des insistances différentes, avec lesquelles, sauf à me situer hors-champ, je ne pourrais qu'entrer en dialogue!

Notes

1. Cf. Antoine PROST: «Les demandes contradictoires des familles» (p. 20), «l'avènement des jeunes comme groupe autonome» (p. 22), dans son article: «L'école et l'évolution de la société» Esprit, 1982.

2. On peut lire avec intérêt à ce sujet les «Réflexions sur une pratique psychosociologique en formation permanente» de Jacques BINEAU, IPSA, 1983.

3. Je rejoins, en prenant ce vocabulaire, la typologie proposée par Robert Comte: Intelligence de la foi, éducation de la foi, formation des responsables, (CNER, 1986), mais en la situant dans un champ plus vaste.

4. Sous ce terme générique d'I.P.É.R., on inclut souvent les différents Instituts et Centres de Pastorale Catéchétique: Institut Pastoral d'Études religieuses de Lyon, ainsi que de Lille, I.É.R.P. de Toulouse, I.P.R. de Strasbourg, I.É.R. de Paris, C.A.É.P.R. de Metz, C.I.P.A.C. de Lille, C.L.É.R.P. de Lyon.

5. Pour une discussion de ces trois termes, voir Nadeau, 1987.

Bibliographie

A.É.Q., 1986

«La formation des agents de Pastorale, un point chaud pour l'Église», par le Comité des ministères de l'Assemblée des évêques du Québec, *Église canadienne*, volume 19, n° 11, 6 février 1986, p. 327-333.

Commission Nationale de l'Enseignement religieux, 1986

«Propositions pour la formation des animateurs-relais en catéchèse», à l'initiative de la Commission Nationale de l'Enseignement religieux, janvier 1986, Paris, Document ronéoté.

C.N.E.R., 1986

Centre National de l'Enseignement Religieux, Robert COMTE et alii, *Formation chrétienne des adultes. Un guide théorique et pratique pour la catéchèse*, Desclée de Brouwer, Paris, 1986.

C.S.P., 1985

Centre de Sociologie de Protestantisme, Strasbourg, Gilbert VINCENT et alii, *Les Nouveaux clercs. Prêtres pasteurs et spécialistes des relations humaines et de la santé*, Labor et Fides, Genève, 1985.

DUBRULLE, 1984

DUBRULLE Luc, PONCE Jean-Claude, WOULFE Eithne, *Quand les catéchistes se diversifient. Etude des rapports qui s'instaurent entre les différents agents diffuseurs de la catéchèse*, Mémoire de l'I.S.P.C., 1984.

DURKHEIM, 1973

DURKHEIM Émile, *Éducation et sociologie*, P.U.F., Paris, 1973 (1ᵉ édition 1922)

Encyclopaedia Universalis, 1968

Encyclopaedia Universalis, France, Éditeurs à Paris, 1968. Articles *Éducation*, *Pédagogie*.

Grégoire d'Aubervilliers, 1981

Jésus, n° 28, mars 1981, Voyage d'un laïc en théologie, sous la signature de «Grégoire d'Aubervilliers».

Esprit, 1982

Esprit, Enseigner quand même, n° 11-12, novembre-décembre 1982. Article d'Antoine PROST, Entretiens de Pierre MAYOL, Daniel HAMELINE et Jacques PIVETEAU.

Groupe de jeunes en formation, 1985

Car tu nous as choisis pour servir en ta présence, Essai de réflexion sur les ministères, par un groupe de jeunes en formation à l'Institut Pastoral d'Études Religieuses, Lyon, 1985. Document ronéoté.

IPSA, 1983

   Cahiers de l'I.P.S.A. (Institut de Psychologie et de Sciences Sociales Appliquées) n° 6, septembre 1983, Université Catholique de l'Ouest, Angers. *Pratiques de formation*, articles de Jean-Pierre BOUTINET, Guy LE BOUEDEC, Jacques BINEAU.

JONCHERAY, 1987

   JONCHERAY Jean, Formation et devenir ecclésial, *Catéthèse*, avril 1987.

MILNER

   MILNER Jean-Claude, *De l'école*, Seuil, Paris, 1984.

NADEAU

   NADEAU Jean-Guy (sous la direction de), *La Praxéologie pastorale. Orientations et parcours*, 2 tomes, Éditions Fides, Montréal, 1987.

SALZMAN

   SALZMAN Sylvaine, *Trans-formation. Étude des effets de la formation à partir de récits d'anciens formés à l'école des catéchistes de Fribourg (Suisse)*, Mémoire de l'I.S.P.C., 1985.

VALDRINI, 1987

   VALDRINI Patrick, *Documents «Episcopat»*, Paris, n° 15, octobre 1987, Le Ministère de la Parole de Dieu. Réflexions canoniques sur l'exercice de la charge d'enseigner dans l'Église.

TASSEL, 1986

   TASSEL Elizabeth, *La formation, mission impossible?*, Mémoire de maîtrise de l'U.E.R. de théologie et de sciences religieuses de l'Institut Catholique de Paris, I.S.P.C., 1986.

Raymond Lemieux

LE CONCEPT D' INCULTURATION
UN DÉFI CONTEMPORAIN
POUR LA THÉOLOGIE PASTORALE

Résumé

Le terme *inculturation*, qu'il faut bien distinguer de celui d'*acculturation*, mérite d'être approfondi pour trouver l'opérationnalité conceptuelle qui lui est propre. On discute ici de sa spécificité ainsi que des transactions qu'à travers lui le discours théologique doit entretenir avec celui de l'anthropologie. Si l'*inculturation* représente bien l'accueil de la diversité des cultures dans la vie de l'Église, elle repose sans cesse le problème de la nature de l'acte de foi, tel qu'il se donne lui-même à travers une culture d'origine.

Le mot *inculturation* peut sembler, pour certains, ne correspondre qu'à une autre de ces modes qui parcourent les langages académiques, toujours friands de néologismes. Son sens n'est pas toujours facile à comprendre. Pourtant la réalité qu'il désigne est aussi vieille que le christianisme lui-même. Dans son sens premier, le mot évoque en effet le travail qui consiste à implanter quelque chose d'original, de neuf, dans la culture: *incolere,* le préfixe *in* ne peut que renforcer l'idée déjà présente dans le terme principal, celle de cultiver, donner la possibilité de prendre racine. Or n'est-ce pas là le défi premier du christianisme, celui qui lui vient du mystère de l'incarnation lui-même: rendre compte du fait, acceptable seulement dans l'acte de foi, que l'Autre prend corps dans l'histoire de l'homme, dans sa conjoncture, pour l'assumer en tant qu'histoire du salut?

Quoique à résonnance nettement contemporaine, le terme *inculturation* soulève donc un ensemble de questions majeures: comment la foi prend-elle racine dans le concret de la vie? comment la spiritualité rencontre-t-elle le monde? comment l'incarnation continue-t-elle de se réaliser à travers les siècles? Or ces questions nous ramènent sans au cœur du mystère chrétien: prendre chair.

En discutant ici du terme inculturation, nous voulons simplement montrer comment ce concept peut inaugurer une relecture des problématiques pastorales, en mettant en évidence des aspects de la réalité dont ces dernières ne peuvent plus faire l'économie. En ce sens, le concept d'inculturation représente un nouveau paradygme, entendant par ce terme, dans le sillage du philosophe Kuhn (1962), l'ensemble des questions qui font nœud et qui sont, par conséquent, inévitables, à une époque donnée du développement de la pensée. Qu'est-ce, en effet, que l'intelligence de l'action pastorale sinon la capacité de rendre compte, dans un discours intelligible malgré la complexité de ses sources, de la mission de l'Église telle qu'elle se concrétise, à chaque époque de son histoire et pour chaque milieu, dans les actes de ses agents?

Point n'est besoin d'argumenter de l'importance que tien la réalité de la culture dans les préoccupations pastorales contemporaines. «Après Vatican II, dit Hervé Carrier en présentant le concept d'inculturation, la culture est perçue comme le nouvel espace de l'Église». Or il s'agit d'un espace complexe et souvent ambigu. Les concepts qui en rendent compte ne peuvent qu'être tributaire de cette ambiguité, dans un premier temps. Le catholicisme lui-même, ajoute Carrier «se reconnaît une double mission: l'une est de défendre et promouvoir la culture de l'homme, sans autre prétexte, uniquement parce que l'être humain, créé à l'image de Dieu, mérite d'être aimé pour lui-même. L'autre mission, plus spécifiquement liée à la foi chrétienne, vise un objectif ultérieur qui est d'apporter librement l'Évangile au sein des cultures, pour leur permettre de croître selon toutes leurs virtualités et de se transcender dans l'espérance. C'est là le défi complexe et stimulant que représente la rencontre de l'Église avec les cultures (Carrier, 1987, 14, italiques de l'auteur).

Tel sera donc notre point de départ: la préoccupation de la culture détermine une double vision et une double visée de l'action pastorale, inscrivant d'emblée celle-ci dans la pluralité conceptuelle: chercher l'homme pour lui-même, chercher l'homme pour la réalisation de l'Évangile. Quels rapports y a-t-il entre ces deux dimensions? Peut-on vraiment rencontrer l'homme pour lui-même et viser, en même temps, à lui apporter autre chose, à le transformer, ce qu'on a toujours traduit, jusqu'ici, par le terme convertir?

Inculturation/acculturation: des frères étrangers

Tout d'abord il faut toutefois insister sur le fait que le concept d'inculturation est un outil de pensée essentiellement théologique. Non seulement, en effet, le trouve-t-on initialement dans des textes de théologiens, plus précisément en missiologie[1], mais encore désigne-t-il une réalité qui n'a de sens que dans l'acte de foi: la capacité propre à l'Évangile de s'incarner dans des cultures diversifiées. Il ne faut pas oublier ce fait même si la spécificité qu'il implique n'est pas toujours évidente.

De ce point de vue, il faut distinguer rigoureusement non seulement inculturation et adaptation[2], mais aussi inculturation et acculturation. Ce dernier concept est, lui, un outil des sciences de l'homme. Ces dernières lui donnent d'ailleurs plusieurs sens, selon l'évolution des disciplines et de la littérature scientifique. Les psychologues et les psychosociologues, par exemple, entendent par acculturation l'ensemble des modes et des processus d'adaptation des individus aux milieux culturels dans lesquels ils sont appelés à vivre (Stoetzel, 1963, 63). Les anthropologues, après avoir désigné par acculturation les transformations subies par les sociétés primitives du fait de leur contact avec les sociétés industrialisées, utilisent désormais le terme pour caractériser l'ensemble des processus d'altération sociale attribuables aux contacts entre des sociétés différentes. Il va sans dire que le champ de l'acculturation, ainsi conçu, s'est développé de façon phénoménale dans les dernières décennies, étant donnée la multiplication des rencontres entre cultures et par conséquent, les problèmes d'adaptation vécus par les individus[3].

Quoique les deux concepts soient étrangers dès leur origine et que leur opération relève de logiques spécifiques, ils sont proches parents, référant à une même réalité de base: la dynamique de la culture, sa capacité de se transformer et, pour cela, d'accueillir l'altérité. On ne peut donc être surpris du fait que, même dans les textes magistériels, il arrive de les confondre. Si l'inculturation désigne la pénétration d'une culture par une réalité qui lui est exogène, l'Évangile, l'acculturation désigne le processus d'altération que connaît cette culture du fait des influence reçues de l'extérieur. Théologie pratique et anthropologie devraient ici se conjuguer. Pourtant, les deux concepts représentent des points de vue non seulement différents mais irréductibles l'un à l'autre: celui de la foi (et du désir) d'une part, celui de la lecture de société (et du travail d'objectivité) d'autre part. Quand on fait de ces deux termes des synonymes, il y a perte de richesse conceptuelle pour l'un et pour l'autre, soit qu'on dénie la spécificité du discours théologique (en réduisant l'Évangile à un fait de culture parmi d'autres), soit qu'on dénie la spécificité du discours anthropologique (en réduisant l'altérité culturelle aux jugements normatifs que l'on tient à son égard).

Ce n'est donc que dans la mesure où l'Évangile, la Révélation et d'une façon plus générale l'expérience de foi, tout en étant constitués historiquement, sont également conçus comme des réalités extra-culturelles, capables de transcender et, par conséquent, de pénétrer toutes les cultures, que le terme inculturation prend un sens spécifique, irréductiblement théologique. Il suppose alors autre chose que le dynamisme propre de la culture: une transcendance dont témoigne le travail de la foi. Il instaure, en la signifiant, une dissemblance radicale entre le rapport Évangile/culture et le rapport culture/culture, ce qui ne peut être, bien sûr, que de l'ordre de la vision et de la visée théologiques.

Cela ne veut pas dire cependant que le travail de l'Évangile comme pénétration des cultures ne provoque pas lui-même des phénomènes d'acculturation. Bien au contraire, et on peut penser qu'ils seront sérieux.

D'abord, quand l'Évangile pénètre une culture, on s'attend à ce qu'il y inscrive un rapport inédit au sens et à l'histoire. Cette altérité, quel qu'en soit la force, rejetée ou acceptée, est appelée à provoquer des réactions et, à plus ou moins longue échéance, à transformer la culture. L'inculturation suppose donc l'acculturation, c'est-à-dire le passage d'un état de culture A et un état de culture B. Et ce passage est mesurable. Du point de vue de la culture (qui n'est pas, on le voit bien, celui de la foi), le travail de pénétration de l'Évangile peut toujours être observé et analyse comme un processus de changement social.

Mais cette acculturation est également observable dans le sens inverse: l'Évangile qui aborde une culture nouvelle est obligatoirement porté par des hommes et des femmes, des langages et des institutions qui appartiennent à une culture d'origine. Il est donc tributaire de ses inculturations préalables. Jusqu'à quel point la rencontre d'autres cultures transformera-t-elle les formes qu'il a prise jusque là? Aucune mission ne peut faire l'économie de telles questions. Quand des êtres humains rencontrent d'autres humains, fût-ce au nom de l'Évangile, il y a confrontation des expériences et choc de cultures. Comment départager, dans la parole qu'ils tiennent, ce qui est témoignage de foi et ce qui est héritage culturel? Comment discerner le travail de la foi une culture particulière, la sienne autant que celle de l'autre? Comment distinguer l'essentiel du conjoncturel? Tous les missionnaires, au cours de l'histoire, ont été confrontés à de telles questions, et y ont répondu de toutes sortes de façons.

L'inculturation appelle l'acculturation. L'action pastorale ne peut concevoir l'une et l'autre que dans la réciprocité. L'Église, en effet, est non seulement un mystère mais aussi une institution. En tant qu'institution, elle possède un langage, des savoirs, des codes qui sont, à chaque époque de son histoire, ceux de cultures particulières. On le sait mieux maintenant que les historiens se préoccupent davantage de ces questions de culture, l'Église est tributaire des milieux et des époques dans lesquels elle se développe. Dans certains cas, rares mais ô combien lourds de conséquences historiques, elle est ou a été culturellement ou politiquement dominante. Dans d'autres elle représente une ou des sous-cultures particulières. Mais quel qu'en soit le titre, elle inscrit dans les cultures qu'elle rencontre son dynamisme propre en même temps qu'elle reçoit des influences plus ou moins profondes. Elle connaît donc, elle aussi, l'acculturation.

Sans doute est-ce cette réciprocité de l'inculturation et de l'acculturation que veut marquer, à sa façon, cette phrase de Jean-Paul II: «L'inculturation est l'incarnation de l'Évangile dans les cultures autochtones et, en même temps, l'introduction de ces cultures dans la vie de l'Église» (1985).

Dimensions formelles de l'inculturation

De ce point de vue, il faut concevoir l'inculturation comme un phénomène structurellement complexe. Sa réalité est multidimensionnelle et faute d'en dégager les divers aspects, le terme peut faire contresens. Pour mieux comprendre cette complexité, nous en distinguerons ici deux dimensions formelles qui chacune mettent en scène une dialectique supposant des termes opposés.

Premièrement le travail d'évangelisation suppose à la fois accueil et critique, et ces deux réalités sont indissociables pour construire un concept d'inculturation qui soit opérationnel.

Comme le mystère de l'incarnation lui-même représente l'assumation de l'homme dans sa réalité la plus concrète. l'inculturation suppose que l'Évangile assume les cultures qu'il pénètre dans leur réalité la plus tangible. Concrètement, l'inculturation exige donc qu'on apprenne à dire l'Évangile dans les mots de cette culture, qu'on propose l'expérience de foi à travers les signifiants et les signifiés qui lui sont propres, bref que l'Église en épouse les codes et ceci, sans doute, jusqu'aux rites. Bref, elle suppose l'acceptation et le respect de la culture dans ses particularités, en ce que celles-ci définissent l'homme dans la concrétude de son existence et de sa quête de sens. C'est là sans doute le caractère le plus visible de l'inculturation: elle consiste, en quelque sorte, à «naturaliser» l'Église dans chacune des cultures qu'elle rencontre, pour y témoigner de la foi et de l'espérance.

Mais une culture n'est pas faite seulement de mots neutres et de codes équitables. Elle est aussi faite de rapports de force et de luttes de pouvoir. Ses mots, ses codes et ses rites ne sont jamais innocents. Ils sont des armes dans la lutte sociale et sont toujours marqués par la part d'iniquité que comportent les ordres établis. Il n'est pas évident qu'ils soient aptes, d'emblée, à porter l'Évangile, tant que ce dernier témoigne d'un autre monde, d'un idéal ou d'une utopie, c'est-à-dire de ce qui est, au delà de toute prétention à sa réalisation. Si l'altérité du sens qu'il porte au monde transcende toutes les cultures, inévitablement l'Évangile ne peut que tenir un rôle critique dans toutes les cultures, tout en s'y incarnant. Malgré leur propension à l'apolitisme, qui est justement le refus d'être lié à une vision en même temps conjoncturelle et obligée du salut, Évangile et Église ne sont jamais neutres. Ils sont toujours appelés, structurellement, à transformer le monde.

Il est extrêmement difficile de dire jusqu'où peuvent aller, concrètement, cet accueil et cette critique. De la problématique de l'inculturation, en effet, ils nous mènent directement à celle de l'acculturation. D'une part, témoigner de l'Évangile ne peut jamais se faire qu'à partir d'une expérience acquise. Celle-ci constitue un rapport initial à la culture, une sorte d'expérience première. Pour aborder une culture nouvelle, il faut apprendre à relativiser cette expérience première, à y faire la part des préjugés et de la sagesse véritable. Apprendre une culture, cela veut dire non seulement convertir cette dernière mais, beaucoup plus profondément, se convertir: apprendre à se voir soi-même par les yeux de l'autre, dans une sorte de regard éloigné (Lévi-Strauss, 1983) et, idéalement, capable de rendre compte de lui-même, c'est-à-dire de sa propre relativité. On doit alors accepter le fait que l'apprehénsion de l'Évangile, la compréhension de la foi et la vision de l'Église qui sont à l'origine d'un projet d'évangélisation, bref tout le système cognitif qui le structure, sont des conceptions relatives qui ne sauraient s'imposer aux autres sans précisément bloquer leur accès au mystère. En effet la culture, en même temps qu'elle donne lieu à l'Évangile, lui fait écran.

Et il est toujours plus facile de voir la paille dans l'œil du voisin... L'exigence critique est extrêmement difficile à gérer. De quel droit, en effet, s'impliquer dans les affaires des autres? Et s'il est parfois loisible d'y proférer de grands principes de justice, il est toujours compromettant d'y mettre le doigt dans l'engrenage politique. Que signifie, par exemple, prendre les armes pour défendre la paix? Que signifie abolir la dictature s'il faut mettre en place un autre pouvoir? Le combat pour la justice est un combat nécessaire mais est aussi un combat relatif. Or c'est bien ce type d'action que suppose la logique de l'inculturation: épouser la cause de l'autre dans sa concrétude, c'est-à-dire jusque dans les ambiguïtés de ses passions et de ses souffrances, dans les balbutiements de son désir et le bégaiement de sa quête de salut. Mais précisément, dans la mesure où ses épousailles sont fécondes, l'Église s'y trouve compromise dans le destin de l'homme et parfois, il faut bien le dire, divisée en elle-même, comme l'homme, dans sa survie, est souvent en lutte avec d'autres hommes.

Peut-on concilier la radicalité de l'accueil et la radicalité de la critique? L'inculturation n'est pas une entreprise sans risque. Elle implique de trouver des mots, les gestes et les actions susceptibles de manifester la réalité de l'Évangile. Elle représente donc, dans leur interdépendance structurelle, un travail d'approfondissement de cette réalité en même temps qu'un travail d'apprentissage de la culture, un travail de conversion de soi-même en même temps qu'un témoignage de foi adressé à l'autre.

C'est là précisément la deuxième dimension formelle qui doit être distinguée dans la réalité de l'inculturation. Non seulement, en effet, est-elle accueil et critique, mais elle suppose que l'acte de foi informe la culture en même temps qu'il en est informé. S'il est appelé à inscrire, dans toute culture, un dynamisme nouveau, chaque culture, à son tour, lui donne une configuration qui lui est particulière, une couleur originale.

On peut donc s'attendre, en bout course, non pas à l'uniformité mais à la pluralité culturelle de l'appropriation de l'evangile. Et certes faudrait-il apprendre à distinguer ici entre unité et uniformité de la foi. Si la première, en effet, est désirable parce qu'elle repose sur la reconnaissance de l'unicité de Dieu (Breton, 1981), elle peut très bien se manifester dans une pluralité de formes et des lieux de cette reconnaissance. La pluralité est, elle aussi, de ce fait un lieu théologique. Mais avant même d'en tenir compte, une autre question doit nous préoccuper: celle de la relativité du discours sur la foi par rapport à l'acte de foi lui-même.

Cette dimension peut paraître bien théorique, si on ne la considère que superficiellement. Elle a cependant des implications éminemment concrètes. Dans un monde chaque jour mis au défi de nouveaux chocs culturels, elle suppose la remise en question des croyances qui jalonnent et donnent support à l'existence. Qu'est-ce qu'une croyance, en effet, sinon la représentation, culturellement admise, qu'on se fait de l'object de la foi, la vision du monde qui permet à la vie de prendre sens, pour un temps, l'imaginaire qui permet au salut de se dire. Or poser que dans l'inculturation la foi est informée par l'expérience humaine en même temps qu'elle informe cette dernière implique qu'on accepte de remettre en question ces représentations, et qu'on accepte aussi leur relative nécessité, pour soi et pour les autres.

«L'introduction des cultures dans la vie de l'Église» ne peut signifier, chaque fois qu'elle est observée, que la remise en question de tout ce qui, dans la vie de l'Église, est déjà culturel, non pas parce que cela n'a pas de valeur, ni parce qu'on aurait trouvé mieux, mais parce que cela est relatif et doit, structurellement, être déplacé si on veut faire place à l'autre. La dynamique essentielle de l'inculturation n'est pas de l'ordre du jugement de valeur, ni de celui de l'efficacité communicationnelle. Elle est de l'ordre d'une éthique: si l'autre est enfant de Dieu, il a droit d'exister dans l'histoire qui lui est propre et que manifeste sa culture.

L'inculturation: une question de théologie fondamentale

Nous retiendrons, ici encore, deux dimensions qui nous semblent incontournables. La première concerne la nature et la portée du langage théologique; la seconde la nature de l'expérience de foi et, par extension, la nature de l'Église. Il va sans dire que nous n'avons pas la prétention de clore le débat concernant ces questions! Les considérer sous l'angle de l'inculturation devrait cependant mettre on évidence certains de leurs aspects qui, sans être nouveaux, prennent un relief particulier.

La problématique de l'inculturation nous amène à accepter le fait que la foi se dit à travers une culture, c'est-à-dire, fondamentalement, un langage. Comment ce langage, quel qu'il soit, peut-il dire la foi s'il est irrémédiablement de l'ordre de l'expérience naturelle? La transcendance de Dieu, telle que l'annonce la foi chrétienne, ne signifie-t-elle pas son altérité absolue par rapport à toute expérience naturelle? Le langage théologique, pas plus que les autres, n'est capable de dire Dieu. Il en pose simplement la réalité et en témoigne comme étant au cœur de l'expérience humaine. Mais cela suppose, en conséquence, qu'il soit en perpétuelle critique de ses propres énoncés, et cela au nom même de l'acte de foi qui l'anime (Malherbe, 1985). Il est donc inhérent à l'acte théologique lui-même de remettre question ses énoncés comme inadaptes à dire ce qu'ils veulent dire, c'est-à-dire l'expérience de Dieu au cœur de l'expérience humaine, dans l'écoute historique de sa parole.

Croire en un Dieu créateur, par exemple, selon le texte même de la Bible qui dit: «Au commencement Dieu créa le ciel et la tere», n'est pas adhérer à tel ou tel imaginaire de la création, ni de type créationiste, insistant sur une supposée signification littérale du texte, ni de type évolutionniste, insistant sur une de ses significations symboliques possibles. De même proclamer la nécessité de Dieu, n'est pas proclamer la nécessité de l'image de Dieu que rend possible la culture dans laquelle en est faite la proclamation.

Certes ce n'est pas là une question nouvelle. Déjà Augustin au IVe siècle, puis Thomas d'Aquin au XIIIe, ont insisté, précisément à propos de la question de la création, sur la nécessité de lire l'Écriture en y distinguant entre le message essentiel et les manières selon lesquelles ce message est rendu accessible aux hommes: le style, les signifiants, les modes littéraires. Ils ont par là même pratiqué la critique de leur propre culture en ce qu'elle était susceptible de porter leur foi, c'est-à-dire au nom même de leur quête de l'essentiel. «Comme l'Écriture, dit Thomas d'Aquin, peut être expliquée dans une multiplicité de sens, on ne doit adhérer à une explication particulière que dans la mesure où on est prêt à l'abandonner si elle s'avérait fausse»[4]. Dans l'Écriture la Parole de Dieu passe par un logos dont la lecture peut être faite selon des modes variés, dans la résonnance poétique comme dans la résonnance politique, mais irréductiblement distincts de ce dont ils témoignent. Cela permet de comprendre, certes, la pluralité des théologies. Mais cela nous pointe aussi une exigence incontournable de l'intelligence de la foi: critiquer son propre langage.

La question du langage théologique est une question théologique et en ce sens, la misère mème de son discours est le premier lieu qui lui soit donné (De Certeau, 1973). La critique du langage et de la culture qui lui est propre n'est pas un accident de la pratique théologique mais elle en constitue un axe fondamental.

La théologie, en ce sens, n'a peut-être que posé avec quelques siècles d'avance une des questions les plus insistantes de l'épistémologie contemporaine, celle de l'aptitude du langage, de n'importe quel langage, à dire le réel. Cette question, en effet, hante désormais profondément les pratiques scientifiques elles-mêmes, au point d'y provoquer de véritables crises d'identité en physique (la matière existe-t-elle? qu'est-ce que l'univers?), en biologie (qu'est-ce que la vie? qu'est-ce que la mort?), sans compter bien sûr l'histoire (qu'est-ce que le passé, sinon l'image qu'en produit aujourd'hui l'historien?) et surtout en psychoanalyse (qu'est-ce que l'inconscient, cet impossible réel qui détermine le sujet comme un savoir ne se sachant pas?). Par ces questions, les sciences contemporaines sont précisément amenées à se donner comme objet ce dont elles ne savent rien et à s'instituer elles aussi, dans une quête sans fin qui n'est pas sans rappeler celle des mystiques[5]. En tout état de cause elles se doivent de distinguer désormais d'une manière ferme entre les modèles qu'elles proposent, les théories à l'aide desquelles elles donnent une représentation du monde, et le réel de ce monde. Certes leurs théories sont vraisemblables; elles comportent leur part de vérité puisqu'on peut en vérifier la construction et démontrer qu'elles se supportent bien de l'observation de la réalité. Mais justement, elles renvoient constamment à l'acte de perception. C'est ce dernier qui structure la conscience, et non pas l'objet perçu. Par définition, le réel est ainsi ce qui échappe à la conscience sensible. Au-delà de la représentation, il reste irreprésentable tout en continuant de travailler la représentation pour la reconstituer sans cesse et rendre compte de la relativité de ses méthodes et de ses points de vues.

Nous avons là ce qui fait l'essentiel de la science contemporaine. En rendant compte de son inaptitude à dire Dieu, c'est-à-dire de son caractère inculturé, la pensée théologique n'a fait qu'attester, à sa façon, de ce qui est la loi de n'importe quel acte d'une intelligence consciente de ses limites: penser, c'est s'inscrire dans une culture, c'est-à-dire dans un monde de perceptions et de langages relatifs.

En définitive, accepter la diversité des cultures dans la vie de l'Église, c'est accepter la confrontation de plusieurs expériences du sens, de plusieurs représentations de l'altérité. Déjà, le problème se pose de façon concrète devant d'importe quelle entreprise de traduction. Comment une langue peut-elle rendre compte de ce qui a été dit dans une autre langue sans le trahir? Quelle correspondance y a-t-il, pour reprendre le texte de la Genèse, entre le français au commencement, l'anglais *in the beginning*, le latin *in principo*, le grec *en arche*? Les langues modernes, sur cette simple question, impliquent un imaginaire beaucoup plus spatio-temporel que celui des langues anciennes. Aussi sont-elles facilement tentées d'établir des équivalences ambiguës entre la question de la création telle que posée dans la Bible et celle de l'origine du monde telle que posée par les physiciens. On opposera alors, par exemple, les «sept jours» de la Bible et le *Big Bang*, le «à partir de rien» de la Bible et le *quantum tunnelling from nothing*, faisant ainsi des théories physiques le support de véritables théologies séculières (Caroll, 1988).

La problématique de l'inculturation, par le fait même, nous amène à poser la question de la nature de l'acte de foi et, par extension, celle de l'Église qui actualise cet acte de foi dans l'histoire, en utilisant les mots des hommes.

Qu'est-ce, en effet, que croire, sinon poser ailleurs une réalité qui échappe, utiliser les possibilités de la raison pour reconnaître l'irréductibilité de l'autre, celui que la raison ne peut comprendre. Quand nous croyons, adhérons nous à l'imaginaire conjoncturel structuré par notre perception, c'est-à-dire par une certaine utilisation des possibilités qu'offre la culture, ou bien attestons-nous de l'irréductibilité de l'Autre?

Le problème, ici, est qu'on ne peut pas ne pas passer par le langage et par la culture. L'Église et le discours théologique ne connaissent leur identité spécifique que dans un acte de foi, certes, mais cet acte ne peut pas être séparé des modes concrets dans lesquels il s'exprime. Il suppose de passer par la culture comme lieu à la fois provisoire et nécessaire de son actualisation. On pourrait parler de la foi, ici, comme on parle de la poésie. Le poète exprime, à travers le langage, autre chose que le langage. Il inscrit dans le langage sa subjectivité, c'est-à-dire ce en quoi sa parole est irréductible à tout dictionnaire et à toute grammaire qui tenterait d'en rendre compte. Il instaure une relation nouvelle au monde, dans une expérience inédite de la langue. Le croyant exprime aussi, à travers la culture, autre chose que la culture: l'Autre dont il assume le désir pour se définir, dans cette rencontre, comme sujet d'une histoire différente. Comme le poète habite la langue et la transgresse tout à la fois, de même le croyant habite et traverse la culture.

Gérard Siegwalt (1987) parle, à ce propos, de théologie doublement mystagogique[6]. D'une part on y trouve le mystère du Christ, dans l'incarnation et la rédemption, qui met en cause la foi. D'autre part on y trouve le mystère du réel, dans son impossible appréhension, qui met en cause la raison. Mais on le voit bien, tout est concerné dans ce double mystère: la foi ne peut faire l'économie de la raison, l'Église ne peut faire l'économie de son implantation dans la société, la théologie ne peut faire l'économie de la culture à travers laquelle elle structure son intelligence. En conséquence, cette dernière ne peut rien exclure de l'expérience humaine comme lieu possible actuel où penser l'expérience de foi.

Autrement dit, aucune expérience humaine ne lui est étrangère: elle est apte à parler de tout, quoique d'une certaine façon. C'est bien là la réalité mystérieuse de l'incarnation: tout récapituler (ta panta) en Jésus-Christ. Et c'est ce défi qu'exprime, désormais, le terme d'inculturation.

Conclusion

Désormais, le poids démographique a basculé: la majorité des chrétiens proviennent de cultures dont l'expérience première est étrangère à celle de l'Occident et dont l'expérience récente est marquée soit par la violence du colonialisme, soit par celle du sous-développement. De nouvelles Églises, celles-là même où s'est jusqu'ici déployé le travail missionnaire, font état de leur maturité. On trouve déjà les fruits de leur expérience dans une production théologique aux perspectives inédites, latino-américane, mais aussi africaine, asiatique et noir-américaine. S'y révèlent autant de questions et de défis quant à la capacité de l'Église de se présenter autrement que sous des traits occidentaux et d'être vécue autrement qu'à travers les codes d'une Chrétienté que l'Occident lui-même est en train d'oublier.

Ce contexte des nouvelles Églises est encore celui qui donne à la problématique de l'inculturation son expression la plus claire. La question de rites, par exemple, lieux privilégiés de la rencontre des langages et des mentalités, s'y pose désormais d'une façon beaucoup plus rigoureuse que dans le passé, alors qu'on était encore en contexte «missionnaire». Il ne s'agit plus seulement, en effet, de chercher comment adapter l'Évangile à la mentalité des peuples mais bien, en même temps, de laisser parler le peuple de façon à ce que l'Évangile soit proclamé et célébré dans les signifiants qui lui sont propres et selon la mentalité qui est la sienne (Luneau, 1987). Cela va désormais jusqu'à poser le problème de l'intégration de ses traditions religieuses spécifiques et d'origine non chrétienne, notamment chez les amérindiens (Peelman, 1987).

Alors que pendant longtemps, on a conçu le christianisme comme la voie absolue de la vérité et du salut, assimilant sa dimension culturelle et sa dimension théologale, l'expérience des Églises dites nouvelles remet en question ce qui apparaît, à ce niveau aussi, comme un ethnocentrisme et pose concrètement la question de la reconnaissance de l'expérience religieuse de l'humanité comme voie «ordinaire» de salut (Geffré, 1983, 226-227).

La diversité des cultures est certes entrée dans l'Église contemporaine par la porte de ses missions extérieures. Cependant les défis de l'inculturation, dans les dimensions que nous avons trop rapidement présentées ci-haut, ne se posent-ils pas désormais à toute l'Église, au cœur mêmes de ses plus vieilles implantations.

Nous ne disposons malheureusement pas de l'espace qui nous permettrait de développer ici cette question. Nous conclurons donc simplement en esquissant des hypothèses de travail.

Les sociétés occidentales, en effet, sont désormais elles-mêmes des sociétés culturellement éclatées et on ne fait que commencer à prendre conscience des effets de cet éclatement pour l'expérience de foi. Bien sûr on a pris compte, en son temps, de la «déchristianisation» de larges secteurs de vie, tel le monde ouvrier du XIXe siècle. Longtemps après Jean Eudes, les abbés Daniel et Godin ont posé, en 1943, la question de la «France, pays de mission?» Et on peut se demander, avec l'historien Jean Delumeau (1975; 1977) s'il y a jamais eu christianisation effective de certains secteurs de la vie ou segments de population. Il est certain en tous cas, comme en témoigne le conflit plus que séculaire de l'Églises et des «raisons» (techniques, capitalistes, politiques et philosophiques) que la logique de la modernité, celle-là même sur laquelle prétend se fonder pour une large part la culture contemporaine, est au moins en partie étrangère aux sources chrétiennes: l'Église et la bourgeoisie sont à bien des égards des réalités antinomiques. Bref, non seulement l'Occident est-il divisé sur le plan religieux depuis les

Réformes protestantes, mais il est aussi profondément acculturé par rapport à ses racines chrétiennes[1].

S'il en est ainsi, n'est-il pas pertinent d'élaborer une problématique de l'inculturation qui s'applique aussi aux cultures dites «de chrétienté». Trois dimensions, nous semble-t-il devraient en être retenues: celle du pluralisme (la rencontre-confrontation des cultures au cœur de la ville), celle du fractionnement autant de lieux d'expérience de vie et de production de sens particuliers (sous cultures des femmes, des jeunes, des personnes âgées, du quart-monde urbain, de la famille pluri-parentale, etc.), et enfin celle de l'individuation radicale du rapport à la culture qui fait de l'individu, et non plus du groupe, le support du système de représentations du monde qui lui permet de vivre en cohérence avec lui-même et avec le monde.

Si l'inculturation désigne bien la rencontre de la foi et du monde, il y a là des domaines incommensurables ouverts à son exploration. En effet, si l'Évangile n'est ni juif, ni romain, mais tout aussi bien indien, africain, comme cela a été proclamé au cours des dernières années, peut-il être également jeune, femme, lié à une vie familiale non conventionnelle, solidaire d'une société pluraliste? Comment peut-il désormais accompagner l'être humain renvoyé à sa solitude et à l'inévitable errance de sa quête de salut?

C'est là, nous semble-t-il le défi que met en scène le néologisme inculturation: défi majeur, parce qu'il ne représente plus seulement le face à face de deux interlocuteurs, fussent-ils étrangers, mais l'éclatement et les ruptures que sont amenés à vivres les hommes et les femmes dans les sociétés contemporaines. On peut donc s'attendre à ce que la dynamique de l'inculturation soit aussi une dynamique de crise, où l'unité dans la diversité remet sans cesse en cause les acquis d'où elle se constitue.

Notes

1. On peut en trouver les premiers emplois dans la littérature missiologique de l'entre-deux-guerres. Voir là-dessus Pierre Charles, *Études missiologiques*, Louvain, 1956, cité par Carrier (1987, 146). N. Standaert (1988) propose également une analyse critique du terme à partir des documents romains dans la *Nouvelle revue théologique*.

2. Pour aborder la discussion de ce terme, voir aussi Standaert (1988).

3. Les travaux de base sur l'acculturation sont ceux de Melville J. Herskovitz (1938) et de Ralph Linton (1940). «L'acculturation désigne les phénomènes qui se produisent lorsque des groupes d'individus viennent en contact continu, et les changements qui s'ensuivent dans les modèles culturels d'un ou deux groupes» (Redfield, Linton et Herskovitz, 1936, traduit et cité par Hervé Carrier, 1987, 145).

4. Le texte latin se lit comme suit, in extenso: «*Respondeo dicendum quod, sicut Augustinus docet (De Genesi ad litteram, lib. I, cap. 18), in hujusmodi quaestionibus duo sunt observanda. Primum quidem, ut veritas Scripturae inconcusse teneatur. Secundum, cum Scriptura divina multipliciter exponi possit, quod nulli expositioni aliquis ita praecise inhaereat, ut si certa ratione constiterit hoc esse falsum quod aliquis sensum Scripturae esse credebat, id nihilominus asserere praesumat; ne Scriptura ex hoc ab infidelibus derideatur, et ne eis via credendi praecludatur*». *Summa Theologica*, I, q. 68, art. 1.

5. Nous avons particulièrement insisté sur cette dimension dans notre présentation du collectif *Folie, mystique et poésie* (Le mieux, 1988).

6. Voir à ce sujet le dossier présenté par le *Laval théologique et philosophique* (Siegwalt, 1989).

7. Il n'y a aucune raison, non plus, pour que les Églises et les sociétés africaines ou latino-américaines échappent à cette «sécularisation»: «Les secteurs où les décisions se prennent et où s'élaborent les projets de société dont dépend l'avenir, restent étrangers à l'influence de l'Église tandis que les lieux de culte ne cessent de se remplir sans que l'on s'interroge sur l'engagement des chrétiens dans les problèmes de la société», dit Jean-Marc Ela (1986) pour l'Afrique, rejoignant une interrogation de Karl Rahner: «Si un jour les conditions économiques d'une industrialisation et d'une vie intellectuelle et scientifique étaient réunies en Afrique, on verrait alors surgir, grosso modo, les mêmes phénomènes que ceux que nous observons chez nous actuellement... Celui qui renvoie à l'Église en Afrique ou en Amérique Latine devra se faire à l'idée que là-bas aussi, avec un certain décalage, la sécularisation s'imposera» (Cités par Luneau, 1987, 139 et 142).

Références

BRETON, Stanislas
1981 *Unicité et monothéisme*, Paris, Éditions du Cerf, 161 p.
CARRIER, Hervé
1987 *Évangile et cultures de Léon XIII à Jean-Paul II*, Rome/Paris, Libreria editrice Vatican/Éditions Médiaspaul, 276 p.
CARROL, William E.
1988 «Big Bang Cosmology, Quantum Tunnelling from Nothing, and Creation», *Laval Théologique et philosophique*, 44, 1 (février), 59-75.
DE CERTEAU, Michel
1973 «La misère de la théologie, question théologique», *La Lettre*, n° 182, octobre 1973.
DELUMEAU, Jean
1975 «Déchristianisation ou nouveau modèle de christianisme?», *Archives de sciences sociales des religions*, 40, 3-20.
1977 *Le christianisme va-t-il mourir?*, Paris, Hachette, 1977, 316 p.
ELA, Jean-Marc
1986 *Ma foi d'Africain*, Paris, Karthala, 250 p.
GEFFRE, Claude
1983 *Le christianisme du risque de l'interprétation*, Paris, Cerf.
HERSKOVITZ, Melville J.
1938 *Acculturation*, New York.
JEAN-PAUL II
1985 *Slavorum Apostoli*, lettre encyclique pour le onzième centenaire de SS. Cyrille et Méthode, *Documentation catholique*, 1900, 717-727.
KUHN, T.S.
1962 *The Structure of Scientific Revolutions*, Chicago, University of Chicago Press, 172 p.
LEMIEUX, Raymond
1987 «Théologie, science et action: les enjeux du discours pastoral», *Laval Théologique et philosophique*, Volume 43, n° 3, octobre, 321-338.
1988 «Les mendiants de l'existence: folie, mystique, poésie... et science», dans *Folie, mystique et poésie*, Québec, Gifric, 21-42.
LEVI-STRAUSS, Claude
1983 *Le regard éloigné*, Paris, Plon, 1983, 398 p.
LINTON, Ralph
1940 *Acculturation in Seven Indian Tribes*, New York.

LUNEAU, René

1987 *Laisse aller mon peuple! Églises africaines au-delà des modèles?*, Paris, Éditions Karthala, 193 p.

MALHERBE, Jean-François

1985 *Le langage théologique à l'âge de la science. Lecture de Jean Ladrière*, Paris, Éditions du Cerf, coll. «Cogitatio fidei» 129, 262 p.

PEELMAN, Achiel

1987 «L'avenir du christianisme chez les amérindiens au Canada: syncrétisme ou inculturation?», dans Jean-Claude Petit et Jean-Claude Breton (dir.), *Le christianisme d'ici a-t-il un avenir?*, Montréal, Fides, coll. «Héritage et projet» 40, 1988, 59-82.

REDFIELD, Robert, LINTON, Ralph, et HERKOVITS, Melville J.

1936 «Outline for the Study of Acculturation», *American Anthropologist*, 38, 149-152.

SIEGWALT, Gérard

1987 *Dogmatique pour la catholicité évangélique. Système mystagogique de la foi chrétienne.* Tome I. *Les fondements de la foi.* Vol. 1: *La quête des fondements.* Vol. 2: *Réalité et révélation*, Paris et Genève, Cerf et Labor et Fides.

1989 Dogmatique pour la catholicité évangélique. Ses caractéristiques, *Laval théologique et philosophique*, Volume 45, n° 1, février 1989, 2-10.

STANDAERT, N.

1988 «L'histoire d'un néologisme. Le terme «inculturation» dans les documents romains», *Nouvelle revue théologique*, 110, 555-570.

STOETZEL, Jean

1963 *La psychologie sociale*, Paris, Flammarion, 316 p.

Michael J. McGinniss

THE CATHOLIC UNIVERSITY
AS A CONTEXT FOR PASTORAL STUDIES:
REFLECTIONS ON THREE PROGRAMS

Abstract

This paper explores the Catholic university in the United States as a context for pastoral studies by analyzing three specific programs from three universities.

The programs analyzed are: La Salle University's Graduate Program in Religion and Pastoral Counseling; The Institute of Pastoral Studies of Loyola University in Chicago, and the Institute for Ministry Extension of Loyola University in New Orleans. The author has personal experiences of all three programs: several years of teaching in the La Salle University program; two summers teaching in the Chicago program; one year as an external evaluator of the New Orleans extension programs.

The programs are analyzed with respect to: 1. democratizing education for ministry; 2. accessibility for women in ministry; 3. andragogical orientations in curricula; 4. elements of a theology of local church.

Introduction

A quick scan of the summer education listings in the *National Catholic Reporter* will establish that pastoral studies programs are in place in many Catholic institutions of higher education, no matter their size. Some of those programs are of quite recent origin, others date back twenty-five years or more. Loyola University's Institute of Pastoral Studies this year celebrates its 25th anniversary. La Salle University in Philadelphia, PA traces the history of its graduate program in religion to the 1950s—although its current ministerial focus is of post-Vatican II origin. The very existence and large numbers of such programs suggest that, in the United States a real demand exists, or perhaps many demands, for example: for the theological updating of laity, religious and clergy, for theological studies applicable to lay ministry volunteers, for theology studies as training for professional lay ministers. And, in this instance, demand has created supply. Whether these programs will survive over the long run might be debated, but in a context other than this paper. Their existence alone indicates that pastoral studies programs have found a place within many colleges and universities affiliated with the Roman Catholic Church.

Further, their existence and number makes such programs suitable for consideration at this colloquium on "Pastoral Studies in the University" in an attempt to specify the kind of place that such studies have and what, if anything, can be said about this particular institutional location for ministerial studies—in terms of its effect on education for ministry, on theology itself, on the church which these ministers serve, and on the universities which provide a curricular home for such studies.

This paper is offered with the conviction that the present situation within the church in the United States is not yet ready for an approach to pastoral studies that defines or fixes precisely the area of study. "Pastoral studies" as used herein denotes studies in preparation for general pastoral ministry. In practice such studies are undertaken principally by lay women and men and vowed religious. Priests who study in these programs are usually seeking a particular expertise or continuing education. The term, as defined by the curricula of various institutions, taken on more shape as: a basic theological foundation (in which one can perceive, however dimly, the traditional theological areas of Christology, ecclesiology, moral, and biblical courses) and an eclectic grouping of ministerial, skills-oriented, practical courses. The focus of these practical courses often is determined by the student's ministerial objective. The end result is that the meaning of pastoral studies is defined more precisely in terms of the objective of the student pursuing the program than by pre-existing, commonly-held agreement about what constitutes an adequate conceptual and practical basis for training.

The present situation, of *ad hoc* and independent development of a large number of very diverse university-based programs, likely will continue to be the norm for some time to come. There is little real agreement in theology or in education about what does constitute adequate training for the many non-ordained ministries proliferating throughout the church in the U.S. Indeed, when there is ongoing theological debate, or even administrative unclarity, about the status of such ministries, one should expect to encounter confusion in the education end of things. An additional factor contributing to the independence of these programs is the university location: all U.S. universities are subject to many accrediting bodies, but are not subject to, nor inter-connected with, each other. Moreover, each of these schools operates more or less in accordance with prevailing standards of academic freedom and are therefore not directly subject to the influence of local bishops.[1]

Whether this state of affairs constitutes a strength or weakness may be debated. One's assessment of the matter probably depends upon one's interests and investments in the situation. This author tends to view it as a strength in the sense that it reflects and respects the present state of ministerial development in local churches in the United States and allows a maximum freedom for that development. The composition of that development is predominantly lay, rather than clerical. The people who exercise this emerging ministry are probably more often volunteers, rather than full-time professionals. There is an emerging group of professional lay ministers, but their number is still small and they remain relatively unorganized, save for the efforts of an organization like the National Association of Lay Ministers—NALM. An attempt to impose a nationwide standard curriculum, for example, for lay ministry would be ill-conceived and unenforceable—because not only are the institutions independent of one another, but they are also independent in large measure from bishops and other national church bodies. This author is not arguing that no unified concept of pastoral studies can be developed, but that the time is not ripe for such a unified concept to emerge—even though these programs do suggest the faint glimmerings of just such an outline.

These reflections have been prepared from a standpoint shaped by experience in three separate pastoral studies programs.[2] The author has been: an evaluator of the Loyola (New Orleans) Institute of Ministry Extension; a visiting faculty member at the Institute of Pastoral Studies of Loyola University in Chicago; a full-time faculty member at La Salle University in Philadelphia where he regularly teaches in the graduate program for pastoral ministry. In addition, the author taught from 1979 until 1984 at the Washington (D.C.) Theological Union, a Roman Catholic graduate school for theology and ministry. Thus the paper represents a participant's knowledge of certain programs which display many of the characteristics of ministerial education in post-Vatican II Roman Catholicism.

The three programs are not identical in purpose of structure; the choice of such disparate programs has been deliberate. The LIMEX program in New Orleans is particularly unique in that it is a complete extension program; neither Loyola of Chicago nor La Salle has attempted anything comparable. Loyola of New Orleans does have a small on-campus pastoral studies program, but this paper's focus is on its extension curriculum. In addition, the three programs vary greatly in the number of students. IPS at Loyola of Chicago is certainly one of the largest programs in the United States: 400-plus students take up residence each summer; year-long, full-time enrollment approaches or exceeds 100. The La Salle program's summer enrollment peaked at over 300 in the 1970s and has declined to approximately 125; full-time enrollment is also small—approximately 50. The LIMEX program is quite large with over 700 students on the rolls as of Spring 1987, and visions to continue expansion by developing a franchising relationship with a publisher and interested dioceses. Thus, while the three programs are quite different from one another, they do provide a sense of the variety of university-based ministerial education, in three separate geographical regions of the United States. As a result, these programs can be investigated usefully from the standpoint of their relationship and contribution to the unfolding context of ministry in the United States, as well as for their relevance to the conference theme.

This paper will have the following sections: 1. Education for Ministry after Vatican II; 2. Profiles of Three Programs; 3. Analysis of the Programs; 4. Conclusions.

Education for Ministry after Vatican II

In the September 1984 volume of *Theological Studies*, T. Howland Sanks discussed developments in education for ministry within the United States since the time of Vatican II.[3] Sanks first identified seven conciliar emphases with special relevance for ministerial education (viz: the council as *aggiornamento*, not defense; ecumenism; ongoing reform and renewal; historical consciousness; pluralism and diversity; collegiality; ministry understood as service) and then considered how two schools—the Jesuit School of Theology at Berkeley and Immaculate Conception Seminary at Darlington, NJ—reflected those emphases in their student population, faculty, social location and curriculum.

Understandably, the brevity of his article limited his investigations of post-Vatican II developments but he was able to identify some dramatic changes in comparison to pre-Vatican II practice—especially in these key areas:

- in type of student—more women, generally older students, and some women pursuing the ordination degree;
- in composition and background of the faculty—more women and significantly more personnel with doctorates from non-Roman universities;
- in location—establishing the campus in an urban setting with greater possibility for ecumenical interaction (in Berkeley's case, that meant formal participation in the Graduate Theological Union);
- in curriculum—abandonment of the tract approach to dogmatic and moral theology and adoption of reading lists which reflected contemporary authors, ecumenical contributions and, the open, historically-sensitive,

pluralistic approach to theological reflection on culture and society found in *Gaudium et spes.*

He concluded that theological education had moved significantly toward realizing the vision of Vatican II as explicit or implicit in the seven selected themes.[4] At the same time, Sanks suggested that a significant impulse, if not the most significant impulse, toward that vision might have been the radical and unforeseen reasons deriving from a programmatic implementation of Vatican II. Whatever, the case, the effects of both factors—changed theological horizon and the personnel shortage—seem to be mostly indistinguishable in practice.

The subject of this paper, and of this entire conference on Pastoral Studies in the University, indicates that there has been movement, indeed significant movement, beyond the horizon established by Sanks' examples. Sanks had limited his discussion to U.S. theological schools with status in the Association of Theological Schools (ATS). In considering pastoral studies programs within the context of Roman Catholic affiliated universities and colleges—institutions not typically accredited by ATD—, this paper focuses on a further development in the social location of ministerial education, development with significant implications for theology, education, ministry and the church.

Profiles of Three Programs

In the interests of economy, these general observations are presented in charts, one chart per program in pastoral studies, presenting condensed observations about the student populations, faculty profile, social location, and curriculum of each school. The profiles are merely sketches of the programs in question; certainly more extended analysis of each program could be done, particularly of their respective curricula, but would be beyond the framework of this paper. The point of reference or comparison for these observations is the analysis which Sanks provided of the two theology schools in the *Theological Studies* article referred to above.

La Salle University (Chart A)

Students: Predominantly lay women and nuns
No students for ordination
Age varies, but most at least 30 yrs. old

Faculty: Combines regular and adjunct faculty
Some adjunct faculty have long-standing
link to school

Overwhelming majority with Ph.D. from
U.S. schools

Location: Roman Catholic liberal arts university, in a
degree program originally for the M.A. in religious ed. La
Salle University has several other professional programs:
nursing, psychology, pastoral counseling, education, MBA.

Curriculum: degree program, with concentrations in
theology, pastoral ministry, liturgical ministry, marriage and
family counseling. Curriculum requires a core of courses
similar to classical or loci: Church, Christ, Morality and
Scripture.

Loyola of Chicago: Institute of Pastoral Studies (Chart B)

Students: Predominantly lay women and nuns
              No students for ordination
              Age varies, but most at least 30 yrs. old
              and often older

Faculty: Combines a few regular Loyola University and a
very large number of adjunct faculty. Some adjunct faculty
have long-standing link to school; Overwhelming majority
with Ph.D. from U.S. schools

Location: Roman Catholic affiliated university, in a
degree program (IPS) designed specifically to be
pastorally oriented; Loyola is a large urban university
(more than 12,000 students) and has separate schools of
Law, Medicine, and Nursing.

Curriculum: Courses offered over a wide range of
topics — theology, social justice ministry, pastoral ministry;
spirituality and spiritual direction; Students design their
own curriculum with the counsel of academic advisors,
and are limited only slightly by degree requirements.

Loyola, New Orleans: Institute of Ministry Extension
(Chart C)

Students: Predominantly laity

No students for ordination

Age varies, but most at least 30 yrs. old

and often older

Faculty: This extension program operates with minimum contact between regular university faculty and students in extension sites. The learning program is set in textbooks that are used on site and in conjunction with a series of exercises, papers, videos and discussion projects.

Location: Roman Catholic university in the deep South, in a degree program (LIMEX) designed to be pastorally oriented but with its roots in a catechical institute. The university has developed this extension program in part due to an expressed commitment to be of service to the

---

Loyola is a university with its own School of Law.

Curriculum: Courses offered in a strictly regulated sequence, first biblical and then theological courses; thencourses focusing on a method of theological reflection aimed at facilitating the students' personal

Analysis of the Programs

Each of these programs displays the characteristics of education for ministry which Sanks identified in ATS member institutions. The student populations are composed predominantly of women and the students are generally older than those studying for priesthood in pre-Vatican II seminaries. The majority of the faculties of all three programs possess doctorates from U.S. or North American schools, rather than the Roman degrees which typified the credentials of faculties before Vatican II. Further, the faculties consist of both women and men; before Vatican II a typical faculty would have been composed of males, most of them priests. The location of these programs within Roman Catholic universities is also consistent with the general movement away from institutional isolation characteristic of most pre-Vatican II ministerial training. However, these universities did not relocate; they simply instituted new degrees of concentrations within existing degrees. Lastly, the curricula of these programs also reflect the same Vatican II themes and correlational methodology that Sanks had identified. The places in which such curricular influences are notable are in reading lists, course content and teaching methodology—areas too complex to be investigated at length here.

From the perspective of Sanks' categories, these university-based programs are contributing to the present situation in education for ministry by adding to the educational opportunities open to a more diverse student population, who will be educated by a faculty more balanced in sexual composition and more cosmopolitan in their professional training. However, noting the continuities with Sanks' categories misses the geometric factor by which the great proliferation of university-based programs expands the developments he noted. These programs not only mirror the development which Sanks noted, but accelerate and expand those developments in ways that are extremely important for the church, for theology and for the university. Those developments will be considered further these sub-headings: the university context; women in the ministry; andragogical curriculum.

The University Context:
Democratizing Education for Ministry

At one level, the university-locus of these programs frees them from "constraints" that emerge when such programs are located within a diocesan framework, in a ministerial training center perhaps or in a diocesan seminary. Union-type schools, such as the Washington (D.C.) Theological Union and Catholic Theological Union in Chicago may be less constrained academically than diocesan seminaries, but are not nearly so independent of church authorities, rules and procedures as are university-based programs in pastoral studies. The most obvious constraint from which university-located programs are free is on any limitations to the acceptance of women students. Women and men compete for university admission on an equal basis, against the university's stated admission requirements in a process regulated by U.S. federal and state laws protecting civil rights.

There is, however, more to the democratizing effect of a university location than the absence of any impediments, whether explicit or implicit, to the full participation of women. The university or college is a public institution in a way that seminaries and divinity schools will never be. And with that public character comes an atmosphere open in principle to diversity of all kinds—gender, lifestyle, philosophy, age, and so on. This diversity or pluralism is evident in the student population, but also in the faculty, in the kinds of courses taught, in the freedom with which questions can be asked and answered—to cite a few of the more obvious instances. It seems reasonable to assume that graduates of pastoral studies programs based in the university would be cognizant of the challenges of faith, theology and ministry that arise within a highly pluralistic cultural environment. This assumption is just that—an assumption; it suggests a hypothesis for empirical research. It is not proof, certainly, that graduates of seminaries or divinity schools are less aware of, or unaware of, pluralism, less capable of meeting its challenges, and so on.

In fact, it is possible to romanticize the so-called democratic character of universities and colleges—and the preceding remarks may verge on doing just that. For all of their positive characteristics, universities and colleges may have a shallow side which legitimates an uncritical tolerance of pluralism, forms of individualism, and a positivistic view of rationality and truth—all of which run counter to the intellectual, moral, and religious formation appropriate to ministers in a communal religion like Roman Catholicism. The fact that the programs referred to in this paper are all based in schools within the Roman Catholic tradition is, in part, a safeguard against the intrusion of such counter-values. Still, those institutions are committed to maintaining themselves within the university tradition in the United States—a tradition with its own values and ethos. Further reflection on the critical correlations between the university tradition and the Catholic tradition of theology and ministry is called for, but is beyond the scope of this discussion.

Lastly, the issue of democratizing education for ministry leads to the question of the affordability of such education. And the question of expense is not a small matter, nor is it resolved by simply appealing to the proliferation of university-based programs (as opposed to programs in seminaries or diocesan centers). The pre-Vatican II model for ministerial education was funded on the support of diocesan structures and religious orders, both of which understood such education as training future priest members. After Vatican II, with an emphasis on the role of the laity and an increase in their numbers, provision needs to be made for supporting the education of the church's ministers—when such do not augment the membership of diocesan presbyterates and/or religious communities of men. Loyola University of Chicago's shared tuition program, in which the university matches a contribution from an employer (typically a parish, church institution, or diocese) to greatly reduce the amount of the student's tuition, is a response to this dimension of the situation. This tuition-sharing arrangement is similar to, but not nearly as available as, programs of tuition remission by employers for the pursuit of work-related graduate training (e.g., M.B.A. degrees—Masters in Business Administration; computer science certificates or degrees, and so on). Also relevant here is Loyola of New Orleans' LIMEX program, in which tuition is much lower than it would be if the same students took courses on campus at Loyola during regular academic semesters.

Women in Ministry

As should be obvious from the preceding section, one of the principal outcomes of the proliferation of university-based programs is the enhancement of the situation of laity in the church and particularly in ministry. By graduating a significant number of laity with ministerial training, these programs greatly advance the practical theological status of lay women and men within the church. In particular, such programs and their graduates are furthering the expansion of women's access to ministry in a direction that creates pressure on the official Roman Catholic position regarding the ordination of women. There is no conscious, concerted attack on established church policies prohibiting the ordination of women. What is happening is not self-conscious, but it is effective in that a significant group of laity, especially women, are moving in directions which have opened up largely under the auspices of Catholic institutions of higher learning.

This educational opportunity raises theological questions which extend beyond the usual discussions of lay/clergy relationships or ordained and/or non-ordained ministries. The fact that so many of these lay women and men remain closely connected to specific communities—parishes, institutions, even small worshipping and/or praying groups—facilitates their contributing to the renewal of and development of forms of community. These graduates can contribute to the establishment and support of ever more intentional forms of community—as alternatives to the larger, more stable parishes which have historically dominated pastoral organization on the U.S. Catholic scene. Such expanded educational opportunities are certainly raising the level of theological articulateness among lay persons and thereby contributing to the opportunities that the laity will have to exercise a form of the teaching authority of the church proper to them. Just what shapes that form of teaching authority will take remains to be seen, but the ever-increasing theological sophistication of lay persons hastens the day when the strict separation of the faithful into *ecclesia discens* and *ecclesia docens* will no longer be a tenable description of the body of the church.

Curriculum: Andragogical Orientation

All three of these programs are explicitly designed according to principles of andragogical education. In particular each program respects the fact that its students bring with them significant education—in the form of life experience gained and appropriated reflectively. As a result, these programs have a kind of built-in "circle of praxis" which keeps their curricula in ongoing critical dialectic with the needs of local churches. The catalyst for this critical process is the experience of the students in the programs. The students come to these programs frequently with a rich experiential background—the result of age and/or ministerial careers—and out of their background they articulate needs, which are often related to problems and situations that they confront and want education to assist in solving. Thus, experiential feedback to the graduate program is always present, constantly undergoing change and reshaping as the students themselves move through the program. Each of the programs under consideration here has its own way of balancing or utilizing this circle of praxis. For example, Loyola of Chicago formalizes its response to this circle of praxis by emphasizing the individuality of its curriculum, which each student fashions in consultation with a trained academic and pastoral counselor. La Salle University has designed courses which expressly incorporate adult-learning principles. Loyola of New Orleans has developed its LIMEX curriculum on the principle that the adult members of the learning groups will take responsibility for their learning, without the presence of the traditional classroom teacher/expert.

Locating the primary impetus for curriculum development with the client population, the students, has significant impact on the role that the faculty takes in such programs, especially in terms of developing the curriculum. Clearly, the faculty does not and should not abandon its responsibility for curriculum. But it exercises that responsibility by "translating" the tradition in a way that is comprehensible to and responsive to the pastoral needs of the church rather than presenting the content of tradition abstractly and unhistorically. This translation function requires the possession of a threefold pastoral sensitivity that: first, can hear and understand the pressing needs of the church (as articulated by the programs' students); second, can articulate the tradition in a clear and compelling manner; third, can enable students to develop this same pastoral sensitivity. While not every member of a pastoral studies faculty need possess this pastoral sensitivity to an equal degree, it is not sufficient that a faculty rely totally upon its one expert "pastoral theologian" for such sensitivity. Each member of the faculty must possess and exercise this sensitivity, at least to some degree, in all aspects of her/his involvement in the curriculum. When this sensitivity resides only in one, or a few, experts, the pastoral character of the program becomes less integrated in the curriculum and ultimately less central to the experience of the students.

A Final (Ecclesial) Perspective

The proliferation of pastoral studies programs in U.S. universities and colleges is a fact of life today in ministerial training. In general, such university contexts have provided an environment which has supported, and greatly expanded, the general thrust of Vatican II for education for ministry. At the same time, the involvement of universities and colleges has introduced a new institutional actor into the process of education for ministry. There are strengths and weaknesses to this new configuration of institutional actors.

University-based programs have shown a remarkable capacity for responsiveness. Their responsiveness is a direct result of the many educational and organizational resources at their command—resources which smaller and more narrowly-focused institutions like schools for ministry or seminaries cannot duplicate easily. Part, as well, derives from these schools' involvement in and familiarity with professional education programs in other fields (e.g., education, counseling, nursing, law and medicine—at Loyola of Chicago). Part comes from a certain entrepreneurial instinct, which responds to a demand or need and creates attractive, and sometimes profitable programs. And perhaps the largest part derives from an instinct to be of service to the surrounding civic and ecclesial community—especially to contribute to the ecclesial renewal of Vatican II.

Certainly one great strength in university-based programs is in the capacity of universities to adapt and make available programs directed at specific needs within the community and the client population of would-be ministers. This strength, when combined with the democratic admission standards and openness of the university context, meets needs for religious education and the preparation of ministers. A weakness in this kind of institutional participation may lie in the connection, or lack thereof, to the local church (or churches) served by these programs. These pastoral studies programs have originated within the academic community, albeit church-related academe, and have developed with little, if any consultation with the local church in which the ministers are intending to serve. Difficulties with this arrangement become evident in many ways, one of which is revealed by exploring the job placements available to graduates of university-based programs, compensations (including salary, benefits and security) for those jobs, and the reception given lay colleagues by the clergy. The disparity between the education available and the opportunities to support oneself working for the church suggests that there is still much to be done in smoothing out the linkage between university and local church. In fact, this comment pertains just as much to the linkage between dioceses and the seminaries and divinity schools offering lay ministry training.

One, but only one, aspect of the relation to the local church is the matter of the bishop's responsibility for and involvement in the preparation of ministers. In an earlier time, the word control could have been used in place of the word responsibility. However, the very nature of these university-based programs has moved the matter of control beyond mere episcopal prerogative and made such responsibility dependent upon dialogue and interaction among diocese/bishop, university administration, the faculty of religion or theology, representatives of the grass-roots institution (e.g., parish or hospital), and the individual or individuals interested in ministry.

That few forums for such dialogical relationships exist today becomes painfully evident in crisis situations, such as that occasioned by the situation of Charles Curran at Catholic University in Washington D.C. Nonetheless, the need for such dialogue-forums is particularly acute today and applies in many areas or church life, the preparation of future lay ministers being one of the more important. Lay ministry training and the development of university-based pastoral studies programs would be fostered by pursuing such dialogue. At this time, the point of such dialogue would not be to standardize either the preparation of lay ministers or the content and format of university-based graduate programs. To seek any such standardization would be premature and unfaithful to the healthy praxis-sensitivity at work in these university programs. Such dialogue should be focused rather on clarifying the agendas and commitments of all participants, including the students/prospective ministers. Such clarification promises to strengthen and explicate what is already an active, if unacknowledged, partnership between the local church and certain U.S. Catholic-affiliated universities in developing professional and volunteer ministers for today and the future.

Notes

1. The limits of academic freedom presently are being tested in regard to the situation of Father Charles Curran at the Catholic University of America. Admittedly, the situation of the theological faculty at CUA—with its status as a pontifical faculty—is not the same as the great majority of pastoral studies programs sponsored in U.S. Catholic schools. Still, the legal precedents which the Curran case tests are far-reaching in their impact for all of church-related higher education.

2. The author is making no claims to be speaking as an official representative of any of these programs, even that of La Salle University of which he is a full-time faculty member—though his familiarity with that program is obviously an advantage.

3. T. Howland Sanks, S.J., "Education for Ministry since Vatican II," *Theological Studies* 45 (September 1984) 481-500. Sanks is the Dean at the Jesuit School of Theology in Berkeley. Since all subsequent uses of this article are signalled clearly in the text, no further specific citations will be made.

4. Sanks clearly interprets Vatican II by emphasizing the council's acknowledgement of history, society and culture as sources for theological reflection and arenas of pastoral activity in collaboration with all people of good will. That there is another broad stream of interpretation, which focuses on essentialist notes in the council's texts, is obvious. For a useful characterization of these contrasting hermeneutic keys to Vatican II, cf. Avery Dulles, "Catholic Ecclesiology since Vatican II," in *Evaluating the Synod 1985*, Concilium, vol. 188, edited by Giuseppe Alberigo and James Provost (Edinburgh, Scotland: T & T Clark, 1985), 11-12.

Marie-Andrée Roy

LES FEMMES
ET LA PRATIQUE PASTORALE

Résumé

Les femmes constituent le principal noyau des intervenants bénévoles ou salariés dans les paroisses. Leur rôle est essentiel pour maintenir l'animation et le dynamisme de la communauté paroissiale. Quelle perception ont ces femmes de leur contribution à la vie paroissiale, des rapports qu'elles entretiennent avec les autorités ecclésiales? Ces femmes exercent-elles ou non un pouvoir et si oui de quel type?

Un double modèle théorique permet de répondre à ces questions. D'une part, il s'agit de voir comment se situent les femmes en milieu paroissial à partir des différents types de domination définis par Max Wéber. D'autre part, la théorie de Colette Guillaumin sur le pouvoir permet d'explorer les modes d'appropriation de la production des femmes en milieu paroissial. Prenant pour hypothèse que l'Église catholique est un exemple-type des institutions patriarcales réfractaires à la mise en place de rapports d'égalité entre hommes et femmes, nous présentons un aperçu du mode d'instauration des rapports de sexage.

Introduction

Dans ce texte il est question des femmes qui ont une pratique pastorale en milieu paroissial catholique au Québec. La pratique pastorale est entendue au sens large du terme, c'est-à-dire qu'elle englobe l'ensemble des interventions relatives à la vie de la paroisse. Les propositions théoriques avancées ici constituent des hypothèses préliminaires de recherche et non des conclusions. Ces travaux se déroulent dans le cadre d'une recherche subventionnée F.C.A.R. dirigée par la professeure Anita Caron de l'UQAM et dans celui de la préparation d'une thèse de doctorat en sociologie sur les femmes et le pouvoir dans l'Église.

Après avoir tracé un bref portrait des femmes qui interviennent en milieu paroissial, tant comme salariées que comme bénévoles, nous situons ces femmes en regard de la typologie wébérienne sur la domination. Finalement, l'utilisation de la théorie de Colette Guillaumin sur l'appropriation des femmes permet de jeter un éclairage nouveau sur la réalité des femmes dans l'Église.

1. Portrait des femmes en milieu paroissial

Il n'est pas question de présenter un portrait exhaustif des femmes qu'on retrouve dans les paroisses au Québec. Il n'existe pas d'études empiriques sérieuses sur le sujet[1]. Il s'agit simplement de donner un écho des données recueillies lors d'observations et d'entrevues en milieu paroissial.

Les femmes qui travaillent dans les paroisses ont en moyenne une cinquantaine d'années. Elles sont mariées, veuves ou célibataires (sont quasi absentes les séparées, les divorcées, les mères célibataires et les femmes en union libre). Elles ont en moyenne trois enfants. Leur engagement coïncide souvent avec l'entrée à l'école du plus jeune. Elles détiennent une scolarité supérieure à la moyenne des femmes de leur âge. Plusieurs ont mis leur expérience professionnelle au service de la paroisse (comptables, secrétaires, etc.). La formation la plus répandue est le brevet d'enseignement suivi du cours commercial. Les catégories professionnelles telles que infirmières, travailleuses dans l'industrie, etc., ne sont à peu à peu près pas représentées. Les chômeuses, les assistées sociales sont également absentes. Les bénévoles mariées n'ont généralement pas d'emploi à l'extérieur. Elles sont issues principalement des classes moyenne et moyenne supérieure. Celles qui travaillent comme salariées pour la paroisse ne comptent habituellement pas sur ce seul revenu pour assurer leur subsistance.

Les femmes participent activement à l'animation et à l'organisation de tous les aspects de la vie de la paroisse: la liturgie (comité de liturgie, distribution de la communion, animation des célébrations, chorale), la pastorale sacramentale (première communion, pénitence, confirmation, mariage), la pastorale scolaire, le conseil de fabrique, les services de charité (service d'entraide, popote roulante, etc.), les activités socio-culturelles, la cueillette de fonds, la préparation des événements spéciaux, etc. Notons la diversité des lieux d'implication des femmes; sans cette participation active que deviendraient les paroisses? Il y a des femmes qui mènent littéralement une «carrière paroissiale»; on les retrouve partout, elles connaissent tout le monde. Dans plusieurs cas, les activités paroissiales semblent constituer le principal lieu d'insertion sociale de ces femmes.

Ces dernières se reconnaissent, à des degrés fort divers, une certaine influence sur le déroulement des activités paroissiales. Plus le milieu où elles interviennent est féminin, plus elles affirment leur influence; plus le milieu est masculin, plus elles éprouvent de la difficulté à exercer leur influence.

Elles veulent vivre avec les membres du clergé des rapports d'amitié impliquant le dialogue, la communication, la confiance. Elles tiennent à être reconnues comme des égales. Les femmes n'acceptent pas d'être traitées en subordonnées. Elles reprochent à certains prêtres leur manque de disponibilité, leur peur de se faire bousculer dans leurs habitudes. Les pratiques d'autorité entre les prêtres et les paroissiennes varient des rapports détendus, aux rapports hostiles. Les relations conflictuelles tournent souvent autour de conceptions différentes de l'autorité et du pouvoir. Un fait intéressant à noter, la laïque qui détient le plus de pouvoir dans la paroisse, c'est souvent celle qui rappelle avec le plus d'insistance qu'elle est «au service» de l'Église.

Les femmes cherchent dans leur paroisse un lieu de réalisation personnelle. Plusieurs affirment avoir acquis de l'autonomie, de l'assurance, s'être senties valorisées en intervenant dans ce milieu. Une certaine croissance morale et spirituelle est évoquée: amélioration de soi, approfondissement de l'évangile, cheminement de la foi.

Au moment de faire le bilan de leur engagement, les répondantes ont tendance à niveler les difficultés rencontrées et à ne retenir que les aspects positifs. La dimension critique surgit uniquement au moment du récit des faits vécus.

Il existe un consensus assez généralisé pour affirmer que la situation des femmes dans l'Église n'est actuellement pas satisfaisante. Il appert que les femmes voudraient plus de place et même en mériteraient plus! Plusieurs parlent de chemin à faire, du peu d'ouverture de l'institution. Elles emploient une série de mots pour désigner le statut d'infériorité des femmes dans l'Église: «subalternes», «secondaires», «servantes». Des répondantes tiennent à faire des distinctions entre leur situation personnelle et la situation générale des femmes dans l'Église. À chaque fois, c'est pour montrer comment elles échappent à la situation générale («Moi, c'est pas pareil»). Le même mécanisme se répète quand elles parlent de leur paroisse; tout en reconnaissant que les paroisses font en général peu de place aux femmes, il semble qu'elles aient eu la chance de se retrouver dans une paroisse pas comme les autres.

Des répondantes soulignent l'importance de la contribution des femmes dans l'Église, elles considèrent celle-ci comme déterminante. Elles déclarent par ailleurs, dans une proportion de plus de 80%, que les femmes ont une meilleure place dans la société.

Quelle image ces femmes se font-elles du prêtre? Il se dégage de leurs réponses une sorte de personnage mythique, héros sans peur et sans reproche, une sorte de superman en clergy-man. Examinons de plus près ces qualités. C'est un prêtre qui les considère comme des personnes égales, il est ouvert à l'évolution de la femme. Elles le perçoivent comme une locomotive super énergisée: actif, dynamique, plein d'initiative et d'imagination créatrice. Il est motivé, il soulève l'enthousiasme, il encourage les personnes. C'est un bon animateur. Il sait donner des responsabilités aux autres, collaborer pleinement avec les personnes, leur faire confiance. C'est quelqu'un qui sait partager son expérience, ses idées. Il a aussi d'indéniables qualités religieuses. Il est l'évangélisateur, le bon pasteur. C'est un homme de foi et il faut que sa foi en J.-C., en l'Église, soit perceptible (que ça se sente). Il a en plus de bonnes manières et est bien élevé. C'est un être très humain, qu'on peut considérer comme un ami. Il aime ses paroissiens et s'en laisse aimer. Il est ouvert, tolérant, compréhensif, accueillant, disponible, équilibré, avec un bon jugement. On s'attend évidemment à ce qu'il soit honnête, franc et sincère. Une formation interdisciplinaire est bien appréciée. S'il est en plus jeune et en bonne santé c'est tant mieux.

Les femmes qui travaillent en paroisses apparaissent assez peu préoccupées par la question féministe. Aucune se dit ouvertement intéressée au débat féministe dans l'Église et aux revendications mises de l'avant par les groupes de femmes. Le climat oscille entre la tiédeur et l'indifférence. Manifestement les paroisses sont peu menacées par ce courant. Est-ce à dire que les féministes répugnent à s'engager en milieu paroissial ou est-ce le milieu paroissial qui expulse les femmes revendicatrices?

Par ailleurs, la plupart des répondants aspirent à des rapports d'égalité avec les hommes. Elles disent, par exemple, vouloir avoir autant d'influence que les hommes, être reconnues comme des femmes, des humains à part entière, prendre pleinement leur place, avoir accès aux mêmes postes que les hommes et même détenir un maximum de responsabilités parce qu'elles sont les plus nombreuses dans l'Église! La thématique de l'égalité nous rappelle en fait que les femmes ne se sentent pas reconnues comme des égales dans l'Église. Elles cherchent à établir des rapports de conciliation avec les autorités. Elles ne veulent pas «faire trop de vagues», elle se méfient des propos qui choquent. L'affrontement est manifestement exclu.

La majorité des répondantes interrogées est en faveur de l'ordination des femmes (2/3). Elles proposent en fait un sacerdoce au féminin. Nous pourrions dire que ce modèle correspond à une certaine image traditionnelle de la femme. Les femmes feraient de bons prêtres parce qu'elles sont très compréhensives, elles connaissent mieux la vie de famille, elles pourraient exercer leur ministère à la manière d'une femme et elles le feraient par besoin de service (pas par ambition d'égalité).

Où se situent ces femmes dans l'organisation ecclésiale? Quel type de pouvoir exercent-elles? La typologie de Max Wéber sur les idéaux-types de domination va nous aider à répondre à ces questions.

2. Théorie wébérienne

Wéber identifie trois types idéaux de domination[2], la domination légale-rationnelle, la domination traditionnelle, la domination charismatique. Aucun de ces trois types idéaux ne se présente historiquement à l'état «pur» mais ils constituent des paramètres intéressants pour réfléchir le réel. Rappelons brièvement les caractéristiques de ces trois types.

- La domination légale. Sa légitimité a un caractère rationnel parce qu'elle est fondée sur la croyance en la légalité des règlements et au droit de ceux qui exercent leur domination, à donner des directives. Dans le cas de la domination légale, les personnes obéissent à l'ordre impersonnel, objectif, légal et au supérieur nommé en vertu des règles établies.

- La domination traditionnelle. Sa légitimité a un caractère traditionnel parce qu'elle est fondée sur la croyance en la sainteté, en la validité continue des traditions et en la légitimité de ceux qui exercent leur autorité en s'appuyant sur ces traditions. Dans le cas de la domination traditionnelle, les personnes obéissent au détenteur du pouvoir désigné par la tradition et auquel il est lui-même assujetti.

- La domination charismatique. Sa légitimité a un caractère charismatique parce que la soumission à une personne repose sur la croyance au caractère sacré de cette personne, à sa vertu héroïque, à sa valeur exemplaire ou encore, au fait qu'elle donne des ordres révélés. Dans le cas de la domination charismatique les personnes obéissent au chef en tant que tel et dans l'étendue de la croyance à son charisme.

Compte tenu des critères retenus par Wéber pour définir chacun de ces types et compte tenu également des règles qui prévalent dans l'organisation ecclésiale, on doit considérer que les femmes des milieux catholiques sont principalement reléguées, selon cette typologie, au pouvoir de type charismatique. En effet, l'exclusion séculaire des femmes des postes d'autorité et le refus constant du magistère de les admettre au sacerdoce, en font des individues pratiquement exclues du pouvoir traditionnel et non admises dans les rangs des détenteurs du pouvoir légal-rationnel concentré entre les mains du clergé.

Mais, pouvons-nous parler d'exclusion absolue des femmes du pouvoir traditionnel et du pouvoir légal-rationnel? Pas vraiment. Au plan du pouvoir légal-rationnel, on pourrait se demander, par exemple, si la récente admission de marguillères au conseil de fabrique des paroisses (début des années 70), la nomination de femmes au poste de chancelière dans certains diocèses, la multiplication des «mandats» pastoraux donnés aux permanentes des organismes d'Église et aux responsables de différents services, ne constituent pas des brèches significatives dans l'édifice du pouvoir mâle et clérical. Au plan du pouvoir traditionnel, l'accroissement incontestable du nombre des animatrices de pastorale dans les écoles, les paroisses (principalement pour s'occuper des enfants), la présence active des femmes dans l'organisation des services paroissiaux et diocésains de charité et autres, l'acceptation timide mais réelle de femmes comme responsables de communautés, sont souvent associées aux «ministères féminins» qualifiés de services en fidélité à la tradition et contribuent à assurer aux femmes une meilleure visibilité et une reconnaissance de leur contribution à la communauté.

Reste que toutes les incursions féminines dans ces deux types de pouvoir demeurent soit marginales et/ou subordonnées au pouvoir hiérarchique des clercs. Les femmes ne se retrouvent jamais aux dernières instances habilitées à orienter, décider, appliquer les directives de l'Église. Elles connaissent un plafonnement rapide dans leur ascension, les paliers supérieurs, quoiqu'on en dise, demeurent réservés aux membres du clergé. De plus, ces signes d'ouverture sont autant sinon plus redevables à une pénurie de personnel ecclésiastique qu'à une véritable «conversion» à la cause des femmes. Cette ouverture est en effet possiblement «réversible» dans une situation où les vocations sacerdotales connaîtraient une certaine croissance et ce d'autant plus que les recents acquis des femmes ne sont habituellement pas consignés dans la dernière version du droit canon et qu'ils ne constituent en fait que des dérogations accordées à la pièce par quelques évêques plus libéraux. Les femmes, aussi compétentes soient-elles, restent toujours redevables à un curé ou à un évêque de leur poste et leur nomination n'est pas exclusivement liée à leur seule performance professionnelle. La capacité de se maintenir en relation avec les autorités en place, le fait de correspondre aux critères de choix tant subjectifs qu'objectifs du détenteur du pouvoir, notamment la conformité à la représentation de l'orthodoxie de ce dernier, contribuent aussi, pensons-nous, à leur assurer une place.

Il faut donc examiner de plus près le pouvoir de type charismatique exercé par les femmes dans l'Église. Comme ce dernier n'est pas strictement contrôlé par les clercs, du moins dans les premiers temps de son affirmation, des femmes peuvent plus facilement s'imposer comme leader[3]. Elles sont quelques unes à avoir promu un message et à être parvenues à se maintenir au faîte de la renommée en exerçant un ascendant sur un nombre important d'adeptes. Des figures comme celles de Marie-Paule Giguère, directrice-fondatrice de l'Armée de Marie et Mère Teresa de Calcutta en seraient des illustrations éloquentes. La première, malgré son message hyper traditionnel, conteste l'autorité des clercs, l'autre, cautionne et sert de relai au discours officiel. Les phénomènes de pouvoir féminin ne signifient pas automatiquement une revendication pour l'abolition de l'ordre patriarcal autoritaire, au contraire, ils peuvent même contribuer à maintenir cet ordre voire même, le renforcer. Cependant, il importe de réaliser que le féminin refoulé dans l'Église est appelé à refaire continuellement surface sous différentes formes.

La théorie wébérienne, tout aussi intéressante qu'elle soit, comporte des limites importantes. La critique de Freitag sur le fonctionnalisme[4] est éclairante pour nous. Cet auteur considère qu'une analyse qui s'en tient au niveau empirique, décrit des rapports de domination qui résultent de la superstructure politico-institutionnelle, non comme une structure de domination, mais comme la résultante d'un ordre de chose quasi-naturel. En ce sens, l'analyse du pouvoir/non-pouvoir des femmes dans l'Église, si elle s'en tient aux seules dimensions empiriques, peut nous amener à lire la situation des femmes dans l'Église comme un état de fait naturel qui correspond à la répartition normale des rôles entre les hommes et les femmes et entre les clercs et les laïcs et non pas comme une structure de domination patriarcale et cléricale. Il s'avère donc nécessaire de considérer la possibilité d'explorer, après cette incursion chez Wéber, un cadre théorique capable de circonscrire les rapports de domination hommes/femmes et clercs/laïcs.

3. La théorie féministe de Guillaumin

Les travaux de la sociologue française Colette Guillaumin s'avèrent particulièrement utiles pour renouveler les perspectives concernant la situation des femmes dans la société. Voici donc quelques éléments de son cadre théorique et comment ceux-ci apportent un nouvel éclairage sur la situation des femmes dans l'Église.

La nature spécifique de l'oppression des femmes se trouve dans le rapport de sexage, définit comme étant «le rapport où c'est l'unité matérielle productrice de force de travail qui est prise en mains, et non la seule force de travail[5]». Ainsi, «Ce n'est pas la force de travail distincte de son support/producteur en tant qu'elle peut être mesurée en «quantités» (de temps, d'argent, de tâches) qui est accaparée, mais son origine: la machine-à-force-de-travail[6]». Ce rapport d'appropriation est collectif; la classe des hommes s'approprie celle des femmes. L'expression de l'appropriation de l'ensemble du groupe des femmes et de celle du corps matériel individuel se concrétise principalement dans quatre éléments: l'appropriation du temps, l'appropriation des produits du corps, l'obligation sexuelle, la charge physique des membres invalides du groupe et des membres valides de sexe mâle[7]. Guillaumin identifie principalement cinq moyens utilisés par le patriarcat pour s'assurer cette appropriation. Il s'agit du marché du travail, du confinement dans l'espace, de la démonstration de force, de la contrainte sexuelle, de l'arsenal juridique et du droit coutumier[8].

Ce modèle conceptuel est-il pertinent pour comprendre la situation des femmes dans l'Église? Celles-ci sont appelées à faire des tâches similaires à celles qu'elles exécutent ailleurs. Comme dans le cadre de la production domestique, elles éduquent, soignent, font à manger, entretiennent des vêtements, gèrent des budgets en faisant des miracles etc. Comme dans le cadre du marché du travail, elles enseignent, animent, concilient, font des tâches de secrétariat, décorent, etc. Cependant, la place qu'elles occupent dans la production et la reproduction n'est pas liée à la nature de la tâche ou de la production mais est directement tributaire des rapports de domination entre le sexes.

Il y a appropriation générale non seulement de la production des femmes dans l'Église mais d'elles-mêmes comme unité matérielle. C'est cette appropriation qui permet l'utilisation gratuite (bénévolat) ou quasi gratuite de la force de travail des femmes. Cette appropriation collective, comme le soutiennent Juteau et Laurin, «se réalise aussi bien dans le contexte de rapports particuliers, interindividuels, entre les hommes et les femmes que dans le contexte de rapports généraux, institutionnels[9]». Elle peut se faire tant matériellement que symboliquement.

Comment peut-on avancer qu'il y a appropriation de la production des femmes dans l'Église? Tout ce que les femmes font dans l'espace ecclésial ne leur appartient pas. Toute leur production appartient à l'institution et par conséquent aux dirigeants de cette institution. La production faite en milieu paroissial est prise sous la responsabilité du curé, celle réalisée dans les diocèses enrichit la production de l'évêque et celle faite au niveau national appartient à tous les évêques. Les femmes ne signent pas leur production dans l'Église, elles travaillent dans l'ombre, discrètes, méconnues. Aux échelons supérieures elles ne parlent jamais pour elles-mêmes; on va parler pour elles. Quand il est question de pastorale du baptême par exemple au plan diocésain, on va réunir les curés et non pas celles qui mettent en œuvre cette pastorale. Quand les femmes de différents diocèses travaillent sur la question des ministères, elles doivent soumettre le fruit de leurs réflexions à l'épiscopat qui, par la suite, se prononcera sur cette question. Quand le pape veut s'informer sur la situation des laïcs et donc nécessairement des femmes... il réunit les évêques.

On ne compte plus les exemples où les bulletins paroissiaux sont rédigés par des femmes mais signés par les curés, où les célébrations, les regroupements sont préparés par des femmes et attribués à un prêtre «responsable» etc. Les femmes vivent, tant au plan légal que de leur pratique quotidienne, une véritable mise en tutelle. Elles sont tenues de demander toutes sortes d'autorisations, elles ne peuvent jamais en donner. Elles doivent obéir, se conformer aux directives, elles ne décident jamais toutes seules. Elles recueillent les fonds, «ils» les dépensent. Elles font des suggestions, «ils» choisissent les priorités. Elles donnent les idées, «ils» signent les documents. Elles font la «job», «ils» sont félicités.

Toutes les femmes dans l'Église, sont, en tant que membres de la société, appropriées collectivement par tous les hommes. De plus, elles sont, en tant que membres de cette Église, appropriées collectivement par tous les clercs, membres de la classe des hommes. Une partie de ces femmes subit également l'appropriation privée à l'intérieur d'un mariage ou d'une union. Des femmes sont plus sujettes à vivre l'appropriation collective dans le contexte de rapports interindividuels, ce sont celles qui travaillent et s'impliquent plus directement dans les structures ecclésiales.

L'expression concrète de l'appropriation des femmes se retrouve dans l'appropriation du temps, l'appropriation des produits du corps, l'obligation sexuelle et la charge physique des membres du groupe. Compte tenu des limites de ce texte, seulement deux éléments qui expriment l'appropriation vont être explorés: le temps et la charge physique des membres du groupe.

- L'appropriation du temps. Le développement de Guillaumin à ce sujet est éclairant. Elle explique comment le temps des femmes est explicitement approprié dans le «contrat» de mariage. Il n'est ni mesuré, ni limité, ni évalué. Le travail des femmes n'a donc pas de limites, on ne prévoit pas pour elles un temps de travail et un temps de liberté. Ce travail n'a pas non plus de valeur parce qu'il ne se monaye pas. Ce ne sont pas seulement les épouses qui sont appropriées mais l'ensemble des femmes. Il y a donc une appropriation directe de l'épouse par contrat et une appropriation générale de la classe des femmes. «Tout se passe comme si l'épouse appartenait en nue-propriété à l'époux et la classe des femmes en usufruit à chaque homme, et particulièrement à chacun de ceux qui ont acquis l'usage privé de l'une d'entre elles[10]».

Cette notion du temps m'apparaît capitale pour saisir comment se vit concrètement et réellement l'appropriation des femmes dans l'Église. Suite à de nombreuses entrevues avec des femmes qui travaillent comme salariées ou comme bénévoles dans cette institution, il a été possible de constater à quel point elles avaient fortement intériorisé cette notion du temps. Il apparaît chiche de comptabiliser ses heures; elles ont fait leur la maxime de «donner sans compter» qui est associée à une certaine idée de la générosité. On ne sait pas non plus quand comment ni quand s'arrête leur travail; le «dévouement» tant valorisé semble devoir s'étaler sur toutes les heures de leur vie. Il n'y a pas de valeur économique rattachée au travail bénévole; ni les clercs, ni les bénéficiaires, ni les bénévoles elles-mêmes perçoivent que le temps des femmes c'est de l'argent. Il s'agit de don de soi, don qui prend, dans la sémantique patriarcale, toute sa valeur s'il est gratuit.

Le travail salarié est rarement payé aux taux pratiqués dans le reste de la société. Il existe constamment en implicite l'idée que le travail pour l'Église doit comporter une certaine part de bénévolat. Ainsi, les heures doivent être élastiques, la définition de tâches également. Les laïcs ne peuvent pas non plus accéder à la «permanence» dans l'Église; ils sont toujours des «contractuels», forme de travail de plus en plus répandue en Amérique du Nord et qui contribue au dégradement général des conditions de travail de la masse des travailleurs et des travailleuses. Les seuls permanents dans cette institution, ce sont les clercs qui peuvent jouer à la chaise musicale pour se relayer aux différents postes de direction.

- La charge physique des membres invalides du groupe et des hommes. Pour Guillaumin, le sexage consiste en la réduction à l'état d'outils. Cette instrumentalité s'applique à d'autres humains ce qui signifie que les femmes assurent, sans rénumération, l'entretien corporel, matériel, voire même affectif de l'ensemble des acteurs sociaux. Elles doivent s'occuper non seulement des personnes incapables de prendre soin d'elles, vieillards, malades, infirmes, enfants mais aussi des personnes de sex mâle capables de prendre soin d'elles-mêmes. Les services assurés par les femmes ne sont évidemment pas évalués ni en termes de temps ni en termes d'argent.

Le fait de prendre soin physiquement des membres invalides de la communauté n'est pas en soi aliénant. Le fait de se préoccuper de la qualité de la vie des hommes non plus. Le problème réside dans l'attribution exclusive de cette tâche aux femmes, dans la non interchangeabilité entre les sexes de l'exercice de cette fonction, dans la non reconnaissance de la valeur sociale et économique de cette production. C'est parce que l'organisation social patriarcale en a fait une affaire de femmes et qu'elle en dispense à peu près tous les hommes, que la prise en charge physique des autres constitue une expression de l'appropriation en des femmes. Il existe une expression populaire qui dit que les femmes «se font entretenir» par leur mari, leur «chum» etc. Cette expression camoufle la réalité qui est toute autre. Dans les faits, ce sont les hommes qui se font entretenir par les femmes. Cet entretien comprend la propreté des vêtements, les soins du corps, l'alimentation, le nettoyage de l'espace physique immédiat en plus de l'entretien du «moral», du «moi» psychique et du «cœur». On mobilise les femmes sur des tâches non rentables, non reconnues et, dans le même mouvement, on leur limite l'accès aux tâches qui ouvrent les portes à un statut et à une reconnaissance sociale.

S'il est un lieu où ce modèle est mis en pratique, c'est bien dans l'Église. Pendant que les hommes-clercs se mobilisent à l'exercice du pouvoir temporel et spirituel, ils relèguent volontiers aux femmes, comme le fait de leur vocation propre, de leur mission, la charge physique de tous les «petits» et les «démunis» de ce monde en plus évidemment de la responsabilité de l'entretien physique de tous les clercs. Qu'il suffise d'évoquer le nom de la communauté des «Servantes du clergé» pour se rappeler qu'il semble dans l'ordre normal des choses, dans ce système patriarcal, de se faire entretenir par les femmes.

Les moyens d'appropriation. Explorons maintenant quelques uns des moyens dont dispose l'Église et la société pour maintenir leur appropriation des femmes et pour que se reproduisent les rapports sociaux de domination entre les sexes. Quatre des cinq moyens identifiés par Guillaumin sont ici repris.

- Le marché du travail. La sociologue française Guillaumin rappelle que les femmes ne reçoivent que 60% du salaire des hommes et qu'elles sont les plus nombreuses en situation de double emploi. Nous pouvons penser que la réalité des québécoises ne diffère pas sensiblement de celles des françaises de l'hexagone. Cette situation force nombre de femmes à se trouver un «emploi d'épouse ou de compagne», pour pouvoir vivre et faire vivre leurs enfants.

Les hommes-clercs bénéficient aussi de cette situation du marché du travail pour obtenir une main d'œuvre bénévole ou à bon marché. On voit nettement s'esquisser l'interaction et la communauté d'intérêts qui existent entre les clercs et les autres hommes. La situation des femmes dans l'Église contribue à légitimer celle de toutes les femmes dans la société et celle vécue dans la société détermine celle promue dans l'Église. Bien plus, dans bien des cas, les salaires ecclésiaux sont loin d'être équivalents à ceux qu'on retrouve sur le marché du travail. Les femmes occupent donc dans l'Église une position de bénévole ou de quasi-bénévole[11].

Le travail effectué bénévolement ou contre une modeste rémunération est loin d'être accessoire. Il constitue un élément nécessaire à la poursuite des activités régulières de cette institution. Tout comme la famille ne peut pas vivre sans les femmes, l'Église ne peut absolument pas passer d'elles. Elles reconstituent dans les deux cas les forces de travail des hommes, et assurent le bon fonctionnement quotidien (la fameuse qualité de la vie) de ces organisations.

- Le confinement dans l'espace. Les femmes relèvent constamment d'espaces limités: gynécée, harem, couvent, maison (aux deux sens du terme). Bien plus, les femmes ont intériorisé ce modèle, elles vivent avec une grille intérieure. «L'intériorisation de la clôture s'obtient par dressage positif et également par dressage négatif[12]». Comme exemple de dressage positif Guillaumin signale le discours sur la reine au foyer indispensable au bonheur de ses enfants et de son époux. Le dressage négatif se fait notamment, par le climat de terreur qui règne pour les femmes dans la rue la nuit. Les congénères des maris prennent la relève pour assurer le prompt retour des femmes au bercail conjugal.

Les femmes dans l'Église sont également confinées à des espaces restreints[13]. Nous pourrions dire qu'elles ont l'opportunité de se déplacer entre le secrétariat et la cuisine des presbytères et entre le sous-sol et la sacristie des églises. On peut observer une profonde homologie de structure entre la place que les femmes occupent au foyer et celle qu'elles détiennent dans l'Église. Il n'y a pas grande différence entre une cuisine de presbytère et une cuisine familiale. Il faut y faire à manger, peler les légumes, laver la vaisselle, etc. Au secrétariat, elles accueillent, prennent les messages, tiennent les livres comme le font nombre d'épouses, de mères dans leur foyer. À la sacristie, il faut entretenir le linge liturgique, le laver, le repriser, le repasser, sortir des armoires, pour chacune des célébrations, les bons vêtements et les ranger après usage, un peu comme le font les mamans avec leurs enfants et... leur mari. Dans les sous-sols d'églises les femmes éduquent, enseignent aux petits les rudiments de la foi, préparent des fêtes, distribuent des vêtements aux pauvres comme elles sont habituées de le faire à la maison. Les liens étroits que l'on peut observer entre ces deux types d'espace permettent de penser qu'ils se soutiennent et se répondent mutuellement. Ils participent d'une même idéologie patriarcale.

Pour reprendre la figure du dressage positif et du dressage négatif, on pourrait dire que les femmes sont exaltées par l'ordre patriarcal clérical quand elles exercent leurs «ministères propre», quand elles demeurent fidèles à leur «charisme», qu'elles remplissent avec «dévouement» et «abnégation» la «mission» que Dieu leur a confiées. Par ailleurs, quand elles «s'obstinent à sortir de leur rang», elles deviennent des «ambitieuses» qui s'évertuent à prendre la place des hommes, des dénaturées, des «féministes exagérées», qui refusent les attributs de leur sexe. Ces deux types de dressage véhiculent des stéréotypes sexistes patriarcaux.

- La démonstration de force. Guillaumin est claire à ce sujet. «La violence physique exercée contre les femmes (...) est d'abord quantitativement non exceptionnelle, et surtout socialement significative d'un rapport: elle est une sanction socialisée du droit que s'arrogent les hommes sur les femmes, tel homme sur telle femme, et également sur toutes les femmes qui «ne marchent pas droit». Ceci est lié au confinement dans l'espace et à la contrainte sexuelle[14]».

La violence physique, les clercs ne l'exercent pas directement à l'endroit des femmes. Ils «bénéficient» en fait de celle exercée par le reste des hommes. En effet, la terreur masculine ne peut pas être sans impact sur l'ensemble des femmes dans l'Église qui toutes font partie intégrante de la société patriarcale. Par ailleurs, les clercs ont fourni les légitimations théologiques nécessaires aux différentes démonstrations de force[15]. Etayons brièvement cette idée. L'utilisation cléricale du commandement biblique qui prescrit la soumission des femmes aux hommes a autorisé la classe des hommes à revendiquer la soumission des femmes, individuellement et comme classe de sexe. La spiritualité du «souffrir en silence», du «porter sa croix», a amené nombre de femmes à assumer dans la solitude et le silence la violence qu'elles subissaient. D'autant plus que la violence conjugale a été, jusqu'à tout récemment, reconnue comme une affaire strictement privée. Le mépris du corps des femmes, cette porte de l'enfer, longtemps décrié comme source de tentation, de damnation a permis qu'on exerce également dessus de multiples violences. Il importe de savoir que les clercs n'ont jamais dénoncé ouvertement la violence conjugale, associée à la vie privée des personnes; bien plus, pendant longtemps, la «correction» de l'épouse a été considérée comme un «devoir» du mari pour le mieux-être de son âme. Par ailleurs, on peut être assurées que les clercs, parce que confesseurs, directeurs spirituels, etc. ont pu connaître parfaitement la violence exercée sur les femmes. Ce silence donne à penser aux solidarités objectives de classe entre l'ensemble des hommes et les clercs. La loi ecclésiastique qui interdit le divorce ne force-t-elle pas aussi nombre de femmes à rester confinées dans un milieu où elles sont violentées?

L'Église continue d'exercer une certaine violence dans la mesure où sa théologie et ses structures actuelles soutiennent l'inégalité des deux sexes. L'exclusion, le rejet des femmes de différentes fonctions ecclésiales n'est-ce pas une pratique qui violente quotidiennement les femmes? Le contrôle des consciences par la voie de la direction spirituelle et de la confession, ont pu représenter autant de manières pour ce groupe d'hommes d'exercer une violence effective sur les femmes et de démontrer leur force. Ce type de violence peut-être d'autant plus insidieux qu'il se joue au niveau des consciences, à l'abri des regards indiscrets, loin du regard collectif des femmes. Ce n'est que quand les femmes mettent leur expérience en commun qu'elles peuvent comprendre que leur situation n'est pas unique mais qu'elle est le fait de toutes les opprimées au plan religieux.

- L'arsenal juridique et le droit coutumier. L'arsenal juridique fixe les modalités de l'appropriation des femmes; le droit coutumier les complète et les renforce. L'Église possède son propre droit, le droit canonique. Sa récente révision (1983)[16] confirme l'exclusion des femmes du sacerdoce, confie aux hommes seuls les fonctions d'acolyte et de lecteur[17]. «L'homélie est expressément réservée au prêtre et au diacre[18]». La charge pastorale leur revient et laïcs n'y apportent qu'une aide[19] selon le droit[20]». Le code confirme la prédominance paternelle dans la famille en stipulant que, lorsque les parents sont d'Églises rituelles différentes et qu'ils sont en désaccord sur le choix de l'Église pour l'enfant, c'est le rite du père qui doit prévaloir[21]. Et nous pourrions allonger considérablement la liste[22] des limitations qu'impose le code de droit. En résumé, retenons que, «le Droit exclut les femmes des domaines qui concernent la majorité de ses 1752 canons, ceux qui légifèrent la juridiction ordinaire de l'ensemble de la vie de l'Église[23]». Comme le soutient avec justesse la canoniste Marie Zimmermann, la femme au sein de l'Église est inexistante, même si par ailleurs elle s'y révèle extrêmement active[24].

Le code de droit canonique constitue donc bel et bien un instrument des clercs pour asseoir leur pouvoir[25]. S'il n'est pas suivi à la lettre, notamment dans l'Église québécoise où les dérogations sont multiples et fréquentes, il n'en demeure pas moins que la règle officielle subsiste et qu'en tout temps les «distorsions» peuvent être stoppées. Plus encore, un tel code qui va à l'encontre de la charte des droits et libertés de la personne, ne peut qu'avoir un effet négatif sur les droits de l'ensemble des femmes. Il représente potentiellement un facteur de ralentissement de l'évolution et de la transformation des différentes législations civiles touchant les femmes dans les pays à majorité catholique[26].

4. Quelques éléments de conclusion

Il n'est pas possible de tirer ici de véritables conclusions, ne serait-ce que parce que nous n'avons pas fini de faire le tour de la question. Nous nous contenterons de soulever quelques points importants qui se dégagent de la problématique de l'appropriation.

L'invisibilité de l'appropriation. L'appropriation en bloc des femmes est tellement généralisée, admise, qu'elle peut difficilement être perçue. Le fait que l'appropriation des femmes soit enracinée dans notre quotidienneté empêche les interrogations, les malaises à ce sujet. Elle fait partie de la normalité. La conséquence mentale de ce fait idéologique est la dépendance des femmes à l'égard des hommes.

La situation des femmes dans l'Église est sensiblement la même partout dans le monde. Comment imaginer mieux? L'épiscopat soutient souvent que l'Église québécoise est une de celles qui manifeste le plus d'ouverture aux femmes. Ces dernières sont donc des «privilégiées» lorsqu'elles se comparent aux catholiques des autres pays. Plus les femmes sont étroitement impliquées dans l'institution ecclésiale, moins elles peuvent percevoir le fait de leur appropriation. Et comme ce fait se concrétise également dans leurs autres rapports sociaux (famille, travail, etc.), il est d'autant plus difficile de mettre à jour les mécanismes parfaitement cohérents d'organisations si solidaires.

Les effets de l'appropriation. Guillaumin montre la portée considérable de l'appropriation sur l'individualité. Les femmes appropriées doivent faire preuve d'une totale disponibilité. Leur temps est complètement absorbé par les besoins des autres. La privation de l'individualité constitue «la face caché de l'appropriation matérielle de l'individualité[27]». Le travail des femmes, dans les rapports sociaux où il est effectué, détruit l'individualité, il empêche l'émergence du sujet. «Quand on est approprié matériellement on est dépossédé mentalement de soi-même[28]».

La démonstration de Guillaumin permet d'établir les enjeux personnels, politiques et éthiques de l'appropriation. Elle permet aussi de cerner la contribution de l'institution ecclésiale à cette appropriation. L'Église nage en pleine contradiction. Son kérgyme fondateur promeut l'assomption de la pleine humanité des personnes, la libération de toutes les servitudes, l'établissement de valeurs comme la justice, l'amour pour guider les agirs, etc. L'appropriation généralisée des femmes à l'intérieur de cette organisation contredit radicalement ce projet initial. Wéber parle de routinisation du charisme; nous évoquerons pour notre part la banalisation des utopies...

L'appropriation ne représente pas un simple moment à passer dans la vie des femmes. Elle organise, structure, définit, aliène toute leur vie et... trace les balises de la vie des femmes à venir. C'est pour cela qu'il importe que l'on change la situation.

Notes

1. À noter toutefois que depuis la rédaction de ce texte est paru l'ouvrage de Sarah Bélanger, *Les soutanes roses*. Portrait du personnel pastoral féminin au Québec, Montréal, Bellarmin, 1988, 296 p. Cet ouvrage dresse un portrait exhaustif des femmes salariées agentes de pastorale dans l'Église. Il n'existe toujours pas par ailleurs d'étude à grande échelle sur les femmes bénévoles dans l'Église.

2. Max Wéber, *Economie et société*, tome premier, Paris, Plon, 1971 (chapitre trois).

3. Je spécifie bien les premiers temps parce que l'on peut rapidement observer soit une tendance du clergé à mater ces courants concurrents de leur pouvoir ou encore à les investir pour mieux les contrôler et retirer les bénéfices symboliques et autres qui en découle.

4. Michel Freitag, *Dialectique et société, Tome 2, Culture pouvoir et contrôle. Les modes de reproduction formels de la société*. Montréal, Éd. Saint-Martin, 1986, p. 221.

5. Colette Guillaumin, *op. cit.*, p. 9.

6. Colette Guillaumin, «Pratique du pouvoir et idée de nature. 1) L'appropriation des femmes», *Questions féministes*, n° 2, février 1978, p. 9.

7. Guillaumin, *op. cit.*, p. 10.

8. Guillaumin, *op. cit.*, p. 24-27.

9. Danielle Juteau et Nicole Laurin, *op. cit.*, p. 194.

10. *Ibidem*, p. 10.

11. Les diocèses tardent a se doter d'une politique définissant les salaires et les conditions de travail de leurs employés. Un processus vient à peine de s'amorcer en se sens. Un flou persiste entre ce qui est de l'ordre du travail salarié et ce qui relève du «service» à l'Église. De plus, les employées-laïcs ont souvent le sentiment que leurs patrons cléricaux font une évaluation de leurs besoins économiques a partir de ceux des religieux ou des personnes qui ont fait vœu du pauvreté.

12. *Ibidem*, p. 25.

13. En ce qui concerne l'histoire du développement de la clôture dans les communautés religieuses féminines on peut consulter avec profit l'article de Margaret Brennan. «La clôture. Institutionnalisation de l'invisibilité des femmes dans les communautés ecclésiastiques», *Concilium*, n° 202, 1985, pp. 57-68.

14. Guillaumin, *op. cit.*, p. 25.

15. Je ne soutiens évidemment pas ici que les clercs ont été les seuls à exercer cette fonction, mais seulement qu'ils y ont joué un rôle actif et indéniable.

16. Et il faut considérer qu'elles ne sont pas fréquentes. La précédente remonte à 1917. C'est donc dire que nous risquons fort de ne pas connaître la prochaine!

17. Canon 1024 du code de 1983.

18. Canons 764 et 767 § 1.

19. Canon 519.

20. Marie Zimmermann, «Ni clerc ni laïque. La femme dans l'Église», *Concilium*, n° 202, 1985, p. 53.

21. Canon 111 § 1.

22. On peut consulter à profit le texte de Marie-Thérèse van Lunen-Chenu et L. Wentholt, «La femme dans le code de droit canonique et dans la convention des Nations unies», PJR-Praxis juridique et religion 1, 1984, p. 7-18.

23. Elisabeth J. Lacelle, «Le nouveau code de droit pour les femmes, un baluchon d'espérance?», *L'Église canadienne*, 16 juin 1983, p. 622.

24. Marie Zimmermann, *op. cit.*, p. 55.

25. Il n'est d'ailleurs pas étonnant que la presque totalité des réviseurs du Droit canonique dans sa version de 1983 aient été des clercs!

26. Il est bien connu que les femmes des pays anglo-saxons (protestants) ont obtenu plus rapidement que les femmes des pays latins (catholiques) la transformation des législations les concernant.

27. Guillaumin, *op. cit.*, p. 17.

28. *Ibidem*, p. 18.

Bibliographie

ANNEQUIN, Jacques, DUNAND, Françoise, ed., *Religions, pouvoir et rapports sociaux*, Paris, Éd. Les Belles Lettres, 1980, 256 p.

ARON, Raymond, *La sociologie allemande contemporaine*, Paris, Les Presses Universitaires de France, 1981 (4ième édition), 147 p.

AITKINSON, Ti-Grace, «Le nationalisme féminin», *Nouvelles Questions féministes*, n° 6-7, pp. 35-54.

AUBERT, Nicole, *Le Pouvoir usurpé? Femmes et hommes dans l'entreprise*, Paris, Laffont, 1982, 368 p.

BARRETT, Michèle, MCINTOSH, Mary, «Christine Delphy: vers un féminisme matérialiste?» *Nouvelles Questions féministes*, n° 4 automne 1982, pp. 35-86.

BERGERON, Gérard, «Pouvoir, contrôle et régulation», *Sociologie et Sociétés*, vol. 11, n° 2, nov. 1970, p. 227-248.

BOUCHER, Ghislaine, «Le Pouvoir des femmes dans l'Église», *L'Église canadienne*, 1er mai 1980, pp. 523-527.

BOURDIEU, Pierre, «Genèse et structure du champ religieux», *Revue française de sociologie*, 12/3, juill.-sept. 1971.

BOURDIEU, Pierre, «Une interprétation de la théorie de la religion selon Max Wéber», *Archives Européennes de Sociologie*, XII, 1971, p. 3-21.

BOURDIEU, Pierre, «Le langage autorisé. Note sur les conditions sociales de l'efficacité du discours rituel». *Actes de la recherche en Sciences Sociales*, novembre 1975, n° 5-6, p. 183-190.

BOURDIEU, Pierre, SAINT-MARTIN, M. De, «La Sainte Famille, L'épiscopat français dans le champ du pouvoir», *Actes de la recherche en sciences sociales*. 44-45, nov. 1982.

CARON, Madone, «Le pouvoir des femmes», *Révoltes*, n° 6, automne 1986, pp. 12-13.

Centre de sociologie du protestantisme, *Les nouveaux clercs*, Genève, Labor et Fides, 1985, 261 p.

CHARZAT, Gisèle, *Femmes, violence et pouvoir*, Paris, Jean-Claude Simoen, 1980, 267 p.

CHAZEL, François, «Pouvoir, structure et domination», *Revue française de sociologie*, XXIV, 1983, p. 369-393.

COHEN, Yolande, «Réflexions désordonnant les femmes du pouvoir», dans *Femmes et politique*, Montréal, Éd. du Jour, 1981, pp. 193-227.

COHEN, Yolande, (sous la direction de), *Femmes et contre-pouvoirs*, Montréal, Éd. du Boréal Express, 244 p.

COURCELLES, Lise et al., «Les femmes et le pouvoir», *Mouvements*, Printemps, 1985, p. 17-36.

DAGENAIS, Huguette, «Les femmes et le pouvoir», *Cahiers de la femme*, vol. 11. n° 2, 1980, pp. 53-56.

DAHM, Charles W., GHELARDI, Robert, *Pouvoir et autorité dans l'Église catholique: le cardinal Cody à Chicago*, Montréal, Guérin, 1982, 341 p.

DELLA COSTA, Maria R. et SELMA J., *Le pouvoir des femmes et la subversion sociale*, Genève, Librairie Adversaire, 1973.

DELPHY, Christine, «L'ennemi principal», *Partisans, Libération des femmes*, Paris, FM/Petite collection Maspéro, 1984, pp. 112-139.

DELPHY, Christine, «Pour un féminisme matérialiste», *L'Arc*, n° 61, 1975, pp. 61-67.

DELPHY, Christine, «Les femmes dans les études de stratification sociale», *Femmes, sexisme et sociétés*, Paris, Presses Universitaires de France, 1977, pp. 25-38.

DELPHY, Christine, «Un féminisme matérialiste est possible», *Nouvelles Questions féministes*, n° 4, automne 1982, pp. 51-86.

DELPHY, Christine, «Les femmes et l'État», *Nouvelles Questions féministes* n° 6-7, printemps 1984, pp. 5-19.

DESROCHERS, Lucie, *L'accès des femmes au pouvoir politique: où sont-elles?*, Québec, Conseil du statut de la femme, 1988, 42 p.

DION, Michel, *Les catholiques et le pouvoir: crise du consensus*, Paris, Éd. Sociales, 1980, 206 p.

FLEISCHMANN, Eugène, «De Wéber à Nietzche», *Archives Européennes de Sociologie*, V, 1964, p. 190-238.

FREITAG, Michel, *Dialectique et société 2. Culture, pouvoir, contrôle. Les modes de reproduction formels de la société*. Montréal, Éditions Saint-Martin, 1986, 443 p.

FRENCH, Marilyn, *Les femmes et le pouvoir*, Conférence prononcée en anglais à l'Université du Québec à Montréal, le 11 novembre 1980. Traduction française, texte polycopié, 14 p.

FRENCH Marilyn, *La fascination du pouvoir*, Paris, Éd. Acropole, 1987, 596 p.

FREUND, Julien, *Sociologie de Max Wéber*, Paris, PUF, 1966, (1983, 3ième édition), 256 p.

GRAND'MAISON, Jacques, «Le pouvoir religieux», *Relations*, juin 1987, pp. 141-143.

GRATTON-BOUCHER, Marie, «Dans l'Église, du pouvoir pour pouvoir», *Relations*, oct. 1986, pp. 239-242.

GUILLAUMIN, Colette, «Pratique du pouvoir et idée de Nature» 1) L'appropriation des femmes, 2) Le discours de la nature, *Questions féministes*, n° 2, 1978, pp. 5-30 et n° 3, 1978, pp. 5-28.

GUILLAUMIN, Colette, «Femmes et théories de la société: remarques sur les effets théoriques de la colère des opprimées», *Sociologie et Sociétés*, vol. XIII, n° 2, 1981, pp. 19-31.

GODELIER, Maurice, «Pouvoir et langage: réflexion sur les paradigmes et les paradoxes de la légitimité des rapports de domination et d'oppression», *Communications*, n° 28, 1978, pp. 21-27.

HERVIEU-LEGER, Danielle, *Vers un nouveau christianisme?*, Paris, Cerf, 1986, 395 p.

LAURIN-FRENETTE, Nicole, *Classes et pouvoir. Les Théories fonctionnalistes*, Montréal, Les Presses de l'Université de Montréal, 1978, 358 p.

LAURIN-FRENETTE, Nicole, «Féminisme et anarchie: quelques éléments théoriques et historiques pour une analyse de la relation entre le Mouvement des femmes et l'État», dans *Femmes et politique*, Montréal, Éd. du Jour, 1981, pp. 147-191.

LAURIN-FRENETTE, Nicole, ROUSSEAU, Louis, «Les centres de régulation: Essai sur les rapports entre l'Église et l'État dans l'histoire québécoise», *Sciences religieuses*, 12/3, été 1983, pp. 247-272.

LAURIN-FRENETTE, Nicole, COHEN, Yolande, FERGUSON, Kathy, *Femmes: pouvoir, politique, bureaucratie*, Lyon, IRL/Atelier de création libertaire, 1984, 135 p.

LECARME, Philippe, *L'Église et l'État contre les femmes*, Paris, Éd. E.P.I., 1968, 176 p.

MAGLI, Ida, CONTI ODORISIO, Ginevra, *Matriarcat et ou pouvoir les femmes?* Paris, des femmes, 1978, 341 p.

MATHIEU, Nicole-Claude, «Quand céder n'est pas consentir. Des déterminants matériels et psychiques de la conscience dominée des femmes, et de quelques unes de leurs interprétations en ethnologie», *L'arraisonnement des femmes*, Paris, Les Cahiers de l'homme, Éd. de l'École des Hautes Études en Sciences Sociales, Paris, pp. 169-245.

MATHIEU, Nicole-Claude, «Notes pour une définition sociologique des catégories de sexe», *Epistémologie et Sociologie*, n° 11, premier trimestre 1971, pp. 19-39.

MICHEL, Andrée, *Femmes, sexisme et sociétés*, Paris, Presses Universitaires de France, 1977.

MOREUX, Colette, «Idéologies religieuses et pouvoir: l'exemple du catholicisme québécois», *Cahiers Internationaux de Sociologie*, vol. LXIV, 1978, p. 35-62.

MOREUX, Colette, «Wéber et la question de l'idéologie», *Sociologie et sociétés*, vol. XIV, octobre 1982, p. 9-31.

O'BRIEN, Mary, *La dialectique de la reproduction*, Montréal, Éd. du Remue-Ménage, 1981, 283 p.

PALARD, J., *Pouvoir religieux et espace social*, Paris, Cerf, 1985.

PAQUEROT, Sylvie, *Femmes et pouvoir*, Conseil du Statut de la femme, Québec, 1983, 102.

PAYETTE, Lise, *Le pouvoir? Connais pas!* Montréal, Éd. Québec Amérique, 1982, 212 p.

POULAT, Emile, «L'Église romaine, le savoir et le pouvoir», *Archives des Sciences Sociales des Religions*, n° 37, 1974.

PRADES, Jose A., *La Sociologie de la religion chez Max Wéber: un essai d'analyse et de critique de la méthode*, Louvain, Nauwelaerts, 1966, 292 p.

PREVOST, Nicole et collaboratrices, *Les femmes sur le chemin du pouvoir*, Québec, Conseil du statut de la femme, 1988, 99 p.

RAPHAEL, Freddy, «Max Wéber et le judaïsme antique», *Archives Européennes de Sociologie*, XI, 1970, p. 297-336.

SEGUY, Jean, «Max Weber et la sociologie historique des religions», *Archives de Sociologie des Religions*, 33, 1972, p. 71-104.

SHERIFF, Pita et CAMPBELL, E. Jane, «La place des femmes; un dossier sur la sociologie des organisations, *Sociologie et sociétés*, vol. XIII, n° 2, 1981, pp. 113-131.

TARDIF, Evelyne, «Les femmes face au pouvoir», communication présentée au colloque sur *Femme et pouvoir*, CSSMM, 27 mars 1986, 20 pages (texte photocopié).

VIENNOT, Elaine, «Des stratégies et des femmes», *Nouvelles Questions féministes*, n° 6-7, printemps 1984, pp. 155-172.

XXX, «Femmes et pouvoir», revue *Politique*, Montréal, n° 5, 1984, 170 p.

ZAVALLONI, Marisa (sous la direction de), *L'émergence d'une culture au féminin*, Montréal, Éditions Saint-Martin, 1987, 178 p.

ZYLBERBERG, Jacques, MONTMINY, Jean-Paul, «L'esprit le pouvoir et les femmes. Polygraphie d'un mouvement culturel québécois», *Recherches sociographiques*, XXII, 1, 1981, pp. 49-104.

VIième Colloque du Centre de sociologie du protestantisme, *Prêtres, pasteurs et rabins dans la société contemporaine*, Paris, Cerf, 1982, 260 p.

III.

**Études pastorales et pratiques pastorales /
Pastoral Studies and Pastoral Practice**

Charles V. Gerkin

PRACTICAL THEOLOGY, PASTORAL THEOLOGY AND PASTORAL CARE PRACTICE

Abstract

This essay addresses the problem of the pluralism of approaches to the renewal of practical theology in the contemporary context of theological inquiry and education. The avenue of access to the problem developed is that of the practice and teaching of pastoral theology in the context of a clinical pastoral education program in a major tertiary care medical center. By means of the examination of a two-level critical incident case study involving both the teaching and practice of pastoral care, an approach to the critical correlation of approaches to practical theology here designated as: 1. the recovery of *theologia*, 2. the development of a "public" theology, 3. liberationist and/or political theology and 4. pastoral theology as theological reflection on pastoral practice within the clinical pastoral context is described. Issues involved in that mutually critical correlation process are developed and their implications for pastoral care practice discussed. A hermeneutical "praxis-theory-praxis" model of theological inquiry in the clinical context is proposed as a workable model for practical theological inquiry in the situation of pastoral care praxis.

The nineteen eighties have brought on the scene of theological discourse a remarkable and diverse resurgence of interest in that genre of theological reflection called "practical theology." The reawakened interest in the practical aspects of theological thinking comes after an extended period during which not only was the concern for approaching theology from the angle of vision provided by practical interests dormant, but the term itself tended to be denigrated. During this period, which extends back at least into the later years of the nineteenth century, the center of theological interest moved back and forth between so-called "historical" and "systematic" theologies. "Practical theology" tended to be tacked on at the end as a varied assortment of what I have heard Seward Hiltner refer to as "helps and hints for the parish pastor." Hiltner himself did not use the term "practical" very much, preferring instead to develop his own approach to rehabilitating the term "pastoral theology" as a mode of reflection on the "operations" of the pastor, most particularly those operations that expressed the pastor's "tender, loving concern for persons."[1]

A Sketch of the Historical Background for our Present Situation

The diversity of interest in rehabilitating practical theological discourse has come from what appear on the surface to be very dissimilar, if not conflicting points of view concerning the appropriate agenda for practical theological thinking in the context of human affairs in the late twentieth century. On the American scene a thrust of new interest in practical theology comes from a group of theologians who strongly oppose what they refer to as the "clerical paradigm" for practical theological study inherited from Friedrich Schleiermacher's construction of the theological encyclopedia in the German universities of the early nineteenth century. Following Schleiermacher, the centering of the practical aspects of theological discourse and reflection on the disciplines of ordained ministry is said to have so skewed the meaning of "practical" as to lose touch with the wider, richer meaning of the term in relation to the mission of the church in the world.[2]

Another, somewhat related yet in important ways different, approach to recovery of practical theological thinking in the United States has emerged from efforts to develop a so-called "public" theology or theology for the public church. Centering in and around the University of Chicago, this approach emphasizes the interdisciplinary nature of practical theological thinking and the public task of developing contexts where various social scientific, hermeneutical, and ideologically critical approaches to transformation of societal problems and dilemmas may be brought into dialogue with a view toward societal transformation. The proposal for a "program for American practical theology" presented by Dennis McCann and Charles Strain in their book titled *Policy and Praxis* is perhaps the most sophisticated example of this approach. McCann and Strain develop their model of practical theology within a dialectic of theory and praxis grounded in what they term the "essence of a religious tradition" that is formally analagous to a secular ideology. In dialogue with other genres of public discourse, such a theological ideology leads toward decision and action that may bring about the transformation of social policy.[3]

The public practical theology represented by McCann and Strain is in significant ways a close relative of the more widely known theologies of praxis developed in various ways by the South American theologians of liberation[4] and European political theologians such as Johann Baptist Metz. Like the public church theologians, liberation and political theologians are motivated by a practical concern for more or less radical societal transformation. Their focus is therefore not so much on the common practices of the church within its own communal life or on the practices of the clergy in their leadership of the day-to-day life of Christian congregations as it is on the social and policy practices of the larger secular society.

The writer of the present paper is one who has spent a lifetime in the teaching and practice of pastoral theology from within the framework of inquiry and ministry practice developed within the Clinical Pastoral Education movement that began in America in the 1920s. The Clinical Pastoral Education movement fostered important efforts to reformulate a theory to undergird the practice of pastoral care ministry both in the churches and in specialized health and welfare institutional contexts. From its beginnings the movement engaged in significant dialogue with the human and social sciences, most particularly psychology, and to a lesser extent sociology. Within that movement therefore, the practice of pastoral theology came to be a thoroughgoing interdisciplinary enterprise. To be a practitioner of "clinical pastoral care" came to mean to practice pastoral care ministry with methodologies informed by the psychological sciences.

As a child of the clinical pastoral care movement I have inherited an avenue of approach to the reformulation of practical theory that is in important ways in continuity with the approach taken by Seward Hiltner and others closely related to the C.P.E. movement. Historically speaking, that also means that the heritage I bring to the practical theological task flows from the stream that has its earlier origins in Schleiermacher, though the C.P.E. movement has not been significantly self-conscious about claiming those origins. As Thomas Oden has in recent years reminded pastoral ministry and clinical pastoral education practitioners, there are likewise even deeper origins of that stream to be found in the literature of pastoralia produced during the patristic period and the Middle Ages.[5]

This brief sketch of the ancient and recent historical development of what is commonly called in America "pastoral theology" confirms to a considerable extent the judgment referred to earlier that this branch of practical theology has been largely focused on the work of the minister as pastor. It needs to be said, however, that, particularly during the past ten to twenty years, there has been a significant shift in the primary focus of attention in the literature of pastoral care from concern solely with the relationship of the pastor with persons as individuals toward pastoral leadership of the congregation as a caring, nurturing, and socially involved community. On the other hand, however, it is during this same period that the specialized practice of pastoral counseling or "pastoral psychotherapy," as some now prefer to label it, has become well established as both a specialized form of ministry and as an increasingly accepted form of psychotherapy legitimated by the psychotherapeutic community.

Polarities and Tensions in Practical Theology

The foregoing summary of the current scene with regard to the resurgence and rehabilitation of the genre of practical theological thinking makes apparent the fact that the term "practical theology" is being used in this time of its recovery in several widely differing ways, each with its own agenda of interests and arena of enquiry. For some the recovery of practical theology means the restoration of a relatively specific theological vision to the center of attention in the "practice" of a theologically grounded way of life: the recovery of *theologia*, in Edward Farley's language.[6] For the liberationist and political theologians, it means the practical and political advocacy of biblical and Christian principles of justice and equity in the arenas of both church and public life on behalf of the poor and the oppressed. For others, here given the designation "public theologians," it means the creation of a relatively free and public arena of rational interdisciplinary discourse among representatives of theology and theological ethics along with persons representing all of the human and social scientific disciplines which embody perspectives on the human situation. The purpose of such public interdisciplinary inquiry is seen as the creation of theologically and social scientifically grounded proposals for the resolution of practical societal problems. For the so-called "pastoral theologians" it means the recovery of a stronger and more practical role for theological thinking in the theory that is to undergird the work of pastors and congregations in their care for persons both within and outside the congregations of the churches.

This diversity of perspectives and interests with regard to practical theology is revealing in a number of significant ways. First, it reveals that to an important, if not controlling degree, the focus of concern for recovery of practical theology is context dependent. This is certainly true for the liberationist and political theologians. Their location, whether it be in the context of oppression among the poor of the third world or the religiously apathetic and affluent bourgeois of Europe or North America, sets an agenda of concern that becomes highly determinative of the direction their concern for the recovery of practical theology will take.

In important ways the same can be said for the public practical theologians. This enclave of practical theological thinking springs from its primary location in the Western academic community with its ethos of increasing competition among the disciplines and the threat of marginality for the representatives of the theological disciplines. The thrust of energy in this location is thus quite understandably toward free and rational discourse that may restore theology and theologians to the center of interdisciplinary inquiry within the universities. The value of "free and rational discourse" arises directly from the academic tradition of that context.

The renewal of pastoral practical theology has largely been fostered in the theological schools where pastoral theologians have been pressed both to participate in the preparation of persons for the specialized ministry of pastoral counseling, and most particularly the theological undergirding of that specialized form of ministry, while simultaneously engaging in the preparation of persons for parish ministry in an increasingly pluralistic and fragmented socio-cultural situation. For them the integration of social scientific and theological perspectives on ministry theory becomes crucial and shapes a perspective on practical pastoral theology.

When viewed from the standpoint of pastoral studies in its broadest, most comprehensive sense, the diversity of perspective on practical theology reveals within that diversity a common interest in bringing theological language and ways of thinking into interdisciplinary dialogue with the human, social and psychological sciences. All the aforementioned approaches to renewal of practical theology have that interest at their core, though the particular focus of interest and inquiry into the human sciences varies on the basis of the contextual concern that prompts it. A context-dependent pluralism and fragmentation within pastoral studies itself is thus also revealed. Here it becomes apparent that there is a need within the field of pastoral studies for inquiry as to how these divergent thrusts of interest in practical theology may themselves be brought into dialogue with each other. For the practical theologian whose social location is the theological seminary or university pastoral studies program, that inquiry takes on very practical dimensions indeed, relative to the task of preparation of theological students for pastoral practice in all of the varied locations in which that ministry will take place in the church and the world. It is toward that practical problem that the remainder of the present inquiry is directed.

The Correlation of Perspectives on Pastoral Practical Theology:

A Pastoral Care Case Study

As stated earlier, the orientation to pastoral and practical theology brought to the present inquiry by this writer is one deeply rooted in the American clinical pastoral tradition as initiated by Anton Boisen and others. From its beginnings that tradition has given particular attention to the close and careful examination of case studies of persons in critical situations of stress and of pastoral efforts to respond to those situations. The approach has thus traditionally given first attention to the situation of pastoral practice, accompanied by efforts to achieve reflective distance from the concrete details of that situation by means of the careful examination of verbatim and narrative reports of what is remembered by the pastoral participant in the situation. The distanciation achieved by this examination of reports of actual pastoral experiences is further attained by then bringing to bear both psychological/social scientific conceptualizations and theological formulations. The intention of this mode of interaction between practice and theory is thus to return to the situation of pastoral practice informed by the theological reflection that has taken place. In brief, the structure of inquiry may therefore be said to be a praxis-theory-praxis structure.

The particular approach to structuring a case-centered mode of practical theological inquiry that the present writer has developed in recent writings has been modeled closely after the phenomenological hermeneutics of Paul Ricoeur and Hans Georg Gadamer. It therefore incorporates in its praxis-theory-praxis structure what Ricoeur has formulated as a process involved "understanding-explanation-understanding." As in the process of interpretation of historic texts and artifacts, the "text" of the human situation under consideration is brought into a dialogical process Gadamer has helpfully termed "the fusion of horizons." A tentative understanding of the praxis situation is formulated which is then taken into a process of distanciated theoretical reflection (Ricoeur's moment of explanation). A return to the situation of praxis is thereby facilitated which makes possible a greater degree of theory-informed praxis.[7]

Perhaps appropriately, the case study to be utilized here comes from a clinical pastoral education context in a large, denominationally owned medical center, although the actual situation to be considered could well have taken place in any medical hospital where parish pastors minister to their congregants in times of illness and traumatic stress. In this particular case, the pastor centrally involved was a parish pastor in his mid-fifties who was participating in a so-called "extended unit" of clinical pastoral education while at the same time serving as pastor of a mid-sized congregation of one of the more conservative evangelical Protestant denominations. He was a pastor who had entered full-time ministry as a second career, after having served as a public school counselor and administrator for a number of years.

Pastor A., as part of his clinical pastoral assignment, served as chaplain of a surgical intensive care unit of this large, metropolitan medical center. His responsibilities involved not only the pastoral care of the patients being given highly specialized and intensive medical care on that unit and their families, but also the development of appropriate pastoral relationships to physicians, nurses, and other staff members who experienced from time to time significant stress in relation to their work.

The situation (as presented by Pastor A. in the theological reflection case conference for which the present author was the pastoral theological consultant) involved a young man in his early thirties. Mr. B., who had sustained multiple injuries in an automobile accident. The patient had barely survived the accident with second and third degree burns on his arms and legs, along with severe fractures and internal injuries. After several months in the hospital, during which time he remained in intensive care and underwent a number of orthopedic surgical procedures and skin grafts, what was planned to be the final skin graft was performed. While under anesthesia, the patient suffered a cardiac arrest. Efforts to revive him were made and his heart beat was finally restored. Breathing, however, continued to be dependent upon a respirator and the patient remained comatose. At the time of the case presentation, the patient's state had remained unchanged for a period of approximately two months. Meanwhile, medical costs mounted, insurance resources were exhausted, and it had become necessary for the hospital to absorb thousands of dollars of unpaid bills. The family, being of very modest means, was in no position to reimburse the hospital for the rapidly growing medical bill. The situation moved more and more into an impasse as the weeks went by and the medical staff became increasingly convinced that the patient would not, insofar as they could medically predict, ever regain consciousness.

Mr. B. was married at the time of the accident and the father of two small children. He came from a large extended family who, according to Pastor A., seemed very close and devoted to one another and faithful in their attention to their comatose family member. Several family members had approached the physicians in charge of the case with intimations that they suspected that there had been medical negligence involved in the cardiac arrest. No legal steps had been taken toward suing the hospital and/or the doctors for malpractice, but there seemed little doubt but that legal action might come if Mr. B. failed to recover.

In presenting the case study, Pastor A. focused his attention on the wife of the patient, Mrs. B., and the patient's mother, age seventy. Neither of these two women had yet accepted the probability that Mr. B. would not recover consciousness. The wife spent most of her time at her husband's bedside, leaving the care of her two children to relatives. Her steadfast refusal to stop looking for signs of recovery was just as strongly and steadfastly supported by Mr. B.'s mother. Convinced that the medical staff was correct in their conclusion that the situation was hopeless and that both the family and the hospital would be best served if Mr. B. were transferred to a nursing home for extended nursing and custodial care, Pastor A. reported in some details his efforts to "break through the denial pattern" in Mrs. B. and the mother and help them to "accept reality." Pastor A. also reported that he felt that his pastoral task was to assist the medical staff in any way he could by supporting their efforts to "get the family to accept the wisdom of transferring Mr. B. to a less expensive extended care facility." "As one of the pastoral staff, I represent the hospital and should cooperate with the hospital staff in fulfilling their goals for patient care. The fact that the hospital might get sued makes that all the more imperative." Pastor A.'s request for assistance from the seminar where the case was presented was therefore confined to a request for theoretical assistance in understanding the "denial" of the two women and practical, methodological assistance with regard to ways in which the pastoral care relationship might be utilized to help "break through the denial."

In phrasing his request for consultation with his pastoral problem in this fashion, Pastor A. was, at least on the face of it, following the example of recent pastoral care practice with regard to interdisciplinary inquiry. His use of the term "denial" was in essential respects a psychological usage, as that usage has emerged over the past two decades in the psychological and pastoral literature concerning grief, illness and death. Likewise, his focus on the two primary victims of grief as the center of his pastoral attention is congruent with recent pastoral care practice. Pastoral care has in the modern period of its development largely concerned itself with the care of individuals undergoing life situation stress.

Pastor A., in his presentation of the problem, made no specific use of theological language. There was, to be sure, an implied theology of ministry in both his expressed desire to assist the two grieving women to "break through the denial and accept the reality of what was happening" and his assumption that his ministry should "support the medical staff in fulfilling their goals for patient care." The implications are that theology supports the confrontation of perceived reality and that it supports worthy human purposes such as the care of the sick. But Pastor A.'s covert theology could be said to lack a certain critical, normative edge and thereby tends to make its normative judgments on the basis of values drawn from psychological considerations concerning grief and from the institutional values of hospital medical practice.

As consultative leader of the seminar where the case was presented, I had to make a practical choice as to how to respond to Pastor A.'s request. Whatever choice I made would turn the inquiry of the pastoral care practice seminar in a particular direction, resulting in the seminar participants receiving important messages as to the appropriate, even proper, agenda for pastoral care inquiry.

Following the leading trend of pastoral care enquiry of the modern period, I could have taken one or both of two directions: 1. I could have taken Pastor A.'s psychologically phrased question as the proper and appropriate question; 2. I could have responded to Pastor A.'s implied question concerning the role of the pastor. To have taken the first tack would first have directed the seminar into a discussion of the psychological manifestations of denial in situations of extreme stress such as in the presented case. The overcoming of denial in such cases would then be seen as involving making available to the grieving persons a relationship of empathy that could support the grief-stricken through identifiable psychological stages of "grief work" such as those proposed some years ago by psychiatrist Elizabeth Kubler-Ross.[8] The second direction toward pastoral theological reflection could then have been brought into dialogue with psychological grief theory by means of reference to the usage of the analogy between the pastoral relationship with the suffering and the suffering of the Incarnation in Jesus, a mode of pastoral theological formulation of the pastoral role well established in the pastoral care literature of the modern period.[9]

Because in my own private reflections as I listened to the presentation of the case by Pastor A.—reflections triggered by Pastor A.'s implicit assumption that his pastoral purpose coincided with the hospital staff's purpose—I chose not to take this quite standard clinical pastoral direction. I found myself in my private thoughts calling sharply into question Pastor A.'s evident misunderstanding that his pastoral purpose could adequately be expressed by assisting the family members to come to terms with the medical realities of the situation so that they would consent to transferring Mr. B. out of the hospital into an extended care facility without further controversy or expense to the hospital. Further, my theoretical reflections took me in the direction of relating this concrete clinical situation to some of the issued involved in the diversity of approaches to renewal of practical theology discussed earlier in this essay. I found myself searching for a way in which those issues, and, most particularly, the necessity of critically correlating the diverse approaches to practical theology, could be brought to bear on this case with its pastoral practice dilemma concretely expressed in Pastor A.'s question. Was there a practical way, i.e., in the midst of my own practice as pastoral theological consultant and teacher, in which that enquiry could be furthered in the teaching situation with which I was confronted and in the pastoral care practice situation confronting Pastor A.?

Within the hermeneutical framework for practical theology inquiry referred to earlier, these immediate reflections and associations in the foreground of my attention at this stage of the seminar can be seen as shaping a horizon, what Gadamer terms a set of "prejudices." My leadership of the seminar was thus shaped both by my initial "understanding" of Pastor A. and his involvement in the case situation and of Mr. B. *and* by the themes and issues which shaped significantly the horizon I brought to the seminar situation. The dialogical relationship between those two horizons that took place in my own thinking then began to shape a practical decision concerning both pedagogical and pastoral action.

With this agenda of both pastoral practice issues and pedagogical issues churning in my thoughts, I asked Pastor A. why he and the hospital staff were focusing on the denial in the two women, rather than confronting their own denial which was equally apparent. I suggested that, just as the two women were denying the reality of the apparently permanent comatose state of their loved one, the medical staff was denying their own involvement in the creation of the situation as it now existed. The reality in which both hospital staff and family members now found themselves was a reality in large part constructed by the medical community and the socio-cultural context that endorsed and supported it. That reality construction had, along with bringing great social and personal benefits to the society and its individual members, brought peculiar and unforeseen suffering to persons such as Mr. B.'s family: suffering that bore in an odd but significant way the marks of oppression—suffering brought upon the powerless by those in power. Was it possible that, in their need to deny and avoid the pain of confronting their implication in causing as well as relieving suffering, the medical staff was unjustly placing the burden of suffering on the two women? If that were the case, even to a limited degree, was there not a need for a ministry that could assist the medical staff in breaking through their "denial"?

In the seminar discussion that followed, several significant issues relative to the critical correlation of perspectives on practical theology came under discussion. At first somewhat taken aback by the force of my question concerning denial in the medical staff, the seminar group turned toward consideration of the suffering of hospital personnel when they are caught in having to cope with situations like that of Mr. B. Their suffering comes as a side effect of the enormous advances in medical technology, just as does that of Mr. B.'s relatives. In that sense, the suffering of the wife and mother and of the medical staff are analagous. Neither is rightly seen as due to intended "oppression," but rather as an aspect of the ambiguity and imperfection of medical technological progress. Nevertheless, it is important to see the family in the case as being in a less powerful position than the hospital staff. Their only power lies in the power to bring suit against the hospital and medical staff, a power not their own, but rather dependent upon the power of the law. The tack I had chosen in my first question had begun to insert a larger, more systematic theological/ethical question into the seminar reflection process.

Seminar participants agreed that Pastor A.'s pastoral care ministry should include ministry to all who are thus "caught" in an unintended, imperfect situation. The horizon of caring concern needed to be extended beyond the family to the hospital staff. They had not yet, however, confronted the necessity of what the public church practical theologians would term "ideology critique" relative to the institutional practices of the hospital and medical staff. I therefore reminded them that the hospital, because of its ownership by a Christian denominational judicatory, was an institution functioning on the boundary between two institutional traditions, each with a significantly different, historically developed ideology concerning the care of the sick and their families. Furthermore, yet another institutional tradition and accompanying ideology hovered in the background, namely, the legal tradition with its courts of law and adversarial ethos of suit and countersuit. That tradition, with its ever-present threat of exercise of legal power, in significant ways controlled and inhibited the possibility of free interaction between the medical and the churchly traditions.

Discussion followed on some of the similarities and differences, as well as the possible connections between these three institutional traditions. The question was then raised as to which of these traditions and/or accompanying ideologies Pastor A. felt most obliged to represent. Which set of "interests" does Pastor A., by his presence in the situation, symbolize? This opened up discussion of the manner in which the pastor in the hospital both bears the burden and represents the authority of the theological tradition of the faith community whose ordination she or he holds. Ordination thus authorizes the pastor both to minister to the suffering of family members and hospital staff and to facilitate and engender a Christian frame of reference for their mutual ministry to each other. Ordination also authorizes the pastor's raising of

396

theologically relevant critical questions with those in authority who represent the medical and legal traditions and their ideologies.

At this point in the seminar's reflective inquiry, Pastor A.'s aforementioned anxiety concerning his role as member of the hospital staff and therefore representative of the hospital's plan of treatment came strongly into focus. Attention needed to be given to the inevitable "conflict of loyalties" in which Rev. A. was caught. The present meaning of his biographical history as a school administrator came out as he expressed his anxious desire to cooperate with the hospital's institutional purpose. The participation of this peculiarly individual history in the shaping of his pastoral dilemma needed to be acknowledged. The foregoing ideological critique discussion proved beneficially clarifying in this issue of pastoral identity, particularly as that analysis began to be correlated with more psychological ways of reflecting on Pastor A.'s identity struggle.

Reflection on the particularity of Pastor A.'s praxis dilemma turned the seminar discussion yet again in a more "public" direction. Seminar participants began to realize that to narrow the focus of the ministry of the Church solely to concentrate on the ministry of Pastor A. would in the end prove to be too narrow a framework for practical theological reflection. Attention needed to be given to an agenda of issues relative to the church's mission as an institutional community in the world of public affairs where issues of public policy, i.e., issues of institutional purpose for both government and health care industry, are being debated and given public legitimation. Pastoral care praxis and church institutional mission praxis are not only both necessitated by the socio-cultural situation of contemporary society; practical theological reflection on each arena of mission and ministry can mutually inform each other.

The Practical Outcome of the Seminar: Possibilities and Questions

As already indicated, the foregoing case study is presented as an example of pastoral practice at two levels: that of Pastor A.'s pastoral dilemma and that of the dilemma confronting the consultant/teacher of pastoral studies who is attempting to correlate, in the immediate practice situation of a clinical theological reflection conference, the plurality of approaches to practical theology that are found in the current literature concerning practical theology. It is perhaps therefore important to inquire about the practical outcomes of the seminar reflection process at both of these levels. What does the case example reveal about the value and the limitations of this mode of multi-dimensional practical theological reflection in the actual situation of practice?

Although no further concrete data is available, no follow-up examination of what occurred after the seminar has been done, several outcomes may be suggested as possible at the level of Pastor A.'s pastoral practice. First, it may be said that Pastor A. should be able to return to the situation of ministry in the hospital with an enlarged and clarified understanding of what set of "interests" he is to represent in his ministry. He has been reminded that he is, first of all, a minister of the Church and not simply a hospital staff member, one of whose specializations is assisting people to cope with denial in grief. Within the limits of his own appropriation of that clarified understanding, it may be expected that he will be better able to see himself as pastoral theological participant in a human event that can be more clearly and appropriately understood if his own theological language and tradition are, by his presence, language, and action, allowed to be more clearly present. Said another way, Pastor A. may have been helped to clarify in significant ways the necessity of correlating critically his role as a minister of the Church and his role as a staff member of the hospital.

Second, it can be surmised that Pastor A. has been reminded that his concern for the care of the hospital and medical staff, while it does not ignore the personal stress factors that are obviously present, also needs to consider the role-related aspects of that stress. The hospital staff needs Pastor A.'s careful, questioning participation as a representative of religious values in their reflection about their roles in carrying out advanced level medical technological procedures that on occasions such as this one inflict pain, despite their intention to relieve and heal human hurt.

At a closely related, but more general, level, it may perhaps be surmised that Pastor A. will, as a result of the seminar discussion, have had his tendency to think only in individualistic terms about the purpose and methodology of pastoral care strongly and critically checked. He has been reminded of the larger institutional and missional aspects of the care of the church for persons. Although it was not stated directly in the seminar, he has in an odd way perhaps been reminded that his past experience as a school administrator who had to deal with educational problems primarily at an institutional, systematic level may have hidden with it important resources for his pastoral work: resources, however, that can only be rightly related to the ministry problem with which he is confronted if they are utilized critically within a broad and multi-dimensional practical theology. Further reflection may even lead Pastor A. to rethink the tendency of his own denominational faith group to think of theological matters in largely individualistic terms.

Having said all of the above concerning Pastor A.'s possible learnings from the discussion of his pastoral problem, a further question needs to be asked concerning his initial request brought to the seminar. What about his felt need for help with pastoral psychological methods for responding to denial in grief? It must be admitted that the seminar, by virtue of the aforementioned agenda of issues brought by the seminar leader, rejected his question as the proper first question to be asked. The issues as I have developed them in this paper were uncovered as prior or more basic issues than the one presented by Pastor A. In what sense was the leader justified in that action? Is not Pastor A.'s request a legitimate one? Certainly, within the American tradition of clinical pastoral care, the principle of taking seriously the felt need of the help-seeker has been well established. Furthermore, the pastoral psychological storehouse of information about denial in grief into which Pastor A. was asking assistance in tapping is a rich and legitimate one.

All of which is to say that in the larger process of clinical supervision of Pastor A.'s pastoral work, it seems clear that Pastor A.'s request needs to receive a straightforward, face value response. Pastoral psychological information concerning grief will indeed be more helpful to him in ministering both to the family of Mr. B. and to the hospital staff. That acknowledgement, placed within the context of the issues discussed in this essay, is an important and necessary one. It suggests that, in the effort of representatives of pastoral theology to engage in critical correlation of the variety of approaches to renewing practical theology, care must be taken not to lose track of the enormous benefits to pastoral work that have been gained from pastoral theology's longstanding dialogue with one human science discipline, that of psychotherapeutic psychology. Both that dialogue and the critical correlation dialogue discussed in this essay are necessary.

The basis on which the seminar leader's chosen tack for the seminar can be said to be justified perhaps in the end rests on the presupposition that, in the complexity of the contemporary social situation, it becomes imperative that pastoral studies and pastoral work be grounded in the richest, most multi-faceted and complex understanding of the situation being confronted that it is possible to achieve. Such multi-faceted inquiry is by necessity interdisciplinary. It is also by necessity in a fundamental sense theological. It therefore is necessarily critical and correlational.

Notes

1. Seward HILTNER, *Preface to Pastoral Theology*. Nashville: Abingdon, 1958.

2. Edward FARLEY, *Theologia: The Fragmentation and Unity of Theological Education*. Philadelphia: Fortress Press, 1983.

3. Dennis McCANN and Charles STRAIN, *Polity and Praxis: A Program for American Practical Theology*. Minneapolis: Winston Press, 1985.

4. Jose Miguez BONINO, *Doing Theology in a Revolutionary Situation*. Philadelphia: Fortress Press, 1975. See also Gustavo Gutierrez, "Liberating Praxis and Christian Faith," in *Frontiers of Theology in Latin America*, ed. Rosino Bibellini, trans. John Drury. Maryknoll, N.Y.: Orbis Books, 1974.

5. Thomas ODEN, *Care of the Souls in the Classic Tradition*. Philadelphia: Fortress Press, 1984.

6. Cf. Charles M. WOOD, *Vision and Discernment*. Atlanta: Scholars Press, 1985.

7. For a more detailed explication of this approach to pastoral theological inquiry, see my *The Living Human Document: Re-Visioning Pastoral Counseling in a Hermeneutical Mode*. Nashville: Abingdon, 1984.

8. Elizabeth KUBLER-ROSS, *On Death and Dying*. New York: Macmillan, 1969.

9. See, for example, Carroll A. WISE, *The Meaning of Pastoral Care*. New York: Harper, 1965. Cf. Charles V. Gerkin, *Crisis Experience in Modern Life*. Abingdon, 1979.

Jacques Gagné

LE PARDON,
UNE DIMENSION OUBLIÉE
DE LA PRATIQUE ET DES ÉTUDES PASTORALES

Résumé

Partant d'événements contemporains et de l'analyse des écrits
de langues française et anglaise, cette étude resitue «le pardon à
l'autre» au cœur du mystère chrétien du salut, du vécu humain
personnel et relationnel et du contexte socio-politique
d'aujourd'hui. Elle souligne la complexité du pardon et les liens
entre le pardon de Dieu, le pardon à l'autre et à soi-même. Le
salut, la santé psychique des personnes et la réalisation d'une
société juste ne dépendent-ils pas fondamentalement de la force
du pardon qui brise le cercle de la haine et de l'intolérance et
recentre la vie sur l'amour, rendant possible une justice
véritable? D'où la signification pastorale capitale du pardon.

Introduction

Un gérant de dépanneur de Montréal est tué d'un coup de fusil par un jeune désespéré à la poursuite de quelques dollars. Le frère de la victime déclare à la presse qu'on devrait pardonner au meurtrier, car son frère assassiné était un homme religieux qui lui aurait certainement pardonné. Le système judiciaire canadien et bien des auditeurs, ce soir-là, ne l'entendent pas ainsi.

Un couple marié, pour des raisons plus ou moins sérieuses, s'injurient depuis quelques temps. Auront-ils le courage de s'excuser, de se pardonner, ou en viendront-ils au divorce avant longtemps?

Des parents ont des différends sérieux avec leur fils adolescent. C'est comme si l'amour avait disparu entre eux et si on ne savait plus comment rétablir la communication.

Palestiniens et Israéliens s'affrontent depuis des années; peut-on encore espérer voir un geste de réconciliation et un cheminement vers le rétablissement de la justice et de la paix?

Des millions de personnes souffrent de la faim, n'ont pas de logement décent et sont exploitées et victimes des intérêts économiques internationaux ou d'une classe sociale privilégiée qui détient le pouvoir. Comment ne pas nourrir des sentiments de haine dans ces conditions?

Des immigrants jugés illégaux par le Gouvernement sont menacés d'expulsion du Canada et marchent sur Ottawa pour faire valoir leurs droits. Beaucoup de citoyens défendent leur cause, mais ils se font injurier jusque sur les murs.

Voilà un échantillon de la réalité quotidienne de ces dernier temps où se vivent les enjeux les plus sérieux de millions d'êtres humains. Quelle attention la pratique et les études pastorales accordent-elles à la recherche de voies permettant d'aborder de front cette réalité et de contribuer efficacement au salut des personnes, des familles et des collectivités?

Le pardon à l'autre, la réconciliation et l'amour de l'ennemi dont il est question dans cet essai peuvent paraître à première vue comme quelque chose de périphérique à l'agir humain et/ou chrétien, comme un acte d'urgence en cas de crise, ou encore un geste utopique tellement rare qu'il est insignifiant dans la balance pour la résolution des enjeux dont il vient d'être question. À certains, cela peut sembler une approche sentimentale, une fuite même devant la réalité des injustices réclamant le rétablissement de l'égalité la plus élémentaire entre personnes, populations dominantes et dominées.

Une exploration bibliographique des études pastorales ou théologiques permet de constater qu'on n'a pas beaucoup prêté attention à l'importance essentielle du pardon dans la réalité humaine et le mystère chrétien. C'est en partant de l'étude de «la guérison intérieure» (Gagné, 1987), domaine encore peu connu et soupçonné des études pastorales et de la psychothérapie, que j'en suis venu à porter une attention particulière à l'importance du pardon. En continuité avec cette première recherche lors d'un séminaire de maîtrise en études pastorales en 1987-88, j'ai essayé d'établir une liste des écrits de langues française et anglaise sur le sujet. À ce jour, plus de soixante-dix livres et articles de revue portant sur le pardon ont été trouvés, en tenant compte de l'approche interdisciplinaire des études pastorales. Ces études varient entre des recherches de niveau doctoral et des travaux de bonne vulgarisation fondés sur une expérience de vie non négligeable. L'étude exhaustive de ces écrits n'est pas encore terminée. On en trouvera un aperçu à la fin de cet article. La liste des références contient donc aussi des ouvrages non cités dans cet écrit.

Dans cet essai sur le pardon, je voudrais d'abord dire brièvement ce que j'entends par les études pastorales et présenter les différentes facettes du pardon, tout en gardant comme préoccupation première le pardon à l'autre, en vue d'élucider la problématique de mon propos. J'entreprendrai ensuite un premier essai de réflexion théologique, psychologique et socio-politique sur le pardon, montrant d'une part (1) son importance dans le mystère du salut et l'agir chrétien; d'autre part (2), la guérison qu'il peut apporter dans la relation à l'autre et la réconciliation avec soi-même ainsi que la complexité des dynamiques en cause; enfin (3) le rôle du pardon dans l'établissement d'une société juste, ouverte au partage, à la paix. En conclusion, on verra mieux comment l'acte pastoral capital consiste à contribuer à ce que s'accomplisse cette démarche de pardon et de réconciliation en Église et dans la communauté humaine dont l'Église est partie intégrante.

Définition des études pastorales

On pourrait définir les études pastorales en termes contemporains comme une entreprise de réflexion systématique (voir, juger, agir) sur le vécu des personnes et des communautés chrétiennes impliquées dans le monde de ce temps, en utilisant les méthodes de la théologie, de la psychologie, et de la sociologie en vue d'éclairer la mission même de l'Église dans laquelle non seulement les pasteurs, mais aussi tous les chrétiens sont engagés ensemble de façon coresponsable. C'est dans cette perspective que sera présenté le sujet de cet essai.

Différentes facettes du pardon

Lorsqu'on aborde le sujet du pardon, il est important de préciser de quel aspect du pardon il s'agit, sans pour autant négliger de s'interroger sur le lien qui existe entre l'un ou l'autre aspect du pardon.

Il y a d'abord tout le discours théologique sur le pardon de Dieu accordé au pécheur, la recherche par ces derniers de ce pardon de Dieu. Cela évoque, d'une part, la miséricorde de Dieu toujours offerte, le mystère même de la mort de Jésus pour la rémission des péchés; d'autre part, la conversion du pécheur, l'accueil du pardon, la réconciliation avec Dieu. Le sens du sacrement de la pénitence et de la réconciliation et sa célébration appartiennent à ce contexte. Malheureusement le discours théologique du «pardonne-nous nos offenses» est, la plupart du temps, traité comme un en soi, sans lien avec le «comme nous pardonnons à ceux qui nous ont offensés» du Notre Père, ou mieux, sans lien avec «l'acquitte-nous de nos dettes». On se retrouve dans une théologie de la relation de la personne pécheresse à son Dieu détachée de son contexte humain.

Il y aussi le pardon à l'autre, c'est-à-dire «la nuance dont s'accompagne l'amour du prochain envers quiconque nous a fait du mal» (Goichon, 1946). Ici s'ouvre tout le champ complexe de l'expérience de l'offensé vis-à-vis l'offenseur: la colère, les impulsions de vengeance, le ressentiment. Dans cette perspective, Dieu lui-même peut être perçu comme l'offenseur et devenir la cible de la colère humaine. Comment cela peut-il être dépassé? Comment pardonner, se réconcilier d'un point de vue psychologique? Quel sens donner à la condition posée par Jésus de pardonner si on veut être pardonné? Le pardon de l'autre est-il central ou périphérique au pardon de Dieu fruit du mystère pascal?

Il y a également le pardon à demander à celui qu'on a offensé. Comment cela doit-il se faire? Jusqu'où doit aller le vouloir de réconciliation avec le prochain? Comment se situe cette réconciliation dans la conversion à Dieu? Quel lien y a-t-il entre le péché qui est une offense à Dieu et le fait de se retrouver le débiteur d'un autre?

Enfin, on peut parler du pardon à soi-même. Arendt (1961, p. 267) affirme qu'on ne peut pas se pardonner à soi-même réellement. En quel sens peut-on en parler? On touche ici, à mon avis, à l'aspect psychologique le plus profond peut-être du pardon. En définitive, tout ne part-il pas de la personne, de l'image qu'elle se fait d'elle-même, de la manière de se percevoir devant Dieu et par rapport aux autres?

La question du pardon est donc complexe. Je me propose seulement ici d'en ébaucher brièvement l'étude, pour le moment, selon l'aspect du «pardon à l'autre» mais en soulignant ses liens importants avec les autres aspects du pardon, à la lumière des questions que je viens de soulever. D'accord avec Guillet (1984, pp. 213-214) commentant le chapitre 18 de Matthieu, je suis d'avis que la communauté évangélique est fondée sur le pardon, et que ce pardon doit être compris de façon plus large que le pardon de torts graves dont un des membres peut avoir été la victime. Le pardon à l'autre inclue le vouloir que chacun des membres, quels que soient sa personnalité, ses défauts et ses dons, son origine ethnique ou ses croyances religieuses, ait sa place au milieu des autres; autrement dit l'acceptation de l'autre, la tolérance comme l'a vécue l'Église primitive, au-delà du juif et du gentil, avec les difficultés que cela comporte, est une des formes capitales du pardon.

Le pardon à l'autre et le mystôre de la mort de Jesus:

Réflexion théologique

Le pardon à l'autre est-il une dimension essentielle du vécu humain, chrétien et quelle place occupe la réflexion sur ce vécu dans les études pastorales?

D'un point de vue théologique c'est se demander ce que le vécu relationnel, communautaire au sein de l'Église et de la communauté humaine révèle du mystère Dieu en rapport avec l'humanité.

Jean-Paul II (1979, pp. 19-22) a présenté en termes saisissants l'être humain concret, réel, historique auquel le Fils de Dieu par l'Incarnation s'est uni, comme «la première route» et «la route fondamentale» que «l'Église doit parcourir en accomplissant sa mission». Cet être humain est d'abord un être personnel: «Il s'agit, dit Jean-Paul II, de tout homme, dans toute la réalité absolument unique de son être et de son action, de son intelligence et de sa volonté, de sa conscience et de son cœur. L'homme, dans sa réalité singulière (parce qu'il est une «personne»), a une histoire personnelle de sa vie, et surtout une histoire personnelle de son âme.» L'être humain est aussi un être social: «[...] conformément à l'ouverture intérieure de son esprit et aussi aux besoins si nombreux et si divers de son corps, de son existence temporelle, (il) écrit son histoire personnelle à travers quantité de liens, de contacts, de situations, de structures sociales, qui l'unissent aux autres hommes; et cela depuis l'instant de sa conception et de sa naissance». Cela s'accomplit dans le cercle de sa famille, à l'intérieur de sociétés et de contextes très divers, dans le cadre de sa nation ou de son peuple, même dans le cadre de toute l'humanité.

Citant *Gaudium et Spes*, Jean-Paul II rappelle aussi qu'en cet être humain de nombreux éléments se combattent. Comme créature, il fait l'expérience de ses limites multiples et de ses désirs illimités; il accomplit souvent ce qu'il ne veut pas et n'accomplit pas ce qu'il voudrait. En un mot, il souffre division en lui-même d'où naissent au sein de la société tant et de si grandes discordes.

Tout ceci suggère que l'être humain, dans cette condition, se retrouve continuellement fautif, en dette vis-à-vis son prochain et ayant besoin quotidiennement de pardonner aux autres et d'être lui-même pardonné. Il est appelé au dépassement de lui-même, c'est-à-dire à l'acceptation de sa limite et de celle des autres dans le quotidien, à la reconnaissance de la vérité vis-à-vis lui-même et Dieu, alors que son réflexe premier le porte à se protéger contre l'autre, à profiter de l'autre, à se replier sur lui-même dans la négation de son impuissance. De façon positive, cela exige qu'il accepte sa dépendance des autres dans le respect de l'autre, le partage de lui-même, les biens de la terre et la collaboration à tous les niveaux.

Cette façon de voir l'être humain concret aide à mieux saisir la réalité du péché et du pardon de Dieu que Jésus obtient pour l'humanité par l'offrande de sa personne sur la croix. Le drame de la croix n'est pas celui de Jésus s'offrant en victime à son Père à la place des humains pécheurs mais l'aboutissement d'un conflit entre Jésus et les chefs du peuple à propos de la perception erronée de la religion de son temps au sujet de Dieu et de l'être humain. Duquoc (1973, chap. 7) a bien montré que Jésus a heurté de front chez ses adversaires une conception faussée défendant un Dieu qui méprise l'humain, condamne le pécheur, excluant irrémédiablement le petit de la communauté. Jésus au contraire révèle le Dieu de la miséricorde, son Père, qui demande d'aimer tous les humains, d'être miséricordieux envers tous, même les ennemis, comme Lui le Père des cieux est miséricordieux (Mt 5, 43-48; Lc 6, 36). Au moment de consommer le sacrifice de sa vie par amour pour l'être humain, Jésus accomplit donc le sacrifice parfait en demandant à son Père de pardonner à ceux qui l'ont condamné à mort (Lc 23, 34) et nous libère ainsi de la haine (Ep 2, 14); il tue en nous l'inimitié, restaure l'être humain créé à l'image de Dieu à sa vocation de vivre selon la générosité même de son Père envers son prochain. C'est dans l'offrande de celui qui est notre Paix que nous sommes purifiés. Derville précise que Jésus en commandant d'aimer nos ennemis et de prier pour nos persécuteurs «extirpe la haine du cœur et la remplace par l'amour; il donne au vieux commandement «aime ton prochain comme toi-même» une extension universelle: tout homme, même ton ennemi, est ton prochain, car tout homme même pécheur, est enfant de Dieu, objet de sa bonté et de son amour» (1960, Tome IV, 1re partie, p. 752).

Jésus vient «accomplir» la Loi (Mt 5, 17), c'est-à-dire mener la loi de l'amour à sa perfection. La loi du talion (Mt 5, 38) — une amélioration sur la satisfaction débridée des désirs de vengeance — enfermait l'être humain dans un cercle de rétribution impitoyable selon la norme de l'équivalence: on imposait un châtiment égal au dommage causé afin de limiter les excès de vengeance. Jésus introduit la règle d'or (Mt 7, 12) qu'il présente de façon positive comme une prescription de faire le bien: «ainsi tout ce que vous voulez que les hommes fassent pour vous, faites-le vous-mêmes pour eux: voilà la Loi et les Prophètes.» À première vue, cette règle d'or peut sembler une extension de la loi de l'équivalence et par conséquent laisser croire que l'être humain continue de chercher son intérêt propre. Cependant, comme l'a bien souligné Paul Ricœur (1988), la règle d'or est à comprendre dans l'économie du don. Devant Dieu, nous nous retrouvons tous dans la dépendance radicale d'une puissance qui nous dépasse. Nous sommes tous des débiteurs. Notre condition de créature se tient au milieu de nous, entre nous. Devant Dieu tout puissant, bienveillant à l'être humain avec lequel il fait alliance, tout vient gratuitement de Lui, tout est don: la Tora, la délivrance du peuple, la création elle-même. Paul explique le sens du salut dans le dépassement de la Loi, du péché, comme l'avènement de la grâce, de la surabondance (Rom 5, 20-21). C'est dans le prolongement de cette économie du don et de la grâce qu'il faut entendre la règle d'or et le précepte de Jésus d'aimer son ennemi, d'être miséricordieux comme notre Père est miséricordieux. Vis-à-vis Dieu nous sommes définitivement des débiteurs insolvables (Mt 18, 21-35); tout notre être appartient à Dieu (Carmignac,

1984, p. 51). Dans la coulée du pardon de Dieu, de sa miséricorde qui nous précède, nous sommes donc incités à pardonner aux autres. Notre vouloir ou notre refus de pardonner cependant ne conditionnent pas la gratuité du pardon de Dieu, mais mettent en question la sincérité de la prière que nous adressons à Dieu pour implorer notre propre pardon (Soares-Prabhu, 1986, pp. 76-77). Je conclus ce point. Le pardon à l'autre, que nous sommes appelés à vivre quotidiennement, n'est pas périphérique mais au cœur de la pratique pastorale. La réflexion théologique sur ce quotidien nous fait prendre conscience de notre dépendance radicale vis-à-vis Dieu et notre prochain et de la même gratuité et générosité dont tous bénéficient. Jésus meurt en pardonnant à ceux qui l'avaient rejeté. Il pousse l'amour de l'autre jusqu'à l'élimination de la haine dans l'offrande de sa propre vie en pardonnant à ceux qui le rejettent. C'est le même Jésus qui nous avait invités au dépassement dans le quotidien et préparait l'établissement de l'Église sur la base même de la recherche continuelle de la réconciliation. C'est par le chemin de l'être humain concret, à la fois personnel et social, que le pardon de Dieu et le pardon accordé par l'être humain se rejoignent et se réalisent au cœur du monde.

Le pardon médicinal: Approche psychologique

En psychologie humaine on essaie de comprendre le fonctionnement psychique de l'être humain. En psychologie clinique ou pastorale, en counseling, on tâche d'aider des personnes à mieux se comprendre, à s'accepter, à retrouver la paix avec elles-mêmes, en tenant compte de la vie globale (physique, psychique, spirituelle, religieuse) de la personne.

Lorsqu'on parle de l'effet guérissant du pardon, cela suppose au départ une expérience du vie pénible, douloureuse, bloquée, souvent déviée du courant normalement épanouissant de la vie de collaboration avec les autres, un vécu qui porte le fardeau de son passé. En effet, l'être humain concret, avons-nous dit, est historique et donc quelqu'un qui se souvient. Le rôle de la mémoire est d'assurer la continuité du sujet du passé au présent. La gratitude est le sentiment dominant de la personne porteuse de souvenirs heureux (Häring, 1984, p. 54). Mais la personne peut aussi être dominée par des souvenirs pénibles, des blessures résultant de relations négatives expérimentées au cours de son histoire: la gratitude fait alors place à l'amertume, au ressentiment dont l'une des principales sources est la rancune, le désir de vengeance. Le ressentiment est un autoempoisonnement (Scheler, 1912, 1958). C'est un état de haine, de colère vis-à-vis d'autres, de tension intérieure très grande que souvent on tourne contre soi-même.

Comment défaire ce nœud destructeur, si ce n'est en pardonnant. «[...] Pardonner ce n'est pas oublier mais être délivré de la colère intérieure, du ressentiment, du désir de vengeance qui consume toutes les fibres de mon être» (Elizondo, 1986, p. 88). Pardonner consiste fondamentalement à laisser aller l'autre et finalement à se réconcilier effectivement avec lui. Sullivan (1987, p. 149) voit le pardon comme faisant le pont entre le passé et le présent. Affirmer ce qui précède reste encore théorique. Comment le pardon s'accomplit-il dans la réalité? Les uns parlent d'étapes du pardon (Linn et Linn, 1987; Walters, 1984) ou de la dynamique du pardon (Studzinski, 1986). Je préfère parler de conditions facilitant le processus libérant, guérissant du pardon.

Prenons le contexte de la relation d'aide ou du counseling comme situation typique. Lorsqu'une personne se décide à venir chercher de l'aide, elle est souvent incapable de se rendre compte dans l'immédiat des causes de ce qui se passe dans sa vie. La première manière de faciliter sa démarche consiste à lui permettre de retourner à son passé — Madre (1982) parle d'anamnèse — de nommer ce passé, de le revivre avec toutes les émotions qu'il recèle, non seulement les émotions mais les perceptions des événements et des gens contre lesquels elle nourrit des rancunes. Sullivan (1987), à la lumière de sa longue expérience clinique, a bien montré comment les émotions suivent les perceptions que l'on a de ses expériences concrètes. Les perceptions agissent comme des filtres et orientent les émotions de façon déviée.

En se remémorant les événements passés, en réalisant qu'on est écouté et compris, on se libère graduellement des sentiments négatifs, on s'en décharge. Alors qu'on revit les événements, on apprend à percevoir l'autre autrement, non seulement comme un offenseur mais comme quelqu'un de valable. L'autre est aussi un enfant de Dieu, vulnérable, avec qui on partage la condition humaine. Certains parlent ici du processus de *reframing* ou si l'on veut, de restructuration de la perception (Cunningham, 1985). J'ai moi-même vérifié l'effet libérateur d'un changement d'interprétation et de signification des événements qui s'opère grâce aux diverses rencontres entre conseiller et consultant. Le consultant fait le récit de son histoire à un conseiller qui l'écoute activement. Lorsque le consultant perçoit autrement ce dont il se plaint, un tournant vers un mieux être s'opère chez lui (Gagné, 1988).

Lorsque la personne commence à se rendre compte de sa colère, de ses rancunes, la volonté de pardonner aux autres peut être utilisée comme une technique thérapeutique permettant de désamorcer la colère sans infliger de violence aux autres (Fitzgibbons, 1986, pp. 629-633). Fitzgibbons l'utilise en dehors de tout contexte religieux. La décision de pardonner, ou sa recherche, vécue à ce moment encore seulement au niveau de la volonté, exige d'ordinaire, à notre avis, l'intervention de la prière. La démarche du pardon va finalement au-delà de ce que peut opérer une intervention purement psychologique (Sudzinski, 1986; Walters, 1984). Le pardon, il est vrai, est d'abord un acte volontaire, une décision, l'acte d'une personne capable d'autonomie morale ou en voie de se reprendre en main; mais c'est un acte où la personne se sent impuissante à s'en sortir toute seule. Voilà pourquoi les adeptes de la «guérison intérieure» soulignent l'importance de la prière et perçoivent un lien entre la conversion religieuse et la guérison des souvenirs. Vouloir pardonner, cependant, n'est pas suffisant. Sullivan (1987, pp. 149-152), à la lumière de sa longue expérience clinique, affirme qu'au-delà du pardon émanant de la volonté, il y a le pardon au niveau des émotions qui permet ultimement la réconciliation avec soi-même et les autres, dans la paix. L'être humain qui a été offensé ne peut se réconcilier effectivement au niveau de ses émotions sans que l'offenseur, soit personnellement, soit par la médiation d'un conseiller, ne reconnaîsse en dialogue avec la personne offensée le fait d'avoir été la cause d'une blessure et s'en explique. Il faut aussi, en deuxième lieu, que l'offenseur exprime à l'offensé son regret d'avoir été la cause d'une telle blessure et souhaite que les choses eussent pu se passer autrement. C'est au terme d'une telle démarche que la personne offensée est dégagée, déchargée de ses sentiments négatifs et peut reprendre un cours de vie normale, et qu'on peut parler de guérison intérieure.

Les situations quotidiennes de pardon ne sont pas toujours extrêmes comme celles qu'on vient de décrire. La vie de tous les jours entre époux, entre parents et enfants, entre coéquipiers de travail, entre personnes de cultures, de religions, de races, de sexes différents, invite à un dépassement continuel et recèle souvent des injustices flagrantes où les facteurs psychologiques qui viennent d'être mentionnés peuvent aussi être en cause. Les cas extrêmes de pardon ne se développent-ils pas au cœur des relations ordinaire de la vie? C'est souvent un manque d'égard, de délicatesse, d'acceptation de l'autre, un silence même qui finissent par produire des blessures profondes chez l'autre. Et que dire de l'extrême détresse dont souffrent depuis leur naissance certaines personnes qu'on retrouve parfois en milieu carcéral? Elles se sentent coupables même d'exister parce qu'elles n'ont jamais été aimées (Vanier, 1984 dans Service de transcriptions de la Radio, Maison Radio Canada, Cahier I, p. 12).

Le pardon, fondement de la justice et des rapports sociaux

La clameur déchirante des collectivités injustement traitées et tenaillées par les conflits et les guerres, les inégalités entre premier et tiers mondes remplissent les médias. Depuis *Populorum progressio* (1968) et le Synode des évêques de 1971, on est devenu plus conscient, dans l'Église catholique, des enjeux de la pauvreté et de la justice dans le monde. On observe la même prise de conscience au niveau du Conseil œcuménique des Églises. Il ne s'agit plus seulement de verser une obole aux miséreux, mais de se rendre compte du processus historique de paupérisation de millions d'êtres humains et de la participation des mieux nantis à ce processus, non seulement par insouciance du pauvre, mais aussi par la violence contre les personnes, le meurtre même de ceux qui luttent pour les droits du pauvre de nos jours. Aussi est-ce le monde qu'il faut changer (Cosmao, 1985). Gandhi avait bien saisi que la pauvreté est la violence la plus grande faite aux êtres humains.

Lors de la rencontre historique de Jean-Paul II à la prison de Rebibbia, en décembre 1983, avec Mehmet Ali Agca qui avait attenté à sa vie le 13 mai 1983, Lance Morrow du *Time* (9 janvier 1984) soulignait la portée du geste de pardon du Pape à la face du monde. «Je lui ai parlé comme à un frère auquel j'ai pardonné, a dit le Pape, et il a toute ma confiance». Morrow avoue que le pardon est d'une complexité extraordinaire et se demande si le pardon n'est pas simplement une question personnele ou si cela peut s'appliquer à la réconciliation des ennemis au plan politique. Conscient que la question du pardon est liée à celle de la justice, il semble d'avis que la magnanimité personnelle ou divine sous-jacente au pardon n'est pas du domaine de la justice publique qui, elle, demeure du ressort de César. La justice serait une question strictement sociale, tandis que le pardon introduit un élément transcendant d'amour et relève de Dieu. Justice et pardon, se demande Morrow, sont-ils donc irrémédiablement sur des lignes parallèles et serait-il futile en définitive d'espérer que l'esprit du pardon puisse s'introduire en politique et dans les affaires internationales?

Si Morrow pose bien le problème, la théologie de la libération a contribué à mieux nous faire comprendre que la justice dans le pardon mène à une impasse, même dans le cas d'oppression structurelle dont il s'agit maintenant. L'un des témoins de cette théologie, Jon Sobrino (1986), nous servira de guide dans nos réflexions. De même, Jean-Paul II (1980), dans son encyclique sur la miséricorde divine, montre bien comment l'amour miséricordieux et l'esprit de pardon doivent inspirer l'exercice de la justice. La stricte justice ne nous situe-t-elle pas de nouveau dans des rapports d'équivalence? Calvez (1984) a bien intégré cet enseignement de Jean-Paul II dans son commentaire du «Décret Quatre» de 1975 des Jésuites. Le pardon et la réconciliation, toutefois, il faut le rappeler, ne peuvent évidemment pas s'exercer sans tenir compte de la justice. Aussi, est-ce à propos que Gregory Baum met en garde contre une utilisation idéologique de l'amour fraternel et de la réconciliation aux dépens de la justice (1988, pp. 302-305). En soulignant l'importance de la solidarité avec les opprimés, il rejoint les vues de Sobrino sur le pardon.

Prenant appui sur la situation typique de l'Amérique latine, Sobrino nous provoque à une réflexion en profondeur qui dérange et engage beaucoup les chrétiens. Il distingue, d'une part, la «réalité» du péché, le péché objectif ou la situation de péché d'Amérique latine, dont l'analogue principal est la misère injustement infligée qui produit la mort lente et violente de grands groupes humains, réalité qu'il faut pardonner, mais on verra de quelle façon; il y a d'autre part, le pécheur auquel il faut pardonner comme chrétien, quel que soit son crime, même s'il a torturé, assassiné et a participé à la «réalité» du péché.

Le pardon de la «réalité» du péché bien stigmatisée a Medellin et Puebla oblige les chrétiens réagissant avec des entrailles de miséricorde à défendre l'offensé. Le pardon de la «réalité» de péché a sa propre structure et engage ces derniers à lutter pour exterminer cette «réalité» en s'en chargeant. Cette lutte contre le péché engage d'abord à dénoncer le péché, à faire entendre la clameur des offensés. Elle consiste aussi à détruire les idoles qui donnent la mort, c'est-à-dire les structures d'oppression et de violence. Positivement, il faut planter en construisant des structures de justice par la conscientisation et l'organisation politique, sociale, pastorale, les mouvements de libération, tout ce qui achemine vers des changements de structure. «Pardonner le péché de la réalité, c'est convertir celle-ci, c'est substituer à l'anti-règne le règne de Dieu, à l'injustice la justice, à l'oppression la liberté, à l'égoisme l'amour, à la mort la vie» (p. 63).

Tout cela exige qu'on se charge de cette réalité, qu'on s'incarne dans cette réalité et qu'on soit disposé à prendre les risques que comporte un tel engagement. On doit donc être ouvert «à un plus grand amour, à donner sa vie pour les pauvres dont on veut protéger le vie,»; en un mot, être prêt à «passer par le destin du serviteur pour se convertir en lumière et salut à travers l'obscurité et l'échec» (p. 64).

Quant au pardon du pécheur, en Amérique latine cela va jusqu'au pardon d'offenses très graves, comme le meurtre d'êtres chers commis par des individus. Ce pardon est avant tout la manifestation d'un très grand amour qui va à la rencontre du pécheur pour le sauver: «c'est l'amour qui veut convertir le mal en bien, [...] dans l'attitude fondamentale de faire le bien là où il y a le mal pour le transformer en bien» (p. 66). Il ne s'agit pas seulement d'une sagesse qui veut «rompre le cercle vicieux de l'offense et du renvoi de l'offense», mais du pardon qui cherche la réconciliation et veut «construire le royaume de Dieu, pour vivre fraternellement en communion» (p. 66). Et Sobrino de nous rappeler en terminant que «ce qui est dit sur le pardon en Amérique latine doit non seulement émouvoir et remplir d'admiration, mais aussi faire prendre conscience du propre péché du Premier Monde et l'exciter à la conversion» (p. 71).

Tel est le pont que le chrétien est appelé à construire entre l'amour et la justice. On est aux antipodes de la loi du talion. Pardon et justice sociale ne peuvent donc pas demeurer sur de lignes parallèles si on prend l'Évangile au sérieux et si on en tire les conséquences.

Enfin, Jean-Paul II (1980) souligne que «l'expérience du passé et de notre temps démontre que la justice ne suffit pas à elle seule, et même qu'elle peut conduire à sa propre négation et [...] ruine, si on ne permet pas à cette force plus profonde qu'est l'amour de façonner la vie humaine dans ces diverses dimensions» (p. 53-54). Si Dieu est amour Il ne peut se révéler que comme miséricorde infinie, et infinies sont la promptitude et l'intensité de son pardon. La béatitude de la miséricorde (Mat 5, 7): «Heureux les miséricordieux, car ils obtiendront la miséricorde» incite donc les disciples ouverts à la miséricorde divine à se transformer intérieurement dans l'esprit d'un tel amour envers le prochain. Aussi la miséricorde devient-elle «un élément indispensable pour façonner les rapports entre les hommes, dans un esprit de grand respect envers ce qui est humain et envers la fraternité réciproque». Jean-Paul II est convaincu que «la miséricorde authentique est, pour ainsi dire, la source la plus profonde pour la justice». Si la justice se limite à régler «l'égalité» entre les humains au plan des biens objectifs et extérieurs, elle ignore leur égalité plus profonde basée sur l'amour et la miséricorde qui leur «permettent de se rencontrer entre eux dans cette valeur qu'est l'homme même, avec la dignité qui lui est propre» (p. 64).

La promotion du pardon comme acte pastoral capital

Le but des études pastorales, affirmions-nous au début de cet essai, est d'éclairer la mission de l'Église.

Éclairer cette mission, c'est-à-dire d'abord *observer* la réalité de tous les jours où sont insérés les chrétiens dans le monde, et constater que la vie humaine est un tissu de relations qui les appellent continuellement au dépassement. Bâtir la communauté, partager, collaborer, apprendre à dépendre les uns des autres dans le respect mutuel est un projet d'Église et du monde sans cesse menacé, sans cesse à restaurer par le pardon. La célébration des sacrements de l'Église doit partir de cette réalité et y ramener les chrétiens. En particulier, la célébration du sacrement du pardon doit nous engager à devenir effectivement fils et filles du Père miséricordieux.

Éclairer la mission de l'Église, c'est aussi *juger*, c'est-à-dire réfléchir sur cette réalité à la lumière des enseignements de Jésus et de ce que les sciences humaines peuvent apporter de vision. La réflexion développée plus haut permet de réaliser que le tissu de nos relations ne peut construire l'être humain, le royaume, sans le pardon à l'autre vécu au jour le jour; les rapports humains sont voués à l'échec s'ils ne sont réglés que sur la base de la stricte justice ou de la loi du talion encore prévalente aujourd'hui. «Aimez-vous les uns les autres comme je vous ai aimé» (Jn 13, 34) dicte la mesure de l'amour qui doit nous guider. Jésus nous aime jusqu'au bout (Jn 13, 11), jusqu'à pardonner sur la croix à ceux qui l'ont condamné à mort ou ont souhaité qu'il le soit. Dans sa chair, sa propre personne, sa vie offerte, il tue la haine, vainc le mal et sa puissance de mort.

Éclairer la mission de l'Église, c'est enfin *orienter l'action* des chrétiens. Insérés au cœur du monde en Église, les fidèles sont engagés dans leurs rapports de tous les jours entre eux et avec la réalité quotidienne à vivre la conscience de la miséricorde infinie de Dieu pour eux-mêmes et tous les humains. Ils croient à l'action non-violente de Jésus. Ils sont prêts à s'engager avec courage dans toute action ou discours favorisant la réconciliation des humains entre eux. Au fond, ils se savent eux-mêmes les premiers bénéficiaires de la miséricorde de Dieu. Ce n'est pas dans des rapports de «pouvoir» (Peters, 1986, pp. 20-21), de domination de l'autre que se bâtit un monde juste et fraternel, mais dans la «force» inspirée par l'amour pardonnant qui résiste au mal et persiste à croire que la dignité humaine réside dans notre qualité d'enfants d'un même Dieu de miséricorde et non dans la capacité qu'a toute personne d'offenser son prochain.

Références

ARENDT, H. (1961). *Condition de l'homme moderne.* Traduction de l'américain par Georges Fradier. Paris: Calmann-Lévy.

AUGSBURGER, D. (1981). *Caring enough to forgive: true forgiveness; Caring enough to not forgive: false forgiveness.* Ventura: California: Regal Books.

BAUM, G. (1988). La solidarité avec les opprimés. *Relations,* 47 (546), 302-305.

BARUCQ, A. (1974). Du talion au pardon (Si 27, 28). *Assemblée du Seigneur* 2ᵉ série, 55, 4-9.

CALVEZ, J.-Y. (1984). *Foi et justice. La dimension sociale de l'évangélisation.* Paris/Montréal: Desclée de Brouwer/Bellarmin.

CARMIGNAC, J. (1969). *Recherche sur le «Notre-Père».* Paris: Éditions Letouzey et Ané.

CARMIGNAC, J. (1984). *À l'école du Notre Père.* Paris: O.E.I.L.

COSMAO, V. (1985). *Changer le monde.* Paris: Les Éditions du Cerf.

CUNNINGHAM, B.B. (1985). The will to forgive: a pastoral theological view of forgiving. *Journal of Pastoral Care,* 39, (2), 141-149.

DEISS, L. (1974). Le pardon entre frères. Mt 18, 21-35. *Assemblées du Seigneur* 2ᵉ série, 55, 16-24.

DERVILLE, A. (1960). Ennemis (amour des). *Dictionnaire de spiritualité,* Tome 4, première partie, 751-762.

DROLL, D.M. (1984). *Forgiveness: theory and research.* A dissertation, submitted in partial fulfillment of the requirements for the degree of Doctor of Philosophy in Social Psychology. University of Nevada.

DUQUOC, C. (1973). *Jésus homme libre. Esquisse d'une christologie.* Paris: Les Éditions du Cerf.

DUQUOC, C. (1986). Le pardon de Dieu. *Concilium,* 204, 49-58.

ELIZONDO, B. (1986). Je pardonne mais je n'oublie pas. *Concilium,* 204, 87-98.

EMERSON, J.G. (1965). *The dynamics of forgiveness.* London: George Allen and Unwin Ltd.

FITZGIBBONS, R.P. (1986). The cognitive and emotive uses of forgiveness in the treatment of anger. *Psychotherapy: Theory, Research and Practice,* 22, 629-633.

GAGNE, J. (1987). La guérison intérieure, réflexions sur ses pratiques. *Sciences Pastorales/Pastoral Sciences,* 6, 131-143.

GAGNE, J. (sous la direction de). (1987a). *Le pardon de l'autre dans la guérison intérieure. Théorie et étude de cas.* par Roger Blais et Thérèse Laroche. Mémoire non publié présenté à l'Institut de Pastorale de l'Université Saint-Paul d'Ottawa en vue de l'obtention de la maîtrise en counseling.

GAGNE, J. (1988). (sous presse). Un cas de guérison intérieure étudié selon l'herméneutique de C.V. Gerkin. *Cahiers d'études pastorales*, 6, Montréal: Fides.

GOUHIER, A. (1969). *Pour une métaphysique du pardon*. Paris: Epi.

GUILLET, J. et MARTY, F. (1984). Pardon. *Dictionnaire de spiritualité*, Tome 12, 1re partie. Paris: Beauchesne, 208-222.

HARING, B. (1984). *Healing and Revealing*, Slough, England: St. Paul Publications.

HATZAKORTZIAN, S. (1980). *Le pardon une puissance qui libère*. St-Badolph: Éditions Compassion.

HUNTER, R. (1978). Forgiveness, retaliation and paranoid reactions. *Canada Psychiatric Association Journal*, 23, 167-173.

JANKELEVITCH, V. (1967). *Le pardon*. Paris: Aubier-Montaigne.

JEAN-PAUL II. (1979) *Le Rédempteur de l'homme*. Montréal: Éditions Paulines.

JEAN-PAUL II. (1980). *La miséricorde divine. Lettre encyclique «Dives in misericordia»*. Montréal, Éditions Paulines.

KLASSEN, W. (1966). *The Forgiving community*. Philadelphia: The Westminster Press. 258 pp.

LINN, D. et LINN, M. (1987). *La guérison des souvenirs. Les étapes du pardon*. Paris: Desclée de Brouwer.

MADRE, P. (1982). *Mystère d'amour et ministère de guérison*. Paris: Pneumatèque.

MEIER, A. et autres. (1986). The pastoral counsellor: yesterday and today. *Sciences Pastorales/Pastoral Sciences*, 5, 19-46.

MORROW, L. (1984). Cover story «I spoke... as a brother» a pardon from the Pontiff in forgiveness for a troubled world. *Time*. 123(2), January 9, 22-28.

PERRIN, M. et autres (éditeurs). (1987). *Le pardon*. Actes du colloque organisé par le centre d'histoire des idées, Université de Picardie. (Col. le Point théologique no. 45). Paris: Beauchesne.

PATTISON, E. (1965). On failure to forgive and be forgiven. *American Journal of Psychotherapy*, 19, 106-115.

PETERS, J. (1986). La fonction du pardon dans les relations sociales. *Concilium*, 204, 13-22.

RICŒUR, P. (1988). (sous presse). Communication de P.Ricœur au colloque de GREP, Université de Montréal, juin 1987. *Cahiers d'études pastorales*, 6, Montréal: Fides.

SCHELER, M. (1958). *L'homme du ressentiment*. 5e édition. Paris: Gallimard.

SERVICE DE TRANSCRIPTIONS ET DÉRIVES DE LA RADIO MAISON RADIO-CANADA (1984). Le pardon est-il possible? Vendredi saint, 20 avril. Cahiers 1 et 2.

SEAMONDS, D.(1985). *Healing of Memories*. Wheaton Ill.: Victor Books.

SMEDES, L.B. (1984). *Forgive and Forget*. Scanton, Pa.: Harper and Row.

SOARES-PRABHU, G. (1986). «Comme nous pardonnons» Le pardon interhumain dans l'enseignement de Jésus. *Concilium*, 204, 73-84.

SOBRINO, J. (1986). Amérique latine, lieu de péché, lieu de pardon. *Concilium*, 204, 59-72.

STUDZINSKI, R. (1986). Se souvenir et pardonner. Dimensions psychologiques du pardon. *Concilium*, 204, 23-34.

STRASSER, J.A. (1984). *The relation of general forgiveness and forgiveness type to reported health in the elderly*. A dissertation submitted to the Faculty of the School of Nursing of the University of America in Partial Fulfillment of the Requirements for the Degree of Doctor of Nursing Sciences.

SULLIVAN, J.E. (1987). *Journey to freedom. The path to self-esteem for the priesthood and religious life*. N.Y.: Paulist Press.

TRAINER, M.F. (1980). *Forgiveness: instrinsic, role expected, expedient in the context of divorce*. Doctoral Dissertation. Boston University.

VANIER, J. (1979). *La communauté, lieu de pardon et de la fête*. Montréal: Bellarmin.

WALTERS, R.P. (1984). Forgiving: an essential element in effective living. *Studies in Formative Spirituality*, 5(3), 365-374.

Gilles Raymond

UN POINT CHAUD :
LA RÉCEPTION
DES MINISTÈRES BAPTISMAUX

Résumé

Le dernier Synode des évêques a vu s'affronter deux lectures des
ministères baptismaux: une lecture sociale et une lecture
praxéologique où l'Évangile peut conduire à plus de vérité dans
la conjoncture actuelle. Après avoir fait ressortir les enjeux de
ces deux lectures, l'article montre l'apport d'une théologie
narrative aux nouvelles pratiques ministérielles.

Notre congrès international se réunissant quelques mois après le Synode sur «la situation et la mission des laïcs dans l'Église et dans le monde», une communication sur les pratiques ministérielles d'une Église diocésaine, celle de Saint-Jean-Longueuil, ne peut faire autrement que de tenir compte de ce contexte situationnel et de marquer sa volonté de dialogue avec les expériences, les problématiques, les visions théologiques et praxéologiques de nos différents milieux.

Cette communication aura deux temps. Elle voudrait d'abord, suite au Synode, montrer que la réception de Vatican II sur «les ministères baptismaux» se trouve gravement en danger. Dans un deuxième temps, elle voudrait contribuer à cette réception par le récit de l'émergence de ces pratiques ministérielles et de leur réception dans une Église particulière. Le récit sera mis en intrigue en tenant compte du drame des blocages de la réception de Vatican II. Ce choix s'inspire d'une double lecture. La question des ministères baptismaux, selon la proposition 19 du Synode, demeure à l'étude. La communauté internationale de ceux qui s'occupent de pastorale de façon critique et créatrice peuvent y avoir une contribution importante. De plus, la question de la réception d'une donnée majeure de Vatican II ne peut se traiter sans que les pratiques et leurs options théologales, ecclésiales, etc., implicites ou explicites, ne soient prises en compte comme lieu de tradition active, fidèle, critique et innovante.

La réception de Vatican II

sur les ministères baptismaux à un carrefour

À lire des bilans du dernier Synode sur la vocation et la mission des laïcs vingt ans après Vatican II, un point chaud synodal fut sans contestation possible la question dite des ministères (Eyt 1985, 10).

Selon le secrétaire du VIIe synode ordinaire des évêques, la question fut chaude parce qu'elle avait été associée à la place des femmes dans l'Église (ordination presbytérale des femmes, diaconesse, ministère de lectrice liturgique de la Parole de Dieu) à la relation de ces ministères avec la spécificité du ministère ordonné, à l'emploi du mot «ministère» comme relié à la charge même du ministère pastoral (munus pastoralis) et au statut relié au nouveau droit canon (Canon 228, 1*, 230, 231.1) (Eyt, 10).

Ce résumé qui pointe bien quatre arêtes de la discussion nous permet déjà de lire deux approches différentes de la question des ministères baptismaux.

Une lecture sacrale

Pour les uns, la question de la femme pose à la base des ministères la question du sacré et l'exclusion des femmes des ministères ordonnés ou institués. Dans cette perspective, la deuxième dimension essentielle concerne la relation des fidèles aux «ministères sacrés» selon le vieux couple clerc-laïc. À l'intérieur de l'Église, la charge pastorale ou ministérielle doit être réservée aux ministères ordonnés, tout autres ministères n'étant qu'une délégation juridique de suppléance aux prêtres. Les possibilités canoniques du nouveau droit doivent être interprétés dans ce sens.

Une lecture praxéologique

Pour d'autres, ces quatre articulations revêtent toute une autre logique. La question des femmes s'inscrit comme un signe des temps. Elle devient le paradigme de l'altérité du monde, avec son autonomie, sa sécularité et ses formes de sacré. En prenant comme pointe de lance la question incontournable de la place de la femme, elle pose comme fondement théologique du ministère, le service du Royaume déjà présent dans le Monde.

La deuxième articulation ne peut plus consister dans les relations ministres-fidèles mais dans l'interrelation Église-Monde avec sa critique évangélique de la sécularité et des formes du sacré de sorte que l'Église et ses ministères ecclésiaux soient signe de salut, accomplissement et interpellation prophétique du Royaume déjà présent dans le monde mais reconnu et servi volontairement et communautairement en Église.

La troisième articulation intraecclésiale passe du binôme «pasteur-fidèles» à celui de «communauté-ministères diversifiés.» La mutation structurelle de Lumen Gentium, qui donne priorité au peuple de Dieu sur le ministère, est ainsi mieux reçue. La communauté chrétienne porte de façon active et diversifiée la tâche ministérielle inscrite en elle par le caractère baptismal (un charisme ministériel fondamental) d'être sacrement de Salut pour le monde en relation au ministère apostolique. À l'intérieur de cette communauté, celle-ci s'édifie aussi grâce aux ministères diversifiés fruits des charismes actuels de l'Esprit et de la reconnaissance de l'Église qui prend des formes diversifiés selon les ministères et qui va jusqu'à l'ordination pour les ministères ordonnés. Cette orientation bénéficie du renouveau pneumatologique issue du Concile et des recherches bibliques sur le rôle de l'Esprit dans la communauté, dans les charismes et dans «les ministères non ordonnés».

Quant aux différents ministères ordonnées, ils s'inspirent davantage du renouveau conciliaire vers un «presbytérat selon l'Évangile» plutôt que selon une ligne «sacrale» comme le promeut le droit canon qui privilégie l'expression «ministres sacrés» pour parler du presbytérat. La nature évangélique du presbytérat rend compréhensif chez les ministres presbytéraux, les vagues de «déclérisalisation», de «déclergification», de présences critiques au monde et de réinsertion presbytérale au sein de la communauté ecclésiale qui ont caractérisé le presbytérat post-conciliaire (Duquoc, 1985, 393-404).

Le rapport entre la charge pastorale et les ministères prend lui aussi une autre perspective. Comme l'a montré Acerbi, 1982, 223-258, nous trouvons deux ecclésiologies non parfaitement intégrées dans le Concile.

Selon moi, Paul VI, dans «Ministeria Quaedam» et «Evangelii Nuntiandi», a fait la critique d'une ecclésiologie cléricale où toute la tâche pastorale appartenait à la hiérarchie qui la déléguait aux chrétiens par mandat (participation à la mission épiscopale) pour rétablir la mission pastorale du peuple de Dieu dans laquelle s'insère la mission des ministères ordonnés. Ainsi en ouvrant l'accessibilité des ministères institués en dehors du curriculum presbytéral, Paul VI a pu affirmer que les «ministères baptismaux» sans ordination, participent à la tâche pastorale, au «munus pastoralis».

Cependant, cette participation à la charge pastorale des ministères baptismaux dépasse largement les relations entre les ministères ordonnés et les ministères reconnus ou institués. Elle sous-tend la relation interprétante à la Tradition apostolique et ecclésiale par laquelle chaque ministre aura à discerner le rapport du Service du Royaume dans le monde et le sens ecclésial de son propre ministère ecclésial. De plus, comme chaque ministère est donné à l'Église pour la construire, ce rapport à la Tradition devient critique et créatif pour la forme historique que l'Église locale doit prendre pour être un signe signifiant et pertinent d'évangélisation et d'inculturation de l'Évangile dans son milieu (Legrand, 1985, 159-181).

Nous reviendrons plus loin sur cette dimension des ministères à partir de la pratique ministérielle concrète de l'Église de Saint-Jean-Longueuil.

Face au nouveau droit canonique, plusieurs conférences épiscopales savaient déjà qu'il s'ajustait mal avec la vie des différentes pratiques ministérielles des Églises locales. Des études critiques du droit actuel par des spécialistes comme Eugenio Corecco avaient aussi établi que le nouveau droit ne réussit pas à honorer la richesse de Vatican II sur le rôle des fidèles dans le service de la foi et dans les ministères diversifiés (Corecco, 1986, 19-31). Aussi ces conférences espéraient-elles que le droit serait ajusté pour mieux recevoir l'élan du Concile et mieux servir l'évolution postconciliaire majeure sur les ministères baptismaux.

Pour ces conférences, le droit actuel ne constituait pas une norme à laquelle devait se plier l'évolution des ministères, mais elles comptaient sur le Synode pour que les échanges d'expériences puissent éclairer des modifications du droit qui respectent mieux la vie de leur Église en facilitant une diversité légitime selon des contraintes nécessaires pour le bien commun et dans un esprit de communion. Cette possibilité de réforme du droit à la lumière de la remontée de la vie d'Église et de la maturation de la pensée théologique s'avéra une issue pratiquable puisque le dernier Synode en fit une proposition.

Le Synode et ses deux lectures

Si j'ai développé davantage la lecture praxéologique et ses articulations pour en dégager une vision globale des ministères à partir des points chauds des discussions synodales, c'est pour tenter de rendre compte d'une vision émergente au Synode. La lecture sacrale est plus connue et jouit de l'assurance d'une longue tradition dans notre Église. Encore faut-il vérifier cette présence de l'une et l'autre lecture au Synode.

Pour la lecture sacrale, le rapport d'introduction du Cardinal Thiandoum présentant une synthèse des réactions des différentes conférences à l'«Instrumentatum laboris» du Synode peut déjà nous y introduire:

> «La participation foisonnante des laïcs à la vie de l'Église et à sa mission dans le monde est à mettre au compte des bienfaits du Concile. Cette participation appartient à la nature même du peuple de Dieu...
>
> Les pasteurs sacrés ont reconnu à des fidèles les ministères et les grâces propres à ceux-ci de telle sorte que tout le monde, à sa façon et dans l'unité, apporte son concours à l'œuvre commune (cf. Lumen Gentium no 33), D.C. 1er novembre 1987, 1017).»
>
> Le rapport prend donc acte d'une pratique de ministères exercés par des fidèles ne se fondant pas sur le sacrement de l'ordre. Ces ministères ont été reconnus par les pasteurs dans les Églises locales.

Mais selon le Cardinal, des conférences demandent au Synode des éclaircissements autour des questions suivantes:

1. «Le mot ministère» est parfaitement compris et appliqué lorsqu'il définit la charge sacramentelle des évêques, des prêtres, des diacres, cependant ce n'est pas sans quelque timidité qu'il est employé dans les documents du Concile en ce qui concerne les laïcs. De fait, *nous rencontrons rarement cette dernière terminologie* comme par exemple dans la Constitution Lumen Gentium n° 30 (D.C. ibidem).

2. «Ces ministères confiés aux laïcs se réfèrent à cette notion par laquelle est défini ce qu'on entend dans l'Église par «munus pastorale» (charge pastorale). Cette *désignation est-elle seulement réservée aux pasteurs?* Depuis l'Exhortation Evangelii Nuntiandi n° 73, *on voit la charge pastorale s'étendre à la fonction de responsabilité de plusieurs laïcs.* Le Synode pourrait-il éclairer ce qui, dans la «charge pastorale», appartient *uniquement* à la fonction des évêques et des prêtres, et ce qui, par contre, peut être l'objet *d'une délégation institutionnelle* aux fidèles chrétiens pour l'exercice de certaines activités ecclésiales?» (D.C., 1er novembre 1987, col. 1018).

3. «Beaucoup de femmes et d'hommes de notre temps demandent à l'Église que la dignité de la femme soit affirmée plus largement et sans équivoque et qu'elle la reconnaisse plus clairement pour «éviter à l'intérieur de l'Église des discriminations dont la femme souffre dans la société».» (D.C., 1er novembre 1987, col. 1019).

4. «Le rapport du Cardinal parle de sécularité pour la vocation de tous les laïcs mais le thème ne revient pas lorsqu'il traite des ministères laïcs» (D.C., 1er novembre 1987, col. 1015-1016).

Même après les discussions des «circuli minores», la vision sacrale perdure et se retrouve comme partie prenante du débat à poursuivre selon les propositions 18 et 19 du Synode. On peut même affirmer qu'elle garde un poids prédominant dans la formulation des recommandations. En effet, celles-ci privilégient une approche canonique (proposition 18), focalise sur la relation ministres ordonnés-fidèles (clercs-laïcs), recommande pour l'instant de freiner l'érection des charges des laïcs en ministères institués. À cause de la sécularité des laïcs, on va même jusqu'à affirmer que «ces ministères (laïcs) peuvent obscurir de nombreux dons et charges des laïcs dans le monde.»

La lecture praxéologique s'enracine dans les interventions des Pères synodaux durant les deux premières semaines du Synode (Osservatore Romano, édition française, octobre-novembre 1987). Cette remontée des différentes conférences épiscopales témoigne d'une créativité ministérielle des différentes Églises autour des «ministères laïcs». Elle précise, les nombreux champs de la Mission de l'Église où ont été reconnus des ministères. Par la variété des noms les désignant et par les formes d'organisation multiples qui les rattachent à l'Église, ces ministères rappellent leur insertion dans une Église locale responsable de l'Évangélisation de son milieu. La période post-conciliaire se caractérise donc par cette créativité ministérielle des Églises locales à travers «les ministères reconnus».

Autour des «ministères institués» par Paul VI, plusieurs conférences ont demandé que ces ministères soient désexisés. Quelques-uns ont plaidé l'ouverture du dossier des diaconesses. Assez curieusement, aucune analyse n'a été produite sur le non fonctionnement du mécanisme prévu par Paul VI entre les Églises locales et le siège romain pour la création de d'autres ministères institués.

La vision nouvelle dans laquelle s'enracine cette créativité des Églises locales a été explicité. L'intervention du Cardinal G. Danneels (Belgique) donne un bon exemple de l'attitude non défensive de ces interventions et du réalisme dans la clarification des problèmes (D.C. 1987, n° 1952, 1165-1167). Les rapports entre l'Église, le Monde et le Royaume qui marquent les ministères laïcs se retrouvement dans l'intervention du Cardinal R. Etchegaray (D.C. n° 1952, 1163-3). Pour sa part, Mgr Corecco a mis en lumière de nouveaux éléments instituants qui peuvent fonder canoniquement la créativité des Églises (D.C. n° 1952, 1171-3).

Cependant, cette nouvelle vision, fruit des pratiques et de la réflexion critique sur elles, se retrouve très peu dans les propositions finales. Elle a tout au plus gagné l'affirmation de la créativité normale des Églises locales en matière de ministères et fait admettre la nécessité d'une nouvelle clarification théologique et juridique des ministères.

Comme le constate un des grands analystes de la question du laïcat, Jan Grootaers, «une comparaison entre les propositions approuvées et les thèmes prioritaires de l'échange générale de vue nous ferait sortir des limites de cette note. Il suffit de constater que les propositions ne reflètent aucunement la richesse relative des deux premières semaines; du plus, sur de nombreux points cruciaux, le texte final ne révèle plus rien des grandes orientations à donner aux problèmes posés, orientations qui avaient pourtant été clairement indiquées par la majorité de «circuli minores» (J. Grootaers, 1987, 3-4, 7).

À un moment où des pratiques ministérielles nouvelles ont pu s'exprimer au Synode et où de nouvelles lectures du fait ministériel gagnent de l'importance sans être encore complètement reçues, il importe que la praxéologie pastorale, au niveau international, confronte la qualité de l'articulation de ces pratiques, dégagent les modèles implicites et tentent des paris évangéliques libérateurs et inspirants.

Faire le récit de pratiques ministérielles nouvelles

et de leur réception ecclésiale

Pour devenir un signe de salut pertinent à notre milieu, l'Église du Québec veut promouvoir le passage d'une Église cléricale à «une Église tout entière ministérielle». Cette orientation vise à rendre l'ensemble de la communauté chrétienne plus responsable de la mission ecclésiale dans le monde de ce temps et retrouver le rôle actif de chaque chrétien dans la construction de sa communauté. Elle devrait aussi favoriser l'émergence d'une diversité de ministères pris en charge par des membres de la communauté au nom de leur baptême, de leurs charismes et d'une reconnaissance par la communauté et par ses responsables, d'une charge publique, d'une certaine durée et d'une importance vitale pour l'édification de celle-ci.

Un tel projet s'appuie sur de nombreuses études théologiques qui en ont balisé la possibilité évangélique et la légitimité ecclésiale un peu partout dans le monde. Je pourrais affirmer que ce projet se reconnaît des affinités profondes avec le modèle et les articulations théologiques majeures proposées par Hervé Legrand dans son article d'«Initiation à la pratique de la théologique II» (H. Legrand 1985, 143-345).

Mais entre le projet et sa réalisation historique, nous avons à nous laisser instruire par la nouveauté qui surgit de la pratique et par les enjeux qu'une pratique historique oblige à rencontrer. Aussi, à partir d'une pratique particulière, celle de l'Église de Saint-Jean-Longueuil, je voudrais reprendre le récit de ces pratiques et de leur réception ecclésiale autour de trois axes:
1. les ministères de l'Église locale et dans l'Église locale;
2. les ministères au sein de pratiques de reconnaissance;
3. les ministères au sein d'une tradition active.

Ministères de l'Église locale et dans l'Église locale

À qui observe le phénomène de la transformation ministérielle des ministères non liés à l'ordination, une première donnée s'impose: «les ministères laïcs» ont partie liée avec le renouveau de l'Église locale.

Sous l'impulsion de Vatican II, notre diocèse est sorti d'une ecclésiologie ultramontaine et centralisatrice pour se recevoir comme Église de Dieu se réalisant dans une Église locale. Cette réception «impliquait plénitude dans la foi, respect des dons de l'Esprit dans leur variété, communion avec les autres Églises et reprise croyante des cultures humaines (Legrand, 1985, p. 153).

Cette réception a impliqué aussi un espace important de liberté, d'initiatives et de responsabilités. Notre diocèse a mené, suite au Concile, une formation intensive des prêtres et des fidèles pour rendre accessibles et signifiantes les grandes orientations du Concile. Il a multiplié les initiatives pour faciliter la participation active des fidèles à la maison de l'Église.

a. Reconnaissance du besoin ministériel

Dès 1975, le Comité exécutif de la pastorale diocésaine, aidé des Bureaux des religieux et des laïcs, entreprend une étude sur la situation ministérielle dans notre Église. L'étude, mise à la disposition des paroisses et des groupes chrétiens montre clairement que notre Église manque des ministères tant presbytéraux que laïcs dont elle a besoin pour accomplir sa mission. En concertation avec les autres diocèses du pays, elle propose des voies d'avenir pour le ministère presbytéral au Synode sur le prêtre et ouvre la question «des ministères laïcs» et à sa possibilité pour notre diocèse. Le monde scolaire, où le diocèse a déjà reconnu des animateurs de pastorale laïcs et des conseillers en éducation chrétienne laïcs, fut le premier terrain d'expérimentation.

b. Reconnaissance de la responsabilité diocésaine de susciter,
de former, d'engager et de soutenir des ministères laïcs

L'ouverture diocésaine à la participation responsable de laïcs et aux ministères laïcs, a reçu un accueil favorable du milieu chrétien. De multiples chrétiens acceptèrent de prendre des responsabilités importantes et en équipe dans leur communauté. Pour soutenir cet engagement dans des services à la communauté, un service d'éducation permanente de la foi s'est chargé d'aider à la compétence de ces intervenants.

Cependant, un groupe de laïcs a demandé au diocèse une formation de base et une approche critique et constructive pour préparer des laïcs qui pourraient être appelés à des «ministères».

En créant une «École de formation» (1981) pour les ministères laïcs, le diocèse ouvrait une possibilité institutionnelle reconnue pour la préparation des ministères laïcs. Cependant, Mgr Bernard Hubert, dans la présentation de cette école, fit faire un pas encore plus important au dossier des ministères laïcs.

Il affirma devant son diocèse qu'une Église particulière a une responsabilité de susciter, de former, d'engager et de soutenir des «ministères laïcs» comme elle l'a déjà exercé depuis longtemps pour les ministères ordonnés.

Cette responsabilité, il l'orientait en proposant qu'elle soit exercée selon la visée du diocèse de rendre les paroisses, communautés de communautés, où les chrétiens trouveraient des regroupements à taille humaine. Dans ces communautés, les chrétiens pourraient prendre des responsabilités plus larges pour bâtir des communautés chrétiennes plus vivantes et plus authentiquement missionnaires dans leur milieu. Une telle évolution commandait que les communautés s'ouvrent à «des ministères laïcs» diversifiés.

Ainsi la formation «de ministres laïcs» était corrélée avec la transformation des communautés chrétiennes, paroissiales ou autres. L'attention à la dimension historique du processus de transformation ministérielle et communautaire était reconnue et nous étions convoqués à la prise au sérieux des blocages et des possibilités inédites de l'expérience en cours (G. Raymond, 1986, 207-221).

Cette attention à l'évolution nous a amené à développer la participation des communautés chrétiennes au recrutement, au financement, à l'engagement et au soutien des étudiants de l'École de Formation.

Au niveau du diocèse, des transformation importantes se sont opérées pour servir ce projet ecclésial. Un responsable de l'ensemble du personnel a été nommé. Des politiques sur les conditions de travail, sur la rémunération, sur les procédures d'engagement et de licenciement, sur le mandat pastoral, sur l'évaluation ont été élaborées et soumises à la consultation des paroisses et des personnes concernées. Les nouveaux agents de pastorale ont été convoqués comme participants à part entière aux journées pastorales, aux rencontres régionales ou de secteurs, etc. Un comité de griefs a été mis sur pied ainsi que des services d'accompagnement et de support spirituel. La revitalisation des communautés chrétiennes se fait déjà sentir. En moins de dix ans, «les agents de pastorale laïcs» ont passé de 60 à 180. La participation des laïcs bénévoles et dans des services d'équipes à la communauté a, elle aussi, considérablement augmenté en quantité et en qualité.

Cependant, demeurait le risque qu'un tel développement ministériel et des «équipes de service» ne tourne à la mise sur pied d'une «Église-station service», où les chrétiens pourraient demeurer des consommateurs. Le diocèse, fort de l'engagement volontaire de l'ensemble des paroisses et de l'appui de ces nouvelles forces vives ministérielles et de service, vient de décider de se lancer dans le projet Renouveau. Durant trois ans, les fidèles qui le voudront auront l'occasion de développer, en petits groupes, les apprentissages de base de la vie chrétienne: le partage de la Parole de Dieu, la prière en commun, l'entraide mutuelle et l'engagement auprès des démunis. Une telle opération, en plus de ses objectifs propres, devrait développer davantage les tissus des réseaux de base et faciliter la reconnaissance des charismes diversifiés ainsi que les initiatives variées. Ici aussi, la volonté politique, le support institutionnel se mettent au service du développement des communautés. Les initiatives pour développer des ministères laïcs variés ne trouvent leur dynamique saine que dans des efforts conjoints pour promouvoir des communautés responsables et en état d'échanges actifs entre ses membres.

c. La priorité «aux ministères reconnus»

Cette volonté politique, institutionnelle et communautaire d'une Église locale trouvait des appuis sérieux dans *Lumen Gentium* qui, renouvelant la pneumatologie en ecclésiologie, avait reconnu l'action de l'Esprit par des charismes donnés à tous et par des ministères laïcs. Paul VI, dans «Ministeria quedane» concrétisait cette ouverture en décléricalisant les ordres mineurs et en instituant les ministères de lecteurs et d'accolytat pour les laïcs, hors de toute orientation nécessaire au presbytérat et comme participants à la «charge pastorale dans l'Église». Cependant, il réserva ces deux ministères aux hommes, liant ainsi ses ministères institués à une relation au Sacré.

Cette reconnaissance «de vrais ministères laïcs», participant à la charge pastorale de l'Église, lié à un mouvement de décléricalisation des ministères s'avéra la brèche par laquelle les Église locales purent reprendre la zone de liberté et d'initiative reconnue au Concile.

Au pays, à cause de la vague de sécularisation et de la valorisation de l'Évangile comme critique du sacré comme du profane, le diocèse rejeta de prendre la voie des ministères institués qui excluait les femmes, mais privilégia la voie «des ministères reconnus». Ceux-ci, non assujettis au sexisme, laissaient beaucoup plus de latitude aux Églises locales pour tenir compte des sensibilités culturelles, pour épouser les besoins diversifiés des milieux et pour se conjuguer avec l'état et le mouvement historique de l'Église locale (A. Charron, 1985, 147-197).

Le dernier Synode sur la mission des laïcs, dans les interventions de la première semaine, a montré comment la brèche de Paul VI a permis la créativité des Églises locales autour «des ministères reconnus». La diversité des ministères, des noms et des formes illustre bien leur lien intrinsèque avec la mission des Églises locales responsables de l'évangélisation de leurs cultures et de leurs milieux. Cependant, la nature consultative du Synode pour le Pape met moins en lumière la responsabilité propre des Églises locales, leur intercommunion et leurs contributions diversifiées pour obtenir des conditions véritables de diversité dans la poursuite du bien commun et de la communion ecclésiale. Pas étonnant alors que «les ministères institués» reçoivent plus d'attention, car il s'agit de ministères pour l'Église universelle et encore fruit de la centralisation romaine.

Les ministères au sein de pratiques de renaissance

Le passage d'une Église cléricale à une Église communion suppose un changement structurel dans notre Église diocèse. Mais plus profondément, le passage historique s'effectue grâce à la naissance, au soutien, à l'institutionnalisation de nouvelles pratiques de base. Dans la question des ministères, les pratiques ecclésiales de reconnaissance constituent un défi majeur. En effet, discerner et reconnaître les dons de l'Esprit conduit à se laisser instruire par l'Esprit et à se laisser convertir personnellement, communautairement et institutionnellement par Son Action. Nous croyons en l'Esprit Saint qui fait aujourd'hui l'Église.

a. Le don du charisme et sa réception ecclésiale personnelle

Un ministère, comme nous le rappelle saint Paul (1 Cor. 12, 1-30), est d'abord un charisme, un don de l'Esprit au Corps du Christ dans un lieu. L'Église particulière se trouve donc devant un don de Dieu à accueillir, soit personnellement, soit communautairement, soit même institutionnellement par elle. Ce don peut donc se situer à l'origine d'un processus personnel, communautaire ou, éventuellement, institutionnel d'édification de l'Église.

Dans notre Église, les chrétiens, porteurs de charismes, nous ont beaucoup sensibilisé *à la dynamique ecclésiale de la réception* de ses charismes. D'abord, ils ont saisi la dimension personnelle de cette réception par laquelle ils veulent répondre à la vocation de l'Esprit. En fidélité au don reçu, ils se savent porteurs d'un don qui les pousse à *prendre des initiatives* pour construire leur communauté. Naît alors une zone de responsabilité personnelle tant dans l'accueil du don lui-même que dans son usage constructif pour bâtir la communauté. Inversement, tout usage du don pour dominer son frère devient perversion du don et perversion de sa finalité ecclésiale (Correco, 1985, p. 354-359).

b. Le jeu du charisme dans les relations en réciprocité ecclésiale

L'exercice du charisme s'exerce d'abord dans les relations de mutualité. Sa mise en acte implique chez les autres un premier processus de reconnaissance. Nous retrouvons ainsi la dynamique ecclésiale mise en lumière par Paul dans toutes ses expressions où il exprime la communion ecclésiale par la réciprocité chrétienne traduite par l'expression «les uns, les autres», v.g. «Ayez de la sollicitude les uns pour les autres» (1 Cor. 12, 25), «Par charité, mettez-vous au services les uns des autres» (Gal. 5, 13), «Edifiez-vous les uns les autres» (1 Thes. 5, 11), etc. Gérard Lohfing a mis en valeur toute cette pratique de réciprocité (Lohfing, 1985, p. 106 sq).

Au niveau de la vitalité charismatique de l'Église, cette pratique implique que les chrétiens deviennent attentifs aux dons de l'Esprit tant dans leurs offres de service aux autres que dans leur acceptation. Cette réciprocité s'exerce entre «sujets chrétiens égaux en dignité, capables de liberté et de discernement» (1 Thes. IV, 19), mais aussi soucieux d'échanges, d'amour, d'estime mutuelle, de correction fraternelle et de pardon.

L'acceptation d'une orientation vers des ministères laïcs et d'une Église tout entière ministérielle prise dans les années 1975 a permis à de nombreux laïcs de mettre en exercice leurs charismes, de développer une participation accrue à la vie de la communauté, de prendre des responsabilités dans divers services et de prendre part à diverses sessions de ressourcement.

Ainsi, plusieurs chrétiens ont pu vérifié, dans l'exercice concret, leurs charismes et les ont expérimentés comme utiles pour les chrétiens et reçus par eux. Peu à peu, dans les relations de mutualité et de service, s'est développé un processus de reconnaissance de leurs charismes et de leur utilité pour bâtir l'Église.

c. L'émergence communautaire et le cheminement
vers la reconnaissance ministérielle

La volonté de s'acheminer vers «des nouveaux ministères» a permis aux différentes communautés chrétiennes d'initier de nouvelles pratiques. Elles ont d'abord mené des enquêtes sur leur vitalité et leur santé face à l'accomplissement des diverses facettes de leur mission et ils ont fait le point sur leurs ressources en leadership.

Cette opération a surtout développé une approche fonctionnelle et opérationnelle qui a permis aux communautés de cerner leurs besoins d'animation, de gestion et d'organisation, de déterminer des tâches précises avec des lignes de responsabilités propres et des modes de concertation. Surtout, les communautés, habituées de recevoir d'ailleurs leur leadership et leurs ministres sont invités à mettre en route des processus d'émergence de responsables, de soutien, de formation et d'attribution de responsabilités à partir des chrétiens de leurs communautés elles-mêmes.

Dans les faits, toute l'opération a contribué à redonner de la vitalité aux communautés chrétiennes, à diversifier et rajeunir le leadership communautaire et à mettre en place des mécanismes plus larges de participation des chrétiens à la mission de la communauté.

Les nouvelles possibilités organisationnelles et institutionnelles favorisent donc l'exercice des charismes diversifiés, la reconnaissance en réciprocité et maintenant l'exercice public de services, de responsabilités et de tâches et donc aussi, la reconnaissance de la communauté comme telle.

Parmi les responsabilités publiques, les communautés chrétiennes ont maintenant plus de moyens et plus d'expérience pour discerner «ceux qui lui sont d'importance vitale, avec des responsabilités propres, comportant une certaine durée et pouvant être objet de reconnaissance ministérielle de sa part et de celle de l'évêque».

d. Un charisme qui devient ministériel
par le reconnaissance ecclésiale

L'attribution d'un ministère dépend donc de la communauté qui crée cette responsabilité publique en relation avec l'évêque de lieu et des politiques diocésaines à ce sujet, notamment la formation. En l'attribuant à quelqu'un, la communauté reçoit chez cette personne, le don de l'Esprit pour la construire et reconnaît par l'exercice antérieur du charisme et les types de réception qu'il a reçu dans la communauté que le candidat a la maturité, la fidélité aux dons de Dieu et les capacités pour l'exercice public de ce ministère.

Ajoutons que la reconnaissance publique du ministère fait passer le charisme de l'exercice personnel et communautaire à un service communautaire public avec l'exigence, pour bâtir la communauté, de vivre ce service en communion et en concertation avec les autres ministères et en relation avec le ministère ordonné.

e. Un charisme dans la communion entre Églises et avec l'Église de Rome

Cette créativité ministérielle de l'Église Saint-Jean-Longueuil qui institue des ministres reconnus selon ses besoins pour l'inculturation de l'Évangile dans son milieu constitue une responsabilité instituante normale d'une Église. Cette liberté instituante est vécue en relation avec les autres Églises du Québec, grâce au Comité épiscopal de l'Assemblée des évêques du Québec sur les ministères. La communion se vit aussi avec l'Église canadienne et la délégation canadienne a partagé au dernier Synode son expérience ministérielle.

Cette capacité instituante au niveau juridique quant aux «ministères reconnus» a peu fait l'attention au Synode, mais pourrait constituer un objet du droit particulier. Le pouvoir instituant des conférences épiscopales pour la création «de ministères institués» différents selon l'inculturation telle que mis de l'avant par «Ministeria Quaedam» de Paul VI n'a pas reçu de suite de la part du Saint-Siège. Espérons que la proposition 18 du Synode ne sera pas interprétée dans un sens ultramontain et que la juste autonomie communionnelle des Églises locales et des conférences nationales sera reconnue, étant sauve la communion avec Rome et les exigences du bien commun de toutes les Églises.

Décidément, l'après Concile a favorisé de nouvelles pratiques de base de reconnaissance.

Les ministères au sein d'une tradition active

En parcourant la littérature théologique sur la transformation ministérielle des dix dernières années, on ne peut manquer d'être surpris de l'orientation de cette littérature. Après avoir fondé théologiquement la possibilité des ministères laïcs sur les sacrements d'initiation, sur les charismes et la reconnaissance ecclésiale, les théologiens sentent l'impact historique de cette ouverture sur l'Église de chrétienté et cléricale. Aussi, immédiatement après, ils ressentent la nécessité de réarticuler la relation de ces «nouveaux ministères» avec le ministère presbytéral, mettant en lumière sa contribution importante pour susciter cette Église communion aux ministères diversifiés. La polarisation synodale sur la relation ministère ordonné et ministère laïc emprunte le même chemin.

L'examen des pratiques des «ministères baptismaux» nous conduit à travailler prioritairement «pour respecter leur nature propre, leur participation à la charge pastorale» i.e. à les situer dans leurs rapports avec la Tradition active de l'Église. J'aborderai cette question par quatre approches complémentaires.

a. Des serviteurs du Royaume dans un monde autre

Les ministères laïcs, dans leur docilité au don de l'Esprit, rencontrent d'abord le Royaume en plein monde. À la suite de Vatican II, ils ont laissé la chrétienté pour se risquer dans la présence au monde autre, par sa sécularité, par sa modernité, par le pluralisme religieux et culturel, etc. Cette présence au monde constitue une première fidélité pour construire l'Église selon leurs charismes, car l'Église ne peut être autre que «ce monde converti à Jésus-Christ. Voilà pourquoi la présence au monde initie leur pratique ministérielle et donne d'autres figures ministérielles que celles qui avaient jaillies dans un monde de chrétienté. Ainsi, par exemple, les catéchètes scolaires veulent transmettre la Parole de Dieu non plus uniquement selon une culture humaniste, mais aussi selon des cultures scientifiques, techniques et urbaines» (G. Raymond, 1985, 25-53).

b. Des serviteurs de pratiques
comme déplacement vers les pauvres

La présence au monde d'aujourd'hui et le service de l'Église selon Vatican II ont ouvert des nouveaux champs de mission pour les ministères. Leurs charges se voient souvent définies selon ces idéaux mais sans prendre en compte l'impact de la transformation du monde et de l'Église sur les hommes et sur les chrétiens. La pratique ministérielle fait dériver les ministres très loin de la réalisation de ces objectifs idéaux, pour les faire surgir comme possibilités et sens à partir des pauvretés de la vie mais aussi de richesses de nouvelles inculturations.

Chez nous, les ministres rencontrent des chrétiens pour qui l'ouverture à la sécularité et à la modernité a produit «un traumatisme de la foi». Plusieurs ont perdu la parole sur leur foi. D'autres ressentent davantage l'impertinence de la foi dans ses formes pour le monde d'aujourd'hui. Surtout, un nombre important d'adultes ont été atteints par le monde moderne au niveau même des processus d'élaboration de leur foi. Il faut les réinitier à la vie chrétienne. Enfin, ceux qui avancent selon une nouvelle pertinence de la foi trouvent peu de lieux ecclésiaux de recherches, d'échanges et de confirmation. La fidélité à leur mission rive ces ministères à des formes de pauvreté qui les réévangélisent et poussent à une seconde évangélisation de la communauté mais à partir du Royaume présent dans le monde et reconnu évangéliquement en Église (G. Raymond, 1985, 269-299; 1987, 404-411).

À prendre au sérieux, l'ouverture de Vatican II vers la réappropriation active de leur foi et de leur Église, les ministères ne peuvent éviter de rencontrer différentes situations de la foi. Le changement social et ecclésial les affrontent à la foi devenue contestée. Ils se coltaillent à la montée de l'indifférence religieuse. Ils reçoivent de plein fouet l'incroyance diffusée dans les médias de masse et dans différents secteurs de la société. Enfin, la rapidité des changements a multiplié les cas de malcroyance, de fidéisme, de foi existentielle grevée d'une absence grave de culture religieuse. Chaque ministère se voit transformé par la pratique par une importante charge de miséricorde, de guérison, de réconciliation et de lutte pour une ouverture ecclésiale à ces souffrances...

c. Des serviteurs de la nouveauté évangélique
par l'interprétation herméneutique de la Tradition
à la lumière de la pratique

Avec les questions et les acquis de leur pratique, ces ministères ont appris à trouver la nouveauté évangélique qui critique leur pratique et leur ouvre des paris inédits d'espérance et d'innovation, par l'interprétation herméneutique de la Tradition et de leur pratique. Leur acte de tradition active de la foi passe par ce geste interprétatif en communauté.

Par ce geste interprétatif, les laïcs et aussi les ministères baptismaux peuvent trouver les premiers, une nouvelle pertinence à la Tradition, pointer des réformes institutionnelles, organisationnelles et communautaires importantes, appeler par le correction fraternelle, le changement de l'exercice ministériel qui fait violence à la communauté au lieu de la faire croître (G. Raymond, 1987, 101-117).

Je crois que ces quatre approches auront indiquées comment Paul VI avait eu raison d'introduire «les ministères baptismaux» dans la «charge pastorale». Surtout, j'espère que ceux qui s'occupent de praxéologie pastorale verront que la vie ministérielle attend leurs contributions sur leur rapport avec la Tradition active alors que leurs liens avec les ministères ordonnés n'en constituent qu'un aspect plus facile à côté des défis posés par la pratique sur le terrain.

«La fragile fleur de l'espérance» (Péguy)

Vingt ans après le Concile constitue un bien court temps pour la réception d'une réalité qui, issue du Concile, a prise de l'ampleur dans les décennies de 70. Cependant, déjà le Synode a reconnu l'inadaptation du droit actuel pour intégrer la nouvelle pratique ministérielle. Il a reconnu le bien fondé de la prise de position conciliaire sur la possibilité de vrais ministères fondés sur les sacrements d'initiation, sur les charismes et sa reconnaissance ecclésiale. Mais des blocages théologiques importants entre une lecture sacrale et une lecture praxéologique de ces ministères demeurent non discernés.

D'autre part, la vitalité et la créativité ministérielles des Églises locales prennent de plus en plus d'importance dans la communion entre Églises. Les nouvelles pratiques de base des communautés chrétiennes, surtout en matière de reconnaissance des charismes et des ministères, se développent. Surtout, le mûrissement évangélique des pratiques «ministérielles baptismales» et la contribution interprétative des ministres laïcs eux-mêmes peuvent faire avancer leur réception.

Que cette réception soit longue et pleine de tensions, d'avancées et de reculs, nul ne s'en étonne. Ce processus s'opère dans le procès du monde et de l'Église pour que l'espérance pascale en fasse la critique et ouvre aux paris de la vie en plénitude.

Bibliographie

A. ACERBI, 1982, «L'ecclésiologie à la base des institutions ecclésiales post conciliaires», dans Les Églises après Vatican II, Paris, Beauchesne, pp. 223-258.

A. CHARRON, 1985, «Laïc et clerc: des catégories à dépasser, voire à supprimer», Relations clercs-laïcs, analyse d'une crise, Cahier de pastorale 1, Fides, pp. 147-197.

E. CORRECO, 1985, «La réception de Vatican II dans le Code de Droit canonique», dans La réception de Vatican II, Cerf, p. 328-359.

1986, «Fondements ecclésiologiques du Code de Droit canonique», dans Concilium, n° 205, pp. 19-30.

1987, «La spécificité du laïc», dans D.C., n° 1952, pp. 1171-1173.

G. Card. DANNEELS, 1987, «Les problèmes que le Synode se doit de clarifier», dans D.C., n° 1952, pp. 1165-1167.

C. DUQUOC, 1985, «La réforme des clercs», dans La réception de Vatican II, Cerf, p. 393-404.

R. Card. ETCHEGARAY, 1987, «Église, monde et Royaume de Dieu», dans D.C., n° 1952, pp. 1162-1163.

Mgr P. EYT, 1988, «La VIIIe Assemblée du Synode des Evêques», N.R.T., T. 101. n° 1, p. 3-16.

J. GROOTAERS, 1987, «Le Synode de 1987 à vol d'oiseau», dans Pro Mundi Vita, ministères et communautés, n° 53-4, pp. 2-9.

H. LEGRAND, 1983, «La réalisation de l'Église en un lieu», dans Initiation à la pratique de la théologie dogmatique II, Cerf, pp. 192-345.

G. LOHFING, 1985, L'Église que voulait Jésus, Cerf, p. 106 sq.

G. RAYMOND, 1985, «Une expérience de transformation ministérielle: le ministère catéchétique», dans Des ministères Nouveaux?, Paulines, pp. 25-54.

1985, «Visages actuels du drame de la foi chez le peuple québécois», dans *Cahiers d'études pastorales*, n° 1, Fides, pp. 169-299.

1986, «Une Église particulière et la formation de ses ministres laïcs», dans *Etudes pastorales: pratique et communauté*, Bellarmin, pp. 207-221.

1987, «Les nouveaux ministères de l'initiation chrétienne», dans *L'initiation sacramentelle des enfants*, Cahiers d'études pastorales, n° 3, pp. 221-243.

1987, «Le rôle des fidèles dans la manifestation, la reconnaissance et la proclamation de la révélation», dans *La praxéologie pastorale*, Cahiers d'études pastorales, n° 5, pp. 101-117.

1987, «Raconter et recevoir nos façons de faire communauté», dans Faire communauté, Communauté chrétienne, n° 155-6, pp. 404-411.

Cardinal THIANDOUM, 1987, «Rapport sur la vocation et la mission des laïcs», dans *D.C.*, 1949, pp. 1012-1019.

1987, «Deuxième rapport», dans *D.C.*, n° 1950, pp. 1033-1041.

1987, «Propositions présentées au Pape par le Synode», dans *D.C.*, n° 1951, pp. 1085-1088.

Mary Ellen Sheehan

RECENT STATEMENTS
OF CANADIAN ROMAN CATHOLIC BISHOPS
ON WOMEN:
TOWARD A RECONSTRUCTED THEOLOGY
AND PRACTICE

Abstract

Over the past twenty years, the Roman Catholic Bishops of
Canada have published a number of significant statements on the
questions of sexism and the promotion of the full equality of
women in the Church and society. In part, these statements have
emerged from local, regional, and national level dialogues with
women. This article presents an overview of these documents
with a view toward seeing the relationship between the
experience of women and theological reflection. It asks the
questions: What is the interaction between women's experience
and the theological tradition in these statements? Are there signs
of new praxis? What critical questions emerge for the church at
large and for the bishops as church leaders?

Since 1971, the Canadian Roman Catholic Bishops have made several important public statements on women in the church and society at international, national, and local levels. The products of reflection on the teachings of the Second Vatican Council, on current cultural developments, and on dialogues with women in Canada, these documents provide an opportunity to observe how the bishops are exercising their pastoral office with respect to advancing the full equality of women in theory and in practice, particularly in the church. This article studies these statements with the following questions in mind: Is women's experience of exclusion making a difference in the current theological reflection of the bishops? Are there signs in the documents of an understanding of how women differ from the dominant one of the past? How are theory and practice correlated and is a new praxis arising? What continuing critical questions emerge from these documents for the church at large and for the bishops as church leaders?

Overview of the Bishop's Statements

Interventions at Roman Synods

The Canadian bishops have made important statements on women's issues at Roman Synods since 1971. Preceding these declarations, the bishops have usually engaged in dialogues with women in which they have heard the women expressing their experiences of marginalization and exclusion in the church and society as well as their desire for the full acceptance of their gifts and talents, including participation in decision-making.

At the 1971 *Synod on the Ministerial Priesthood and Justice in the World*, George Cardinal Flahiff of Winnipeg brought some of these concerns to the floor when he spoke of the need to eliminate all passages in the Code of Canon Law reflecting the position of the natural inferiority of women and the need to reexamine the arguments preventing the admission of women to public ministry. He appealed to Vatican II's "categorical statements against all discrimination against women in the church . . . " as well as to society's "growing recognition both in law and in fact of the equality of women with men . . . ." As a practical step, Flahiff urged establishing a Papal Commission to study the question of women and ministry, emphasizing that without immediate engagement in the question, the Bishops could indeed find themselves "behind the course of events."[1]

At the 1980 *Synod of the Family*, Bishop Lebel of Valleyfield, Quebec, said that the women's movement as a whole represents "progress within civilization" and "is one more step in the coming of the kingdom." The situation of the oppression of women in society and the church, Lebel emphasized, is a sinful one that must be denounced and corrected. Women must also become co-responsible for the broader pastoral activities of the church, including participation in planning and decision-making.[2] Bishops are called, not to obscure the Word of God by reticence, but rather to welcome the ministry of women as an opportunity for the church.[3]

The 1983 *Synod on Reconciliation* became the occasion for the Canadian Bishops to express themselves even more strongly on the question of women in the church. Archbishop Vachon of Quebec City recalled that the church has indeed been prophetic in its recent teachings on justice and on women, but he warned that the church's proclamation on justice for women in society will not be credible "unless the recognition of women as full members becomes simultaneously a reality within the church itself."

Reflecting on the Synod theme as a way toward realizing a new humanity in Christ, a path toward "an egalitarian partnership between men and women for the coming of the Kingdom and the growth of humanity," Vachon made two further points. He asked his brother Bishops to "recognize the ravages of sexism and our own male appropriation of church institutions and numerous aspects of the Christian life," and he asked all to be open anew to conversion so as to "discover what we must change in order to bring about the recognition of women as having the same full membership as men." As a practical step, Vachon called for "organized structures of dialogue" to exist at all levels of church life so as to establish the "effective implementation of new bonds of equality between men and women in the church." Flahiff's 1971 recognition for a Vatican level commission was thus broadened to embrace every level of church life, diocesan and regional, in the hopes of producing concrete local results.[4]

At the 1987 *Synod on the Laity*, after a year of extensive consultation with the laity at diocesan and national levels,[5] five Canadian bishops addressed the Synod Assembly in Rome on interdependent aspects of the laity in the church, all of which obviously affect women whose status in the church is lay by definition. Each intervention deserves consideration, for collectively they provide a rich source of theological reflection and several concrete proposals for the church in its current context.[6] Two are selected here for special attention because of their specific implications for women.

Archbishop James M. Hayes of Halifax spoke compellingly of the urgent need to involve the laity in the mission of the church more directly in order to solve the pressing problems of our age: violence and discrimination; the displacement of peoples; the search for peace, economic justice and political freedom; cultural questions of biogenetics; and division, injustice, and exclusion within the church. To this end, he made a concrete and far-reaching proposal by requesting the accredited admission of laity, religious, and clergy at all future Synods with a view toward developing an even more comprehensive "synodal process" for the future.[7]

Hayes rooted this proposal in canon law, history, and theology. He referred to provisions in the Revised Code of Canon Law for Diocesan Synods, noting an expanded and more inclusive Roman Synod to be a natural and necessary extension of Diocesan Synods. He recalled too that synods inclusive of the laity are already "a part of the great tradition of Christian churches" and he appealed to Vatican II ecclesiology saying that if indeed the church is *communio*, then there is need for constant dialogue among the members, even when there are difficulties. In confidence, he stated that "where real consultation and participation occur the Holy Spirit leads us through a kind of conversion . . . " which renews the dynamism and direction of the church's mission.[8]

Bishop Jean-Guy Hamelin of Rouyn-Noranda also struck a note of urgency in his remarks on the access of women to church positions. Taking a very practical approach, he pointed first to the gap that exists between the way that women are treated in society where legal obstacles are disappearing, and in the church where exclusionary regulations still exist, a situation which is increasingly difficult to explain and uphold especially to young people.

Secondly, he insisted that the women's movement "is not a passing fad," recalling in fact that it was identified as "a sign of the times" by Pope John XXIII, and also that the commitment to the eradication of all forms of discrimination arises from baptism in fidelity to the liberating message of the Gospel. Women are in fact the majority of those active in the church, and yet completely absent from any decision-making responsibility. While Hamelin recognized that the Synod was not the place to resolve the issue of women and ordination, he was fearless in stating that the question must be pursued, particularly since "the reasoning used so far to explain the reservation of sacred orders to men has not seemed convincing, especially not to young people."

Thirdly, he reiterated the idea that the very credibility of the church as witness is at stake, if the equality of women is not recognized in representation and decision-making, in access to real pastoral responsibilities, and in the removal of all institutionalized inequality of canon law. In prophetic-sounding words, Hamelin both warned his fellow office holders and also pointed to that part of the theological tradition that someday may be cited to ground the full participation of women in the life of the church. He said to the bishops: "We must recognize that our mind-sets, our language and our practice do not always match the ringing affirmations of equality which are found in our declarations." And about women he said, " . . . the faith voice of women in essential to the sign value of the church as sacrament and to the witness which the church is commanded to bear."[9] The messages of Hayes and Hamelin at the 1987 Synod are clearly in continuity with the positions taken previously by the Canadian bishops.

Other Statements on Women

Even before the 1983 Synod recommendation on structures for dialogue, the Canadian bishops had begun such a process in many local churches throughout the country.[10] But dialogue with women intensified through the work of national level *Ad Hoc Committee on Women in the Church* (1982-84) which included both women and bishops and set as its agenda to analyze women's concerns and to make recommendations to the bishops. In addition to study, the Committee engaged in a lengthy process of listening to and reading women's stories which included their experiences of marginalization and exclusion but also their desire for full participation in the church. Over one thousand women responded and reflection on these stories led the committee to identify twelve issues as continuing agenda for the Canadian Church. As well, a study kit was prepared for educational use in parishes and other diocesan groups. After some debate, the bishops approved unanimously both the agenda and the study kit at their national meeting in October 1984.

The continuing agenda includes: that the bishops continue to denounce clearly all injustices still perpetrated against women; that they take all necessary steps to insure justice for women employed by the church; that inclusive language be used in liturgy and all church publications; that women receive official pastoral mandates equal to men; that each diocese develop a bursary and scholarship fund for the use of lay women seeking formation for ministry; that equal numbers of women and men be on committees and commissions at both national and local levels; that priests and seminarians be better educated on the equality and ministry of women in the church; that an ongoing review process be established on the progress of the Canadian Church's response to the issue of women's full participation in the church [11]. By intent at least, the bishops have committed themselves to a long term reform program to overcome sexist discrimination and ensure women's full membership in the church.

In 1984, responding to a recommendation from the Saint-Jean-Longueil Diocesan Pastoral Council, Bishop Bernard Hubert issued a Pastoral Letter on women addressed to all members of the diocese. The Letter gives his reflections on the history of women's service to the diocese, on sexism operative in attitudes and behaviours toward women, and on the new view of women emerging from the women's movement and from more comprehensive theological reflection. No one can be indifferent to the question of women in church and society, Hubert asserted, nor can it be kept only at the periphery of consciousness and action. Even at the risk of "making waves," the issue must be brought "to the forefront of the Christian community."

Hubert legitimated this claim by appealing to the wider theological tradition. There is a moral imperative to correct the sin of sexism, even at the cost of ambiguity, struggle, and conflict. The truth of universal salvation in Christ is made evident in the heart of human struggle, including women's, for the historical Jesus laid claim to the equality of each person as made in God's own image. In the Trinity, there is no relation of inequality, no servitude, no domination, no exploitation. The equality of women and men in concrete mutuality is required as a sign of God's own transcendence.

As well, he cited the ecclesiology of Vatican II which stresses fundamental equality in the assembly of believers and the denouncement of structures of superiority. While Hubert believes that the question of women's ordination is not immediately solvable, he also affirmed that "the more women transmit their experiences of life to the Christian community and share it with the Church as a whole, the more the teaching of the magisterium will be enriched by that which constitutes the contemporary experience of faith." Thus, while upholding the current church teaching of excluding women from ordination, Hubert also signalled clearly that pastoral practice is a source for continuing theological reflection on the issue.

Hubert concluded his Letter by asking all in the diocese, and particularly pastors, to be committed to developing consciousness at every level of parish and diocesan life of "the just claim of women to equality in the Church and in society." He particularly warned pastors to neither trivialize nor neutralize the issue, but rather to promote it by proclaiming and teaching the social and theological foundations for change. He asked for commitment to workshops dealing with the situation of women in the church and society, and he encouraged the use of the Study Kit, produced by the Bishops' *Ad Hoc Committee on Women in the Church*, as helpful to this process. He stressed concrete prophetic witness to this work so that the church is seen as a sign of salvation in its social commitment. The church, he says, " . . . is in the world to seek God in it and to reveal [God's] liberating action."

Among the many strengths of Hubert's Pastoral Letter is his clear commitment to making women's equality central to the life of the diocese. The Letter resounds with a prophetic hope, but it is also concrete and realistic. Hubert acknowledged that there will be conflict and ambiguity in the process toward mutuality. Human struggle, he asserted, is not exempt from "the sin which feeds injustice and exploitation," but neither is it without the grace to further the Kingdom of God through the realization of equality in the relationship of men and women. Fortunately, Hubert recalls, " . . . the Church has all the freedom it needs to call itself into question again and again. Through all the changes of this world, it seeks and finds its Saviour."[12]

The Regional Conference of Quebec Bishops, working on the question of women in the church and in society over several years, has approached the issue from many avenues. On May 8, 1984, in rapport with the thought of the Canadian Catholic Bishops' Pastoral Letter on "Ethical Reflections on the Economy," the Quebec Bishops issued a statement on the rights of women in the workforce.[13] In September, 1985, they received the report of their Committee on Ministries on the "The Formation of Pastoral Agents," the result of a comprehensive study of existing theological and pastoral education for ministries in the church.

This report shows that the Church in Quebec will soon find itself in a situation where women will be the best prepared and the most competent for pastoral action, and yet men will hold a monopoly on leadership and liturgical functions. A series of critical questions are posed concerning women's equal access to theological and pastoral training and concerning the changes needed in existing ecclesiastical structures to include women in pastoral leadership as they acquire theological education and pastoral training.[14]

In March 1986, 29 Quebec bishops met with 86 lay women and 13 lay men for a study weekend in Montreal. The session resulted in recommendations which included: the participation of women in decision-making; just pay for church employees and the avoidance of exploiting volunteers; paid Coordinators for Women's Issues for every diocese by May 1987; equal involvement of women and men in liturgical celebration; the use of inclusive language in church documents and rituals; the inclusion of women in the training of priests; the bishops' continuing openness and vigilance on the ordination of women question, including bringing the issue forward in Rome. Bishop Adolph Proulx of Gatineau-Hull, Chairperson of the Social Affairs Committee, promised "to go to the limits to assure that the recommendations of this assembly are implemented."[15]

Speaking as an individual on women in the church at a public conference in 1986, Bishop Remi De Roo of Victoria appealed to the pastoral and theological vision of Vatican II, the scholarship of contemporary feminist theologians, and his twenty-four years of pastoral experience as a bishop as sources for his reflections. He stressed the importance of social analysis for a critical appropriation of ecclesiology. Feminist social analysis lays bare the value-laden, historically conditioned assumptions of a patriarchal church, of a dualistic anthropology, of a dichotomized private and public ethics, and of reductionist thinking, all of which continue to block theological and pastoral reconstruction. Through its exposure of domination and the misuse of power inherent in the patriarchal model of social and ecclesiastical organizations, feminist social analysis, De Roo said, represents the ultimate challenge in contemporary thought.

For De Roo an alternate world view can be reconstructed from the recovery of certain basic biblical and theological traditions. Trinitarian theology, for example, offers us the model of total equality of persons and unlimited mutuality. Christology is also a source for reconstruction, particularly in the prophetic attitudes and actions of Jesus on behalf of women and others excluded from full equality by existing social and religious categories. De Roo also called for a richer, more actualized faith in the Holy Spirit, given to us as nurturer of gifts, creator of new ministries, and encourager in the call to do justice. Real assent to the reality of the Holy Spirit in the church, De Roo believes, would be a humbling but revitalizing experience for the church, perhaps even leading to the elimination of gender as a determinant of fittingness for ministry.

De Roo observed that despite official cautions which continue to limit women's ministry in the church, the trend toward more and more participation of women in church processes and ministries continues. With respect to any easy dismissal of the question of women and ordination, De Roo asked: Is not the church's credibility being irreparably harmed? Are not ecumenical initiatives being adversely affected? Is not true justice being blocked? May it not, in fact, be a time for the entire church to experience and to test the possible call from the Spirit to women for ordination?

Although general in its observations and claims, De Roo's address is noteworthy, particularly for his acknowledgement of the need for hermeneutical and depth social analysis of the church's tradition on women, and for his stated willingness to work through the ecclesiological conflicts of our day under the impetus of the renewed and more expansive theology of Vatican II. De Roo's attitude is more open and exploratory than closed and decided, more oriented toward the future than toward the past, and more confident than not in the presence and gifts of the Holy Spirit in the whole church. He is also realistic about the present, recalling that we are far away yet from a genuinely converted consciousness on women's questions. He asks for bridge-building and for concrete commitment to the tensions inherent in such large scale cultural reversals.[16]

Critical Reflections on the Bishops' Statements

Pope John XXIII identified the emergence of women's equality as one of the "signs of the times."[17] The Second Vatican Council decreed that "every type of discrimination, whether social or cultural, whether based on sex, race, color, social condition, language, or religion, is to be overcome and eradicated as contrary to God's intent."[18] Since the Interventions of Cardinal Flahiff at the Roman Synod in 1971, the Canadian bishops have shown a consistent public commitment to dealing with women's issues in the church and society. Their statements manifest a clearly discernible appropriation of the prophetic character of their episcopal office.

On public record, they have condemned sexism as a moral evil, they have recognized the women's movement as a sign of progress in civilization, and they have affirmed the identity and worth of women, not as derived from the male as norm, but as established in their own personhood. The bishops have argued theologically that women are indeed indispensible signs, fully equal to men, of God's presence in history and that their full membership in the church as equal partners in *theory* and in *practice* is necessary for the truthfulness of the church itself as prophetic witness to the liberating and saving love of God. They have spoken of new bonds of equality, thus admitting that there still is inequality in the church and they have acknowledged their own need for conversion, as well as calling all in the church to change. They have also committed themselves to continued involvement with the question of women's full admission to public ministry in the church.

The bishops have engaged in extensive dialogues with women and men on the issue of sexism in the church, and their teaching reflects the fruits of such participatory processes. Since 1971, they have brought their local and national pastoral experience and theological reflection on the issue of women's equality into the deliberations of the universal church through their Synod Interventions. In effect, while acknowledging the particularities of their own cultural situation and professing their commitment to the unity of the church, they have denounced sexism as a universally pervasive moral evil and they have challenged themselves and other bishops to the equally important task of establishing universally in *theory* and in *practice* the full equality of women, particularly in the church. Their processes and teaching on women are a matter of public record for all in the church to acknowledge and encounter as challenge to the *status quo* situation of oppression, marginalization, and exclusion as it is experienced universally by women.

Yet despite this remarkable public proclamation and commitment to a certain range of consequential theoretical and practical actions on behalf of establishing the equality of women in fact in the church and society, a number of questions arise from a close consideration of the bishops' statements.

Patriarchy, Power, and Sexism

The first concerns the degree of social analysis that is operative in the bishops' thought. With one exception (De Roo), there is no mention in any of the statements of the reality and extent to which teaching and authority in the church still operates from patriarchal assumptions and practices. To what extent has the very hierarchical character of the church evolved from the presupposition of patriarchy and is still dependent upon it? Until patriarchy is eradicated, the subordination of one group to another, and thus some form of exclusion and oppression, will still exist. Sexism, in any of its forms, could still be present in a non-patriarchal society or institution, but it is *certain* to remain in any institution that continues to be patriarchal. The bishops and others in the church still have the formidable task of elaborating a biblical and theological justification for hierarchy as freed from its patriarchal theory and practice, and until this is done sexism and other forms of discrimination will continue to plague the doctrine and practice of the church.

Democratic Values and Hierarchical Structures

In the face of too many contrary instances, no one would argue that in itself a democratic institutional structure guarantees the actualization of the full truth of justice and equality. Nevertheless, the theoretical and practical gains of more than two hundred years of democratically organized societies do in fact exert pressure on hierarchically organized institutions. Values such as the rights to assembly, to a voice in the affairs of life affecting one's basic human rights, to participation in the shaping of one's destiny and the common good, to dissent, and to vote will indeed continue to press against a theology that holds the historical church to be a society which by divine intent concentrates all jurisdiction in hierarchical order.[19] The bishops' statements bear witness to this struggle. It remains to be seen if the democratic elements which they both honor and use can be truly integrated locally, nationally, and universally in a hierarchical church.

An Egalitarian Partnership or Reciprocal Complementarity?

Referring to the status of women in the church, the bishops use some powerful phrases in their documents. They proclaim that women must have the same full membership status as men; they advocate the establishment of new bonds of equality in an egalitarian partnership. They do not, however, describe in any detail the precise meaning of these phrases. Do they mean a fully equal reciprocal relationship based on a full and equal participation in rights, responsibilities, and power? Or do they mean equal in dignity at the order of creation, but unequal in gifts, roles, and functions. If the latter is intended, then while there is an improvement over the old view of women as inferior and subordinate to men at the very order of creation, there remains an inequality insofar as women, by reason of exclusion in law, are judged *a priori* not to have certain gifts for the exercise of authority. What results is a relationship of complementarity that may be reciprocal but one that is not and cannot be equal at the level of practice, and therefore not at the level of theory either.

This latter view is exemplified in a part of Bishop Hubert's Pastoral Letter:

> The male-female relationship in the Church has now and then been denounced as an occasion of inequality that has caused frustrations. The Canadian bishops have even spoken of the need for a reconciliation of men and women in the Church. Yet, the theology of the People of God as elaborated at Vatican II, makes it clear that all the baptized, men and women, priests and laity, are equal in the assembly of believers. If one and another have been given different functions in the church, the purpose is not to establish the superiority of one over the other, but to provide the Body of Christ with a structure of authority suited to maintain the cohesion of the whole and harmony among the members. Problems of power sometimes arise in Christian communities. This is due, not to the organization of the Church, but to the attitudes of the persons concerned, which are unconsciously informed by secular modes of power rather than by the teaching of Jesus.[20]

Whatever may be the purpose of such a distinction and arrangement for authority, the fact that women are excluded in principle from such authority means that there cannot be a full equality, let alone the recognition of their gifts for exercising such authority according to the biblical tradition that he cites. Ironically, Hubert ascribes power problems in the church not to possible sinful attitudes and structures in the church, but to "secular modes of power." In other places, the bishops have acknowledged positively the advance in the secular realm of recognizing women as equal in gift and ability for leadership and the service of authority.

Women as Sign and their Exclusion from Ordination

The Vatican Declaration *Inter Insigniores*, issued in October 1976, contains a summary of the biblical and theological reasons for the church's current practice of excluding women from ordination. Among them is the claim that, because of the need for "natural resemblance" in sacramental signs, only a male can fittingly represent the sacrificial aspect of Christ's saving love, and thus only a male can be ordained. The Declaration also implies that "because the Incarnation of the Word took place according to the male sex . . . ," then maleness is the primary sign or symbol of the plan of salvation in history.[21]

Although several of them refer to it, the bishops do not engage in any lengthy discussion or commentary on the church's current position with respect to women and ordination. They do, however, indicate that the question should remain open and that further study by theologians is necessary. In addition to recognizing that a good deal of scriptural and theological study has already been devoted to the question in the last twenty years or so, the bishops might also begin to acknowledge publicly the beginnings of an alternate theological view on the fittingness of women to sign the mystery of salvation. They themselves have proclaimed that women are created directly and immediately in the image of God, that they are indispensable signs of God's transcendence, and that the faith voice of women is essential to the sign value of the church as sacrament.

Surely a certain contradiction exists between the proclamation of such a profound biblically and theologically rooted view of women as sign and the current official theology and practice of the church which excludes women *a priori* as unfit signs for aspects of the mystery of salvation. One cannot have it both ways: to declare, on the one hand, that women bear the image of God fully and directly, that by reason of baptism women receive the gifts of God's Holy Spirit fully, that they are equal in dignity to men in the very order of creation and must have the same full membership status as men in the church; and, on the other hand, to teach and to act in such a way that these very women are excluded from the experience of and participation in certain sacramental ministries of the church that are reserved juridically for men. This tension points to a basic inconsistency in the theology of sign that will indeed continue to bother the church for some time to come.

Practice in Rapport with Proclamation

As a final reflection, it is important to note that the bishops have gone on record as advocating a number of practical action steps, resulting from their dialogues with women and from responding to their own proclamation on the issue of women's equality in the church. Most of these actions promote the much needed widespread conscientization of all in the church on the pervasive existence of sexism and the call correspondingly to conversion. While no one would want to argue that the bishops alone are responsible for the attitudinal, theological and structural change that must come about in the church if its teaching on justice is to be credible, there are nevertheless a number of their recommended actions for which they must bear the major responsibilities.

All those actions which challenge existing discriminatory laws and practices—exclusivist language in preaching, hymns, and ritual; the exclusion of women from equal involvement in liturgy and pastoral leadership; equal access to theological and pastoral training with just financial support; the development of participatory diocesan and universal synods, etc.—can only be changed by those who have and exercise juridical authority in the church. Since there is no due process in the church, except for marriage tribunals, no member or groups of members can in fact change laws or practices that are blatantly discriminatory or favorable to only one or another group in the church.

It is in this matter of accountable structures to affect necessary change that perhaps the greatest gap exists between the church and at least certain democratic societies. It seems likely that pressure for this level of structural reform will remain active for some time to come, operating negatively at times insofar as the limits of patience are tried for those who have already become conscientized to the reality of sexism in the church.

The Canadian bishops, in dialogue with members of their local churches, have indeed set a full agenda toward realizing a new humanity in the coming years. Their trust in the liberating Spirit of God working in the historical process is evident throughout their statements, even if all the areas of continuing struggle and change are not yet identified. Without doubt, they have exercised responsible and prophetic leadership in the Canadian church, as well as in the church universal. One is even encouraged to imagine a time when a universal and inclusive "Synodal process" is in place, a structure which probably will not resolve all the tensions of the church in out times in its varied cultural expressions, but one nevertheless which holds the promise of some improvement over the present state of affairs.

Notes

1. George Cardinal FLAHIFF, "Address to the Synod of Bishops in Rome," October 11, 1971, *Origins* 1 (1971-72), 295-296.

2. This point was no doubt reinforced by the results of a survey conducted in 1978 by the Conference of Canadian Catholic Bishops on women in official positions in the church. Too long to summarize here, the survey in general showed the overwhelming majority of men, cleric and lay, in leadership positions. For some of the results, see: *Origins* 8 (1978-79). 714-715, margin notes.

3. Bishop Robert LEBEL, "Address to the Synod of Bishops in Rome," October 14, 1980, *Origins* 10 (1980-81), 302.

4. Archbishop Louis-Albert VACHON, "Address to the Synod of Bishops in Rome," October 3, 1983, *Origins* 13 (1983-84), 334-335.

5. See the October, 1986 reports: "Study Session for Bishops and Lay Representatives" and "Preparation for the 1987 Synod: Summary of Discussions by Bishops in Plenary Assembly." Office of Information of the Canadian Conference of Catholic Bishops, Ottawa.

6. See the statements of: Archbishop James M. Hayes of Halifax on associating all the baptized with future synods, *Origins* 7 (1987-1988), 343-344; Bishop Jean-Guy Hamelin of Rouyn-Noranda, Quebec on the access of women to church positions, *Origins* 17 (1987-1988), 346-347; Archbishop Donat Chiasson of Moncton on baptismal commitment, *Origins* 17 (1987-1988), 393-394; Bishop John Sherlock of London, Ontario on the laity and faith and culture, *Origins* 17 (1987-1988), 395-396; Ukranian-rite Archbishop Maxim Hermaniuk of Winnipeg on the political responsibility of the laity, *Origins* 17 (1987-88), 396-397.

7. The Canadian bishops had proposed an expanded Synod process at the preceding 1987 Extraordinary Synod on Vatican II. See: Bishop Bernard Hubert's Intervention, "Witness of Hope and Truth: Synodal Orientations," in *Twenty Years Later* (Canadian Conference on Catholic Bishops), Ottawa, 1986.

8. HAYES, *op. cit.*

9. HAMELIN, *op. cit.*

10. See the comments of Archbishop Hayes in his "Address to the General Assembly of the Canadian Religious Conference," in *Women: For What World?*, *Donum Dei*, no. 30, (Ottawa: Canadian Religious Conference, 1985), pp. 105-120.

11. For the full list of recommendations, see the Study Kit, *Women in the Church*, Office of Information of the Canadian Catholic Bishops, Ottawa.

12. Bishop Bernard HUBERT, "Complementing One Another, A Pastoral Letter on the Status of Women to the People of the Diocese of Saint-Jean-Logueuil," December 7, 1984. English translation by Alexander Farrell and Antoinette Kinlough.

13. As reports by Archbishop Hayes, note 10 above, p. 113.

14. *La Formation des Agents de Pastorale*. Document presenté à l'Assemblée des évêques du Québec par son comité épiscopal des ministères, septembre 1985.

15. As reported in *The Gazette*, Montreal, March 3, 1986.

16. Bishop Remi J. DE ROO, "Women in the Church: Challenge for the Future," a Public Address in Washington, D.C., October 12, 1986. Available on tape from Time Consultants, Inc., Washington.

17. *Pacem in Terris*, no. 41, April 11, 1963.

18. *Gaudium et Spes*, no. 29, December 7, 1965.

19. On this point, see Marie Gratton-Boucher, "Power in the Church: Must it Remain a Clerical Fiefdom," *Compass*, (Spring, 1987), 16-19, translated by Robert Chodos.

20. HUBERT, *op. cit.*

21. "Declaration on the Question of the Admission of Women to the Ministerial Priesthood," *Origins* 6 (1976-77), 517-531.

NOS COLLABORATEURS / CONTRIBUTORS

Jacques Audinet
 Institut catholique (Paris, France)

André Beauregard
 Université de Montréal (Montréal, Canada)

Raymond Brodeur
 Université Laval (Québec, Canada)

Don S. Browning
 University of Chicago, (Chicago, U.S.A.)

Michel Campbell
 Université de Montréal (Montréal, Canada)

Jean-Marc Charron
 Université de Montréal (Montréal, Canada)

William J. Close
 St. Stephen's College (Edmonton, Canada)

Alejandro Rada Donath
 Université du Québec à Chicoutimi (Chicoutimi, Canada)

Marc Donzé
 Université de Fribourg (Fribourg, Suisse)

Jean-Marc Dufort
  Universite du Québec à Trois-Rivières, Trois-Rivières, Canada

Simon Dufour
  Université du Québec à Chicoutimi (Chicoutimi, Canada)

Jacques Gagné
  Université Saint-Paul (Ottawa, Canada)

Jacques Grand'Maison
  Université de Montréal (Montréal, Canada)

Norbert Greinacher
  Université de Tubingen (Tubingen, R.F.A.)

Charles V. Gerkin
  Emory University (Atlanta, U.S.A.)

Ernest Hénau
  Université de théologie et de pastorale (Heerlem, Pays-Bas)

Jean Joncheray
  Institut catholique (Paris, France)

Raymond Lemieux
  Université Laval (Québec, Canada)

Michael J. McGinniss
  LaSalle University (Philadelphia, U.S.A.)

Augustine Meier
  Saint Paul University (Ottawa, Canada)

Camil Ménard
  Université du Québec à Chicoutimi (Chicoutimi, Canada)

Jean-Guy Nadeau
  Université de Montréal (Montréal, Canada)

Raymond O'Toole
  Toronto School of Theology (Toronto, Canada)

Marc Pelchat
  Université Laval (Québec, Canada)

Stéven Plamondon
    Université Laval (Québec, Canada)

Gilles Raymond
    Université de Montréal (Montréal, Canada)

Gary Radcliffe
    Emmanuel College, Toronto School of Theology (Toronto, Canada)

Paul Rigby
    Saint Paul University (Ottawa, Canada)

Marie-Andrée Roy
    Université du Québec à Montréal (Montréal, Canada)

Mary-Ellen Sheehan
    University of Saint Michael's College (Toronto, Canada)

Paul-André Turcotte
    Université Saint-Paul (Ottawa, Canada)

J. A. Van Der Ven
    Catholic University (Nijmegen, The Netherlands)

Marcel Viau
    Université Laval (Québec, Canada)

Adrian M. Visscher
    Saint Paul University (Ottawa, Canada)

Achevé d'imprimer
en juin 1990 sur les presses
des Ateliers Graphiques Marc Veilleux Inc.
Cap-Saint-Ignace, Qué.